Schweiz im Überblick

1

Nicht ohne Simon – Kindesentführungen aus der Schweiz

Kari Kälin
2019, 192 S., 15 Abb., gebunden
Fr. 39.–, € 39.–

Gegen 100 Fälle von Kindesentführungen gibt es jedes Jahr in der Schweiz. Kari Kälin beleuchtet anhand eines spektakulären Falls aus den 1980er-Jahren die Problematik des Themas und ordnet es in die rechtlichen und internationalen Entwicklungen ein.

2

Chronist der sozialen Schweiz – Ernst Koehli. Fotografien 1933–1953

Christian Koller, Raymond Naef (Hg.)
2019, 272 S., ca. 200 Abb., gebunden
Fr. 59.–, € 59.–

Der Zürcher Fotograf Ernst Koehli dokumentierte vor und nach dem Zweiten Weltkrieg die Arbeiterschaft in der Schweiz. Er hat ein beeindruckendes Werk hinterlassen, das mit diesem Buch erstmals in seiner ganzen Breite von einem Autorenteam gewürdigt wird.

3

Brennpunkt Demokratie – 10 Jahre Zentrum für Demokratie Aarau

Daniel Kübler, Andreas Glaser, Monika Waldis (Hg.)
2019, 232 S., 5 Abb. und 22 Grafiken, gebunden
Fr. 39.–, € 39.–

Das ZDA in Aarau betreibt seit zehn Jahren Demokratieforschung. Im ehemaligen Wohnhaus von Heinrich Zschokke wird heute zu zahlreichen Themen geforscht, von den digitalen Herausforderungen für die Demokratie bis hin zur Bedeutung der politischen Bildung.

Schweiz im Überblick

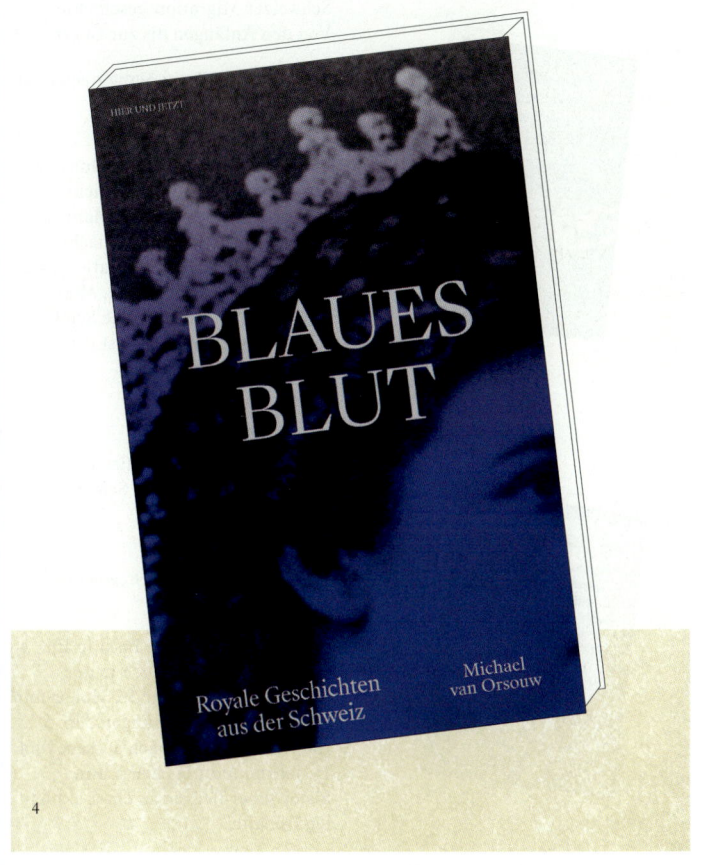

Blaues Blut – Royale Geschichten aus der Schweiz

Michael van Orsouw
2019, 312 S., 92 Abb., gebunden
Fr. 39.–, € 39.–

Die Schweiz hat keine Königinnen und Könige, aber sie lässt sich von royalen Geschichten begeistern. Michael van Orsouw erzählt leichtfüssig und spannend Geschichten von königlichen Besuchen aus den letzten 200 Jahren, von Haile Selassies Waffenkauf in Zürich bis zum tragischen Unfall von Astrid von Belgien am Vierwaldstättersee.

Schweiz im Überblick

5 Schweizer Migrationsgeschichte – Von den Anfängen bis zur Gegenwart

André Holenstein, Patrick Kury, Kristina Schulz
2018, 384 S., 53 Abb., gebunden
Fr. 39.–, € 39.–

Die erste Überblicksdarstellung zur Schweizer Migrationsgeschichte geht von den Frauen und Männern aus, die sich auf den Weg machten. Das Buch zeigt, dass Migration eine historische Normalität ist. Menschen unterwegs haben die Schweiz schon immer mit dem Rest der Welt vernetzt.

6 Mitten in Europa – Verflechtung und Abgrenzung in der Schweizer Geschichte

André Holenstein
2. Auflage 2015, 288 S., 8 Abb., gebunden
Fr. 49.–, € 44.–

Die Schweiz ist keine Insel in Europa und sie war es auch in der Vergangenheit nie. André Holenstein analysiert die Beziehungen der Eidgenossenschaft nach aussen, vom 15. Jahrhundert bis heute. Ein historischer Beitrag zu einer aktuellen Debatte.

7 Die Schweiz im Kalten Krieg 1945–1990

Thomas Buomberger
2017, 424 S., 12 Abb., gebunden
Fr. 44.–, € 44.–

Antikommunismus, Überwachungsstaat, Atomkriegsvorbereitungen: Kein anderes Land lebte den Kalten Krieg so intensiv wie die Schweiz. Die Mentalitätsgeschichte zeigt auf, wie stark die Schweizer Gesellschaft und Politik 1945–1990 durch den West-Ost-Konflikt geprägt wurden und wie diese Prägung bis in die Gegenwart nachwirkt.

Schweiz im Überblick

Wie die Swissair die UBS rettete – Sechs Insider erzählen

Bernhard Weissberg
2019, 224 S., 7 Abb., gebunden
Fr. 39.–, € 39.–

Waren es die Erfahrungen aus dem Grounding der Swissair 2001 und die personellen Verflechtungen in beiden Fällen, welche die UBS 2008 vor dem Ruin bewahrten? Bernhard Weissberg zeichnet auf der Grundlage von Gesprächen mit den damaligen Protagonisten ein packendes Porträt dieser zwei grossen Schweizer Wirtschafts- und PR-Krisen.

Schweiz im Überblick

9

14/18 – Die Schweiz und
der Grosse Krieg

Roman Rossfeld, Thomas Buomberger,
Patrick Kury (Hg.)
2014, 408 S., 286 Abb., gebunden
Fr. 59.–, € 53.–

In 16 Beiträgen thematisiert das Buch
die Erfahrung fundamentaler Unsicherheit, die Bedrohung des politischen Zusammenhalts, die prekäre
Ernährungslage, die Verarmung, soziale Konflikte sowie das Ringen
um freien Personenverkehr während
des Ersten Weltkriegs.

10

Der Landesstreik – Die Schweiz
im November 1918

Roman Rossfeld, Christian Koller,
Brigitte Studer (Hg.)
2018, ca. 400 S., ca. 100 Abb., Halbleinenband
Fr. 49.–, € 49.–

Der Landesstreik hat die politische
Kultur der Schweiz und die Beziehungen zwischen Arbeitgebern und
Arbeitnehmern geprägt. Die vielfältigen Beiträge im Buch werfen neue
Schlaglichter auf das wichtige Ereignis und zeigen seine Bedeutung
auf für die Geschichte der Schweiz im
20. Jahrhundert.

11

Mit 80 Karten durch die Schweiz –
Eine Zeitreise

Diccon Bewes
2. Auflage 2015, 224 S., 115 Abb., gebunden
Fr. 74.–, € 74.–

Achtzig historische Karten aus sieben
Jahrhunderten vereint dieses
grossformatige Buch. Ob von Hand
gezeichnet oder computergeniert,
mittelalterlich oder modern: Sie
zeigen die Schweiz und ihre Regionen in Vergangenheit, Gegenwart
und möglicher Zukunft.

Schweiz im Überblick

12 Schweizer Geschichte im Bild

Thomas Maissen
2012, 292 S., 425 Abb., gebunden, mit Schutzumschlag
Fr. 78.–, € 70.–

Der Historiker Thomas Maissen führt auf einer visuellen Reise durch die Schweizer Geschichte. Neben den wichtigsten Darstellungen der eidgenössischen Ikonografie enthält das Buch überraschende und weniger bekannte Bilder, die der Autor in Einführungstexten und Legenden einordnet.

13 Geschichte der Schweiz

Thomas Maissen
6., aktualisierte Auflage 2019, 372 S., 13 Abb., 2 Karten, gebunden, mit Schutzumschlag
Fr. 29.–, € 29.–

Das «neue Standardwerk zur schweizerischen Geschichte» (NZZ): Auf Basis der aktuellsten Forschungsergebnisse schildert Thomas Maissen die Entstehung der Schweiz, ihre Kontinuität, aber auch die vielen Bruchlinien bis in die jüngste Vergangenheit.

14 Die Schweiz in Bild und Zahl – Heute und vor 100 Jahren

Viktor Goebel, Thomas Schulz
2018, 216 S., 56 Grafiken, broschiert, mit Schutzumschlag, Fr. 39.–, € 39.–

Einprägsame, intuitiv lesbare Grafiken machen überraschende Zusammenhänge aus der Welt der Statistik sichtbar und zeigen Kontinuitäten und Brüche. So entsteht ein neues Bild des Wandels in der Schweiz des 20. Jahrhunderts. Ein Muss für alle, denen Tabellen zu trocken sind, die aber trotzdem auf solide Fakten setzen.

Kontext

15 Sprechen wir über Europa – Markante Reden und Texte aus 100 Jahren

Felix Brun
2019, 208 S., 8 Abb., gebunden
Fr. 34.–, € 34.–

Das Verhältnis Schweiz–Europa ist nicht erst in jüngster Zeit ein wichtiges Thema. Felix Brun zeigt am Beispiel wichtiger Reden und Texte aus 100 Jahren, wie sich die Schweiz immer wieder gegenüber dem europäischen Umfeld definierte und positionierte.

16 Völkerrecht – Geschichte und Grundlagen mit Seitenblicken auf die Schweiz

Oliver Diggelmann
2018, 208 S., 8 Abb., gebunden
Fr. 34.–, € 34.–

Oliver Diggelmann bietet eine konzise Einführung in die Geschichte und Entwicklung des Völkerrechts. Er streicht die besondere Bedeutung der Schweiz heraus, nicht zuletzt vor dem Hintergrund der aktuellen Diskussion über das Verhältnis von Verfassungs- und Völkerrecht.

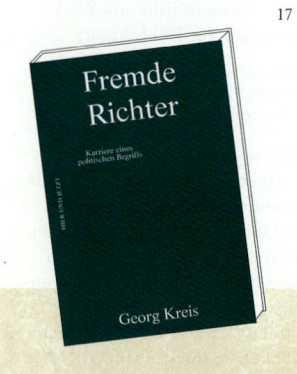

17 Fremde Richter – Karriere eines politischen Begriffs

Georg Kreis
2018, 136 S., 6 Abb., gebunden
Fr. 34.–, € 34.–

Woher stammt der Begriff «fremde Richter»? Georg Kreis geht mit historischer Besonnenheit an das Thema heran und zeigt auf, dass die «fremden Richter» keineswegs seit Urzeiten zur Schweizer Identität gehören. Seit wenigen Jahrzehnten erst ist die Formel Teil des politischen Diskurses.

Kontext

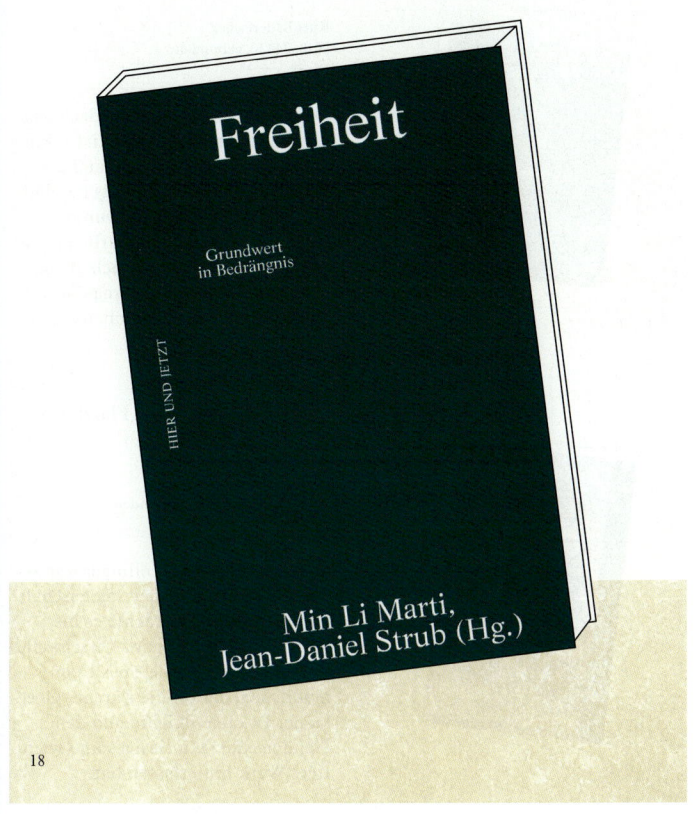

Freiheit – Grundwert in Bedrängnis

Min Li Marti, Jean-Daniel Strub (Hg.)
2019, 192 S., gebunden
Fr. 34.–, € 34.–

Freiheit ist stets fragil und weltweit für viele Menschen ein Ideal fernab der Realität. Eine Reihe renommierter Autorinnen und Autoren erörtert das Spannungsfeld, in dem sich der Grundwert Freiheit befindet und fragt nach den aktuellen Herausforderungen, mit denen er konfrontiert ist.

Biografien

«Ausgezeichnet im Wettbewerb
«Die schönsten Schweizer Bücher 2018»

19 Giftmord – Eine Kriminalgeschichte von 1929

Kurt Badertscher
2018, 248 S., gebunden
Fr. 34.–, € 34.–

Die Erzählung von Kurt Badertscher verwebt geschickt Fakten und Fiktion der Biografie einer eigenständigen Frau, die des Doppelmords beschuldigt und dafür verurteilt wurde. Gerichtsakten und ausführliche Zeitungsberichte wechseln sich ab mit der romanhaften Erzählung eines widerständigen Frauenlebens.

20 Jakob Zollinger – Vom Flarzbueb zum Ehrendoktor

Heinz Girschweiler
2019, 248 S., 85 Abb., gebunden
Fr. 39.–, € 39.–

Der Zürcher Jakob Zollinger war akribischer Lokalforscher, leidenschaftlicher Lehrer und brachte es bis zum Ehrendoktor. Heinz Girschweiler zeichnet die Biografie eines Unermüdlichen, der für die Zürcher Oberländer Lokalgeschichte und den Heimatschutz ein riesiges und wichtiges Werk hinterlassen hat.

21 Lebenslänglich – Briefwechsel zweier Heimkinder

Lisbeth Herger
322 S., 6 Abb., gebunden
Fr. 34.–, € 34.–

Diana Bach und Robert Minder verbringen lange Jahre ihrer Kindheit in einem religiös geführten Kinderheim. Nach über fünf Jahrzehnten treffen sie sich wieder und tauschen sich über ihre Erfahrungen aus. Lisbeth Herger zeichnet die Lebensgeschichte der beiden nach und bettet sie zeitgeschichtlich ein. So entstehen eindrückliche Porträts.

Biografien

Willy Garaventa – Biografie des Schweizer Seilbahnpioniers

Rebekka Haefeli
2019, 216 S., 64 Abb., gebunden
Fr. 39.–, € 39.–

Rebekka Haefeli erzählt anschaulich die aussergewöhnliche Biografie von Willy Garaventa und dessen Familie, die aus einer kleinen Firma für Holztransport und Transportseilbahnen ein führendes Seilbahnunternehmen gemacht haben, das nach der Fusion mit Doppelmayr zur Nummer eins der Welt aufgestiegen ist.

Biografien

23

Augusta Theler – Mit dem Hebammenkoffer um die Welt

Rebekka Haefeli
2017, ca. 192 S., 49 Abb., gebunden
Fr. 34.–, € 34.–

Im Spital Thun wird die Hebamme Augusta Theler von geschultem Personal unterstützt. Während ihren humanitären Einsätzen in Erdbebengebieten in Nepal und Haiti hingegen ist sie auf sich allein gestellt: ein berührender Bericht aus Weltgegenden, wo jede Geburt neue Hoffnung bringt.

24

Ruth Gattiker – Pionierin der Herzanästhesie

Denise Schmid
2. Auflage 2016, 288 S., 47 Abb., gebunden
Fr. 39.–, € 39.–

Wie ein Lauffeuer verbreitete sich im Frühjahr 1969 die Nachricht der ersten Herztransplantation in der Schweiz. Mit dabei war die Anästhesistin Ruth Gattiker. Ihre Biografie liefert Einblicke in die Medizingeschichte des 20. Jahrhunderts – und in ein für damalige Verhältnisse unkonventionelles Leben.

25

«Seit dieser Nacht war ich wie verzaubert» – Frauenliebende Frauen über siebzig erzählen

Corinne Rufli
4. Auflage 2017, 256 S., 46 Abb., gebunden
Fr. 39.–, € 35.–

Ältere Frauen, die Frauen lieben, sind in unserer Gesellschaft bis heute nicht sichtbar. Erstmals blicken in diesem Band elf Frauen über siebzig auf ihr Leben zurück. Ihre Geschichten berühren, und sie dokumentieren die Vielfalt eines Frauenlebens jenseits von Kategorien.

Biografien

Im Fahr – Die Klosterfrauen erzählen aus ihrem Leben

Susann Bosshard-Kälin, Fotografien von Christoph Hammer
4. Auflage 2019, 300 S., 117 Abb., gebunden
Fr. 39.–, € 39.–

Die Benediktinerinnen aus dem Kloster Fahr erzählen aus ihrem Leben und nehmen kein Blatt vor den Mund. Die Porträts geben den Blick frei hinter die Klostermauern – in eine fremde, faszinierende Welt. Die Erzählungen und eindrücklichen Fotografien dokumentieren eine Lebensweise, die in dieser Art vielleicht schon bald nicht mehr existieren wird.

Landschaft und Natur

27 Lebensweisen in der Steinzeit –
Archäologie in der Schweiz

Brigitte Röder, Sabine Bolliger Schreyer,
Stefan Schreyer (Hg.)
2017, 208 S., 140 Abb., gebunden
Fr. 59.–, € 59.–

Das neue Standardwerk zur Archäologie in der Schweiz: eine opulente, auch für Laien verständliche Geschichte der Steinzeit und der archäologischen Forschung. Drei Lebensbilder, zahlreiche Abbildungen und ein Serviceteil ergänzen die fundierten Beiträge von Expertinnen und Experten.

28 Majestätische Berge –
Die Monarchie auf dem Weg in die Alpen 1760–1910

Jon Mathieu, Eva Bachmann, Ursula Butz
2018, 160 S., 35 Abb., gebunden
Fr. 39.–, € 39.–

In der Romantik nehmen die Alpen majestätische Züge an. Die europäischen Monarchien entdecken die Erhabenheit der Berge – mit Folgen für den Tourismus und die alpine Architektur von Frankreich über die Schweiz bis nach Österreich.

29 Authentische Kulissen – Graubünden und die Inszenierung der Alpen

Thomas Barfuss, Fotografien von
Daniel Rohner
2018, 286 S., 50 Abb., Klappenbroschur
Fr. 39.–, € 39.–

Heidis Heimat lockt von der Autobahn. Die Rezepte zur Herstellung von Erlebniswelten haben längst auch die klassischen Tourismusorte erreicht. Thomas Barfuss erforscht am Beispiel Graubündens ausgewählte Orte zwischen Kommerz, Verkehr und Kultur und fördert überraschende Zusammenhänge zutage.

Kunst und Kultur

30 Ein Künstler und sein Tal –
Albert Nyfeler 1883–1969

Lötschentaler Museum (Hg.)
2019, 224 S., 285 Abb., Klappenbroschur
Fr. 49.–, € 49.–

Der Kunstmaler Albert Nyfeler gilt als eigentlicher Neuerfinder des Lötschentals. Nicht nur als Maler und Fotograf, sondern auch als Sammler hat er ein beeindruckendes Werk hinterlassen, das zum Grundstock des Lötschentaler Museums geworden ist und das Bild des Tals bis heute prägt.

31 Kunst aus Trümmern – Die Bombardierung des Museums zu Allerheiligen 1944 und ihre Folgen

Museum zu Allerheiligen Schaffhausen (Hg.)
2019, 192 S., ca. 150 Abb., Klappenbroschur
Fr. 49.–, € 49.–

Bei der Bombardierung Schaffhausens am 1. April 1944 nahm auch das Museum zu Allerheiligen und seine Sammlung grossen Schaden. Das Buch bietet ein umfassendes Verzeichnis der damals zerstörten Werke, aber auch der Restaurierungen sowie der Schenkungen und Ankäufe im Anschluss an die Katastrophe.

32 Welcome home – 100 Jahre Eisenbahner-Baugenossenschaft Bern (EBG) 1919–2019

Susanne Leuenberger, Samuel Geiser,
mit Fotografien von Ruben Holliger
2019, 240 S., 93 Abb., gebunden
Fr. 39.–, € 39.–

Das Jubiläumsbuch der Wohnbaugenossenschaft schreibt nicht einfach nur Genossenschafts- und Baugeschichte; es geht nahe an die heutigen Bewohnerinnen und Bewohner heran und beschreibt aktuelle Themen des Wohnungsbaus.

Alltagskultur

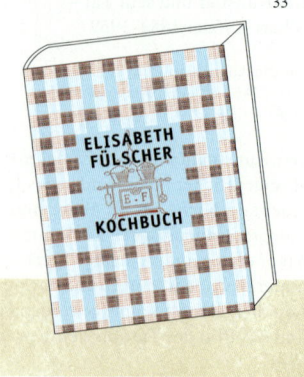

33 Das Fülscher-Kochbuch

Susanne Vögeli, Max Rigendinger (Hg.)
5. Auflage 2017, 828 S., 95 Abb., gebunden,
mit Schutzumschlag
Fr. 79.–, € 71.–

Das Fülscher-Kochbuch, 1923 erstmals veröffentlicht, ist mit seinen 1700 Rezepten ein Standardwerk der Schweizer Küche. Das Buch erscheint als Faksimile der Ausgabe von 1966, mit Fotografien von Hans Finsler und Bernhard Moosbrugger und Textbeiträgen von profilierten Autoren rund ums Kochen und Essen.

34 Der Clan vom Berg – Eine Walliser Grossfamilie erzählt

Sybille Bayard Walpen
2017, 224 S., 70 Abb., gebunden
Fr. 39.–, € 39.–

Oktavia und Jeremias Bayard aus Varen im Oberwallis hatten elf Kinder, geboren zwischen 1927 und 1943. Die Soziologin Sybille Bayard Walpen lässt sie zu Wort kommen und gibt Einblick in den Alltag und die Mentalität einer Bergbauernfamilie in Zeiten des Umbruchs.

35 Von birn und mandelkern – Kochen nach mittelalterlichen Rezepten

Museum Aargau (Hg.)
2019, 160 S., 68 Abb., gebunden, Fr. 29.–, € 29.–

Seit mehr als 20 Jahren wird auf Schloss Lenzburg gekocht. Das Kochbuch bietet 35 Rezepte aus mittelalterlichen Handschriften. Dazu gibt es Tipps zum Kochen über offenem Feuer und zur Handhabung der notwendigen Gerätschaften sowie eine kurze Geschichte der Lebensmittel und der Ernährung im Mittelalter.

Städte und Regionen

36 Hungerland – Armut und wirtschaftliche Not im Ruedertal um 1850

Ursula Maurer
2. Auflage 2019, 160 S., 32 Abb., gebunden
Fr. 39.–, € 39.–

Ursula Maurer beschreibt anschaulich und quellennah eine der letzten Hungersnöte in der Schweiz. Schauplatz ist das karge und abgelegene Ruedertal. Missernten, niedrige Löhne und mangelhafte Verwaltung führten 1854 zur Katastrophe, aus der das Tal erst nach und nach wieder herausfand.

37 Bilingue – Wie Freiburg und Biel mit der Zweisprachigkeit umgehen

Rainer Schneuwly
2019, 160 S., 20 Abb., Grafiken und Tabellen, Klappenbroschur
Fr. 34.–, € 34.–

Biel und Freiburg sind die beiden zweisprachigen Städte der Schweiz. Ihr Umgang mit der Zweisprachigkeit ist allerdings sehr unterschiedlich. Der Journalist Rainer Schneuwly geht ihm auf den Grund und analysiert die historischen und kulturellen Besonderheiten sprachlicher Vielfalt.

38 Hero – Im Lenz. Vom Fabrikareal zum Stadtquartier

Hans Weber
2019, 216 S., 190 Abb., gebunden
Fr. 49.–, € 49.–

In wenigen Jahren ist aus dem geschlossenen Fabrikareal der Hero ein modernes, durchmischtes Stadtquartier geworden. Der Fotojournalist Hans Weber hat diesen Wandel mit der Kamera begleitet und ein einfühlsames Bildporträt verfasst. Kurze Texte ergänzen und vertiefen die einzelnen Kapitel.

Reisen und Tourismus

39 Queen Victoria in der Schweiz

Peter Arengo-Jones, Christoph Lichtin (Hg.)
2018, 288 S., 86 Abb., gebunden
Fr. 39.–, € 39.–

Ein intimes Porträt der berühmten Monarchin, die im Sommer 1868 auf Besuch in Luzern war und die Innerschweiz bereiste. Tagebucheinträge und Originalbriefe zeichnen ein authentisches Bild dieses Aufenthalts.

40 Von Casanova bis Churchill – Berühmte Reisende auf ihrem Weg durch die Schweiz

Barbara Piatti
2016, 512 S., 74 Abb., gebunden
Fr. 49.–, € 49.–

Berichte von 35 Schriftstellern, Künstlern, Wissenschaftlern und Politikern aus den Jahren 1760 bis 1946 geben Einblick in individuelle sowie zeitspezifische Aspekte des Reisens. Ergänzt werden die Originaltexte durch historische Bilder sowie kommentierende Einführungen.

41 Berghotels zwischen Alpweide und Gipfelkreuz – Alpiner Tourismus und Hotelbau 1830–1920

Roland Flückiger-Seiler
2015, 264 S., 317 Abb., gebunden, mit Schutzumschlag
Fr. 89.–, € 80.–

Das Überblickswerk des renommierten Architekturhistorikers stellt Berghotels aus der Zeit von 1830 bis 1920 ins Zentrum: vom frühen Basislager für die Erstbesteigungen der Drei- und Viertausender bis zum Aussichtshotel im Hochgebirge.

Reisen und Tourismus

Baden und Trinken in den Bergen – Heilquellen in Graubünden 16. bis 19. Jahrhundert

Karin Fuchs
2019, 320 S., ca. 140 Abb., gebunden
Fr. 59.–, € 59.–

Graubünden weist über die Jahrhunderte hinweg eine eindrückliche Vielfalt an Quellen und Heilbädern auf, auch wenn daraus nur wenige grosse Kurbetriebe entstanden sind. Karin Fuchs beschreibt quellennah die Geschichte der Bündner Bäder. Ein bebilderter Katalog rundet das Handbuch ab.

Schweiz im Überblick

Puzzeln mit Ananas – Menschen der Spitex erzählen

Pascale Gmür
2019, 240 S., 74 Abb., gebunden
Fr. 34.–, € 34.–

In ihrem Buch über die Spitex nähert sich Pascale Gmür den Menschen, die in ihrem privaten Umfeld gepflegt und begleitet werden. Sie berichtet aus dem Alltag der Pflegenden und liefert Denkanstösse zu den teils widersprüchlichen Aspekten der häuslichen Pflege. Ein Stoff, der unter die Haut geht.

HIER UND JETZT

Verlag für Kultur
und Geschichte

VORNAME/NAME:

ADRESSE:

PLZ/ORT:

E-MAIL:

DATUM UND UNTERSCHRIFT:

A

Nicht frankieren
Ne pas affranchir
Non affrancare

Geschäftsantwortsendung Invio commerciale-risposta
Correspondance commerciale-réponse

Hier und Jetzt
Verlag für Kultur und Geschichte
Kronengasse 20f
CH-5400 Baden

Rubrik

BESTELLUNG

ANZ.	TITEL	CHF	ANZ.	TITEL	CHF
1	Nicht ohne Simon	39.–	23	Augusta Theler – Mit dem Hebammenkoffer um die Welt	34.–
2	Chronist der sozialen Schweiz – Ernst Koehli	59.–	24	Ruth Gattiker – Pionierin der Herzanästhesie	39.–
3	Brennpunkt Demokratie	39.–	25	«Seit dieser Nacht war ich wie verzaubert»	39.–
4	Blaues Blut	39.–	26	Im Fahr	39.–
5	Schweizer Migrationsgeschichte	39.–	27	Lebensweisen in der Steinzeit	59.–
6	Mitten in Europa	49.–	28	Majestätische Berge	39.–
7	Die Schweiz im Kalten Krieg	44.–	29	Authentische Kulissen	39.–
8	Wie die Swissair die UBS rettete	39.–	30	Ein Künstler und sein Tal – Albert Nyfeler 1883–1969	49.–
9	14/18 – Die Schweiz und der Grosse Krieg	59.–	31	Kunst aus Trümmern	49.–
10	Der Landesstreik	49.–	32	Welcome Home	39.–
11	Mit 80 Karten durch die Schweiz	74.–	33	Das Fülscher-Kochbuch	79.–
12	Schweizer Geschichte im Bild	78.–	34	Der Clan vom Berg	39.–
13	Geschichte der Schweiz	29.–	35	Von birn und mandelkern	29.–
14	Die Schweiz in Bild und Zahl	39.–	36	Hungerland	39.–
15	Sprechen wir über Europa	34.–	37	Bilingue	34.–
16	Völkerrecht	34.–	38	Hero – Im Lenz. Vom Fabrikareal zum Stadtquartier	49.–
17	Fremde Richter	34.–	39	Queen Victoria in der Schweiz	39.–
18	Freiheit	34.–	40	Von Casanova bis Churchill	49.–
19	Giftmord	34.–	41	Berghotels zwischen Alpweide und Gipfelkreuz	89.–
20	Jakob Zollinger	39.–	42	Baden und Trinken in den Bergen	59.–
21	Lebenslänglich	34.–	43	Puzzeln mit Ananas	34.–
22	Willy Garaventa	39.–			

**BESTELLUNGEN AUCH PER E-MAIL: ADMIN@HIERUNDJETZT.CH
ODER ÜBER UNSEREN WEBSHOP: WWW.HIERUNDJETZT.CH**

Preise zuzüglich Versandkosten. Keine Ansichtssendungen.
Die Bücher sind auch in allen Buchhandlungen erhältlich.

Stand Juli 2019; Änderungen bei Preisen und Ausstattung vorbehalten. Preise inkl. MwSt.

Hier und Jetzt
Verlag für Kultur und Geschichte
Kronengasse 20f, CH-5400 Baden
Telefon +41 56 470 03 00

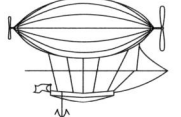

Schweizer Migrationsgeschichte

Von den Anfängen
bis zur Gegenwart

André Holenstein
Patrick Kury
Kristina Schulz

HIER UND JETZT

	Einleitung	9
1	**Am Anfang waren Einwanderer**	**17**
	Migration und eidgenössischer Gründungsmythos 19	
	Migrationsbewegungen der Frühzeit 20	
	Wanderungen im römischen Vielvölkerreich 22	
	Spuren in Orts-, Gewässer- und Gebirgsnamen 23	
2	**Stadtgründungen und Landesausbau im Hoch- und Spätmittelalter**	**25**
	Brennpunkt Stadt 27	
	Bürgerrecht und Bürgergeld als Instrumente der Regulierung 29	
	Migrationsräume und Zielorte 31	
	Die Migrations- und Integrationspolitik der Stadt Zürich..... 33	
	Der Migrationshintergrund der städtischen Machtelite....... 37	
	Der Landesausbau der Walser in den Hochalpen............ 37	
	Ursachen und Motive der Walserwanderung................ 41	
	Migration in der Wirtschaft der Walser 43	
3	**Die militärische Arbeitsmigration ab dem 15. Jahrhundert**	**47**
	Phasen der militärischen Arbeitsmigration................. 50	
	Das Sozialprofil der Militärunternehmer 53	
	Das Sozialprofil der Soldaten und Unteroffiziere 56	
	Die Allianzen mit den europäischen Mächten als Faktor der Migration 59	
4	**Die zivile Arbeitsmigration in der frühen Neuzeit**	**61**
	Handwerksgesellen, Hausierer, Kaufleute.................. 64	
	Die Bündner Zuckerbäcker 68	
	Handwerker und Gewerbetreibende aus den südalpinen Tälern 74	
	Baumeister, Freskomaler, Stuckateure und Maurer 82	
	Künstler und Kunsthandwerker........................... 83	
	Studenten, Geistliche und Reformatoren 86	
	Gelehrte und Wissenschaftler 88	
	Hauslehrer, Erzieher und Erzieherinnen, Gouvernanten...... 91	
	Alpwirtschaft, Küherwesen und Schwabengängerei.......... 92	
5	**Flucht- und Zwangsmigration im 16. bis 18. Jahrhundert**	**97**
	Kriegsflüchtlinge 99	
	Glaubensflüchtlinge im 16. Jahrhundert 100	
	Glaubensflüchtlinge im 17. und frühen 18. Jahrhundert 104	

    Politische Flüchtlinge 112
    Französische Revolutionsflüchtlinge 113
    Flucht- und Zwangsmigration innerhalb der
    Eidgenossenschaft 118

6 Die permanente Auswanderung ab Ende des Dreissigjährigen Krieges 123
    Beweggründe der Auswanderer 127
    Das Sozialprofil der Emigranten 128
    Massnahmen zur Minimierung der Auswanderungsrisiken ... 132

7 Unterwegs in der Eidgenossenschaft der frühen Neuzeit 137
    Wirtschaftliche und lebenszyklische Faktoren der
    Binnenmigration 139
    Regional- und geschlechterspezifische Muster 141
    Bürgerrechts- und Arbeitsmarktpolitik als Faktoren der
    Migration 142
    Einschränkungen des Bürgerrechts auf dem Land 147
    Nichtsesshaftigkeit als Marginalisierungsfaktor 149

8 Inländer und Ausländer im modernen Staat des 19. Jahrhunderts 151
    Inländergleichstellung in der Helvetik und im neuen
    Bundesstaat 153
    Eingeschränkte und unerwünschte Mobilität 156
    Der Status der Ausländer 161
    Urbanisierung und Land-Stadt-Migration 162
    Soziale und konfessionelle Segregation 164

9 Freiheit und Bildung im jungen Bundesstaat 167
    Asylland zwischen freiheitlichen Idealen und aussenpolitischen Realitäten 169
    Ausländischer Druck auf Liberale und Republikaner ... 171
    Umgang mit Sozialisten und Anarchisten 173
    Massenmigration aus Osteuropa 177
    Die Rolle der jüdischen Gemeinden 180
    Bildungsmigration in die Schweiz 183

10 Im «wilden» Westen und Osten: Auswanderung als Massenphänomen 189
    Migration nach Übersee 193
    Migration nach Afrika, Asien und Ozeanien 197
    Siedlungsprojekte als Massnahmen gegen Pauperismus .. 198

    Mehr Rechtssicherheit für Auswandernde 201
    Koloniale Verstrickungen. 202
    Ethnozid an den Native Americans 205
    Auswanderung in europäische Länder 206
    Die Russische Revolution und ihre Folgen 208

11   1888 – Die Schweiz wird zum Einwanderungsland   211
    Der Beginn des «Jahrhunderts der Italiener» 215
    Manchesterkapitalismus am Gotthard 216
    Zielorte und Aufstiegschancen italienischer Migranten. 219
    Herkunft und soziale Zusammensetzung der
    Migrantengruppen 221
    Wohlhabende Gäste 225
    Migrationspolitische Vorstösse um 1900 227
    Massnahmen zur stärkeren Kontrolle transnationaler
    Migration 229

12   Wendepunkt Erster Weltkrieg: Das Fremde wird zur Bedrohung   231
    Rückgang der Arbeitsmigration und Zuzug neuer
    Migrantengruppen 233
    Humanitäre Hilfe und Betreuung von Kriegsgefangenen 237
    Krise, Not und Stimmungswandel. 239
    Umfassende Kontrollen: Das bundesstaatliche
    Migrationsregime 241
    Von der Kontrolle zur Abwehr 243
    «Überfremdung» wird zum beherrschenden Schlagwort 246

13   Asylland im Zeitalter der Weltkriege   249
    Vom Flüchtlingsregime des Völkerbunds zum
    «wilden Kontinent» 252
    Zwischenkriegszeit: Die Schweiz als Durchgangsland 254
    Zwischen den Fronten: Die Rettungsinsel schliesst ihre
    Pforten 260
    Formen und Bedingungen des Aufenthalts 261
    Hilfe und Selbsthilfe. 268
    Die Ära der Flüchtlinge: Vorgeschichte der
    Nachkriegszeit 271

14   Neutralität und humanitäre Sendung: Neufindung in der Nachkriegszeit   273
    Flüchtlingsregime im Schatten der Gewalt 275
    Zum Umdenken aufgefordert. 278

Neutralität und Solidarität 280
Flüchtlingspolitische Massnahmen 282

15 «Freie Welt» im Kalten Krieg   289
Postkoloniale Schweiz 291
Von Budapest in die Schweiz 292
Vom Alpenland im Kalten Krieg 294
... zum Kalten Krieg im Alpenland 296
Ost-West-Migrationen: Europa und die Schweiz 297
Offene Arme und Missverständnisse 299
Günstiger Arbeitsmarkt und politischer Wille 301
Existenz im Schatten des Bruchs 304

16 «Trente Glorieuses»? Hochkonjunktur und
   Überfremdungsängste   307
Die Süd-Nord-Migrationen der Wirtschaftswunderjahre .. 309
Man hat Arbeitskräfte gerufen 310
... und es kamen Menschen 316
Deutungen in Wissenschaft und Populärkultur 318
Überfremdungsängste 320
Selbstorganisation 323
«Integration» als «Assimilation» 325
«Trente Glorieuses»? 327

17 Die Schweiz und die Globalisierung der Arbeitskraft 329
Vom liberalen zum restriktiven Asylgesetz 332
«Die offene, die solidarische Schweiz» 335
Die Schweiz im Zeichen der europäischen Integration . 338
Globalisierung der Arbeitskraft 340
Fördern und Fordern: Neue Wege in der Integrationspolitik .. 343
Später Triumph der Überfremdungsgegner 344

Migration – eine historische Normalität:
Einsichten und Ausblicke   347

Anhang   360
Literaturnachweise zu den einzelnen Kapiteln 361
Bibliografie 362
Anmerkungen 377
Abbildungsnachweis 380
Verwendete Abkürzungen 380
Autorin und Autoren 382
Dank 383

Einleitung

Migration betrifft unzählige Menschen weltweit. Noch nie waren so viele Frauen, Männer und Kinder unterwegs wie heute. Kein Land ist von Wanderungsbewegungen ausgenommen, ob sie nun grenzüberschreitend stattfinden oder im Landesinneren. Die Bewegungen gehen aus von Menschen, die ihre Familien zusammenführen möchten, von hoch ebenso wie von niedrig qualifizierten Arbeitsmigranten, von Menschen, die Asyl suchen, und anderen Flüchtlingen.

Auch die Schweiz zeichnet sich durch ein hohes Migrationsgeschehen aus: Ein Drittel der gegenwärtig in der Schweiz lebenden Bevölkerung ist in den letzten fünfzig Jahren eingewandert oder besitzt einen eingewanderten Elternteil, ein Viertel ist im Ausland geboren. Entsprechend weist die Schweiz heute – ähnlich wie vor dem Ersten Weltkrieg – nach Luxemburg den höchsten Ausländeranteil an der Wohnbevölkerung in Europa auf. Dass die Schweiz seit Beginn des 21. Jahrhunderts sowohl demografisch als auch wirtschaftlich zu den Ländern mit hohen Wachstumsraten in Europa zählt, steht in engem Zusammenhang mit der Migrationsentwicklung.[1] Eine wichtige Rolle spielte dabei das Abkommen über die Personenfreizügigkeit zwischen der Schweiz und den Staaten der Europäischen Union (EU), das im Sommer 2002 in Kraft trat und eine wirtschaftliche und demografische Wachstumsphase begünstigte.

Historisch betrachtet sind solche Zusammenhänge alles andere als ein Novum. Der Blick in die Geschichte der modernen Schweiz zeigt, dass auch frühere Phasen hoher wirtschaftlicher Dynamik jeweils Epochen mit intensivem Migrationsgeschehen waren – so etwa das Zeitalter der Hochkonjunktur von den 1950er-Jahren bis Mitte der 1970er-Jahre, das sich vor allem durch eine starke Zuwanderung auszeichnete, oder die äusserst dynamische Wachstumsphase der Städte vom ausgehenden 19. Jahrhundert bis zum Ersten Weltkrieg, die von einer starken Zuwanderung und zugleich von einer intensiven Auswanderung geprägt war.

Auch der Blick in die Zeit vor der Bundesstaatsgründung von 1848 macht ersichtlich, dass Migration schon immer historische Normalität war. Die Gesellschaften der Frühen Neuzeit und des Mittelalters waren weitaus mobiler, als wir uns dies gemeinhin vorstellen. Reisläufer und Söldner stellten bis zur Französischen Revolution ein Massenphänomen dar. Gelehrte und Hauslehrer suchten ihre Arbeit meist ausserhalb des Gebiets der heutigen Schweiz, an Höfen von Königen und Zaren, bei Adeligen oder wohlhabenden Bürgern. Für Gesellen zählte die Wanderschaft, die manche für immer in ferne Länder führte, zur Ausbildungszeit. Gewerbetreibende, Hausierer, Kaufleute, Landarbeiter, Sennen und viele andere mehr machten die Mobilität zur Grundlage einer Wirtschafts- und Lebensweise, die ihnen die Subsistenz und das Fortkommen ihrer Haushalte sicherte und sie für Jahrhunderte in einen generationenübergreifenden Zyklus von Auswanderung und Rückwanderung einband.

Nochmals Jahrhunderte früher wanderten nacheinander Kelten, Römer und Germanen in jenes Gebiet, das wir heute als Schweiz bezeichnen. Ihre Kulturen prägten auf je eigene Weise die Verhältnisse in diesem Raum. Dabei lösten sich diese Kulturen nicht einfach ab, sondern überlagerten und durchmischten sich auf vielfältige Weise. Auch die Mythen über die Anfänge der Eidgenossenschaft und die Ursprünge der Schweiz sind mit Migrationsgeschichten gespickt. Die keltischen Helvetier etwa, die im 1. Jahrhundert vor unserer Zeit im Raum zwischen Boden- und Genfersee gelebt hatten, gaben ihre Siedlungen auf, zerstörten sie, um ihren Wanderungsabsichten Nachdruck zu verleihen und sich südwestlich, das heisst in Gallien, niederzulassen. Nachdem sie bei Bibracte von Cäsars Truppen vernichtend geschlagen worden waren, kehrten sie zurück und errichteten ihre Siedlungen wieder neu. Es waren die Gründerväter der modernen Schweiz, die sich dieser Erzählung im 19. Jahrhundert bedienten, um daraus den offiziellen Staatsnamen Confoederatio Helvetica abzuleiten.

Bereits diese wenigen Beispiele zeigen: Schweizer Geschichte ist Migrationsgeschichte, und ohne Migrationsgeschichte ist eine Geschichte der Schweiz nicht denkbar. Aktuell allerdings ist Migration zu einem gesellschaftspolitischen Reizthema geworden. Wie nur wenige andere Themen beschäftigt es die Menschen. Debatten über die Aufnahme von Flüchtlingen, die Gewährung von Asyl, die Steuerung der Zuwanderung, die rechtliche und gesellschaftliche Integration von Ausländerinnen und Ausländern sowie Fragen des nationalen Selbstverständnisses in einer sich rasch verändernden Welt werden auch in der Schweiz hoch emotional geführt. Dabei stehen sich zwei mehr oder weniger unverrückbare Positionen gegenüber. Die einen sehen in den aktuellen grenzüberschreitenden Wanderungsbewegungen von Flüchtenden und Arbeitsemigranten eine grosse Gefahr für die Nation, vor der einzig der Nationalstaat mit seinen Grenzen schützen könne. Nationalstaaten werden dabei als mehr oder weniger statische Einheiten begriffen, als eigentliche Refugien von Dauer- und Sesshaftigkeit. Dem gegenüber begreifen andere die Staaten als dynamische Gebilde, die fortwährendem sozialem Wandel unterworfen sind. Aus dieser Position heraus wird Migration als Faktor und Produkt hoch mobiler Gesellschaften gesehen. Dazu gehört das Recht, sich möglichst frei zu bewegen. Als Bestandteil der persönlichen Freiheit und als Grundlage für ökonomische Prosperität gelte es, dieses Gut zu wahren. Dazu gehört auch, dass Menschen in Not ein Recht auf Migration besitzen und Unterstützung verdienen.[2]

Die historische Dimension von Migration bleibt in den aktuellen migrationspolitischen Debatten meistens aussen vor. Vergessen geht insbesondere, dass Menschen aus aller Welt zum Erfolg des Landes und zu dessen wirtschaftlicher und kultureller Ausgestaltung beigetragen haben.

Migration bedeutet, bestehende Grenzen zu überschreiten. Sie ist heute häufig transnational ausgerichtet. Entsprechend lässt sich fragen, ob eine Migrationsgeschichte mit dem Fokus auf die Nation Schweiz nicht per se einen Widerspruch darstellt. Dabei gilt es jedoch zu beachten, dass die historische Forschung Nationen als verhältnismässig junge Gebilde staatlicher Organisation heute nicht mehr isoliert, sondern verstärkt in ihren gegenseitigen Abhängigkeiten, Verbindungen und Verknüpfungen untersucht. So hat André Holenstein darauf hingewiesen, dass die «Existenz einer souveränen Nation Schweiz [...] nur mit Rücksicht auf deren Verflechtungen» verständlich gemacht werden kann, die die politische, kulturelle und soziale Dimension von Mobilität und Migration umfassen.[3] Das Überschreiten von Grenzen, das Entstehen persönlicher, wirtschaftlicher, sozialer und kultureller Beziehungen zwischen Menschen, Regionen und Institutionen ist das, was Migration kennzeichnet. Mit genau dieser Rekonstruktion von Verflechtungen, mit den individuellen und kollektiven Erzählungen im Kontext von Weggehen und Ankommen beschäftigt sich die historische Migrationsforschung seit Langem. In den historischen Meistererzählungen der Schweizer Geschichte hingegen haben migrationshistorische Aspekte trotz ihrer grossen Bedeutung bisher erst wenig Platz gefunden. Erst neuere Überblicksdarstellungen wie Thomas Maissens «Geschichte der Schweiz», André Holensteins Verflechtungsgeschichte «Mitten in Europa» oder Jakob Tanners «Geschichte der Schweiz im 20. Jahrhundert» haben migrationshistorischen Fragen mehr Platz eingeräumt.[4]

Der vorliegende Band setzt hier an. Er will seiner Leserschaft einen vertieften Einblick in die Geschichte der Schweiz und deren Bevölkerung mit ihrem reichen und vielfältigen Wanderungsgeschehen gewähren. Das Buch spannt einen Bogen von den Anfängen bis in die Gegenwart und erzählt in 17 chronologisch gegliederten Kapiteln von migrationshistorischen Gründungsmythen, der Suche der Eidgenossen nach Arbeit und Auskommen fern von der Heimat, vom Aufstieg zu einem wichtigen Zentrum des europäischen Arbeitsmarkts gegen Ende des 19. Jahrhunderts und vom Umgang mit Flüchtlingen und Arbeitsmigrantinnen und -migranten im 20. und 21. Jahrhundert.

Das Buch orientiert sich am aktuellen Forschungsstand und versteht den Begriff der Migration als eine längerfristig angelegte, räumliche Verlagerung des Lebensmittelpunktes von Menschen.[5] Im Mittelpunkt stehen Individuen, Familien, Gemeindeangehörige oder auch grössere, heterogene Bevölkerungsgruppen, die aus privaten, familiären, wirtschaftlichen, politischen, religiösen oder ethnischen Gründen ihre angestammte Heimat verlassen haben, um an einem neuen Ort vorübergehend oder auf Dauer eine neue Existenz aufzubauen. Auch wenn ihre Motive zum Weggehen ganz unterschiedlich waren und sind und der Aufbruch teilweise aus freien Stücken, teilweise unter Zwang erfolgte – wobei es zahllose Mischformen gibt –, ist ihnen eines gemein: die Hoffnung, am neuen Ort bessere Perspektiven für die Zukunft vorzufinden. Bemerkenswert dabei ist, dass in der Vergangenheit wie in der Gegenwart Menschen nicht einfach aufs Geratewohl aufgebrochen sind. In aller Regel haben sie Zielorte ins Auge gefasst, wo bereits Familienangehörige, Freunde oder Bekannte von Bekannten lebten, die ihnen notwendige Informationen über den Zielort und die Reise zukommen liessen.

Die Orte der Ankunft wie auch diejenigen der Herkunft bildeten keine leeren, rechtsfreien Räume. Vielmehr war das Leben hier wie dort durch ein System von Gesetzen und Regeln sowie von unausgesprochenen Normen geprägt und zeichnete sich durch eine Vielzahl von Gewohnheiten und Gepflogenheiten aus. Diese Tatsache führt neben dem Begriff der Migration zum zweiten zentralen Begriff der Forschung, von dem sich die Autorin und die Autoren des vorliegenden Buchs leiten liessen: Migrationsregime. Damit ist ein Ensemble von «formellen und informellen gesellschaftlichen Regeln, Normen und Wertesystemen» gemeint, die den Umgang einer Gesellschaft mit geografischer Mobilität prägen.[6] Der Band nimmt somit auch das Spannungsfeld in den Blick, das zwischen den rechtlichen und institutionellen Rahmenbedingungen, die Migration regeln, und den Erfahrungen, die Menschen damit machen, besteht. Im Anschluss an die individuellen und kollektiven Motive der Migrantinnen und Migranten stellen sich so zwei umfassende Fragenkomplexe: Wie sind Akteure der Vergangenheit und Gegenwart mit den rechtlichen und sozialen Rahmenbedingungen der Auswanderung, Zuwanderung, Binnenmobilität und Einbürgerung umgegangen? Mit welchen Massnahmen haben Obrigkeit, Regierungen und Behördenvertreter sowie Experten und die Bevölkerung auf Veränderungen im Wanderungsgeschehen reagiert?

Die Migrationsregime der einzelnen Staaten und diejenigen von Staatengemeinschaften sind Reaktionen auf länderübergreifende Migrationsentwicklungen und das internationale Migrationsgeschehen. Um die Aufmerksamkeit zu bündeln, greift das Buch auf einen weiteren in der Forschung diskutierten Begriff zurück: Wanderungssysteme. Ein Wanderungssystem zeichnet sich aus «durch empirisch verifizierbare Abwanderungen vieler Individuen aus einer nach geografischen und wirtschaftlichen Kriterien definierten Region, die über einen längeren Zeitraum hinweg in einen durch steten Informationsfluss bekannten Zielraum führen».[7] Die Schweiz vor und nach der Gründung des Bundesstaats war primär in interregionale und europäische Wanderungssysteme eingebettet, seit 1848 darüber hinaus verstärkt auch in transkontinentale Wanderungssysteme der Armuts-, Arbeits- sowie Fluchtmigration.

Das Konzept der Wanderungssysteme ermöglicht es, individuelle Migrationsgeschichten in grösseren Zusammenhängen zu verorten. Es sensibilisiert für die Wahrnehmung von Migration als Prozess, der geografische Räume dauerhaft verändert und miteinander verbindet und neue Informationsflüsse zwischen Ziel- und Herkunftsland produziert. Erst eine solche Einbindung in internationale Zusammenhänge ermöglicht es, die

Besonderheiten des schweizerischen Migrationsgeschehens und der schweizerischen Migrationsregime hervorzuheben. Der Fokus auf Migrationsregime erlaubt es zugleich, Kontinuitäten und Wandel im Umgang mit Migration aufzuzeigen, um entsprechende Perioden benennen zu können. So zeigt sich etwa für die Schweiz, dass die traditionellen kantonalen Migrationsregime auch nach der Bundesstaatsgründung 1848 lange weiterwirkten. Bis zum Ersten Weltkrieg waren es die Kantone, die politisches Asyl gewährten sowie die Zulassung von Arbeitsmigrierenden entscheidend prägten.

Das Buch stützt sich zum einem auf eigene Forschungen der Autorin und der beiden Autoren auf dem Gebiet der historischen Migrationsforschung und der Schweizer Geschichte, die hier syntheseartig in eine Überblicksdarstellung Eingang gefunden haben. Zum anderen bildeten eine Vielzahl neuerer und älterer Einzelstudien, die unterschiedliche Aspekte der schweizerischen Migrationsgeschichte vertieft beleuchten, sowie wenige ältere Darstellungen mit Überblickscharakter die Grundlage der vorliegenden Migrationsgeschichte der Schweiz.[8] Einen für eine vertiefte Beschäftigung weiterhin unerlässlichen Forschungsüberblick bietet Silvia Arlettaz mit «Immigration et présence étrangère en Suisse» aus dem Jahr 2011.[9] Insgesamt hat sich der Forschungsstand als ergiebiger erwiesen, als in der Vergangenheit verschiedentlich bemängelt. Eine 2016 am Historischen Institut der Universität Bern erarbeitete Bibliografie der Forschungsliteratur zur Migrationsgeschichte seit 1848 hat, ohne Anspruch auf Vollständigkeit, mehr als 600 Titel zu vielfältigen Themen und Zeiträumen zutage gefördert. Auffällig ist dabei, dass das Interesse der Migrationsgeschichte lange Zeit der Auswanderung als herausragendem Wanderungstypus der Moderne galt. Kristina Schulz hat kürzlich an anderer Stelle die Migrationsgeschichte der Schweiz in drei grobe Bereiche gegliedert.[10] Bei aller Heterogenität von Zeiträumen, Akteurinnen und Akteuren und geografischen Räumen lassen sich die Forschungsbeiträge in die Themenfelder Migrationsregime, Wanderungssysteme und Überfremdungspolitik und -ängste unterteilen.[11]

Für das vorliegende Buch besonders hilfreich waren die in den vergangenen Jahren entstandenen Studien, die die Verstrickungen der Schweiz ins weltweite Kolonialsystem untersucht haben. Diese Forschungen haben dazu beigetragen, die Migrationsgeschichte der Schweiz in globaler Perspektive neu zu denken.[12] Fruchtbar war auch die vertiefte Beschäftigung mit biografisch angelegten Studien, die die erfahrungsgeschichtliche Dimension von Migrantinnen und Migranten beleuchteten, jedoch selten die eigentliche Fallgeschichte übergreifende Überlegungen aufweisen.

1 Am Anfang waren Einwanderer

Migration und eidgenössischer Gründungsmythos .. 19
Migrationsbewegungen der Frühzeit............. 20
Wanderungen im römischen Vielvölkerreich 22
Spuren in Orts-, Gewässer- und Gebirgsnamen..... 23

«Der Anfang und das gar ehrenhafte Herkommen der drei Länder Uri, Schwyz und Unterwalden. / Uri hat als erstes Land vom Römischen Reich die Freiheit erhalten, dort zu roden und zu wohnen. / Nachher sind Römer nach Unterwalden gekommen, denen hat das Römische Reich auch bewilligt, dort zu roden und zu wohnen. / Später sind Leute aus Schweden nach Schwyz gekommen, da ihrer daheim zu viele waren. Auch diese empfingen vom Römischen Reich die Freiheit, da zu roden und zu wohnen.»[13]
(Das Weisse Buch von Sarnen)

Migration und eidgenössischer Gründungsmythos

In den Meistererzählungen der Schweizer Geschichte hat Migration bislang kaum Platz gefunden. Dies überrascht, spielt sie doch eine wichtige Rolle in der mythischen Erzählung von den Anfängen der Eidgenossenschaft im «Weissen Buch von Sarnen» (um 1470). Diese erste zusammenhängende Darstellung der eidgenössischen Gründungsgeschichte setzt nicht etwa mit dem Widerstand gegen die bösen adeligen Vögte ein, sondern mit einer Herkunftssage. Noch bevor die Chronik vom Freiheitskampf der Waldstätte, von Wilhelm Tell und dem Schwur der ersten Eidgenossen auf dem Rütli berichtet, erzählt sie von Einwanderern, denen das Römische Reich erlaubt habe, in den Tälern um den Vierwaldstättersee zu roden und dort zu bleiben. Zuerst seien Siedler nach Uri gekommen, dann hätten Römer Unterwalden bevölkert, und schliesslich seien Leute aus Schweden nach Schwyz gelangt.

In den 1480er-Jahren fügte der Geistliche Heinrich von Gundelfingen (1440/1450–1490) dieser Sage weitere Einzelheiten hinzu.[14] Demnach habe in unvordenklicher Zeit in Skandinavien eine Hungersnot geherrscht, die den König von Schweden und den Grafen von Ostfriesland gezwungen habe, die Bevölkerung ihrer Länder zu verkleinern. Mit dem Los seien jene Einwohner ausgewählt worden, die übers Meer hätten auswandern müssen. In ihrer Verzweiflung hätten sich die Vertriebenen zusammengeschlossen und seien raubend südwärts bis an den Rhein gezogen. Dort hätten sich ihnen die Franken unter König Priamus in grosser Überzahl in den Weg gestellt. Unter ihrem Hauptmann Swicerus hätten die Schweden und Friesen die Franken aber in die Flucht geschlagen. Auf ihrer Wanderung seien sie schliesslich in die Gegend am Vierwaldstättersee gelangt, die sie an ihre Heimat erinnert habe. Der Graf von Habsburg habe ihnen als Landesherr erlaubt, dort zu siedeln. Darauf hätten sich die Schweden zwischen Pilatus und Gotthard und die Friesen jenseits des Brünigs im Haslital niedergelassen. Jahre später sei die Christenheit in arge Bedrängnis geraten, als der Heidenfürst Eugenius Papst Zosimus und die Kaiser Honorius und Theodosius aus Rom verjagt habe. Da sei der Gotenkönig Alarich diesen zu Hilfe geeilt, wobei ihn die Schwyzer und Haslitaler als standhafte Christen und treue

Diener von Papst und Reich unterstützt hätten. Mit ihrem Heldenmut hätten die Schwyzer und Haslitaler in Rom massgeblich zum Sieg der Christen über die Heiden beigetragen. Als Belohnung hätten die Schwyzer auf ihren Wunsch eine rote Fahne mit den Marterzeichen Jesu Christi und die Haslitaler die Fahne des Kaisers, allerdings nur mit dem einköpfigen Adler, erhalten. Reich beschenkt und im Besitz ihrer urkundlich verbrieften Reichsfreiheit seien die Schwyzer und Haslitaler in ihre Täler zurückgekehrt.

Die Herkunftssagen entsprangen nicht der Fantasie ihrer Verfasser, sondern waren um 1500 in den Waldstätten allgemein bekannt. So forderte ein Schwyzer Sittenmandat Ende der 1520er-Jahre die Landleute auf, jeweils beim Mittag- und Betläuten im Andenken an die Vorfahren aus Schweden fünf Vaterunser und fünf Ave-Maria sowie das apostolische Glaubensbekenntnis zu beten. 1531 bekräftigte die Schwyzer Landsgemeinde diese Anweisung: Die Menschen in Schwyz sollten jeden Tag zu Gott beten, so wie dies schon die frommen Vorfahren aus Schweden getan hätten; Gott habe es ihnen mit viel Gnade und Glück vergolten.[15] Das Andenken an die Wanderung der Vorfahren gehörte, so zeigen die Beschlüsse, noch im frühen 16. Jahrhundert zur ehrenhaften Identitätsrepräsentation der Schwyzer. Wie ihre frommen und tapferen Ahnen aus Schweden wollten auch die Schwyzer eigenständig bleiben, nur Gott als ihren Herrn anerkennen und an ihrem alten, wahren Glauben festhalten – ein Bekenntnis, das nicht zufällig im Frühjahr 1531 formuliert wurde, als die reformationspolitische Krise in der Eidgenossenschaft auf ihren Höhepunkt im zweiten Kappelerkrieg zusteuerte.

Die fremde Abstammung und die durch Not erzwungene Auswanderung der Vorfahren aus dem hohen Norden haben sich im Gegensatz zu den tyrannischen Vögten, Tells Apfelschuss und dem Rütlischwur kaum ins kollektive Gedächtnis der Waldstätte eingeschrieben. Durch die Brille des Migrationshistorikers gelesen, erhalten diese Herkunftsgeschichten jedoch paradigmatischen Charakter. In ihnen lebt die Erinnerung daran fort, dass Einwanderinnen und Einwanderer den Raum bevölkert und kultiviert haben, wo in den letzten Jahrhunderten die Schweiz entstanden ist.

Migrationsbewegungen der Frühzeit

Das Ende der letzten Eiszeit bietet sich als Anfangspunkt für eine Geschichte der Migration im schweizerischen Raum an. Nach dem Rückzug der Gletscher und mit der Bildung einer stabilen Pflanzendecke konnten Tiere und Menschen aus verschiedenen Richtungen in die Räume zwischen Léman und Bodensee sowie zwischen Rhein und Tessin einwandern, denn in den Jahrtausenden davor waren nur ein Teil des Jurabogens und wenige Gebiete des Mittellandes nicht von Eis bedeckt gewesen. Um 15 000 v. Chr. gelangten Tiere und Menschen zuerst ins Mittelland und nach zirka 12 700 v. Chr.

in die inneralpinen Gebiete. Fortan ernährten sich kleinere Gruppen nomadisierender Wildbeuter für viele Jahrtausende von der Jagd, dem Fischfang und der Sammelwirtschaft.

Ab etwa 6500 v. Chr. breiteten sich Ackerbau und Viehzucht – ausgehend vom Gebiet des so genannten Fruchtbaren Halbmonds zwischen der Levante und dem heutigen Iran – in Europa aus (so genannte neolithische Revolution), indem Bauernvölker einwanderten oder die Wildbeuter die bäuerliche Lebensweise von Nachbarn übernahmen. Im schweizerischen Raum sollen der Ackerbau ab etwa 6500 v. Chr., die Viehzucht ab etwa 5400 v. Chr. betrieben worden sein, wobei Jagen und Sammeln noch für lange Zeit wichtig blieben. Sesshaftigkeit kennzeichnete die neue Kultur, die in der Schweiz mit frühesten archäologischen Spuren von bäuerlichen Siedlungen am Ende des 6. Jahrtausends v. Chr. in der Nordschweiz (Schaffhausen, Basel-Landschaft), im Wallis und im Tessin fassbar wird. Die Sesshaften betrachteten fortan die nomadisierende Lebensweise der Wildbeuter als räuberisch und zerstörerisch. Nomaden und Bauern kamen sich bei der Beschaffung der Nahrung und bei der Kontrolle über die Ressourcen in die Quere. Die Bauernkulturen entwickelten ihre «notorische Aversion gegen alles Fremde».[16]

Spätestens in der Eisenzeit (8.–1. Jahrhundert v. Chr.) bewohnten keltische Stämme den Raum der heutigen Schweiz. Umstritten ist allerdings, wann diese sich im grössten Teil des schweizerischen Raums – mit Ausnahme bestimmter Täler in Graubünden (Räter) – niedergelassen haben. Ihre Namen (Helvetier, Allobroger, Rauriker, Lepontiner, Uberer, Seduner, Veragrer, Nantuaten) sind nur indirekt in Beschreibungen griechischer und römischer Autoren der Antike überliefert. Unter ihnen waren die Helvetier im 1. Jahrhundert v. Chr. der grösste Stamm. Sie lebten in weiten Teilen des Mittellandes mit Aventicum (Avenches) als Zentrum.[17]

Die «keltische Frage» hat ihre besondere Bedeutung für die Schweizer Geschichte, weil humanistische Geschichtsschreiber im frühen 16. Jahrhundert in den Helvetiern das nationale «Urvolk» der Schweiz erkannt haben wollten. Die Helvetier gingen fortan in die schweizerische Nationalideologie ein, und ihr Name diente in der Neuzeit dazu, das nationale Band zu beschwören, welches das Konglomerat partikularer Orte trotz aller inneren Gegensätze zusammenzuhalten schien. So wurden bereits im 17. Jahrhundert die Gesamtheit der 13 Orte und ihrer Zugewandten als «Corpus Helveticum» bezeichnet, und «Helvetia» entwickelte sich zur personifizierten weiblichen Repräsentationsfigur der Schweiz. 1798 löste die «Helvetische Republik» die alte Eidgenossenschaft ab, und nach der Gründung des Bundesstaats 1848 wurde, um keine der Landessprachen zu bevorzugen, «Confoederatio Helvetica» offizieller lateinischer Staatsname.

Es entbehrt allerdings nicht der Ironie, dass ausgerechnet der Name jenes Stammes zum Synonym für die Schweiz werden konnte, der sich möglicherweise nur kurze Zeit in diesem Raum aufhielt und diesen aus freien Stücken wieder verliess. Wahrscheinlich wanderten die Helvetier erst kurz vor 100 v. Chr. aus dem süddeutschen Raum ins schweizerische Mittelland ein. Doch schon 58 v. Chr. zerstörten sie hier ihre Wohnstätten und zogen aus ungeklärten Gründen unter ihrem Führer Divico weiter, um sich zwischen Bordeaux und Toulouse niederzulassen. Dort hatten sie sich bereits 107 v. Chr. aufgehalten und bei Agen gemeinsam mit den germanischen Kimbern ein römisches Heer geschlagen. Der römische Feldherr Julius Caesar aber setzte der Auswanderung der Helvetier in der Schlacht bei Bibracte 58 v. Chr. ein Ende. Die geschlagenen Helvetier gelangten nicht ins Land ihrer Träume, sondern wurden in stark dezimierter Zahl ins schweizerische Mittelland zurückgeschickt, wo sie – nunmehr unter römischer Herrschaft – das Land gegen Einfälle der Germanen beschützen sollten.

Wanderungen im römischen Vielvölkerreich

War das Südtessin schon 194 v. Chr. von den Römern erobert worden, so gehörte nach der Unterwerfung der Helvetier 58 v. Chr. der grösste Teil des schweizerischen Raums bis ins 6. Jahrhundert n. Chr. zum Römischen Reich, ohne darin allerdings eine ethnische oder administrative Einheit zu bilden. Im Zuge dieser Eingliederung vermischten sich die einheimischen Kulturen der Kelten und Räter mit jener der Römer. Wenn auch diese Akkulturation als «Romanisierung» bezeichnet wird, darf man sie sich nicht als Übermächtigung der unterworfenen Völker durch die Römer vorstellen. Vielmehr eigneten sich Kelten und Räter die römische Kultur an. Nicht zuletzt durch die Eingliederung der indigenen Eliten in die römische Herrschaftsordnung entstand so die besondere Kultur der Galloromanen. Da sich die römische Einwanderung auf ein paar Tausend Veteranen und Soldaten, einige Hundert Beamte, Ingenieure, Gewerbetreibende und Geschäftsleute beschränkte, blieb das keltische Substrat in der gallorömischen Kultur stark.[18] «Der Einfluss der Römer auf die Völker der Kelten und Räter bedeutete für diese nicht nur Fremdherrschaft, sondern auch die Integration in eine grössere Welt und die Einbettung in eine sehr reiche und vielfältige Kultur, die den Nährboden für die Entwicklung Europas bildete.»[19]

Die Zugehörigkeit zum Römischen Reich brachte den schweizerischen Raum erstmals mit einer urbanen Kultur in Berührung. Die Bevölkerung genoss Schutz und eine lange Friedenszeit. Die Römer legten ein überregionales Strassennetz an und prägten damit langfristig die Raumbildung und Siedlungsentwicklung. Im 4. Jahrhundert führten sie das Christentum ein. In der Westschweiz hatten auch die im Jahr 443 von den Römern angesiedelten Burgunder massgeblichen Anteil am Aufbau kirchlicher Strukturen. Um 450 erfolgte mit Romainmôtier die erste Klostergründung auf heutigem Schweizer Boden, um 515 folgte das Kloster St. Maurice. Im selben Zeitraum, zwischen dem späten 4. und dem 6. Jahrhundert, entstanden an den römischen Zentralorten auch die Bischofssitze Martigny (später verlegt nach Sitten), Augst (später verlegt nach Basel), Windisch, Genf, Chur und Lausanne.

Die Romanisierung erfolgte regional unterschiedlich rasch und intensiv. Sie prägte das Genferseegebiet und das Unterwallis deutlich stärker als das nordwestliche Mittelland, die Nordostschweiz oder die Alpentäler. In der Westschweiz, in Rätien und im Tessin bildeten die Galloromanen über viele Jahrhunderte die Mehrheit der Bevölkerung und legten auf lange Sicht betrachtet das Fundament für die Entstehung der romanischen Schweiz.

Anders verhielt es sich in der Nordschweiz. Seitdem die Grenze des Römischen Reichs an den Rhein verlegt worden war (260 n. Chr.), waren das schweizerische Mittelland und die Bündner Alpenpässe dem Einfluss germanischer Völker ausgesetzt. In der Spätantike schwankte das Verhältnis der Römer zu den Germanen lange «zwischen Konfrontation und Kooperation».[20] Im 5. und 6. Jahrhundert gelangten mehrere germanische Völker in den schweizerischen Raum. Im Südwesten siedelten die Römer Reste der Burgunder an (443 n. Chr.), die fortan als ihre Verbündeten gegen die Hunnen und Germanen kämpften und sich rasch in die gallorömische Kultur integrierten. In der zweiten Hälfte des 6. und im 7. Jahrhundert gelangten die Alemannen, die Ende des 5. Jahrhunderts unter die Herrschaft der Franken gefallen waren, über den Hochrhein ins Mittelland. Rätien kam Ende des 5. und im frühen 6. Jahrhundert kurzzeitig unter die Herrschaft der Ostgoten, während die Südschweiz seit Ende des 6. Jahrhunderts zum Reich der Langobarden in Italien gehörte.

Die Einwanderung der Alemannen aus Süddeutschland betrachtet man heute nicht mehr als systematische Landnahme, sondern als eine sich über Jahrzehnte erstreckende, meist friedliche Infiltration, in deren Folge als Erstes die für die agrarische Nutzung günstigen Lagen besiedelt wurden. Mit dem Einsickern der Alemannen wurde die romanische Bevölkerung langsam assimiliert, das Althochdeutsche breitete sich am Hochrhein sowie in grossen Teilen des Jura, des Mittellandes und der Voralpen aus.

Spuren in Orts-, Gewässer- und Gebirgsnamen

Die mit dem Landesausbau verbundenen Migrationsbewegungen der Frühzeit sind abgesehen von archäologischen Spuren vor allem über die Ortsnamen fassbar. Diese lassen sich verschiedenen Namenschichten und Zeiträumen zuordnen und ermöglichen so näherungsweise Aussagen darüber, wann und durch wen ein Raum besiedelt wurde.[21] Für die Schweiz unterscheidet man drei Namenschichten. In Gewässer- und Gebirgsnamen (Aare, Birs, Emme, Rhein; Albis, Alpen) fasst man die älteste Namenschicht, die seit dem 8. Jahrhundert v. Chr. von keltisch-helvetischen, lepontinischen beziehungsweise rätischen Namen überformt wurde. Die Benennungen von Räumen (Helvetier → Helvetia; Räter → Raetia; Lepontiner → Leventina) und von Siedlungen (Avenches, Biel, Brig, Chur, Moudon, Olten, Solothurn, Thun, Winterthur, Yverdon) sind Ausdruck davon.

Mit der Eingliederung des schweizerischen Raums ins Römische Reich wurde diese älteste Namenschicht seit der Mitte des 1. Jahrhunderts v. Chr. mit romanischen Namen überlagert und ergänzt. Verbreitet sind Siedlungsnamen, die auf die lateinischen Ausdrücke «campus» (Feld) oder «curtis» (Hof) zurückgehen (Campo TI, Champagne VD, Gempen SO, Gampelen BE, Gampel VS, Court JU, Gurzelen BE, FR und SO, Corcelles BE, NE, VD, Bassecourt JU, Courtelary BE). Auch Gutsnamen, die einen Personennamen mit dem besitzanzeigenden Suffix «-acum» verbinden, verweisen auf römische Besiedlung (Brissago TI, Dornach SO, Erlach BE, Martigny/dt. Martinach VS usw.).

Die alemannische Besiedlung macht sich in einer dritten Phase bemerkbar durch Ortsnamen mit der Endung «-ingen» (ältester alemannischer Siedlungsraum, 6./7. Jahrhundert: Itingen BL, Seftigen BE), mit der Endung «-i(n)ghofen»/«-ikofen» (erster Ausbauraum, 7./8. Jahrhundert: Zollikofen BE, Zollikon ZH, Etziken SO, Etzgen AG) sowie mit der Endung «-wil», «-wiler» (zweiter Ausbauraum, 8.–11. Jahrhundert: Bärschwil SO, Hergiswil NW, Rapperswil BE, SG usw.). Die Verbreitung der Ortsnamen lässt auf ein Wachstum der Bevölkerung und die Gründung neuer Siedlungen ab dem 7. Jahrhundert schliessen. Um 700 waren in der Nordost- und Nordwestschweiz diejenigen Räume wieder besiedelt, die es schon in römischer Zeit gewesen waren; zuvor nicht oder kaum besiedelte Zonen wurden neu erschlossen.[22] Die deutsch-romanische Sprachgrenze blieb über die längste Zeit beweglich, wie die Verteilung von Ortsnamen mit dem Kompositum «Walen», «Walchen», «Welsch» zeigt (Walensee beziehungsweise Walenstadt SG, Walchwil ZG, Wahlen BL, Wahlern BE, Wahlendorf BE, Welschenrohr SO), die auf eine Kontaktzone zum romanischen Sprach- und Kulturraum verweisen. Erst in der frühen Neuzeit stabilisierte sich die Sprachgrenze, bis im 19. und 20. Jahrhundert die starke Zuwanderung in die Städte das Gewicht der einzelnen Sprachgruppen besonders entlang der Sprachgrenze (Biel, Freiburg, Sitten) wieder veränderte.

2 Stadtgründungen und Landesausbau im Hoch- und Spätmittelalter

Brennpunkt Stadt 27
Bürgerrecht und Bürgergeld als Instrumente der
Regulierung 29
Migrationsräume und Zielorte 31
Die Migrations- und Integrationspolitik der
Stadt Zürich 33
Der Migrationshintergrund der städtischen
Machtelite 37
Der Landesausbau der Walser in den Hochalpen . . . 37
Ursachen und Motive der Walserwanderung 41
Migration in der Wirtschaft der Walser 43

Zwei zentrale Entwicklungen prägen die Schweizer Migrationsgeschichte des Hoch- und Spätmittelalters: die Erschliessung neuer ländlicher Siedlungsräume, der so genannte Landesausbau, und die Gründung zahlreicher Städte. Beide Vorgänge setzten eine säkulare Tradition kolonisatorischer Migration fort. Sie spiegeln das Bevölkerungswachstum und den gesellschaftlichen Wandel, die nicht zuletzt dank eines günstigen Klimas Mittel- und Westeuropa am Übergang vom Hoch- zum Spätmittelalter erfassten. Man schätzt, dass die Bevölkerung im Raum der heutigen Schweiz von knapp 500 000 im Jahr 1000 auf 700 000–850 000 Einwohnerinnen und Einwohner im Jahr 1300 zunahm, wobei das Wachstum bis gegen Mitte des 13. Jahrhunderts besonders ausgeprägt war.[23]

Da die Landwirtschaft im Mittelalter die Flächenerträge nur unwesentlich steigern konnte, führte das Wachstum der Bevölkerung zwangsläufig zur Erweiterung der agrarischen Anbaufläche, zur Erschliessung neuer Siedlungsräume und zu Migration. Landesausbau und Stadtgründungen veränderten die Natur- und Kulturlandschaft erheblich. Undurchdringliche, öde und dschungelartige Waldgebiete wurden erschlossen, die Siedlungs- und Nutzfläche dehnte sich aus. Um 1400 stiess die Binnenkolonisation jedoch an ihre Grenzen. Die Landreserven waren erschöpft. Als Folge der Agrarkrise, des Bevölkerungsrückgangs nach der Pest und der Verschlechterung des Klimas wurde kolonisiertes Land schon bald wieder aufgegeben und fielen Siedlungen auf marginalen Böden wüst. Neue Städte wurden kaum mehr gegründet, und manche Neugründung entwickelte sich nicht mehr über ein kümmerliches Stadium hinaus.

Brennpunkt Stadt

Die mittelalterlichen Städte Europas mit ihren spezifischen Rechten und Freiheiten unterschieden sich deutlich von den Städten früherer Jahrhunderte. Sie waren nicht nur Sitz herrschaftlicher und kirchlicher Instanzen, sondern trieben als Zentren des Handels auch die Geldwirtschaft voran. Als zentrale Orte mit hoher Arbeitsteilung hatten die Städte einen hohen Bedarf an administrativen, medizinischen, baulichen, kulturellen und künstlerisch-kunsthandwerklichen Dienstleistungen. Ihre Bewohnerinnen und Bewohner hatten höhere Konsumansprüche als die Menschen auf dem Land.

Im Hoch- und Spätmittelalter vervielfachte sich die Zahl der Städte im Raum zwischen Brügge im Westen und Brest-Litowsk im Osten sowie zwischen Falsterbo (Südschweden) im Norden und Genf im Süden von etwa 200 auf etwa 4000. Zwischen 1240 und 1300 wurden in jedem Jahrzehnt etwa 300 Städte gegründet, zwischen 1300 und 1330 etwa 200 pro Jahrzehnt.[24] Besonders dicht war das Städtenetz in dem Raum, der sich von Flandern über Südwestdeutschland und die Schweiz nach Oberitalien erstreckte. Auch im

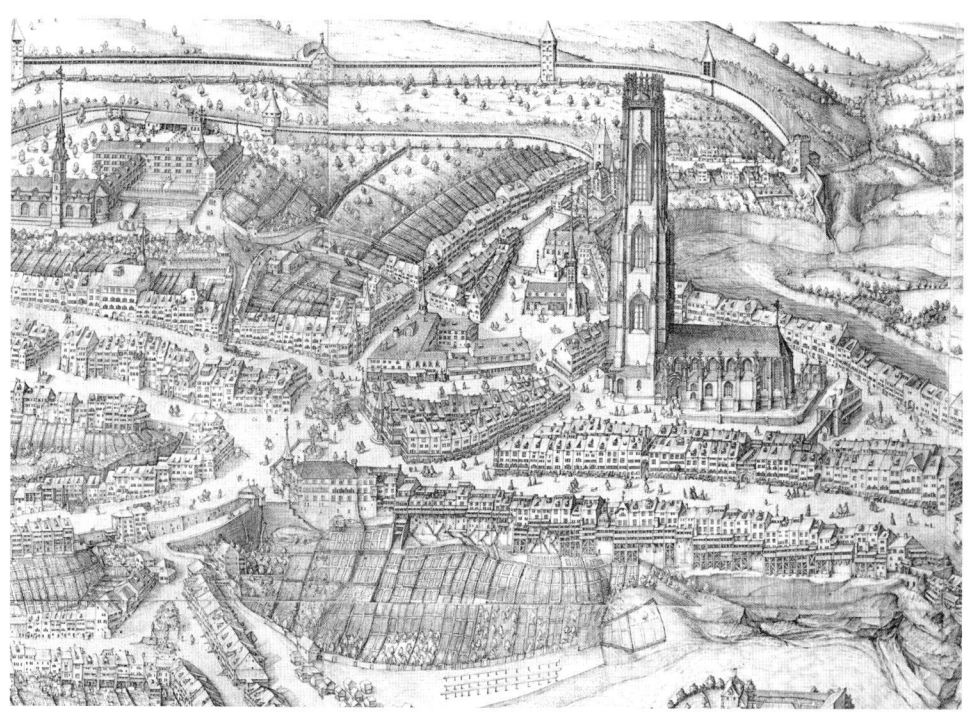

Grosse Freiburger Stadtansicht (Ausschnitt) von Martin Martini, 1606. Für die Stadtansicht erhielt der in Graubünden geborene und später in Schweizer Städten und in Italien tätige Kupferstecher 30 Livres und das Bürgerrecht von Freiburg. Vogelschaukarte, Ansicht von Süden, wichtige Bauten durch einen grösseren Massstab hervorgehoben.

Gebiet der heutigen Schweiz gründeten weltliche und geistliche Herren zwischen 1200 und 1300 zahlreiche Städte. Vor dem 12. Jahrhundert gab es hier nur die spätantiken Bischofsstädte Basel, Chur, Genf, Lausanne und Sitten sowie einige Marktstädte, darunter Zürich, Schaffhausen oder Solothurn. Nun erhöhte sich ihre Zahl von etwa 35 auf fast 200.[25] Ihre Einwohnerzahl blieb jedoch bescheiden. Die meisten Städte zählten im 15. Jahrhundert nur einige 100 Einwohnerinnen und Einwohner, vergleichsweise wenige kamen auf mehr als 1000, und nur Basel und Genf erreichten rund 10 000. Metropolen wie Mailand, das schon damals über 100 000 Einwohnerinnen und Einwohner zählte, fehlten im Raum der heutigen Schweiz ganz.

Die Städte waren Brennpunkte der Migration und ein wesentlicher Faktor für die räumliche Mobilität in der mittelalterlichen Gesellschaft. Nicht nur für ihre Gründung auf der grünen Wiese, sondern auch für ihr langfristiges Überleben waren sie auf Zuwanderung angewiesen. Weil die Sterblichkeit in der Stadt höher war als die Geburtenrate, konnten sie ihren Bevölkerungsstand nicht aus eigener Kraft halten. Pestzüge wirkten sich in den verdichteten Siedlungen viel verheerender aus als auf dem Land. Da die städtischen Haushalte kleiner waren als auf dem Land, waren sie auch weniger fruchtbar. Zudem wiesen städtische Bevölkerungen eine geringe Kontinuität auf. Viele Familien starben aus oder wanderten wieder ab. Für die Stadt Basel beispielsweise wurde berechnet, dass die Bürgerschaft statistisch gesehen im Spätmittelalter innerhalb von hundert Jahren vollständig ausgewechselt wurde.[26]

Bürgerrecht und Bürgergeld als Instrumente der Regulierung

Wer im Mittelalter eine Stadt gründete, musste Menschen dazu bewegen, ihre angestammten Lebensräume aufzugeben, um in einer fremden Umgebung ein neues Leben zu beginnen. Die Stadtherren lockten mit der Aussicht auf bessere Lebensumstände, konkret: mit der Aussicht auf das Bürgerrecht in der Stadt. Das Bürgerrecht verhiess dem Zuzügler persönliche Freiheit, wenn er Jahr und Tag in der Stadt gelebt hatte, ohne dass sein früherer Herr ihn zurückforderte – der Ausspruch «Stadtluft macht frei» geht auf diesen mittelalterlichen Rechtsgrundsatz zurück. Das Leben hinter Stadtmauern versprach aber auch Schutz vor Krieg und Fehde. So nahm die Stadt Basel 1444 mehrere Tausend Flüchtlinge aus dem Sundgau auf, die sich vor den Armagnaken in Sicherheit brachten. Für die Stadt stellte dies nicht nur wegen der Verschlechterung der Versorgungslage eine Bedrohung dar, sondern auch wegen der Anwesenheit zahlreicher Untertanen feindlich gesinnter Adeliger.[27] Für den Bürger galten zudem das besondere Stadtrecht sowie die städtischen Gerichte. Schliesslich konnte der Bürger als Handwerker, Gewerbetreibender oder Händler von den Konsumbedürfnissen, der Kaufkraft und Prosperität einer arbeitsteiligen städtischen Gesellschaft profitieren. Er gehörte zur Gemeinde, die aus ihren Reihen die Räte und städtischen Ämter besetzte, und war zu Wacht- und Kriegsdienst mit der eigenen Waffe und Ausrüstung verpflichtet. Erhob die Stadt eine Steuer, so hatte jeder Bürger gemäss seinem Vermögen dazu beizutragen. Nur als Bürger war der Bewohner einer Stadt mit allen Rechten und Pflichten integriert. Sein Bürgereid verpflichtete ihn zu Loyalität gegenüber der Stadt. Er unterwarf sich dem Recht und den Gesetzen der Stadt und versprach Gehorsam gegenüber den städtischen Amtsträgern. In vielen Städten erneuerten die Bürger ihren Eid jährlich beim politischen Ritual des so genannten Schwörtags.

Die starke Sogwirkung der Städte führte zwangsläufig zu Konflikten mit den Verlierern der Wanderungsbewegungen. Adelige und Klöster verloren Eigenleute und Hörige, von deren Abgaben und Frondiensten sie lebten. Die Landflucht höhlte das Fundament ihrer Herrschaft aus. Die Grund-, Gerichts- und Leibherren auf dem Land reagierten auf die gefährliche Entwicklung. Sie verschärften die Leibherrschaft über ihre abhängigen Leute und liessen diese schwören, sich nicht aus der Herrschaft zu entfernen und sich nicht ausserhalb des eigenen Leibeigenenverbandes zu verheiraten. Sie riefen den Schutz des Kaisers an, der den Städten die Aufnahme von Bürgern verbieten sollte. Bisweilen wehrten sie sich auch mit Gewalt und überzogen die Städte mit Fehde und Krieg. In diesen Zusammenhang gehört etwa der Sempacher Krieg von 1386 zwischen dem habsburgisch-österreichischen Herzog Leopold III. und der habsburgischen Landstadt Luzern. Diese hatte über Jahre habsburgische Untertanen als Ausbürger in ihr Bürgerrecht aufgenommen, was Leopold als Luzerner Stadtherr nicht unwidersprochen lassen konnte. Der Krieg, den die ältere Schweizer Nationalgeschichte gerne als Freiheitskrieg der Eidgenossen gegen Habsburg dargestellt hat, war letztlich die legitime Strafaktion des rechtmässigen Herrn gegen dessen unbotmässige Stadt. Feudalherren konnten auch mit der Gründung eigener Städte auf Wanderungsverluste reagieren. Grundsätzlich aber war die Wirksamkeit dieser Massnahmen eine Machtfrage, und besonders der niedere Adel war dem Aufstieg der Städte recht hilflos ausgeliefert.

Die Städte steuerten die Zuwanderung über die grosszügige beziehungsweise restriktive Erteilung des Bürgerrechts beziehungsweise über die Höhe des Bürgergelds, das Neubürger bei der Aufnahme in den Bürgerverband zu entrichten hatten. Waren Städte dringend auf Neubürger angewiesen, konnten sie das Bürgerrecht auch unentgeltlich verleihen. Umgekehrt erhöhten sie das Bürgergeld, wenn sie keine Neubürger mehr oder nur noch solche mit hohem Vermögen aufnehmen wollten. Phasen der grosszügigeren Integration und Phasen der Abschottung wechselten sich je nach Situation und Bedürfnissen ab. Im Spätmittelalter und bis ins 16. Jahrhundert waren die Städte grundsätzlich auf Zuwanderung angewiesen, sodass sie eine relativ offene Bürgerrechtspolitik praktizierten. Dies war besonders nach

Bevölkerungskrisen der Fall, wenn es galt, die Lücken in der Bürgerschaft zu schliessen, die Pest- und Seuchenzüge, Ernteausfälle und Hungersnöte oder verlustreiche Kriege verursacht hatten.

Weil viele Städte ihre neuen Bürger in besonderen Verzeichnissen, so genannten Bürgerbüchern, registrierten, lässt sich die Zuwanderung in die Städte des Spätmittelalters in manchen Fällen genau untersuchen. Die Bürgerbücher erlauben Aussagen über die Reichweite der städtischen Migrationsräume, über das Sozialprofil der Neubürger und über die Migrations- und Integrationspolitik einer Stadt.

Migrationsräume und Zielorte

Grundsätzlich war die Migration in die Städte des Heiligen Römischen Reichs von der Mitte des 13. bis in die Mitte des 16. Jahrhunderts ein bedeutsamer gesellschaftlicher und wirtschaftlicher Vorgang.[28] Das ganze Reich bildete einen grossen Migrationsraum, aus dem Städte ihre neuen Bürger gewannen. Besonders zahlreich stammten Neubürger aus der dichten Städte- und Siedlungslandschaft im Westen des Reichs, aus Flandern, dem Rheinland, aus Schwaben, dem Elsass und dem Schweizer Mittelland. Schwächer war die Zuwanderung aus dem Norden, aus den Gebieten östlich von Weser und Elbe, aus den deutschen Mittelgebirgen sowie aus grossen Teilen des Alpenraums. Der Osten des Reichs und die Alpen waren im Spätmittelalter noch dünn besiedelt und selber Zielgebiete von Kolonisationswanderungen.

Die Neubürger wanderten innerhalb von Sprachgrenzen, die viel stärker als Gewässer oder Gebirge als Migrationsbarrieren wirkten. So migrierten vergleichsweise wenige Neubürger aus den Reichsgebieten westlich des Juras und der Vogesen sowie aus Frankreich, Böhmen, Mähren, Dänemark, Schweden und Polen in die Städte des Reichs. Attraktive Zielorte waren die Städte im Elsass, im Bodenseeraum und in Oberschwaben, im Rhein-Main-Gebiet, im Kölner Raum inklusive Westfalen, in Flandern und in den Niederlanden. Eine hohe Sogwirkung entfalteten auch die Städte in den welfischen Territorien sowie an der Nord- und Ostseeküste zwischen Bremen, Hamburg, Lübeck und Danzig.

Mehrere Faktoren machten die Attraktivität einer Stadt für Zuwanderer aus.[29] An erster Stelle stand die wirtschaftliche Attraktivität, das heisst der Arbeitsmarkt, das ökonomische Profil und die wirtschaftliche Entwicklung einer Stadt. Sodann wies auch die Sprache der Wanderung die Richtung. Verlässliche Informationen über die Verhältnisse am Zielort der Wanderung erleichterten ebenfalls den Wanderungsentscheid. Kaufleute, Marktbesucher und wandernde Handwerksgesellen gaben Auskunft über die lokalen Verhältnisse und über die aktuelle Stellensituation. Schliesslich

Zuger Marktszene, Bilderchronik des Wettinger Abts Christoph Silberysen, 1576. Die Städte des Mittelalters und der frühen Neuzeit waren nicht nur für die Versorgung mit Lebensmitteln vom Umland abhängig. Nur dank Zuwanderung von Neubürgern und Hintersassen konnten sie ihren Bevölkerungsstand halten und ihren Bedarf an Arbeitskräften decken.

bestimmten auch politische und herrschaftliche Rahmenbedingungen das Wanderungsverhalten. Seit der Reformation prägte zudem die Konfession die Richtung der Wanderung.

Für einzelne Städtelandschaften sind die Intensität der Zuwanderung und die Reichweite der Migrationsräume bekannt. Die drei mittelgrossen Städte Konstanz, Ravensburg und Zürich mit jeweils bis zu 5000 Einwohnerinnen und Einwohnern waren bei Neubürgern beliebt und wiesen eine bemerkenswerte Integrationsfähigkeit auf: In diesen Kommunen war jeder dritte Einwohner ein Neubürger. Die meisten Neubürger kamen aus dem näheren Umland dieser Städte, das weitgehend mit deren Herrschaftsgebiet identisch war. Doch nahmen alle drei Städte Neubürger auch aus weiter entfernten Migrationsräumen im Norden und Nordosten auf, aus Oberschwaben, der Schwäbischen Alb, dem Ober- und dem Niederrhein. Die eidgenössische Stadt Zürich nahm kaum Neubürger aus der Innerschweiz oder aus dem westlichen Mittelland um Bern und Freiburg auf. Der Zürcher Migrationsraum bestätigt das Selbstverständnis der Limmatstadt als «schwäbische Reichsstadt», das sie bis zu ihrer gewaltsamen Einbindung in die Eidgenossenschaft im Alten Zürichkrieg (1436–1450) charakterisierte.

Die Migrations- und Integrationspolitik der Stadt Zürich

Für Zürich liegt mit Bruno Kochs Studie die zurzeit beste Analyse der Zuwanderungs- und Bürgerrechtspolitik einer Stadt des schweizerischen Raums im Spätmittelalter vor.[30] Zürich zählte Mitte des 14. Jahrhunderts etwa 5300 Einwohner (plus etwa 400 Bewohner der Vorstädte). Von 1351 bis 1550 nahm es 5395 Neubürger an, von denen 1700 Ausbürger waren, das heisst Bürger, die auf der Landschaft wohnhaft blieben; somit dürften sich etwa 3700 Neubürger in der Stadt selber niedergelassen haben. Unter der Annahme, dass sechzig bis siebzig Prozent der Neubürger verheiratet waren und zusammen mit Kindern und Hausangestellten eingebürgert wurden, sind insgesamt schätzungsweise 10 000 Personen nach Zürich migriert. Da die Bevölkerung der Stadt in diesem Zeitraum nicht grösser wurde, ist von einem Bevölkerungsverlust in etwa dieser Grössenordnung auszugehen. Die Stadt verlor also jedes Jahr gut fünfzig Einwohner, sodass sich die Stadtbevölkerung ohne Zuwanderung alle 69 Jahre halbiert hätte.[31]

Die Zuwanderung von Neubürgern verlief nicht gleichmässig, sondern in Wellenbewegungen. Bis um 1430 nahm sie stetig zu, danach war sie bis 1500 rückläufig. Im 16. Jahrhundert wurden zuerst, vor allem als Folge des Glaubenskonflikts, wieder mehr Neubürger aufgenommen. Ab 1540 war die Zahl der Einbürgerungen langfristig stark rückläufig (vgl. Tabelle Seite 143). Besser noch als solche langfristigen Durchschnittswerte lassen die jährlichen Schwankungen bei der Aufnahme von Neubürgern die Überlegungen erkennen, von denen sich der Zürcher Rat bei seiner Migrations- und Integrationspolitik leiten liess.[32] Sowohl die Aufnahme von Neubürgern, die sich in der Stadt niederliessen, als auch jene der so genannten Ausbürger, die auf dem Land wohnhaft blieben, unterlagen starken Schwankungen: Gewöhnlich verlieh die Stadt jedes Jahr zwischen zehn und dreissig bis vierzig Zuzüglern und höchstens zehn Ausbürgern das Bürgerrecht. Unter besonderen Umständen nahm die Stadt aber auch über hundert Zuzügler und ebenso viele Ausbürger ins Bürgerrecht auf. Solche Masseneinbürgerungen sollten die hohen Verluste an wehrfähigen Männern kompensieren, die im Alten Zürichkrieg (1436–1450), in den Burgunderkriegen (1474–1477) und in den Mailänderkriegen (1499–1515) zu beklagen waren. Auf diese Weise beschaffte sich Zürich neue Krieger; davon profitierten vor allem Männer, die sich aufseiten Zürichs im Krieg bewährt hatten und mit der Einbürgerung für ihren militärischen Einsatz belohnt wurden. Die unentgeltliche Einbürgerung als Anerkennung für geleistete Kriegsdienste war besonders für Angehörige der Unterschicht interessant, die sich das Bürgergeld nicht hätten leisten können. Indem Zürich von 1475 an das Bürgergeld von drei auf zehn Gulden erhöhte, gab es zu verstehen, dass sein Interesse an der Aufnahme von Neubürgern nachliess. Dies gilt auch für die anderen grossen eidgenössischen Städte, die mit dem Erwerb grosser Untertanengebiete ihre kriegsfähige Mannschaft vergrössert hatten und ihre militärische Schlagkraft nicht mehr durch die Vergabe des Bürgerrechts absichern mussten.

Woher stammten Zürichs Neubürger, und welche Qualifikationen brachten sie an die Limmat mit? Die Ausdehnung des Migrationsraums ist grundsätzlich ein Indikator dafür, wie attraktiv ein Zielort für Migranten war und wie weit der Einfluss und der Wirtschaftsraum einer Stadt reichten. Zwischen 1350 und 1550 wanderte die grosse Mehrheit der Zürcher Neubürger aus einer Entfernung von höchstens dreissig Kilometern in die Stadt. Dieser Kernmigrationsraum umfasste Orte, die schon zum Herrschaftsgebiet der Stadt gehörten oder bald einmal dazugehören sollten. Von hier aus zogen vor allem Landbewohner ohne besondere handwerkliche oder gewerbliche Qualifikation in die Stadt. Mit zunehmender Entfernung zur Stadt ging zwar die Zahl der Zuwanderer zurück, doch erhöhte sich gleichzeitig deren Qualifikationsgrad.[33] Die durchschnittliche Wegstrecke der Zürcher Neubürger wurde zwischen den 1390er-Jahren und den 1490er-Jahren deutlich länger. Der Zürcher Migrationsraum dehnte sich in Richtung Thurgau, Rheintal und Sargans sowie ins Elsass, nach Baden, Schwaben und Franken aus. Seine äussersten Eckpunkte waren Danzig im Norden, die flämischen Städte im Westen, Asti und Venedig im Süden sowie Wien und Budapest im Osten.

Aus dem ferneren Migrationsraum (60–180 Kilometer Entfernung) gelangten vor allem qualifizierte Berufsleute aus städtischem Milieu nach Zürich. Als Zentrum der Leder- und Fellverarbeitung bürgerte Zürich bis 1545 234 Schuhmacher, 59 Kürschner, 53 Gerber, 19 Säckelmacher und

13 Sattler ein. Die zahlreichen Zürcher Schuhmacher nutzten die Nähe zu den Viehzuchtgebieten und fertigten Schuhe für einen grösseren Markt an. Zahlreiche Neubürger waren sodann im Textilgewerbe (Schneider, Weber), im Nahrungsmittelsektor (Bäcker, Müller, Metzger), in der Metallverarbeitung und Waffenproduktion (Schmiede, Gürtler, Schlosser, Harnischer, Schwertfeger) und im Baugewerbe (Zimmerleute, Steinmetzen, Bildhauer, Maurer) tätig. Zürich hatte auch Bedarf an medizinischem Fachpersonal (Apotheker, Scherer, Bader). Vergleichbare Migrationsmuster sind auch für andere Städte nachzuweisen. Bern holte sich Apotheker und Ärzte unter anderem aus Pavia, Ulm, Wesel, Braunschweig und Dresden, Bauhandwerker aus Basel, Ulm, Passau und Stadtlohn an der Grenze zu den Niederlanden, Stadtschreiber aus Rottweil, Brugg und Luzern, Schulmeister und Organisten aus Württemberg und Franken sowie die ersten Betreiber von Papiermühlen aus dem Piemont.[34]

Der Bedarf an Finanzdienstleistungen bewog zahlreiche Städte dazu, Juden nach den Pogromen in den Pestjahren 1348–1350 schon bald wieder gegen die Entrichtung hoher Gebühren und einer jährlichen Judensteuer Aufenthalt zu gewähren. Juden waren als Geld- und Pfandleiher sowie als Ärzte gefragt, blieben aber von den Berufen der Bürger sowie von Ämtern und Zünften ausgeschlossen. Die Aufnahme von Juden als mindere Bürger war auch fiskalisch motiviert, verschafften sie doch verschuldeten und verarmten Städten dringend erwünschte Einnahmen. Kritik am Wucher, die auch fremdenfeindlich motiviert war und sich deswegen ebenfalls gegen die seit dem 13. Jahrhundert im schweizerischen Raum tätigen Pfandleiher und Wechsler aus Oberitalien, so genannte Lombarden, richtete, führte im Verlauf des 15. Jahrhunderts zu neuen Verfolgungen und schliesslich zur definitiven Vertreibung der Juden.[35] Die Städte hatten in der Zwischenzeit mit der Einrichtung amtlicher Wechselstuben den Bedürfnissen der sich ausbreitenden Geldwirtschaft Rechnung getragen: Auch ohne Juden konnte man nun Währungen wechseln und zu Krediten kommen.[36]

Wie kamen die Neubürger am Zielort ihrer Wanderung zurecht, und wie gut integrierten sie sich an ihrem neuen Lebensmittelpunkt? Die Frage der Integration stellt sich umso mehr, als die Neubürger keine marginale Gruppe bildeten: Bei den Schmieden und Zimmerleuten in Zürich war 1443 immerhin jedes dritte Zunftmitglied ein Neubürger.[37] Wie rasch und wie erfolgreich sich ein Neubürger in seinem neuen sozialen Umfeld einzugliedern wusste, lässt sich an seinem wirtschaftlichen Erfolg, an seiner Teilhabe an politischer Macht und an seiner Wohnlage in der Stadt ablesen.

Die Vermögen der Zürcher Neubürger streuten innerhalb derselben Bandbreite wie jene der ansässigen Bürger. Die reichsten Neubürger versteuerten ähnlich hohe Vermögen wie die reichsten ansässigen Bürger. Insgesamt aber waren Neubürger in der höchsten Vermögensklasse seltener vertreten als Altbürger. Am anderen Ende des sozialen Spektrums befanden sich jene Neubürger, die wie viele ansässige Bürger so wenig besassen, dass sie keine Steuer zahlten. Insgesamt aber waren die Neubürger vermögender als die ansässigen Bürger, was dadurch bestätigt wird, dass sie in allen Quartieren Zürichs wohnten, jedoch nur selten in den ärmeren Randlagen.[38] Auch konnten die meisten Neubürger in den Jahren nach ihrer Niederlassung ihr Vermögen beträchtlich steigern; Zuzügler konnten sich also berechtigte Hoffnung machen, durch die Wanderung nach Zürich wirtschaftlich voranzukommen. Besonders gut gelang dies Krämern beziehungsweise Händlern, Wirten und Apothekern, den Spezialisten im Metallgewerbe sowie Vertretern seltener Berufe (Orgelbauer, Windenmacher, Pergamenter, Siebmacher).[39] Wenn sich unter den wirtschaftlich besonders erfolgreichen Zürcher Neubürgern mit einem Vermögen über 1000 Gulden nicht weniger als zwölf Bäcker fanden, dann hatten diese ihren Wohlstand allerdings weniger mit dem Verkauf von Brot als mit dem Getreidehandel erwirtschaftet.

Neubürger, die vor ihrer Aufnahme in Zürich bereits in einer Stadt gelebt hatten, waren im Durchschnitt vermögender als solche, die aus dem ländlichen Raum zuwanderten; sie konnten ihre wirtschaftliche Lage nach ihrer Niederlassung in Zürich deutlich verbessern. Diesbezüglich fallen einige Zuwanderer aus Kleinstädten im nahen Migrationsraum auf, die schon an ihrem Herkunftsort reich geworden waren und mit der Wanderung nach Zürich ihren Lebensmittelpunkt in eine aufsteigende Stadt verlegten, die ihnen mit ihrer politischen und wirtschaftlichen Machtposition einen grösseren Handlungsspielraum eröffnete. Hier sind etwa die Escher zu nennen, die ihren ersten sozialen Aufstieg in der bischöflich-konstanzischen Kleinstadt Kaiserstuhl durch die Abwanderung nach Zürich fortsetzten, wo sie rasch eine führende Rolle spielten.

Mit der baldigen Übernahme politischer Führungspositionen zeigten Neubürger an, dass sich geografische Mobilität auch in soziale Mobilität ummünzen liess. Im 14. und 15. Jahrhundert konnten Neubürger und deren Söhne noch ohne Weiteres in die Zürcher Machtelite aufsteigen. Dies trifft etwa auf Familien aus dem Dienstadel wie die Meyer von Knonau oder die Manesse zu, die Erfahrung in Herrschaftsfunktionen mitbrachten und dank ihrer Einkünfte für die Übernahme eines grundsätzlich nicht entlohnten hohen Amts in der Zürcher Politik infrage kamen. Spektakuläre Karrieren wie die des Hans Waldmann (etwa 1435–1489) aus dem zugerischen Weiler Blickensdorf waren in den Städten des Spätmittelalters ebenfalls noch möglich. Waldmann wurde 1452 in Zürich eingebürgert und nutzte in der Folge wirtschaftlichen Erfolg, eine vorteilhafte Heirat und militärische Erfolge in den Burgunderkriegen, um einer der einflussreichsten Politiker in der Eidgenossenschaft und 1483 zum Zürcher Bürgermeister gewählt zu werden.[40] Sein Aufstieg war auch den Zeitumständen geschuldet. In den Burgunderkriegen wurden die grossen Kriegsherren auf den Anführer der Zürcher Truppen aufmerksam; sie machten ihn zu ihrem Klienten und entschädigten ihn reich mit Pensionen. Waldmanns Schicksal ist das eines Karrieristen. Auf seinem Weg nach oben machte er sich mächtige Feinde innerhalb der Zürcher Elite und stürzte schliesslich noch steiler ab, als er davor aufgestiegen war.

Waldmanns Aufstieg war zwar aussergewöhnlich, doch blieb er nicht der einzige Neubürger, der nach seiner Einwanderung in Zürich in hohe Ämter gelangte. Zwischen 1380 und 1545 waren jeweils etwa zehn Prozent der Ratsherren Neubürger, die fünf bis zwanzig Jahre nach ihrer Aufnahme ins Bürgerrecht in den Rat gewählt wurden. Noch mehr Neubürger schafften die Wahl zum Zunftmeister. Eine entscheidende Voraussetzung für solche politischen Karrieren war allerdings ein überdurchschnittlich grosses Vermögen, das diese Neubürger für politische Führungschargen abkömmlich machte.[41] Langfristig wurde der Zugang zu Spitzenämtern für Neubürger jedoch enger. Die Angehörigen der Zürcher Machtelite betrachteten ihre Teilhabe an der Macht je länger, je mehr als Privileg der Etablierten, das sie nicht mit Neubürgern teilen wollten.

Der Migrationshintergrund der städtischen Machtelite

Die Migration in die mittelalterliche Stadt bestätigt eine allgemeine Feststellung der Migrationsgeschichte: «Niemand war schon immer da.»[42] Auch Samuel Henzi erinnerte die Berner Patrizier an diese Tatsache, als er 1749 zusammen mit anderen Angehörigen der zurückgesetzten Burgerschaft die in Bern regierenden patrizischen Familien gewaltsam von der Macht verdrängen wollte. In seiner Denkschrift wies er darauf hin, dass deren Vorfahren einmal als einfache Maler, Metzger, Gerber, Schuster oder Färber in Bern eingebürgert worden waren.[43] Der Migrationshintergrund bekannter Familien aus der frühneuzeitlichen städtischen Machtelite lässt sich in der Tat nicht nur für Bern leicht bestimmen, sondern auch für andere eidgenössische Städte (siehe dazu Tabelle Seiten 38/39).

Der Landesausbau der Walser in den Hochalpen

Zur selben Zeit, als Neubürger die eben gegründeten Städte bevölkerten, kolonisierten deutschsprachige Siedler aus dem Oberwallis die hochalpinen Täler der Zentralalpen. Die Wanderungen der Walser waren Teil jener ausgreifenden Siedlungs- und Kolonisationsprozesse, in deren Verlauf sich die wachsende Bevölkerung im Hoch- und Spätmittelalter neue Lebensräume erschloss. Bekannt ist in diesem Zusammenhang die so genannte Deutsche Ostsiedlung, die Kolonisten aus Flandern, Holland, dem Rheinland, Westfalen, Schwaben und Franken in die noch dünn besiedelten, von Slawen

Familiäre Herkunft der frühneuzeitlichen städtischen Machtelite (Auswahl)

Name	Herkunft	Jahr der Einwanderung / Einbürgerung	Ort der Einbürgerung	Tätigkeit / Beruf zum Zeitpunkt der Einbürgerung
Burckhardt	Britznach (Schwarzwald)	1523	Basel	Tuchhändler
Faesch	Breisgau (vermutl.)	1409	Basel	Baumeister, Goldschmiede, Kaufleute
Forcart	Rheinland	1637	Basel	Tuchhändler
Merian	Courroux (JU)	1498	Basel	Schiffer, Sägemüller
Thurneysen	Nürnberg	1461	Basel	?
Socin	Bellinzona	1560	Basel	Kaufleute
Werthemann (Vertemate)	Plurs (Bergell)	1586/87	Basel	Spediteure, Tuchhändler
Manuel	Chieri (Piemont)	um 1450/1460	Bern	Apotheker
May	Comesee-Gegend	Ende 14. Jh.	Bern	Fernhandel, Bankgeschäfte
Gady	Belfaux (vermutl.)	1595	Freiburg	Wirte
Raemy	Zofingen	1517	Freiburg	?
Reynold	urspr. Savoyen; ab 1404 Romont	1531	Freiburg	?
Amrhyn	Beromünster	1518	Luzern	Gerber, Schuhmacher
Balthasar	Peccia (Maggiatal)	1544/1547	Luzern	?
Cysat	Mailand	vor 1544/1547	Luzern	Kaufleute
Meyer (von Schauensee)	Mellingen	1406 oder 1468	Luzern	Gerber
Pfyffer	Rothenburg (Luzern)	1483	Luzern	Schneider, Tuchhändler, Krämer
Russ	Lombardei	Ab 1381	Luzern	Apotheker, Gewürz- und Viehhändler

Sonnenberg	Altkirch (Elsass)	spät. 1418	Luzern	?
Peyer	Bayern (vermutl.)	2. Hälfte 15. Jh.	Schaffhausen	Hufschmiede
Arregger	Ruswil	1495	Solothurn	?
Besenval	Aostatal	1629	Solothurn	Silber-, Korn- und Weinhändler
Grimm	Zürich	1524	Solothurn	Kürschner
Schwaller	Wasseramt (Solothurn)	1480	Solothurn	Müller
Bodmer	Alagna Valsesia (Piemont)	1543	Zürich	Steinmetze
Göldli	Pforzheim	Anfang 15. Jh./1405	Zürich	Bankiers
Heidegger	Nürnberg	1503	Zürich	Seidensticker
Hirzel	Pfäffikon (Zürich)	1540	Zürich	Tuchhändler
Hottinger	Zollikon	1562	Zürich	Bäcker
Landolt	Thalwil	1566	Zürich	Schärer, Wirte
Rahn	Rorbas	1429	Zürich	Wirte
Ulrich	Waltalingen	1528, 1535, 1544	Zürich	Rotgerber
Pestalozzi	Chiavenna	1567	Zürich	Kaufleute

Quelle: Historisches Lexikon der Schweiz, Familienartikel.

und Balten bewohnten Gebiete östlich des Heiligen Römischen Reichs führte. Weiter südlich besiedelten sie die Gebiete der heutigen österreichischen Bundesländer Niederösterreich, Steiermark und Kärnten. Im dünn besiedelten Osten wollten sie grössere Ackerflächen bewirtschaften. Die Landesherren versprachen ihnen für die Startphase Abgabenfreiheit. Sie sollten ihr Land zu günstigen Besitzrechten erhalten und dieses an ihre Kinder vererben können. Sie sollten zudem auch am neuen Lebensmittelpunkt nach dem vertrauten Recht ihrer alten Heimat leben können.

Der so genannte Landesausbau war ein umfassender Intensivierungsvorgang, der im Hochmittelalter von den kontinentalen Kernländern und vom Altsiedelland ausging und den Siedlungs- und Wirtschaftsraum in periphere Räume ausdehnte. Migration und Rodung erschlossen neue Gebiete und machten sie für die Landwirtschaft nutzbar. Auch im schweizerischen Raum migrierten Kolonisten in bislang unerschlossene Gebiete. Angeworben durch lokale Herrschaftsträger (Klöster, Adelige, Dynasten, Bischöfe), die ihnen Selbstverwaltung, vorteilhafte Besitzrechte und tiefe Abgaben in Aussicht stellten, bevölkerten sie waldreiche Höhenlagen und Seitentäler im Jura sowie in den Voralpen und Alpen, die weder topografisch noch klimatisch begünstigt waren. Diese Binnenkolonisation setzte wohl schon im 7./8. Jahrhundert ein. Sie erreichte ihren Höhepunkt im 12. und 13. Jahrhundert und klang im 14. und 15. Jahrhundert als Folge des pestbedingten Bevölkerungsrückgangs aus.

In diesen Zusammenhang sind auch die Wanderungen der Walser im 13. und 14. Jahrhundert einzuordnen. Diese setzten mit der Kolonisation der Hochtäler im inneralpinen Raum die Wanderungs- und Siedlungstradition ihrer alemannischen Vorfahren fort, die im 7. Jahrhundert die Landnahme im zentralen Alpenraum vorangetrieben hatten. Alemannen hatten im Wallis Dauersiedlungen in Höhenlagen bis 1500 Meter über Meer angelegt. Später gründeten die Walser im Verlauf ihrer Wanderungen zwischen dem 12./13. Jahrhundert und 15. Jahrhundert rund 150 Siedlungen, die verstreut auf einer Länge von rund 300 Kilometern in den Zentralalpen liegen. Ganz oder teilweise walserisch geprägt sind im Norden Teile des Lauterbrunnentals (Mürren) und das bernische Haslital, im Westen das französische Chablais im Tal von Chamonix, jenseits des Alpenkamms die Täler am Südhang des Monte Rosa (Lys, Anzasca, Sesia, Toce) und das Val Formazza (Pomat) im Ossolatal. Vom Pomat aus gründeten die Walser Bosco/Gurin in einem Seitental des Maggiatals. Während gut hundert Jahren zogen sie ab dem 13. Jahrhundert auf verschiedenen Wegen ostwärts ins Urserental, jenseits des Oberalppasses ins Tujetsch sowie nach Obersaxen in der Surselva. Weitere wichtige Walserkolonien in Graubünden sind das Rheinwald im Gebiet des Hinterrheins und die Landschaft Davos, die beide um 1280 besiedelt wurden. Von dort aus griffen die Walser weiter in benachbarte Täler aus: vom Hinterrhein aus nach Vals, Safien, Tschappina und vermutlich ins

Aversertal, von Davos aus nach Klosters und Schlappin (oberhalb Klosters), zudem ins Prättigau, wo sie die Höhensiedlungen St. Antönien, Schuders, Furna und Valzeina anlegten oder ausbauten. Von Davos aus gelangten sie auch ins Schanfigg, nach Arosa und Langwies (mit Praden). Kaum geklärt ist die Wanderung der Walser ins Sarganserland, ins Fürstentum Liechtenstein (v. a. Triesenberg, um 1280) und nach Vorarlberg. Seit Beginn des 14. Jahrhunderts sind sie im Laternser- und Kleinwalsertal nachgewiesen. Walserisch sind auch das Grosse Walsertal, Lech am Arlberg, zahlreiche verstreute Orte in den Seitentälern des Walgaus und des Rheintals sowie das tirolische Galtür.

Ursachen und Motive der Walserwanderung

Die ältere Forschung führte die ersten Wanderungen der Walser auf die Kargheit des Bodens sowie auf Übervölkerung, Klimawandel, Krankheit und Not zurück. Sie bediente sich damit eines in der älteren Migrationsforschung beliebten Arguments, das allerdings nicht zu erklären vermag, weshalb gewisse Gesellschaften über Generationen hinweg persistente Migrationsmuster entwickelten, und zwar unabhängig davon, wie gut oder schlecht die Ernten ausfielen, ob Pest und Seuchen grassierten, die Bevölkerung wuchs und die Nahrung knapp wurde. Wer Migration einseitig als Flucht aus der Not betrachtet, erhebt stillschweigend die Sesshaftigkeit und lokale Immobilität zur Norm einer bäuerlichen Lebensweise und bekundet Mühe mit der Vorstellung, dass auch bäuerliche Gesellschaften für ihr Leben und Überleben auf Mobilität und Migration setzen konnten.

Das Klima hat allerdings die Wanderungen der Walser sehr wohl beeinflusst. Seit dem Ende des 9. Jahrhunderts herrschte eine Warmphase vor. Namentlich im 11. und 13. Jahrhundert lagen die Temperaturen im Sommerhalbjahr zeitweise sogar etwas höher als im 20. Jahrhundert. Feigenbäume gediehen damals bis auf die Höhe von Köln, und die Alpengletscher schmolzen so weit zurück wie heute. Die Siedlungstätigkeit und der Landesausbau der Walser in den Höhenlagen über 1500 Meter über Meer profitierten von günstigen klimatischen Bedingungen. Ab 1300 leitete der markante Rückgang der durchschnittlichen Wintertemperaturen eine Phase der Klimaverschlechterung ein, welche die Klimahistoriker als «Kleine Eiszeit» bezeichnen. Die Intensität des hochalpinen Landesausbaus liess in der Folge deutlich nach.

Bei der Wanderung der Walser spielten auch herrschaftliche Kräfte eine wichtige Rolle. Adelige Herren und Klöster siedelten Kolonisten zur Festigung ihrer Raumkontrolle, zur Sicherung ihrer Herrschaft und für die Überwachung der Passübergänge an. Neuerdings ist der Einfluss adeliger und kirchlicher Feudalherren auf die Wanderungen der Walser wieder kontrovers diskutiert worden. Vonseiten der Rechtsgeschichte wurde die These vertreten, die alemannischen Bauern hätten das Wallis im 12. Jahrhundert verlassen und sich in schwer zugängliche Hochtäler zurückgezogen, um der Unterwerfung unter die Gewalt des Feudaladels zu entgehen.[44] In der Tat etablierten sich Adelsfamilien aus Oberitalien im späten 12. Jahrhundert im Wallis, wo sie als Dienstleute des Bischofs von Sitten eine herrschaftliche Stellung um die Saaser Pässe und am Simplon aufbauten. Der Auffassung, die freien Walser hätten sich mit ihrer Wanderung der drohenden Unterdrückung durch diese Feudalherren entziehen wollen, widerspricht allerdings die Tatsache, dass diese Adelsfamilien selber frühzeitig die Besiedlung der Walliser Seitentäler durch alemannische Siedler vorantrieben. Als Vögte des Vispertals sowie als Besitzer von Herrschaftsrechten im Simplongebiet, im Goms und in der Valsesia südlich des Monte Rosa hatten sie massgeblich Anteil an der Erschliessung des Simplontals, des Saaser- und Mattertals sowie später des Val Formazza (Pomat).[45] Die Zermatter sind im Übrigen ein gutes Beispiel dafür, wie die Besiedlung eines alpinen Hochtals nicht das Ende, sondern nur eine Etappe einer fortgesetzten inneralpinen Migration bilden konnte. Zermatter Familien wanderten im 14. und 15. Jahrhundert über hohe Pässe ins Val d'Hérens weiter, von wo aus einige Anfang des 15. Jahrhunderts ins Tal zogen und Bürger von Sitten wurden, das damals als Folge der Zuwanderung aus dem Oberwallis immer mehr eine deutschsprachige Stadt wurde.[46] Auch in Graubünden waren Adel und Kirche massgeblich an der Kolonisierung und Urbarisierung peripherer Täler durch Walser Siedler beteiligt. Die Freiherren von Sax-Misox siedelten Walser um 1265 im Rheinwald (Hinterrhein) an. Die Besiedlung des Landwassertals und die Gründung der Walserkolonie Davos erfolgten unter den einflussreichen Freiherren von Vaz. Bei der Ansiedlung von Walsern im Schanfigg (Arosa, Langwies) ergriffen das Churer Domkapitel und das Kloster St. Luzi die Initiative.

Im Rahmen des Kolonistenrechts räumten die Herren den Walsern das Recht der freien Ammannwahl sowie die niedere Gerichtsbarkeit ein. Die Kolonisten legten also ihre zivilen und strafrechtlichen Konflikte – soweit sie nicht schwere Vergehen berührten – selber bei. Sie waren persönlich frei und genossen Freizügigkeit. Ihre Höfe und Güter besassen sie zu freier Erbleihe und entrichteten dafür einen festen Zins. So konnten sie ihren Besitz an ihre Nachkommen vererben und zahlten ihren Grundherren eine Abgabe, die sie langfristig angesichts der Geldentwertung real immer weniger belastete. In gewissen Fällen schuldeten sie ihren Herren auch Kriegsdienst, weshalb gewisse Walserforscher auch militärische Interessen lokaler Herren als Ursachen der Walserwanderung in den Vordergrund gerückt haben. Als «gefürchtete Hirten-Krieger» hätten die Walser in den zahlreichen Fehden und Kleinkriegen der Bündner Feudalherren im 14. Jahrhundert eine Rolle gespielt.[47]

Die Walser wanderten in kleinen Gruppen über die Pässe. Sie erschlossen ihre neuen Siedlungsräume aus der Höhe herab und nicht vom Talgrund aus. In die Täler südlich des Monte Rosa gelangten sie über den Theodulpass, den Monte-Moro-Pass und den Simplon. Über den Griespass wanderten sie vom Goms ins Val Formazza (Pomat) und von dort aus über die Guriner Furgge nach Bosco/Gurin. Vom Goms aus zogen sie auch über den Furkapass ins Urserental und von dort weiter über den Oberalppass ins Tujetsch. Das Valser- und das Safiental wurden vom Hinterrhein aus über den Valserberg beziehungsweise über den Tomülpass besiedelt. Langwies und Arosa im Schanfigg wurden von Davos aus über den Strelapass kolonisiert. Allerdings wurden diese Siedlungen nicht alle von Kolonisten aus dem Wallis bevölkert. Zutreffender ist die Vorstellung einer verzweigten und fortgesetzten, etappenweisen Wanderung, in deren Verlauf jeweils Siedler aus bestehenden Walsersiedlungen abwanderten, um neue Siedlungsräume zu erschliessen. Dort bildeten sie in Gegenden, die zuvor zum romanischen Sprach- und Kulturraum gehört hatten, deutschsprachige Inseln. Bosco/Gurin ist heute die einzige deutschsprachige Gemeinde des Tessins. Ihr höchstalemannischer Dialekt gilt als «einzig fassbares Relikt einer ausschliesslich walserischen Kultur», während «andere lokale Eigenarten aus dem spätmittelalterlichen Oberwallis nicht [...] nachweisbar» sind.[48]

Migration in der Wirtschaft der Walser

Die Walser rodeten, besiedelten und bewirtschafteten hochalpine Täler. Ihre Landwirtschaft war hauptsächlich auf die Zucht von Kühen und Schafen ausgerichtet, doch bauten sie auch Getreide in Höhenlagen bis 2000 Meter über Meer an, um ihre Versorgung zu sichern. Sie betrieben Alpwirtschaft und nutzten damit eine wichtige agrarische Innovation des Alpenraums im Spätmittelalter. Während die Bauern ihr Vieh vom Frühjahr bis Herbst auf verschiedenen Höhenstufen weideten, bewässerten sie die tiefer gelegenen, ertragreichen Wiesen und gewannen so Heu für die Fütterung des Viehs in den langen Wintermonaten. Ihre Lebens- und Wirtschaftsweise forderte den Walsern zahlreiche Anpassungsleistungen ab: Die Anlage von Kanalsystemen für die Bewässerung der Wiesen und Felder, der Bau von Wegen, der Einsatz von witterungsresistentem Saatgut, die Zucht robuster Viehrassen und die Entwicklung spezifischer Bewirtschaftungsarten ermöglichten ihnen ein Leben und Überleben in den klimatisch und topografisch anspruchsvollen Tälern der Hochalpen. Die Böden wurden stufenweise genutzt, wobei die Grundstücke vertikal aneinandergereiht waren. Unten grenzten die Anwesen häufig an den Talbach. Oberhalb der Höfe verlief der Waldgürtel, der die Grenze zu den höher gelegenen Alpweiden bildete. Die Höfe einer Siedlung lagen vielfach nebeneinander auf gleicher Höhe und

«Der Krämer», Holzschnitt aus dem «Ständebuch» von Jost Ammann, 1568. Seit dem ausgehenden Mittelalter boten hoch mobile Wanderhändler ihre Waren an der Haustür, auf Messen und auf Märkten an. Sie stammten meist aus den savoyischen Alpen, etwa aus dem Aostatal und aus dessen Seitentälern.

waren durch einen Weg miteinander verbunden, der zum so genannten Platz mit Kirche und Friedhof führte, dem räumlichen und gesellschaftlichen Mittelpunkt der Streusiedlungen mit ihren verstreuten Weilern.

So wie die Viehzüchter in den tiefer gelegenen Gebieten der Zentralalpen nutzten auch die Walser im 12. und 13. Jahrhundert die steigende Nachfrage der Städte Oberitaliens nach Fleisch, Wolle und Leder. Zwischen den abgelegenen Walsersiedlungen und den urbanen Zentren der Tiefebene entwickelte sich ein kommerzieller Austausch auf geldwirtschaftlicher Basis. Entlang der Pässe betätigten sich die Walser als Säumer im Transportgewerbe. Die Bewohner der Walsersiedlungen am Südfuss des Monte Rosa setzten auch nach der Kolonisierung der hochalpinen Täler ihre Migrationstradition fort und machten – wie die Bewohner anderer südalpiner Täler – die teils temporär ausgeübte Migration zur Grundlage verschiedener Tätigkeiten.[49] So boten bereits im 16. Jahrhundert Wanderhändler aus Gressoney, so genannte Grischeneier, ihre Waren nördlich der Alpen feil, was in der Eidgenossenschaft mitunter zu Klagen über diese fremden, unerwünschten Konkurrenten führte. Der Tuchkrämer Jakob Castell aus Gressoney etwa war in den Jahrzehnten um 1700 im Kanton Schwyz unterwegs. 1716 kaufte er sich dort ins Landrecht ein (zur Erteilung des Landrechts in Schwyz vgl. Tabelle Seite 143). Er und seine Nachkommen führten einen erfolgreichen Handel mit Tuch, Käse und Wein. Es passt zu ihrer Existenz als Wanderhändler, dass die Castell ihren Wohnsitz im so genannten Krämertal südlich des Monte Rosa noch während 65 Jahren nach ihrer Aufnahme ins Schwyzer Landrecht beibehielten.[50]

Walser wanderten auch als Baufachleute. Baumeister, die nach ihrem Herkunftsort Pietre Gemelle am Südfuss des Monte Rosa (deutsch Presmell oder Prismell) als «Prismeller» bezeichnet wurden, zogen im 16. und 17. Jahrhundert ins Wallis und in deutschsprachige Orte der Eidgenossenschaft, vor allem nach Freiburg, Bern, Luzern, Basel, Zürich, Zug, Glarus und Solothurn. Möglicherweise gab die alemannische Sprache dieser Wanderung die Richtung vor. Die erfolgreichsten unter ihnen – Hans und Konrad Gibelin sowie Urs und Klaus Altermatt in Solothurn, Peter und Jakob Zum Steg sowie Anton Isenmann in Luzern, Daniel Heintz Vater und Sohn in Bern[51] – stiegen an ihren neuen Wirkungsstätten zu städtischen Werkmeistern auf, die für die Planung und Leitung des öffentlichen Bauwesens – so etwa den Rathausbau in Luzern oder den Münsterbau in Bern – zuständig waren.

Die Wanderungen der Prismeller bestätigen einen allgemeinen Aspekt der Wanderung in die eidgenössischen Städte des Spätmittelalters: Die Städte verzichteten weitgehend auf die Ausbildung eigener Fachkräfte und holten sich die Arbeitskräfte und Spezialisten, die sie in Handwerk, Gewerbe, Handel und für ihre Kanzleien benötigten, auswärts. Die führenden Familien zogen sich aus Handwerk und Gewerbe zurück und sahen ihre

Berufung immer mehr in der Tätigkeit als Magistraten. Als Ratsherren und Landvögte regierten sie das Herrschaftsgebiet ihrer Stadt und schöpften die daraus gewonnenen Einkünfte ab. Sie pflegten enge Beziehungen zu auswärtigen Mächten und liessen sich ihre Klienteldienste für den Kaiser, die Könige von Frankreich und Spanien sowie für andere grosse Herren mit Pensionen und mit Aufträgen im Solddienst entschädigen. Statt selbst wirtschaftlich innovativ zu bleiben, setzten sie auf Machtpolitik und bauten ihre Herrschaft über ausgedehnte Untertanengebiete aus.[52] Die grossen Städte der Eidgenossenschaft gewannen damit an politisch-territorialer Zentralität, verloren aber an wirtschaftlicher Zentralität und Innovationskraft.

3 Die militärische Arbeitsmigration ab dem 15. Jahrhundert

Phasen der militärischen Arbeitsmigration 50
Das Sozialprofil der Militärunternehmer 53
Das Sozialprofil der Soldaten und Unteroffiziere. . . . 56
Die Allianzen mit den europäischen Mächten als
Faktor der Migration. 59

In der spätmittelalterlichen und frühneuzeitlichen Eidgenossenschaft machten die Reisläufer, Söldner und Militärunternehmer, die in den Kriegsdienst für Kriegsherren ausserhalb der Eidgenossenschaft traten, Migration erstmals zu einem Massenphänomen.[53] Sie wanderten zu Hunderttausenden aus und bildeten damit die mit Abstand grösste Gruppe unter den Karriere- und Arbeitsmigranten. Wie viele Männer insgesamt in Fremde Dienste zogen, lässt sich nur schätzen. Für das 15. und 16. Jahrhundert gibt es kaum Zahlen. Im 17. Jahrhundert dürften je nach Region und Generation zwischen zehn und dreissig Prozent der erwachsenen Männer als Söldner ins Ausland migriert sein, im 18. Jahrhundert waren es noch zwischen fünf und zwanzig Prozent (siehe Tabelle unten).[54]

Veränderungen in der Kriegsführung, in der Kriegstechnik und in der Heeresverfassung, aber auch der Wandel der sozialen und wirtschaftlichen Verhältnisse in der Schweiz sind die Ursachen dafür, dass sich der Charakter der militärischen Arbeitsmigration über die Jahrhunderte stark wandelte. Der Reisläufer aus der Zeit der Mailänderkriege hatte mit dem Söldner in einer französischen Garnison im 18. Jahrhundert kaum mehr etwas gemein.

Schon im 13. Jahrhundert standen bezahlte Krieger aus dem schweizerischen Raum im Dienst auswärtiger Kriegsherren. Doch erst die militärischen Erfolge der eidgenössischen Orte in den Burgunderkriegen (1474–1477) machten die Kriegstüchtigkeit der Eidgenossen auf einen Schlag in Europa bekannt. Fortan stieg die Nachfrage der kriegführenden Mächte nach Kriegern aus der Eidgenossenschaft massiv an. Die militärische Schlagkraft der Eidgenossen gründete bis ins frühe 16. Jahrhundert in der infanteristischen Kriegsführung ihrer Schlachthaufen aus Spiess- und Halbartenträgern, deren massive Gewaltbereitschaft bisweilen gerne zum Ausdruck eidgenössischen Freiheits- und Unabhängigkeitswillens sowie der

Bestände der eidgenössischen Truppen in Fremden Diensten, 18. Jahrhundert

Land	1701	1789
Frankreich	24 700	mehr als 14 000
Niederlande	11 200	9800
Spanien	6400	4868
Sardinien-Piemont	4925	keine Angabe
Neapel	keine Angabe	5834

Quelle: Czouz-Tornare 2007.

urwüchsigen «Kraft der ungestümen Bauern und Hirten» aus den Bergen verklärt wurde.[55] Die Attraktivität des eidgenössischen Söldnermarkts hing aber auch mit dessen geopolitischer Lage zusammen. Als Oberitalien am Ende des 15. Jahrhunderts zum grossen Kriegsschauplatz im Konflikt zwischen den Erzrivalen Frankreich und Habsburg wurde, wuchs der benachbarten Eidgenossenschaft eine strategische Bedeutung zu. Die gegnerischen Kriegsherren suchten die eidgenössischen Orte als militärische Verbündete zu gewinnen.

Phasen der militärischen Arbeitsmigration

In der frühen Zeit der «wilden Reisläuferei» bis in die ersten Jahrzehnte des 16. Jahrhunderts zogen die Krieger jeweils für einen Feldzug von einigen Wochen oder wenigen Monaten weg und kehrten danach wieder nach Hause. Ihre Bewaffnung war rudimentär. Spiess, Hellebarde oder Dolch brachten sie selber von zu Hause mit. Sie zogen ohne Uniform in ihrer Werktagskleidung in die Schlacht. Die Anwerbung und Organisation von Truppen besorgten Solddienstunternehmer im Auftrag der ausländischen Kriegsherren. Vielfach waren dies kleine Adelige, aber auch Bürger aus den Städten, die in der Lage waren, in kurzer Zeit den Aufbruch für einen Feldzug zu organisieren. Die Aussicht auf Sold und Beute – auf rasches Geld also – motivierte die Männer, denn wer überlebte, kam vielfach mit mehr zurück, als er in der gleichen Zeit als Geselle, Knecht oder Arbeiter zu Hause verdient hätte.

Allerdings verursachte das Kriegen für fremde Herren enorme Ordnungsprobleme. Die kriegsbereiten Männer zogen einem jeden Kriegsherrn zu, der zahlungskräftige Werbeagenten in die Eidgenossenschaft schickte. Die Obrigkeiten untersagten ihren Bürgern und Untertanen zwar das unerlaubte Laufen in den Krieg, doch blieben die Verbote wirkungslos, weil die Anreize für die Krieger zu gross waren und die Soldunternehmer häufig selber aus Familien der eidgenössischen Machtelite stammten. Die Obrigkeiten waren nicht im Besitz des Gewaltmonopols. Ging ein «Geschrei» durchs Land, brachen die Männer von einem Tag auf den andern auf und fehlten dann als Arbeitskräfte auf den Höfen der Bauern und in den Werkstätten der Handwerker.

Um ihre eigene Mannschaft und den Söldnermarkt besser zu kontrollieren, schlossen die eidgenössischen Obrigkeiten im frühen 16. Jahrhundert Allianzen mit ausländischen Kriegsherren. Sie festigten so ihr Gewaltmonopol und konnten Kapital aus der Nachfrage nach ihren Kriegern schlagen. Allianzen und Kapitulationen regelten die Rahmenbedingungen für die militärische Arbeitsmigration. Zugleich bildeten sie das Rückgrat der eidgenössischen Aussenbeziehungen und der Sicherheits- und

Handelspolitik der Orte. Am wichtigsten war die Allianz der Orte und Zugewandten mit dem König von Frankreich. 1521 erstmals abgeschlossen, wurde sie bis 1777 immer wieder erneuert und endete erst 1792, als die revolutionäre Republik Frankreich sie einseitig kündigte.

Der Einsatz der Artillerie und die langen Belagerungen von befestigten Plätzen veränderten im 16. Jahrhundert den Charakter des Solddiensts. Die neue Kriegsführung erforderte eine stärkere Disziplinierung der Krieger im Rahmen einheitlicher, uniformierter Truppenverbände. Die Dienstzeiten waren nach wie vor befristet, dauerten nun aber deutlich länger als in den Anfängen des Solddienstes und betrugen im Dreissigjährigen Krieg schon mehrere Jahre.

Im 17. Jahrhundert und in den zwei ersten Dritteln des 18. Jahrhunderts hielten die Grossmächte angesichts der zahlreichen Kriege ihre nun stehenden Heere permanent unter Waffen. Da die Militärausgaben der Mächte massiv anstiegen, blieben die jährlichen Pensionen an die Orte häufig aus. Die Schweizer Regimenter erhielten ihren Sold oft nicht oder erst verspätet. Die hohen Militärausgaben zwangen die Kriegsherren zur genaueren bürokratischen Kontrolle ihrer Soldtruppen, was den Handlungsspielraum und die Gewinnmargen der Soldunternehmer einschränkte. Auch für die Offiziere und Soldaten wurde der Solddienst finanziell weniger attraktiv. Die Handwerker- und Arbeiterlöhne in der Heimat waren nun vielfach höher als der Sold in der Fremde. Die Militärunternehmer aus den eidgenössischen Eliten bekundeten immer mehr Mühe, die vertraglich vereinbarten Truppenbestände für die Kriegsherren zu rekrutieren, zumal besonders in Kriegszeiten viele Söldner desertierten. Die Werbekosten der Soldunternehmer stiegen. Um das Geschäft rentabel zu halten, zwangen die Militärunternehmer ihre Soldaten, ihnen die Ausrüstung und die Uniform abzukaufen. Die Söldner kehrten meist arm und verschuldet aus den Fremden Diensten zurück.

Die Zeit der Schlachthaufen mit Kurzwaffen und Langspiessen war im 17. Jahrhundert definitiv vorbei. Die Soldaten wurden mit Gewehren ausgerüstet. Die Infanterie wurde für die Schlacht in kleinere Einheiten aufgesplittert und zu langen Kampflinien formiert, um dem Feuer der Kanonen möglichst wenig Angriffsfläche zu bieten. Diese linienförmigen, lang gezogenen Verbände mussten in der Schlacht auf Kommando maschinenartig bewegt werden, was in Friedenszeiten durch unablässiges Exerzieren und Drill in der Garnison eingeübt wurde. Der Dienstalltag der Söldner wandelte sich. Das Leben in den Garnisonen prägte den Alltag der Söldner in der Friedensperiode seit den frühen 1760er-Jahren. Immer länger dauerten die durchschnittlichen Dienstzeiten. Im Stichjahr 1792 hatte die Hälfte der Soldaten im Freiburger Regiment Diesbach schon mehr als sechs Jahre gedient, darunter waren nicht wenige, die schon mehr als zwanzig Jahre bei der Truppe weilten und faktisch Berufssoldaten geworden waren.

Alter und junger Eidgenosse, Ausschnitt der Allianzwappenscheibe von Hans Funk, 1530er-Jahre. Die Gegenüberstellung des bodenständigen, bescheidenen und tugendhaften alten Eidgenossen (links) und des luxuriös gekleideten, grossspurig auftretenden jungen Eidgenossen (rechts) kritisiert die schädlichen Auswirkungen des Solddienstes auf die Sitten der in die Kriege fremder Mächte ziehenden Reisläufer.

Wer sich so lange im Ausland aufgehalten hatte, kehrte nach der Entlassung aus dem Dienst nicht unbedingt in die Schweiz zurück. Viele Söldner blieben im Ausland, heirateten und gingen einer zivilen Tätigkeit nach. So arbeiteten nicht wenige der in der Region Paris stationierten Soldaten der Schweizergarde als Türsteher, Hausmeister, Gastwirte, Schneider, Schuhmacher oder Küster – Tätigkeiten, denen sie vielfach schon als Garnisonssoldaten in Friedenszeiten nachgegangen waren, um ihr Einkommen aufzubessern.[56] Weil sie als Schweizer in Frankreich einen rechtlichen Sonderstatus genossen und von der Umsatzsteuer auf Wein befreit waren, betätigten sie sich auch als Cafetiers und Beizer oder spannten mit einheimischen Gewerbetreibenden zusammen, die sich über diese Mittelsmänner günstig mit Wein versorgten. Wie sehr die lange Dienstdauer die Bindung an die alte Heimat lockerte, zeigte sich bei der Abdankung der Schweizer Regimenter durch die französische Nationalversammlung 1792. Allein von den 1500 Angehörigen des Schweizer Garderegiments traten damals 350 Mann in die reguläre französische Armee über und fochten fortan aufseiten der Französischen Republik gegen die Koalition der europäischen Monarchen.

Die Revolution in Frankreich und das napoleonische Kaiserreich beschleunigten den Niedergang des Solddienstes. Im Zeitalter der Nationalarmeen mit allgemeiner Wehrpflicht und mit der Massenmobilisierung der eigenen Bürger erschien dieser überholt. Nach dem Ende der napoleonischen Herrschaft lebte die Tradition der Fremden Dienste in der Restauration nochmals kurz auf. Die liberal-radikalen Kräfte verurteilten jedoch den Solddienst als eine der souveränen Republik unwürdige Erscheinung des Ancien Régime und verboten neue Kapitulationen – in der Bundesverfassung 1848 und per Gesetz 1859.

Das Sozialprofil der Militärunternehmer

Um sich ein genaueres Bild zu machen, wer die militärischen Arbeitsmigranten waren und was sie zum Eintritt in die Fremden Dienste bewog, müssen die unterschiedlichen Rollen der Militärunternehmer und Offiziere auf der einen Seite und der Unteroffiziere und Soldaten auf der anderen Seite auseinandergehalten werden.

Der Militärunternehmer war Unternehmer und Truppenkommandant in einem. Ein ausländischer Kriegsherr beauftragte und bezahlte ihn für die Aufstellung und Ausrüstung einer Kompanie oder Halbkompanie. Als Offizier bildete er seine Truppe aus und führte sie in den Krieg. Bisweilen war er auch nur der Besitzer der Truppe und überließ deren Kommando gegen Bezahlung einem Subunternehmer. Militärische Führungsqualitäten reichten für eine erfolgreiche Karriere als Militärunternehmer also nicht aus. Ebenso gefragt waren Organisationstalent, betriebswirtschaftlich-unternehmerisches Geschick, finanzielle Ressourcen beziehungsweise Kredit, politischer Einfluss sowie ein dichtes Beziehungsnetz für die Werbung von Soldaten. Dieses anspruchsvolle Anforderungsprofil erklärt, weshalb die eidgenössischen Militärunternehmer vorwiegend aus Familien der eidgenössischen Machtelite stammten. Gewisse Geschlechter haben aus dem Militärunternehmertum geradezu ein Familiengeschäft gemacht und dieses über Generationen vererbt. Der Solddienst war für sie Karrieremigration im eigentlichen Sinn und «eine Quelle von Geld, Macht und Ansehen».[57] Sie verknüpften die politische Vormachtstellung zu Hause mit der Rolle als Militärunternehmer in Fremden Diensten. Ihr Einfluss auf die Politik des eigenen Orts war entscheidend, wenn es galt, in der Ratsstube oder an der Landsgemeinde das Wort für die Allianz mit dem eigenen Kriegsherrn und gegen ein Bündnis mit dem konkurrierenden Kriegsherrn zu erheben, oder wenn es um die Verteilung der Kompanien und Offiziersstellen in Fremden Diensten ging. Die militärische Karriere im Ausland verschaffte diesen Geschlechtern materielle Ressourcen, aber auch soziales und symbolisches Kapital, das sie zu Hause in die Pflege der eigenen Klientel und in die Sicherung der eigenen Vorrangstellung investierten. Sie festigten ihre Stellung als Patrons in ihrem Ort, indem sie die Stellen der Offiziere und Unteroffiziere in der eigenen Kompanie oder die vom französischen Ambassador in Solothurn vermittelten Pensionen an ihre Klienten verteilten. Der Dienst in Frankreich, in den Niederlanden oder in Sardinien-Piemont war für sie auch in kultureller und sozialer Hinsicht wertvoll. Die Männer erwarben Fremdsprachenkenntnisse und knüpften Beziehungen, die ihnen später in der Politik und im Verkehr mit auswärtigen Gesandten nützlich waren. Sie lernten, sich in der höfisch-adeligen Gesellschaft zu bewegen.

Die militärische Arbeitsmigration und das Militärunternehmertum im Besonderen waren nicht in allen Kantonen von gleich grosser Bedeutung. Die katholischen Orte waren ungleich stärker engagiert als die reformierten, wobei Bern die Ausnahme bildete, die die Regel bestätigt. In Zürich, Basel und Schaffhausen, deren Wirtschaft nicht einseitig auf die Landwirtschaft, sondern auch auf das Handwerk und Gewerbe und vor allem auf die gewerblich-industrielle Warenproduktion für den Export ausgerichtet war, spielte der Solddienst nie dieselbe Rolle wie in den patrizischen Städten Bern, Luzern und Solothurn sowie in den katholischen Länderorten. Uri, Schwyz, Unterwalden, Zug und Glarus sowie das Wallis und die Drei Bünde blieben wirtschaftlich und finanziell besonders stark von den Fremden Diensten abhängig. Dabei zeigt Glarus exemplarisch den Einfluss von Konfession und Ökonomie auf die Migration: Der Kanton war bikonfessionell mit einer mehrheitlich reformierten Bevölkerung. Diese war in der Protoindustrie beschäftigt und stellte Tuche für den Export her. Der Solddienst hingegen war das Geschäft katholischer Häupterfamilien, die die Soldaten für ihre Kompanien in den Gemeinden von katholisch Glarus rekrutierten.[58]

Prominente Militärunternehmer-Familien aus eidgenössischen und Zugewandten Orten (Auswahl)

Bern	von Erlach, Jenner, von May, Stürler, von Wattenwyl
Luzern	Amrhyn, Pfyffer, Rüttimann, Sonnenberg
Solothurn	Arregger, Besenval, Greder, von Roll, Stäffis-Molondin, von Sury, Vigier
Freiburg	d'Affry, Castella, de Diesbach, de Gottrau, de Reynold
Uri	Bessler, von Beroldingen, Jauch, von Schmid
Schwyz	Auf der Maur, Betschart, Nideröst, Reding, Weber
Nidwalden	Lussi, Zelger
Obwalden	von Flüe, Wirz
Zug	Zurlauben
Glarus	Bachmann, Brändle, Freuler, Gallati, Hässi, Tschudi
Drei Bünde	Buol, Capol, von Planta, von Salis, Schorsch, Sprecher
Wallis	de Courten, Kalbermatten, de Riedmatten, Stockalper
Neuenburg	de Tribolet, de Marval, de Montmollin

Quelle: Historisches Lexikon der Schweiz, Familienartikel.

Die Familien der Militärunternehmer schickten ihre jungen Männer als Kadetten in die Einheit, die sie selber oder verwandte Familien besassen.[59] Dort erwarben diese nach und nach die militärischen und organisatorischen Kompetenzen, die sie später zur Übernahme einer Offiziersstelle oder gar der ganzen Einheit befähigten. Allerdings gelangten nur die wenigsten Offiziere in den Besitz einer eigenen Kompanie oder gar eines eigenen Regiments und damit in den Genuss des entsprechenden hohen Soldes für Hauptleute und Obersten. Nicht immer gaben die militärischen Fähigkeiten dafür den Ausschlag. Die Zuteilung der Kompanien und Offiziersstellen folgte vielmehr der Familienräson und begünstigte die Männer aus dem eigenen Geschlecht, aus verschwägerten Familien sowie aus der eigenen Klientel.

So erklären sich die engen familialen und verwandtschaftlichen Bindungen innerhalb des Offizierskorps eines Regiments: Im Walliser Regiment de Courten hatte ein Offizier im 18. Jahrhundert einmal nicht weniger als sechs Onkel und ein anderer gar 18 Cousins unter den Offizieren des Regiments.[60] Dass einfache Soldaten aufgrund persönlicher Qualifikationen oder durch die Gunst der Stunde in den Rang eines Offiziers aufsteigen konnten, war zwar nicht ausgeschlossen, aber sehr selten. Im Regiment de Courten schafften dies im ganzen 18. Jahrhundert gerade mal zwanzig Männer.[61] Grundsätzlich spiegelten die soziale Zusammensetzung und die Laufbahnmuster des Offizierskorps die Ungleichheit der ständischen Gesellschaft des Ancien Régimes wider. Die richtige Geburt, Ressourcen und Gunst waren entscheidende Faktoren für das Fortkommen im Offizierskorps.

Das Sozialprofil der Soldaten und Unteroffiziere

Die Soldaten und Unteroffiziere, die sich in Fremde Dienste begaben, stammten mehrheitlich aus der breiten Landbevölkerung und verfügten selten über eine spezifische Berufsbildung.[62] Städter waren in der Minderheit. Vielfach handelte es sich um ledige Bauernsöhne und Knechte, die für die Lebensphase zwischen Adoleszenz und Heirat in Fremde Dienste zogen. Allerdings finden sich in Luzerner Auszügen des späten 16. Jahrhunderts auch arme Familienväter: Ihnen bot der Solddienst die Aussicht auf ein Einkommen, doch war damit – wie viele Klagen zeigen – auch das Risiko verbunden, bei Zahlungsunfähigkeit des Kriegsherrn oder Militärunternehmers um den Sold geprellt zu werden. Viele noch unverheiratete Männer erblickten im Solddienst eine naheliegende und anerkannte Berufsmöglichkeit, zumal er Unterkunft, Verpflegung und ein Einkommen versprach. Diese Perspektive machte den Solddienst auch für Männer aus dem Heimarbeitermilieu zu einer Option, wenn der Absatz ihrer Waren stockte. In Fremde Dienste konnte man jederzeit ohne besondere Kenntnisse oder Vorleistungen treten, denn eine Nachfrage nach Söldnern bestand immer.

«Frisch auf! wer Hirn im Kopf und Herz im Leibe hat; / Hier wird der Bauren-Bub zu einem Herr Soldat. [...] Nun kommt der Mann nach Haus, gepuzt, stark, fett und reich, / Sagt Schöne! wie gefällt er Euch?» Illustrationen aus dem Werbeplakat für das Regiment von Salis in französischen Diensten, 18. Jahrhundert. Das Plakat wirbt um Söldner und verspricht rasche Beförderung. In Wahrheit war die Rückkehr der häufig verschuldeten Soldaten ein schwieriges Unterfangen.

Grundsätzlich war der Wanderungsentscheid des Einzelnen in die Ökonomie seiner Familie eingebettet, zu deren Lebensunterhalt er mit seiner Wanderung beitrug. Nicht zuletzt in jenen ländlichen Regionen, wo die Militärunternehmer die Söldner für ihre Einheiten rekrutierten, etablierte sich eine eigentliche Tradition der militärischen Arbeitsmigration mit kollektiven Handlungsmustern. Im Wallis und in der Innerschweiz traten regelmässig ganze Gruppen von Verwandten und Freunden aus einem Dorf oder Amt gemeinsam in dieselbe Kompanie ein. In der eigenen Familie, unter den Nachbarn und Dorfgenossen kannte man Männer, die selber in Fremden Diensten gewesen waren und über ihre Erfahrungen zu berichten wussten. Der neu angeworbene Söldner konnte auch damit rechnen, in seiner Kompanie in der Fremde Landsleute anzutreffen, auf deren Unterstützung und Rat er zählen konnte.

Rekrutiert wurden die Söldner zunächst in den Untertanengebieten der Orte und in den Grund- und Gerichtsherrschaften im Besitz der Militärunternehmer. Die Beziehungen, die ein patrizischer Gerichtsherr und Magistrat über Patenschaften oder Darlehen mit bäuerlichen Familien knüpfte, boten vielfältige Ansatzpunkte für Söldnerwerbungen. Waren die Kompaniebesitzer landesabwesend, kümmerten sich auch die zu Hause gebliebenen weiblichen Familienangehörigen um die Werbungen.[63]

Vielfach war der Söldnermarkt in den Orten selber zu klein, um den Truppenbestand der eigenen Einheit mit Landleuten oder Untertanen zu sichern. Die Gemeinen Herrschaften der eidgenössischen Orte im Aargau, Thurgau, Rheintal und Tessin boten hier willkommene Ausweichmöglichkeiten. Immer mehr wurden aber auch Männer ausserhalb des schweizerischen Raums angeworben. Die Zahl der Nichtschweizer in Fremden Diensten wuchs ab dem 18. Jahrhundert deutlich an.

Schwierigkeiten mit der Rekrutierung bekundeten besonders Militärunternehmer aus den kleinen, bevölkerungsschwachen Länderorten. Sie mussten auf entfernte Rekrutierungsgebiete ausweichen, was ihre Kosten erhöhte.[64] In den beiden Urner Standeskompanien in Frankreich stammte nur jeder zehnte Soldat aus dem Kanton selber, der Ende des 18. Jahrhunderts weniger als 10 000 Einwohner zählte. Grössere Kontingente lieferten auch hier die Gemeinen Herrschaften, vor allem der Thurgau. Zahlreiche Soldaten kamen aus der übrigen Eidgenossenschaft. Das grösste Kontingent stellten aber auch hier Nichtschweizer (etwa 30 beziehungsweise fast 40 Prozent).[65] Auch Schwyz als bevölkerungsreichster Länderort der alten Eidgenossenschaft musste seine Truppen in Fremden Diensten mit Fremdarbeitern bestücken. In der Mitte des 18. Jahrhunderts stellten Männer aus dem nichtschweizerischen Raum das grösste Kontingent für die beiden Schwyzer Regimenter in Spanien. Das zweitgrösste Kontingent fanden auch die Regimentsinhaber aus der Familie Reding in den Gemeinen Herrschaften. Wesentlicher kleiner waren die Kontingente aus Schwyz selber, aus dem

Luzernischen, den kleinen Länderorten oder der übrigen Schweiz.[66] Das Militärunternehmer- und Söldnertum lebte gerade in den kleinen Länderorten der Innerschweiz von fremden Ressourcen.

Die Allianzen mit den europäischen Mächten als Faktor der Migration

Die Wanderungen der Militärunternehmer, Offiziere und Soldaten waren integraler Bestandteil eines Transfers von Ressourcen, den die Allianzen der eidgenössischen Orte mit den grossen europäischen Mächten in Gang setzten. Dies erklärt die Langlebigkeit der militärischen Arbeitsmigration. In den Allianzen mit Frankreich, Spanien, Savoyen oder den Niederlanden ging es um wesentlich mehr als nur um eidgenössische Krieger. Der Solddienst band die Orte und die Zugewandten an die europäischen Mächte. Indem die Eidgenossen ihren Allianzpartnern den privilegierten Zugriff auf ihren Söldnermarkt gewährten, sicherten sie sich Sicherheit und auswärtige Unterstützung gegen Angriffe von dritter Seite. Die Allianzmächte sorgten zudem für die zeitgemässe Ausrüstung und Ausbildung der Schweizer Truppen und finanzierten so die Modernisierung des eidgenössischen Militärs. Schliesslich stabilisierte das Militärunternehmertum für fremde Kriegsherren auch die Vormacht der regierenden Familien in den eidgenössischen Orten.

Neben den Zahlungen in die Staatskassen richteten die auswärtigen Mächte in allen Kantonen Pensionen an Politiker und Zuwendungen an Bürger und Landleute aus. Auf diese Weise hielten sie sich eine Klientel für die Wahrung der eigenen Interessen in der Politik der Orte. Zu den direkten finanziellen Zuwendungen gesellten sich ökonomische Leistungen wie die Garantie von Zoll- und Handelsprivilegien für den Warenverkehr eidgenössischer Kaufleute im Ausland oder massiv vergünstigte Salzlieferungen. Diese waren insbesondere für diejenigen Kantone überlebenswichtig, die von der Viehwirtschaft und Käseherstellung lebten, also nicht zuletzt für Freiburg und die kleinen Länderorte der Innerschweiz.

4 Die zivile Arbeitsmigration in der frühen Neuzeit

Handwerksgesellen, Hausierer, Kaufleute.......... 64
Die Bündner Zuckerbäcker...................... 68
Handwerker und Gewerbetreibende aus den
südalpinen Tälern 74
Baumeister, Freskomaler, Stuckateure und Maurer.. 82
Künstler und Kunsthandwerker 83
Studenten, Geistliche und Reformatoren.......... 86
Gelehrte und Wissenschaftler.................... 88
Hauslehrer, Erzieher und Erzieherinnen,
Gouvernanten 91
Alpwirtschaft, Küherwesen und Schwabengängerei.. 92

Die zivile Arbeitsmigration erreichte in der frühen Neuzeit nie das Ausmass der militärischen Arbeitsmigration. Sie blieb die Angelegenheit von Einzelpersonen und kleineren Gruppen und konzentrierte sich auch nicht auf einen Berufsstand allein, sondern wurde in ganz verschiedenen Sektoren praktiziert.

In der Regel waren die zivilen Arbeitsmigranten gut ausgebildete Spezialisten und anerkannte Experten ihres Metiers. Ihre handwerklichen und gewerblichen Fertigkeiten, ihr unternehmerisches Geschick, ihr kunsthandwerkliches und künstlerisches Talent, ihr Wissen oder ihre pädagogische und geistige Kompetenz waren auf Arbeitsmärkten im Ausland gefragt. Dort fanden sie Aufträge, eine Beschäftigung und ein Auskommen, die sie so in der Schweiz nicht hätten finden können. Insofern vermittelt die Untersuchung der zivilen Arbeitsmigration auch wichtige Einsichten in die Beschaffenheit des Arbeitsmarkts im schweizerischen Raum der frühen Neuzeit, der gewissen Berufen nur beschränkte oder gar keine Erwerbsmöglichkeiten zu bieten hatte.

Die zivilen Arbeitsmigranten waren vielfach in Bereichen tätig, die noch wenig durch zünftische oder obrigkeitliche Vorschriften reguliert waren oder die wachsenden Bedürfnisse nach barocker Repräsentation und nach exotischen Konsumgütern wie Kaffee, Tee, Zucker, Schokolade oder Südfrüchte befriedigten. Die Wanderungen der zivilen Arbeitsmigranten waren meist zeitlich befristet und häufig zyklisch strukturiert. Die Menschen wanderten nicht aus Not. Vielmehr machten sie die Mobilität zur Grundlage einer Wirtschafts- und Lebensweise, die die Subsistenz und das Fortkommen ihrer Haushalte sicherte und die Familien für Jahrhunderte in einen generationenübergreifenden Zyklus von Auswanderung und Rückwanderung einband. Regionale Schwerpunkte dieses Migrationsmusters waren die alpinen und südalpinen Täler Graubündens und des Tessins, deren Wirtschaftsstruktur und gesellschaftliches Leben stark auf die Migration ausgerichtet waren. Gemeinsam waren den zivilen Arbeitsmigranten eine hohe Mobilität, eine beachtliche Weltläufigkeit sowie eine bemerkenswerte kulturelle Anpassungs- und Integrationsfähigkeit.

Die Betrachtung der zivilen Arbeitsmigration vermag stereotype Vorstellungen von der Schweiz als einem hauptsächlich ländlich-bäuerlichen, schollenverhafteten und wenig mobilen Land zu korrigieren. Sie rückt insbesondere die Vorstellung zurecht, die Menschen in den Bergen hätten fernab von den dynamischen gesellschaftlichen Zentren und kulturellen Brennpunkten ein zurückgezogenes, genügsames Leben in den immer gleichen Bahnen der Jahreszeiten und Gewohnheiten gefristet.

Handwerksgesellen, Hausierer, Kaufleute

Seit dem 14. Jahrhundert wurde die Wanderschaft im Anschluss an die Lehrzeit für Gesellen zur Voraussetzung, um später als selbstständige Meister ein Gewerbe führen zu können. Das Handwerk lebte von der Mobilität als gesellschaftlicher Grunderfahrung.[67] Die Gesellenwanderung diente dem Wissenstransfer. Sie war in besonderen Wanderordnungen geregelt und erfolgte nicht – wie dies bei der temporären Arbeitsmigration sonst vielfach der Fall war – innerhalb von Familien- und Verwandtschaftssystemen, sondern im Rahmen korporativer Organisationsformen. Bruderschaften halfen den Gesellen, in der Fremde Stellen zu finden sowie materielle Not und Krankheit zu überstehen. Besondere Trinkstuben und Herbergen boten den wandernden Gesellen Unterkunft und dienten als Informationsstelle und Arbeitsbörse. Die Schweiz lag an einer der bedeutendsten Wanderrouten für Gesellen, die von den Niederlanden und Flandern nach Italien führte.

Je grösser eine Stadt war, desto weiträumiger war auch ihr überregionaler Arbeitsmarkt, der wandernde Gesellen anzog. Verzeichnisse der Behörden vermitteln einen Eindruck von der Reichweite der Gesellenmobilität. So registrierten Schreiber der Stadt Luzern ab 1436 für mehrere Jahrzehnte die Namen, das Gewerbe und die Herkunft der zuwandernden Gesellen, nachdem diese jeweils geschworen hatten, der Stadt und deren Behörden gehorsam zu sein und ihre Streitigkeiten nur vor städtischen Gerichten verhandeln zu lassen. Dem Verzeichnis zufolge war Luzern in einen überregionalen Arbeitsmarkt für Gesellen integriert, der sich weit über den eidgenössischen Raum hinaus an den Oberrhein, nach Schwaben, an den Main bis Franken und in Einzelfällen noch darüber hinaus erstreckte. Das Migrationsmuster der nach Luzern wandernden Gesellen bestätigt die Beobachtungen zur Wanderung der Neubürger in die Stadt Zürich: Aus Westen und Südwesten kamen kaum Gesellen nach Luzern. Die Sprachgrenze war eine Migrationsgrenze, die kaum überschritten wurde. Die verschiedenen Handwerke wiesen unterschiedliche Grade der Mobilität auf: Während die meisten Gesellen aus einer Entfernung von weniger als 150 Kilometern nach Luzern wanderten, waren die Gesellen im Metallgewerbe sowie die Schuhmacher und Kürschner ausgesprochene Fernwanderer, die mitunter mehrere Hundert Kilometer unter die Füsse nahmen.[68]

Mobilität, Kenntnis der Märkte und Vertrautheit mit den Chancen und Risiken der Warenzirkulation machten Hausierer, Wanderhändler und Kaufleute zu paradigmatischen Akteuren der frühneuzeitlichen Arbeits- und Wirtschaftsmigration. Ihre Bedeutung stieg langfristig, weil sich die Wirtschaft vom 16. bis 19. Jahrhundert zunehmend globalisierte und das Warenangebot als Folge der Kolonialisierung und der wachsenden gewerblichen Warenproduktion wuchs. Neben den neuen Märkten, die im Ancien Régime vielfach im ländlichen Raum entstanden, spielten die Hausierer

Miniatur aus dem handschriftlichen Reisebüchlein von Andreas Ryff, 1600. Im «Reis Biechlin» berichtet der Basler von seinen Reisen als Kaufmann und Diplomat in den Jahren 1575 bis 1600 in der Eidgenossenschaft und in Europa. Die Miniatur bildet die von Ryff verwendeten Transportmittel ab und stammt vermutlich von Hieronymus Vischer, der zwischen 1580 und 1620 als Glas- und Buchmaler sowie als Zeichner in Basel aktiv war.

und Wanderhändler eine wichtige Rolle bei der Integration des ländlichen Raums in die expandierende Weltwirtschaft, an der die Bewohner des Landes als Produzenten ebenso wie als Konsumenten und oft auch als Händler teilhatten.[69]

Die Schweiz war in verschiedener Hinsicht in die Globalisierung der Ökonomie involviert. Dies hing nicht nur mit ihrer Lage am Schnittpunkt grosser Verkehrsachsen auf dem Kontinent und mit der Herrschaft über die Pässe im zentralen Alpenabschnitt zusammen. Die Nachfrage nach Kriegern, nach Fleisch, Leder und Wolle sowie nach Holz machte die Alpen schon im Spätmittelalter zu einem kommerziell relevanten Raum. In der frühen Neuzeit entwickelte sich zudem eine für den Export arbeitende Textil-, Uhren- und Schmuckindustrie, die auf den Import von Rohseide, Baumwolle, Edelmetall und Edelsteinen angewiesen war. Die kommerziellen Kontakte zu den Regionen und Häfen am Mittelmeer, am Atlantik und an der Nordsee wurden auch für den Import von Kolonialwaren wie Kaffee, Tee, Zucker und Kakao genutzt. Die Gruppe der Akteure, die den Transport und die Vermarktung dieser Waren besorgten, war sehr differenziert.

An den kommerziellen Knotenpunkten des transalpinen Verkehrs über die Pässe etablierten sich dauerhaft oder für eine gewisse Zeit Spediteure, Kaufleute und Unternehmer, die vielfach aus den südalpinen Tälern und Oberitalien zuwanderten – so die Balthasar, Cysat und Ronca in Luzern. Die Zuwanderung der Socin, Ravalasca, Calderini, d'Anone oder Vertemate (Werthemann) nach Basel hatte mitunter auch konfessionelle Hintergründe.[70] Doch auch in den Länderorten der Innerschweiz verhalfen Mobilität und Migration gewissen Familien zum Erfolg in Handel, Politik und Solddienst: 1410 liess sich der aus dem piemontesischen Cannobio stammende Kaufmann Bernardo Mantelli in Altdorf nieder; mit der Aufnahme ins Urner Landrecht 1426 verdeutschte die Familie ihren Namen zu Vonmentlen. Ab 1600 hatte die Familie dauerhaft die einflussreiche Stelle des Landschreibers von Bellinzona inne. Sie spielte mit den Möglichkeiten, die sich ihr dank ihrer multiplen Zugehörigkeiten als Lombarden in Uri und als Urner in Bellinzona sowie dank ihrer weiten Verwandtschaft auf beiden Seiten des Gotthards eröffneten.[71] Ihnen taten es die Beroldingen gleich – eine andere Urner Häupterfamilie. Sie besetzte seit 1656 das Amt des Landschreibers in der Landvogtei Mendrisio und vererbte dieses seit 1709 vom Vater auf den Sohn; diese machtpolitische Verankerung auf beiden Seiten der Alpen nutzte sie unter anderem für ihr Engagement als Militärunternehmer in spanischen Diensten.[72] Auch die Nidwaldner Lussi wechselten ihren Lebensmittelpunkt seit dem späten 15. Jahrhundert wiederholt zwischen Nidwalden und dem Tessin. Ihre lokale Machtstellung in der Innerschweiz basierte nicht zuletzt auf transalpiner Migration: Sie besetzten lange Jahre die Stelle des Landschreibers in Locarno, waren als Militärunternehmer für Venedig und Spanien tätig, trieben mit Unterstützung des Mailänder

Kardinals Carlo Borromeo die Gegenreformation in der Innerschweiz voran und betrieben nicht zuletzt einen schwunghaften Handel mit Holz, das sie aus den Tessiner Wäldern in die Metropolen Oberitaliens flössen liessen.[73]

In nördliche Richtung intensivierte sich seit dem 17. Jahrhundert der Handel mit Gewürzen, Südfrüchten, Oliven, Wein, getrocknetem Fisch und anderen Nahrungsmitteln. Dieses Geschäft wurde zur Grundlage für die langfristige Migration von Familien wie den Brentano aus der Gegend des Comersees oder den Pedrazzini aus dem Maggiatal, die sich im Verlauf des 17. und 18. Jahrhunderts als Händler in schweizerischen und vor allem deutschen (Reichs- und Residenz-)Städten niederliessen. Die Händler liessen ihre Beziehungen zu den südalpinen Tälern nicht abreissen, sondern praktizierten während Generationen eine zyklische Wanderung. Migration und lokale Verwurzelung hingen zusammen. Dank Niederlassungen von Familienmitgliedern an verschiedenen Orten konnten Transaktionskosten optimiert werden. Im Tessin wurden Lehrlinge und Mitarbeiter rekrutiert. Heiraten innerhalb lokaler Heiratskreise festigten das familiale und verwandtschaftliche Beziehungsnetz, aus dem sich die Gesellschafter rekrutierten, die Kapital in das Handelsunternehmen einbrachten und den Fortbestand des Familienunternehmens garantierten. Die gemeinsame Herkunft und Verwandtschaft bildete die Grundlage für Vertrauen. Innerhalb der Familie wurden Informationen über Märkte und über die Vertrauenswürdigkeit und Solvenz von Geschäftspartnern ausgetauscht sowie materielle Güter und immaterielle Ressourcen wie Geschäftsbeziehungen, berufliches Können, aber auch Gewerbe- und Handelsprivilegien im Ausland vererbt. Dort wurden auch Interessenkonflikte zwischen Migranten und den Zuhausegebliebenen ausgetragen.[74] Als Familiengeschäft auf klientelistischer Basis organisierten auch die Glarner im 17. und 18. Jahrhundert ihren ausgedehnten Handel. Auf der Grundlage einer Wandertradition aus dem Solddienst und der darauf aufbauenden Informationsnetzwerke entwickelten sie ihren interregionalen und internationalen Handel mit dem Export heimischer Produkte, darunter Schiefertafeln, Tuche, Watte, Butter, Zieger, und dem Import auswärtiger Waren und dem Zwischenhandel.[75]

Im Fernhandel waren Kaufleute die zentralen Akteure. Sie unterhielten den regelmässigen Verkehr mit Paris, mit dem für den Textil- und Käsehandel zentralen Zwischenlager in Lyon sowie mit den Hafenstädten an Mittelmeer und Atlantik. In Triest, Livorno, Marseille, Cadiz, Bordeaux, La Rochelle, Nantes, Lorient, Amsterdam und Hamburg entstanden im 17. und vor allem im 18. Jahrhundert Schweizer Kolonien, in denen Kaufleute aus Genf, Neuenburg, Basel, Schaffhausen und St. Gallen – neben den Zuckerbäckern aus Graubünden und der bedeutenden Kolonie von Schweizer Indienne-Fabrikanten in Nantes nach 1760 – die grösste Berufsgruppe bildeten. In Paris bildeten die Schweizer Händler, Bankiers, Uhrmacher, Handwerker und Tagelöhner um die Mitte des 18. Jahrhunderts mit einem

Anteil von elf Prozent die viertgrösste Ausländergruppe.[76] 1777 gab es in Lyon Niederlassungen von 67 Schweizer Unternehmen.[77] Unter den 489 in Marseille registrierten Kaufleuten stammten 171 aus der Schweiz, doch umfasste die Schweizer Kolonie in Marseille im 18. Jahrhundert auch Schreiner, Uhrmacher, Drechsler, Graveure und Hauslehrer.[78] Da die Schweizer Wirtschaftsmigranten aus dem Handel in der Regel Reformierte waren, erhielten grosse Kolonien wie Marseille von den französischen Behörden das Recht, einen reformierten Pfarrer mit eigener Kirche und eigenem Friedhof zu unterhalten.[79]

Den Gegenpol zu den Fernhändlern bildeten die Hausierer als Spezialisten des mobilen Kleinhandels, die Waren von Tür zu Tür feilboten. Ursprünglich stark in der Hand von Wanderhändlern aus Savoyen und dem Aostatal, wurde die Hausiererei in der frühen Neuzeit zunehmend auch das Geschäft der in den aargauischen Gemeinden Endingen und Lengnau gettoisierten Juden sowie von süddeutschen und einheimischen Kolporteuren, die der lokalen Kundschaft ein vielfältiges Warenangebot antrugen.[80] Als migrierende Kleinhändler traten zwischen 1750 und 1850 auch zahlreiche Neuenburger, Waadtländer und Genfer Uhrmacher in Erscheinung. Die Kontore, die sie von Paris über Bordeaux, Lissabon und Frankfurt bis London eröffneten, wurden nicht selten Brückenköpfe für die Erschliessung neuer Absatzmärkte in Übersee.[81]

Die Bündner Zuckerbäcker

Die Wanderung der Bündner, die sich im 18. und 19. Jahrhundert auf das Geschäft mit Süssigkeiten und Kaffee spezialisierten und in ganz Europa Kaffeehäuser eröffneten, bildet nicht nur ein faszinierendes, sondern auch ein besonders erklärungsbedürftiges Kapitel der Schweizer Migrationsgeschichte. Mit dem Betrieb von Kaffeehäusern und Konditoreien trafen die Bündner Zuckerbäcker den Geschmack und das Distinktionsbedürfnis einer kaufkräftigen, adeligen und bürgerlichen Schicht in den europäischen Grossstädten des 18. und 19. Jahrhunderts. Der Erfolg der Zuckerbäcker, die sich bis um 1900 in insgesamt 571 Städten von Spanien bis Russland nachweisen lassen, ist umso erstaunlicher, als Kaffee und Zucker in Graubünden damals noch fremd und als Kolonialwaren mit dem Stigma des Luxus behaftet waren: Sie galten als verwerfliche Genussmittel und waren nicht für die breite Bevölkerung bestimmt, die ihr knappes Geld für das Notwendige ausgeben und sich vor Verarmung hüten sollte.[82]

Kaffeehäuser – eine kulturelle Erfindung des Osmanischen Reichs – entstanden in Europa im 17. Jahrhundert zuerst in Hafen- und Handelsstädten, die mit dem östlichen Mittelmeerraum in Austausch standen. Venedig ging 1647 voran.[83] Im Unterschied zu herkömmlichen Gasthäusern,

Bündner Zuckerbäcker in Venedig im 18. Jahrhundert, Kupferstich von Gaetano Zompini aus seinem Werk «Le Arti che vanno per via nelle Città di Venezia», 1789. Die Bildunterschrift weist auf das den Bündnern verliehene Privileg hin, Kringel zu verkaufen und an jeder Strasse Kramläden zu betreiben: «Privilegio concesso alla Nazion Xe [eccellente] dei Grisoni el vender buzzolai E aver botteghe in qual se sia canton.»

wo Alkohol getrunken wurde, trank man im Kaffeehaus den exotischen Kaffee und bald auch Tee und Schokolade. Dort fand sich die gehobene Gesellschaft zur Erholung, zur Lektüre von Zeitungen, zum Gespräch oder Spiel ein.

Venedig wurde für die Bündner zum Einfallstor für das Geschäft mit Kaffee und Zuckerbäckerwaren. Seit der Eroberung des Veltlins 1512 grenzten die Drei Bünde an das Territorium der Republik Venedig. Die wirtschaftlichen und politischen Beziehungen zwischen den Nachbarn waren eng und wurden 1603 mit dem Abschluss eines Bündnisses, das den Bündnern unter anderem Handels- und Gewerbefreiheit in der Lagunenstadt einräumte, politisch gefestigt. Schon 1612 hielten sich über 300 Bündner in Venedig auf, wo sie früh in den Verkauf von Kaffee und Süssigkeiten einstiegen. Das Geschäft der Bündner florierte bis 1766, als die Serenissima die Bündner für deren Bündnisverhandlungen mit der österreichischen Lombardei, Venedigs grossem Rivalen, bestrafte und einseitig die Privilegien der Bündner aufhob. 172 Bündner Firmen mussten ihren Betrieb einstellen und mehr als tausend Bündner die Stadt verlassen.[84]

Da in Graubünden grosse Städte mit einer entsprechenden Kundschaft für Kaffeehäuser fehlten, war eine Rückwanderung für die Vertriebenen keine Option. Sie orientieren sich neu und breiteten auf verschiedenen Wegen die Zuckerbäcker- und Kaffeehauskultur über ganz Europa aus. Deutschland gehörte zu den Ländern mit der frühesten Bündner Einwanderung. Migranten aus dem Engadin, dem Bergell und Hinterrheintal gründeten von der Mitte des 18. bis zum Ende des 19. Jahrhunderts weit über hundert Konditoreien und Kaffeehäuser in Leipzig, Halle, Berlin, Magdeburg, Dresden, Hannover und Münster, später auch in Hamburg, Königsberg und anderen deutschen Städten.[85] Von Deutschland aus wanderten die Bündner Zuckerbäcker zum einen über Polen ins Baltikum und nach Russland, zum andern über Dänemark und Schweden wiederum ins Baltikum und nach Russland, wo die beiden Wanderrouten um 1810 in St. Petersburg zusammenkamen. Für die Ausbreitung des Bündner Konditoreigewerbes nach Nordosteuropa spielte die damals zu Russland gehörende Stadt Warschau eine wichtige Rolle; dort hielt sich seit den 1770er-Jahren bis in die Zeit zwischen den beiden Weltkriegen kontinuierlich ein Zuckerbäckergewerbe in Bündner Hand. Zwischen 1800 und 1840 wanderten besonders viele Bündner ins Baltikum, wo die Hafenstadt Riga Mittelpunkt einer Bündner Kolonie wurde. Von dort aus gründeten Bündner Migranten weitere Niederlassungen in baltischen Städten.

Nebst Polen und dem Baltikum übte St. Petersburg seit Anfang des 19. Jahrhunderts eine grosse Anziehungskraft aus. 1810 zählte man in der russischen Residenz- und Hauptstadt schon zwölf Bündner. Sie waren aus Polen, dem Baltikum und Finnland nach St. Petersburg zugewandert, um sich dort nach ihrer Lehr- und Wanderzeit selbstständig zu machen. Dies trifft vor allem auf Migranten aus Davos zu, die später als andere Migranten aus Bündner Regionen in das Zuckerbäckergeschäft eingestiegen waren und deswegen neue Märkte erschliessen mussten. Die Davoser bildeten eine der grössten Bündner Kolonien in St. Petersburg. Sie hatten sich bei ihren Landsleuten in Warschau ausbilden lassen und waren dann weitergezogen, um sich an einem Ort selbstständig zu machen, wo die Konkurrenz der Landsleute fehlte und die Gewinnchancen intakt waren. Die Zuckerbäcker aus dem Bergell, Oberengadin und Puschlav hingegen, die in Polen eine führende Stellung innehatten, traten in St. Petersburg nur in Einzelfällen auf.

Die Davoser Kolonie in St. Petersburg legt ein wichtiges Migrationsmuster dieser Spezialistenwanderung offen. Die auf die Pioniergeneration folgenden Wanderer zogen, wenn sie nicht ein bestehendes Geschäft übernehmen konnten, vielfach weiter, um nicht in Konkurrenz zu treten mit den bereits ansässigen Geschäften. Auf diese Weise weitete sich das Netz der Bündner Zuckerbäckereien bis in die 1820er-Jahre auf alle grösseren Städte Nord-, Zentral- und Südrusslands aus.[86]

Neben italienischen Städten wurden auch die grossen französischen Hafenstädte frühzeitig Wanderungsziele der Bündner. 1734 kam es zur ersten Niederlassung in Marseille. Im 19. Jahrhundert monopolisierten die 41 Patissiers aus Graubünden praktisch das dortige Geschäft.[87] Noch wichtiger wurden aber die im 18. Jahrhundert infolge des Kolonialhandels prosperierenden französischen Atlantikhäfen, allen voran Bordeaux. Engadiner eröffneten dort 1745 einen Bäckereiladen; um 1800 lassen sich über vierzig Bündner Cafetier- und Konditorenfamilien in der Stadt an der Girondemündung nachweisen, wo sie auch Tanz- und Konzertsäle betrieben.

Am Beispiel der Familie Caviezel aus Zillis-Reischen aus dem Hinterrheintal lassen sich die Muster der Bündner Migration veranschaulichen.[88] Martin Simon Caviezel (1737–1805) erlitt im Viehhandel mit Italien hohe finanzielle Verluste und wanderte daraufhin nach Pommern aus, wo er im Städtchen Anklam eine Konditorei mit Kaffeehaus übernahm. Vier Söhne folgten ihm nach, darunter Johann Caviezel (1764–1824). Dieser war noch in Zillis geboren worden und trat nach einer Konditorlehre ins Geschäft des Vaters ein, bevor er 1796 nach Riga zog, wo er die Konditorei der ebenfalls aus Zillis stammenden Gebrüder Marchion übernahm. In der Folge holte Johann Caviezel insgesamt 13 Lehrburschen aus seiner Schamser Heimat nach Riga, wo sie zu Konditoren ausgebildet wurden. Er begründete damit eine generationenübergreifende Migrationstradition aus dem Schams nach Riga. Mit der Zeit weiteten die Caviezel ihren Geschäftsbereich im Baltikum aus und stiegen in den Grosshandel mit Wein ein. Ihre Geschäftsbeziehungen erstreckten sich im Verlauf des 19. Jahrhunderts von St. Petersburg bis nach Deutschland. Johann Caviezels Sohn wurde Ehrenbürger von Riga. Sein Enkel wurde erster Konsul der Schweiz für die baltischen Staaten. Über all die Jahrzehnte hinweg brachen die Beziehungen zu Graubünden nicht ab. Die Caviezel rekrutierten nicht nur ihre Lehrlinge und Gesellen in der alten Heimat, sondern brachten dort ihren geschäftlichen Erfolg – ganz nach der Art erfolgreicher Rückwanderer – auch symbolisch mit dem Bau stattlicher Häuser zum Ausdruck. In Chur errichteten sie das grosse Haus «Zur Stadt Riga» als Urlaubs- und Alterssitz.

Auswanderung, fortgesetzte Wanderung und Rückwanderung bestimmten so nicht nur die Lebensläufe der einzelnen Wanderer, sondern auch das generationenübergreifende Migrationsverhalten ganzer Familienverbände. Die angehenden Zuckerbäcker zogen meist im Alter zwischen 13 und 15 Jahren unter Führung eines erfahrenen Gesellen oder Meisters zu Fuss in die Fremde und trugen den Reiseproviant mit sich. Die Reisekosten mussten die Auswanderer gewöhnlich selber tragen, weshalb sie unterwegs vielfach Unterkunft bei Bekannten und Verwandten suchten.[89] Die im Ausland niedergelassenen Zuckerbäcker und Kaffeehausbetreiber rekrutierten den Nachwuchs innerhalb familiärer und nachbarschaftlicher Netzwerke in der alten Heimat. Sie festigten damit ihre Stellung als Patrons und behaupteten sich gegen Konkurrenz. Wer sich als Unternehmer in der Fremde selbstständig machen wollte, musste deswegen oft weiterwandern und sein Geschäft anderswo etablieren. Die Suche nach gewinnträchtigen Geschäftsmöglichkeiten setzte so eine fortdauernde Wanderung in Gang.

Die Rekrutierungspraxis erklärt auch, weshalb die Zielrichtung für Wanderungswillige traditionell vorgegeben war. Es kristallisierten sich regionalspezifische Migrationsziele heraus. In Frankreich fanden sich die Bergeller bevorzugt in La Rochelle und Nantes wieder, die Puschlaver in der Bretagne. Diese waren im 19. Jahrhundert auch in Spanien stark präsent. In Nordosteuropa waren die Schamser im Baltikum und in Finnland stark vertreten, die Bergeller und Puschlaver hauptsächlich in Polen, von wo aus sie in die Ukraine und nach Südrussland weiterwanderten. Davoser fanden sich besonders in St. Petersburg.

In der Fremde pflegten die Bündner einen engen Zusammenhalt. Sie betrieben gemeinsam Geschäfte, heirateten häufig untereinander, fungierten als Trauzeugen und übernahmen gegenseitig Patenschaften für ihre Kinder. Sie blieben in Kontakt mit Graubünden und hielten sich mitunter regelmässig dort auf. Gleichzeitig passten sie sich kulturell an die

Lehrlingsvertrag von 1838 zwischen Salomon Wolf und einigen jungen Männern aus Davos, die bei Wolf und seinem Geschäftspartner Tobias Branger in St. Petersburg eine fünfjährige Lehre als Konditor absolvieren wollten. Branger war 1819 von Davos nach St. Petersburg ausgewandert, Wolf folgte 1822. Am Newskij Prospekt 18 führten die beiden gelernten Konditoren ein berühmtes Literatencafé, in dem damals und später bedeutende Dichter wie Puschkin und Dostojewski verkehrten.

Davos, im Dörfli, den 24. Januar 1838

Zwischen mir, Salomon Wolf, und unterzeichneten Jünglingen, die gesinnet sind, nach Petersburg zu kommen zu mir und meinem Compagnion Tobias Branger, um das Conditorfach zu erlernen, werden folgende Artikel festgesetzt, so Gott will, zum Nutzen beider Parteien. – Erstens wird die Zeit ihrer Lehrjahre auf fünf Jahre festgesetzt, während welcher Zeit sich S. Wolf und T. Branger verpflichten, Kleidung, Wäsche und alles Übrige, was zu ihrem Unterhalt nöthig ist für sämtliche Lehrburschen zu sorgen und auch, was Gott verhüten wolle, bei allfälligen Krankheiten für ärztliche Hülfe und Pflege bestmöglich gewissenhaft zu sorgen, auch während der ganzen Lehrzeit väterlich über sie zu wachen und auch unbedingten Gehorsam verlangen; allfällige Vergessenheit ihres Berufes oder sonstigen ungesitteten Vergehungen ohne Ausnahme bei einem oder dem andern möchten streng geahndet und väterlich bestraft werden, übrigens wird es ganz vom Fleiss und der Thätigkeit eines jeden abhangen, sein Glück und ferneres Fortkommen desto früher zu begründen, weil ich ihnen für meinen Compagnion sowohl als für mich zusichern kann, dass es uns Vergnügen machen wird, schon während der Lehrzeit, Fleiss und Thätigkeit eines jeden zu belohnen und auch allenfalls die Lehrzeit zu verkürzen, doch nur unter Vorbehalt oben angeführter Punkte, die mit Treue und Aufrichtigkeit ein jeder zu beobachten hat und es zu seinem eigenen mehr als zu unserm Vortheil thun wird, je mehr er sich bestrebt, sich im Guten auszubilden. – Zweitens hat jeder von unterzeichneten Lehrburschen selbst die Reiseunkosten bis Petersburg zu tragen; sollte es welche treffen, die es nicht im Vermögen haben und das nöthige Reisegeld entlehnen müsssen, so kann es auf ein Jahr auf ihr Verlangen, nachdem sie in Petersburg gewesen sind, auf Rechnung vorgestreckt und ausbezahlt werden. Die Lehrzeit wird von dem Tag an gerechnet bei ihrer Ankunft in Petersburg. – Jeder Lehrling wird sich hier unterschreiben, auch bitte ich noch um die Unterschrift der Eltern oder, wenn solche nicht mehr leben, ihrer nächsten Anverwandten eins oder zwei. Gott gebe, dass der Entschluss eines jeden wohl überlegt mit unserer Übereinkunft in einer gesegneten Stunde eintreffen möge. Dies wünscht aus wahrem Herzen

Salomon Wolf

Verhältnisse an ihrem neuen Lebensmittelpunkt an. Gian Pitschen Flugi, der sich 1786 als Patissier in Bordeaux niederliess, französisierte schon bald seinen Namen zu Jean Petit Flouch.[90] Besonders erfolgreiche Auswanderer – wie etwa Johann Caviezel (1764–1824), Johann Josty (1773–1826), Luigi Caflisch (1791–1866) oder Martin Stiffler (1831–1895)[91] – kehrten bisweilen im vorgerückten Alter nach Graubünden zurück, wo sie sich repräsentative Alterssitze kauften oder erbauten. Bemerkenswerterweise haben die Bündner die Zuckerbäckerei bis zum Aufkommen des Fremdenverkehrs in Graubünden in der zweiten Hälfte des 19. Jahrhunderts ausschliesslich in der Fremde ausgeübt. «Das gesamte Berufsleben – von der Lehre über die Gesellenzeit bis zum selbständigen Erwerbsleben als Meister und Besitzer – vollzog sich als städtisches Gewerbe im Ausland.»[92]

Handwerker und Gewerbetreibende aus den südalpinen Tälern

Ähnliche Muster wie bei den Bündner Zuckerbäckern bestimmten auch die saisonalen Wanderungen der Handwerker, Gewerbetreibenden und Händler aus den Tessiner und den Bündner Tälern. Temporäre, häufig saisonale Wanderarbeit war in den Alpentälern des Piemonts, Savoyens, des Tessins, Graubündens, der Bergamasker Alpen, des Veltlins und Friauls weit verbreitet. Bei den saisonalen Wanderern wiederholte sich der Wechsel des Arbeits- und Wohnorts jedes Jahr. Er bestimmte den Lebensrhythmus nicht nur der Wandernden selber, sondern auch ihrer zu Hause bleibenden Familien.

Italien war aus politischen und kulturellen Gründen das erste und wichtigste Ziel der temporären Migranten aus den südalpinen Tälern, zumal diese bis zur Eroberung durch die eidgenössischen Orte und die Bündner im Verlauf des 15. und frühen 16. Jahrhunderts zum Herzogtum Mailand gehörten. Insbesondere im Dienstleistungs-, Bau- und Nahrungsmittelsektor war der Bedarf nach Arbeitskräften in den italienischen Städten hoch. Schon im 15. Jahrhundert waren Gepäckträger aus dem Bleniotal, aus dem Locarnese und der Leventina in Mailand, Genua sowie in der Toskana tätig. Im toskanischen Freihafen Livorno behaupteten Auswanderer aus dem Locarnese zwischen 1631 und 1847 das Monopol für Verladearbeiten gegen ihre Konkurrenten aus dem Bergamaskerland und Veltlin.[93] Aus dem Onsernonetal kamen besonders viele Strohflechter, Hutmacher, Kaminfeger und Ofensetzer. Letztere stammten häufig auch aus dem Verzascatal, dem Centovalli und dem Misox; ihr Migrationsraum erstreckte sich bis nach Frankreich, Belgien, in die Niederlande, nach Österreich-Ungarn und Polen. Misoxer Familien bauten sich in der im 18. Jahrhundert stark wachsenden Metropole Wien eine starke Position im Kaminfegergeschäft auf. Zwischen 1775 und 1860 stellten die zugewanderten Meister aus Soazza und Roveredo fast ausschliesslich die Vorstände der Wiener Kaminfegerzunft. Das Amt des kaiserlichen Hofrauchfangkehrers, der alle Gebäude der kaiserlichen Verwaltung unter sich hatte, lag von der zweiten Hälfte des 17. Jahrhunderts bis 1826 immer in der Hand von Meistern aus Soazza.[94]

Das Bleniotal stellte im 18. und 19. Jahrhundert unter den Auswanderern viele Chocolatiers und Kastanienröster, die ihr Geschäft in Oberitalien, Frankreich, England, Holland und Deutschland betrieben.[95] Illustres Beispiel ist Carlo Gatti (1817–1878) aus Marogno im Bleniotal. Im Alter von 12 oder 13 Jahren wanderte Gatti nach Paris, wo sein Vater als Kastanienhändler tätig war. Der junge Gatti arbeitete dort als Kastanienverkäufer, bevor er spätestens 1847 in London mit grossem Erfolg damit begann, Süssigkeiten, Schokolade und Speiseeis herzustellen, und mit seinen Brüdern Giacomo und Giovanni Kaffeehäuser, Restaurants und Konzerthallen betrieb. Der Import von Eis aus Norwegen nach London ab 1857 machte ihn reich. Auch er hielt in seinen langen Jahren im Ausland den Kontakt zum Bleniotal aufrecht und kehrte im fortgeschrittenen Alter dorthin zurück.[96]

Die Wanderungen der Handwerker und Gewerbetreibenden zeigen Muster, wie sie auch für die Zuckerbäcker zu beobachten waren. Die Kontakte der Kaminfeger in Wien mit dem Misox waren trotz der weiten Entfernung dauerhaft und rege. Das Beziehungs- und Kommunikationssystem spielte in beide Richtungen. Zwischen Mitte des 18. und Mitte des 19. Jahrhunderts schickte die Familie Toscano 31 junge Männer in die Lehre nach Wien. Die Martinolas stellten in dieser Zeit 30, die Senestrei 13 und die Minetti 11 Meister in Wien. Viele in Wien tätige Kaminfeger verkauften ihren Grundbesitz im Misox nicht; sie hielten die Option der Rückwanderung offen und betrachteten den Besitz in der Heimat als Altersversicherung. Auch Schenkungen, fromme Legate für kirchliche Einrichtungen und Erbschaften für die Verwandten im Misox zeugen von der anhaltenden Verbundenheit der Ausgewanderten mit ihrem Herkunftsmilieu.[97]

Die Misoxer Kaminfeger folgten nicht alle demselben Wanderungsmuster. Beschränkte sich für die einen der Aufenthalt in Wien auf eine bestimmte Lebensphase, scheinen sich andere dort permanent niedergelassen zu haben. Die meisten Arbeitsmigranten aus den Tessiner und Bündner Tälern waren aber Saisonarbeiter mit zyklischer Aus- und Rückwanderung. Die Sommerwanderer zogen jeweils zwischen März und Mai aus und kehrten im November oder Dezember zurück, die Winterwanderer waren zwischen Herbst und Frühling landesabwesend. Dabei lassen sich berufsspezifische und regionale Muster unterscheiden: Die Baufachleute stammten vor allem aus dem Luganese, dem Malcantone und dem Mendrisiotto und weilten im Sommerhalbjahr in der Ferne. Die Männer aus den Tälern des Sopraceneri verliessen das Land im Winter.

Die saisonale Wanderung war ein Massenphänomen. Viele Tessiner Dörfer entleerten sich jedes Jahr für längere Zeit von ihren Männern, sodass die Frauen, die Kinder und die Alten unter sich blieben. Das Ausmass

Anteil abwesender Männer an gesamter erwerbsfähiger männlicher Bevölkerung in ausgewählten Tessiner Dörfern

Dorf (Stichjahr)	abwesende Männer in absoluten Zahlen und/oder in Prozent
Mezzovico (1677)	65% (15–64 Jahre)
gesamtes Bleniotal (1743)	815 von 1741 (47%) (18–60 Jahre); davon 666 in Italien, 530 in Mailand
Leontica (1743)	92 von 99 (93%)
Olivone (1743)	217 von 260 (83%)
Buttino (1743)	30 von 34 (88%)
Campo (1743)	42 von 53 (79%)
Torre (1743)	24 von 30 (80%)

Quelle: Ceschi 1991; Schluchter 1991.

der Migration lässt sich für gewisse Stichjahre anhand der Einträge der Pfarrer in den Kirchenbüchern beziffern (vgl. Tabelle S. 76).

Die saisonale Migration der erwachsenen Männer hatte massive soziale, ökonomische und kulturelle Auswirkungen. Sie war konstitutiver Faktor einer zweipoligen Haus- und Familienwirtschaft. Die Subsistenz der Familien basierte auf zwei Erwerbsquellen. Die Männer brachten aus der Fremde Bargeld nach Hause, das es in der nur schwach urbanisierten und kommerzialisierten Wirtschaft des Tessins nicht zu verdienen gab. Abgesehen vom fruchtbaren Mendrisiotto war das Tessin mit seinen vielen Tälern, Hügel- und Berglandschaften stark auf Subsistenzlandwirtschaft ausgerichtet. Das monetäre Einkommen aus der Migration ermöglichte den Einkauf von Waren, die im Tessin nicht oder nicht in hinreichender Menge produziert wurden; es diente zur Bezahlung von Abgaben und Gebühren und ermöglichte Investitionen in Immobilien und Darlehen. Damit hatten die Haushalte an der Markt- und Geldwirtschaft teil. Den komplementären Pol dieser Ökonomie bildete die Arbeit der zu Hause bleibenden Frauen, die die Felder bewirtschafteten, das Vieh besorgten, in den Wäldern Sammelwirtschaft betrieben und damit die Nahrung des Haushalts sicherten. Männer und Frauen trugen auf diese Weise in geschlechterspezifischer Arbeitsteilung zum Lebensunterhalt des Haushalts bei. Die Verbindung von saisonaler Wanderarbeit und Subsistenzlandwirtschaft löste sich erst gegen Mitte des 19. Jahrhunderts auf, als viele Tessinerinnen und Tessiner nach Nord- und Südamerika auswanderten.

Die duale Familienökonomie berührte nicht nur die wirtschaftliche Rollenverteilung zwischen Männern und Frauen, sondern bestimmte auch den Zyklus der sozialen Reproduktion und die lokale Kultur. Indem die Frau mit den Kindern die Subsistenzlandwirtschaft zu Hause übernahm, war sie zwar einer hohen Arbeitsbelastung ausgesetzt, doch verschaffte ihr ihre Rolle auch hohe Verantwortung und Selbstständigkeit. Sie machte sie zur Patronin und Herrscherin über das Haus. Die Wanderungen der Männer bestimmten zudem den Rhythmus der Heiraten und Geburten. Wo die Männer hauptsächlich im Winter abwesend waren wie im Bleniotal, wurde im Juni und Juli geheiratet, auch wenn in diesen Monaten die anstrengenden Heuarbeiten anfielen. Die Kinder kamen im März und April des darauffolgenden Jahres zur Welt. Die letzten Monate der Schwangerschaft fielen damit günstigerweise in die Winterzeit, wo die Arbeitsbelastung in der Landwirtschaft geringer war. Die Sommerwanderer heirateten dagegen im Januar und Februar, die Geburten der Kinder massierten sich folglich zwischen August und November. Auch das gesellschaftliche und politische Leben in den Gemeinden war auf die Wanderungen abgestimmt: Gemeindeversammlungen, Wahlen oder die Arbeiten im Gemeinwerk für die Ausbesserung von Kanälen, Wegen und Brücken im Gemeindebann fanden statt, wenn die Männer zu Hause waren.

Anteil abwesender Männer an gesamter erwerbsfähiger männlicher Bevölkerung, Distrikt Lugano, 1798

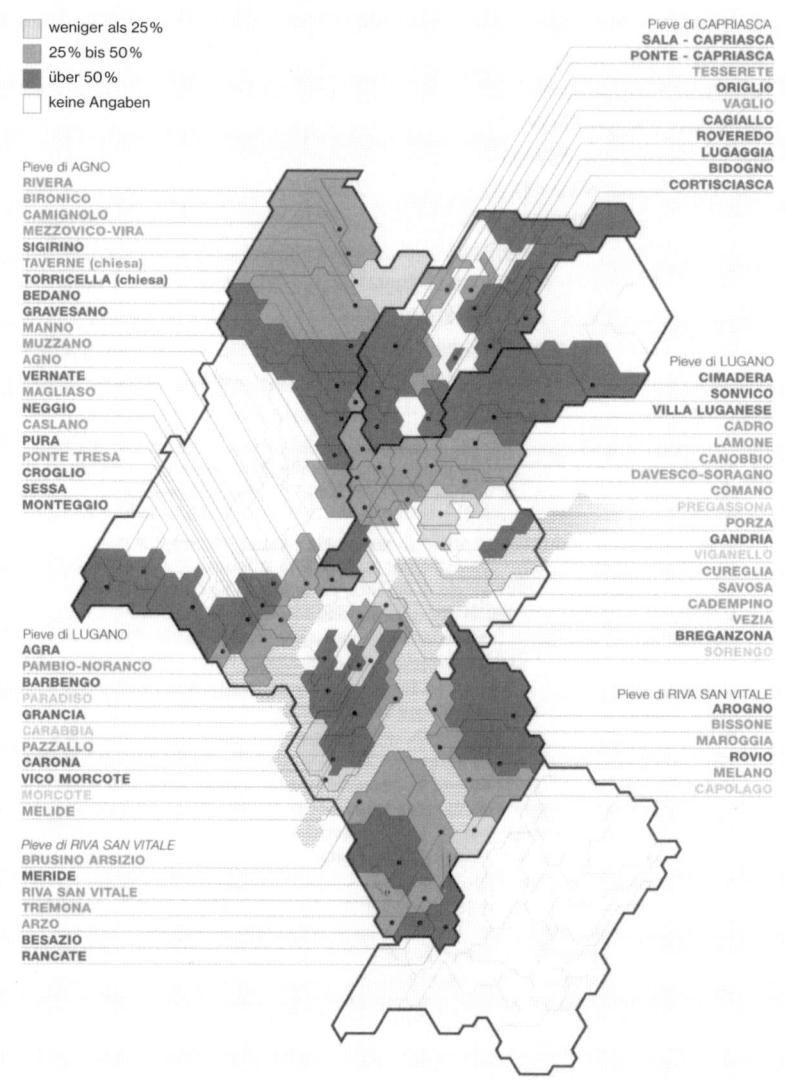

Auswertung der Pieve Agno, Lugano, Riva San Vitale, Capriasca. Eine hohe Abwesenheitsquote verzeichneten die Dörfer im Hinterland von Lugano, im Malcantone und um das südliche Becken des Luganersees. Quelle: Bianchi 2015a, Seite 81.

Als scheinbar paradoxe Folge führte die Abwesenheit vieler Männer, die fern von zu Hause einer spezialisierten Tätigkeit nachgingen, bisweilen zu einem Mangel an männlicher Arbeitskraft im Tessin selber. Zuwanderer aus den Tälern um den Comersee, dem Veltlin, dem Ossolatal, aus dem Piemont und den ligurischen Alpen füllten die Lücke aus. Sie ersetzten die abgewanderten Saisonarbeiter besonders in Zeiten hoher Arbeitsbelastung in der Landwirtschaft, übernahmen aber auch Arbeiten, die die Tessiner selber aufgegeben hatten. Die Zuwanderung auswärtiger Arbeitskräfte ermöglichte so die saisonale Wanderung der Tessiner Männer.[98]

Beobachtungen dieser Art sind ein starkes Argument gegen den klassischen, mittlerweile überholten Topos der Migrationsforschung, der Wanderungen als Folge von Krisenphänomenen wie Übervölkerung, Armut, wirtschaftlicher Not oder Klimaverschlechterung betrachtet.[99] Die Zuwanderung von Arbeitern in die Tessiner Täler weist zum einen darauf hin, dass die Austausch- und Migrationsvorgänge zwischen Polen der Anziehung und der Abstossung nicht eindimensional strukturiert waren. Zum andern unterstreicht sie die Tatsache, dass die Arbeitsmigration aus den Tessiner Tälern mit der Aussicht verbunden war, sich durch Migration auswärts einen Erwerb zu verschaffen, der für die Familienökonomie lukrativer war als die Verdienstmöglichkeiten zu Hause. Schliesslich zeigte sich hier auch die Wirksamkeit von Wandertraditionen, die von Generation zu Generation weitergegeben wurden, wenn einmal interessante Marktnischen in der Ferne erkundet und die entsprechenden Geschäftsbeziehungen etabliert waren.[100]

Vor allem die qualifizierten Baufacharbeiter, aber auch die meisten Wanderarbeiter waren für ihre Arbeit in der Welt draussen auf eine gute Grundausbildung angewiesen. Sie mussten lesen können, um Verträge zu verstehen. Sie mussten Verträge unterschreiben und ihren Frauen und Verwandten zu Hause Briefe schreiben. Sie mussten rechnen können, um ihr Geschäft erfolgreich zu betreiben. Deshalb verdichtete sich seit dem 16. Jahrhundert das Netz an Dorfschulen. 1630 zählte man in der italienischen Schweiz 52 Schulen. Die meisten lagen im Sottoceneri, wo die Arbeitskräfte für den Bausektor überwiegend herstammten. Allerdings waren diese Dorfschulen allein für die Knaben bestimmt. Vom sechsten oder siebten Lebensjahr an besuchten die künftigen Wanderarbeiter die Schule, bevor sie in der Regel mit zwölf Jahren erstmals auszogen. Ihre ersten Erfahrungen in der saisonalen Wanderarbeit machten die jungen Männer gewöhnlich unter der Anleitung von Verwandten oder Nachbarn, die sie anwarben und mitnahmen. Auch hier erfolgte die Rekrutierung junger Arbeitskräfte entlang der familiären und nachbarschaftlichen Beziehungen in der Heimat.

Im Bausektor tätige Tessiner und Misoxer Dynastien (Auswahl)

Name	Herkunft	Tätigkeit A: Architekten B: Bildhauer M: Maler Ste: Steinmetzen Stu: Stuckateure	Länder/Regionen
Aprile	Carona	B, Ste	Italien, Spanien
Casella	Carona	A, B, M, Stu	Italien
Lombardo	Carona	A, B	Italien (Venetien, Emilia, Marken)
Solari	Carona	A, B, M	Italien (Mailand), Russland
Artari	Campione, Arogno	A, B, M, Stu	Deutschland, England, Niederlande
Baroffio	Mendrisio	A, M, Stu	Italien, Deutschland, Belgien, Frankreich, Russland
Cantoni	Valle di Muggio	A, Stu	Italien (Genua, Lombardei)
Carlone	Rovio, Scaria	A, B, M, Stu	Italien (Genua), Deutschland, Ungarn, Österreich, Böhmen
Castelli	Bissone	A, B, Stu	Deutschland, Italien, Österreich, Polen
Porri	Bissone	A	Polen, Deutschland, Schweden
Tencalla	Bissone	A, B, M, Stu	Wien, Mähren, Polen, Bayern, Italien (Lombardei, Rom, Venedig), Wilna
Fontana	Melide	A, Stu	Italien, Mittelosteuropa
Giorgioli	Meride	A, B, M, Stu	Deutschland, Italien, Polen, Holland, Slowakei
Oldelli	Meride	Stu	Italien, Österreich, Deutschland, Holland, Belgien, Frankreich, Polen, Böhmen, Mähren
Silva	Morbio Inferiore	A, M, Stu	Italien (Lombardei, Piemont, Emilia, Umbrien, Marken)
Pozzi	Castel San Pietro	A, B, M	Italien, Deutschland
Somazzi	Montagnola	A, Stu	Italien, Dalmatien
Lucchesi	Lugano	A, M, Ste, Stu	Tirol, Böhmen, Mähren, Thüringen

Taddei	Gandria	A, B, Stu	Österreich
Verda	Gandria	A, Stu	Österreich
Visconti	Curio	A	Russland
Barbieri	Roveredo (Misox)	A	Deutschland
Viscardi	San Vittore (Misox)	A	Deutschland
Zuccalli	Roveredo (Misox)	A	Deutschland

Quelle: Historisches Lexikon der Schweiz, biografische Artikel zu den einzelnen Familien.

Baumeister, Freskomaler, Stuckateure und Maurer

Schon im Spätmittelalter fanden sich Baumeister, Steinmetzen, Bildhauer und Maurer aus den lombardischen Voralpen und insbesondere aus den Tälern um den Luganer- und Comersee auf den Baustellen grosser italienischer Städte ein. Seit dem 16. Jahrhundert waren auch viele Baufachleute aus dem bündnerischen Misox mobil. Diese Gruppe hoch qualifizierter Baufachleute spielte in der europäischen Architektur- und Kunstgeschichte eine bedeutende Rolle.

Die Wanderung dieser Spezialisten war meist saisonal und auf wenige Jahre befristet, doch liessen sich viele auch auf Dauer fern von zu Hause definitiv nieder. Auch das Baugewerbe entwickelte eine generationenübergreifende Berufs- und Migrationstradition und rekrutierte die Lehrlinge und Gesellen innerhalb der Familie, Verwandtschaft und Nachbarschaft. Die Söhne oder Neffen wurden früh zur Ausbildung auf die Wanderschaft und auf die fernen Bauplätze mitgenommen. Dank ihrer Beziehungen zu den Bauherren in der Ferne und der langjährigen Erfahrungen verfügten diese Familien über intime Kenntnisse des Arbeitsmarkts. Sie waren mit den Bedürfnissen der Bauherren vertraut und hatten gelernt, wie man den diversen Herausforderungen dieser Wanderarbeit begegnete.

Im Tessin und Misox entstanden eigentliche Dynastien von Bauspezialisten, die mitunter während Jahrhunderten auf bedeutenden Bauplätzen des Auslands anzutreffen waren (siehe Tabelle Seite 80/81).

Die Fertigkeiten der Wanderarbeiter im Bausektor lassen sich möglicherweise darauf zurückführen, dass die reichen Steinvorkommen in den südalpinen Tälern frühzeitig eine grosse Meisterschaft in der Bearbeitung und baulichen Verwendung des Steins herbeigeführt hatten. Der unternehmerische Erfolg der Baufachleute gründete allerdings auch in der Bildung eigentlicher Konsortien (maestranze), die alle anstehenden Arbeiten auf grossen Baustellen erledigen konnten. Der Baumeister brachte als Leiter des Bauplatzes die Spezialisten zusammen, die er für die verschiedenen Bauetappen und die besonderen Bauaufgaben benötigte: Steinmetzen, Maurer, Freskomaler, Bildhauer, später Stuckateure. Innerhalb dieser Bautrupps herrschte eine hohe Arbeitsteilung vor. Gemeinsame Herkunft und gemeinsame Arbeit stärkten den Zusammenhalt ebenso wie der korporative Zusammenschluss zu Gesellschaften oder Bruderschaften vor Ort. Diese leisteten Hilfe bei materieller Not, Krankheit oder Tod in der Fremde, traten aber auch als Interessenvertretung im Kontakt mit Bauherren und lokalen Behörden auf.[101]

Die frühesten Wirkungsstätten dieser Maestranze waren die Bauhütten der romanischen und gotischen Kathedralen in Modena, Bergamo, Parma, Trient oder Mailand. Ab der zweiten Hälfte des 16. Jahrhunderts boten Rom und Neapel, wo die Päpste und die spanischen

Vizekönige eine intensive städtebauliche Tätigkeit entfalteten, zahlreiche Aufträge in der Übergangsperiode von der Spätrenaissance zum Barock. Ab dem 16. Jahrhundert wandten sich Tessiner und Misoxer Baumeister auch nach Deutschland, Schweden, Polen und Böhmen, wo sie vielen Residenzen ein barockes Gepräge verliehen. Ab etwa 1700 weitete sich ihr Aktionsradius nach Russland aus, wo sie bis weit ins 19. Jahrhundert einen beträchtlichen Einfluss auf die Repräsentationsarchitektur St. Petersburgs und Moskaus ausübten.

Die Tessiner und Misoxer bauten für die Päpste und den römischen Kurienadel, für die spanischen Vizekönige in Neapel, für geistliche und weltliche Fürsten im Reich, für die Könige von Schweden, Dänemark und Polen und für die russischen Zaren. Sie standen im Dienst einer monarchisch-höfischen Kultur und sollten die Ehre, Grösse und das Ansehen ihrer Auftraggeber in glänzenden Bauten für alle augenfällig zur Darstellung bringen. Die katholische Kirche demonstrierte im 17. und 18. Jahrhundert mit farbenfrohen und monumentalen barocken Sakralbauten, dass sie den Schock der Reformation überwunden hatte. In diesem Rahmen machten die Tessiner und Misoxer Baufachleute ihre Karriere. In den eidgenössischen Kommunalstaaten und Republiken hätten sie nie eine ihren Fertigkeiten angemessene Beschäftigung gefunden. Hier fehlten die Mäzene und Auftraggeber. Eine gewisse Ausnahme bildete auch hierzulande die katholische Kirche, die im 17. und 18. Jahrhundert unter dem Eindruck des aus Italien importierten Barock eine intensive Bautätigkeit entfaltete. Zu denken ist hierbei an die barocken Neubauten der Klosteranlagen von Einsiedeln (1703–35), St. Gallen (1666–1772), Münsterlingen (1684–1714), Fischingen (1699–1716), Disentis (1683–99), Muri (1684–1694, 1789–1798), St. Urban (1690), Pfäfers (nach 1665) oder Rheinau (1705–1710) sowie an den Neubau zahlreicher Pfarrkirchen und Kappellen. An der katholischen Baukonjunktur in den katholischen Orten waren aber auffallenderweise weniger Baumeister aus dem Misox und Tessin, sondern vor allem aus Vorarlberg beteiligt, darunter die Baumeister Singer, Purtschert und Moosbrugger.[102]

Künstler und Kunsthandwerker

Auf der Suche nach attraktiven Aufträgen wurden auch bildende Künstler in der frühneuzeitlichen Schweiz zu Arbeitsmigranten. Sie fanden ihre Auftraggeber und Förderer in den europäischen Metropolen und an den Höfen, wo auch sie vom Bedürfnis der Monarchen und Fürsten nach ostentativer symbolischer Repräsentation lebten. Sie gravierten die Ehrenmedaillen, die Herrscher zur Erinnerung an gewonnene Feldzüge und Schlachten oder an Friedensschlüsse anfertigen liessen. Sie porträtierten Herrscher und Angehörige der Fürstenfamilie. Auch der Adel an den Höfen und vermögende

Wandernde Künstler aus eidgenössischen Orten, 16.–19. Jahrhundert (Auswahl)

Name (Lebensdaten)	Herkunft	Tätigkeit	Wirkungsstätten im Ausland
Hans Holbein d. J. (1497/98–1543)	Augsburg bzw. Basel	Maler	London
Tobias Stimmer (1539–1584)	Schaffhausen	Maler	Italien, Strassburg, Baden-Baden
Jost Ammann (1539–1591)	Zürich	Maler	Nürnberg, Würzburg, Frankfurt, Heidelberg
Joseph Heintz (1564–1609)	Basel	Maler	Rom, Venedig, Prag, Augsburg
Samuel Hofmann (ca. 1595–1649)	Affoltern a. A.	Maler	Amsterdam, Oberrhein, Basel, Frankfurt/M.
Jean Petitot (1607–1691)	Genf	Maler	Frankreich, London, Paris
Joseph Werner (1637–um 1710)	Bern	Maler	Rom, Versailles, Augsburg, Berlin
Johann Rudolf Byss (1660–1738)	Solothurn	Maler	Prag, Mainz, Würzburg, Göttweig (A)
Georg Gsell (1673–1741)	Solothurn	Maler	St. Petersburg
Jean Dassier (1676–1763)	Genf	Medailleur	England
Johann Carl Hettlingen (1691–1771)	Schwyz	Medailleur	Nancy, Paris, Stockholm, St. Petersburg, Berlin
David Herrliberger (1697–1777)	Zürich	Kupferstecher	Augsburg, Amsterdam, London, Paris
Jean-Etienne Liotard (1702–1789)	Genf	Maler	Paris, Rom, Konstantinopel, Wien, London, Holland, Genf
Johann Caspar Füssli (1706–1782)	Zürich	Maler	Wien, Höfe in Süddeutschland

Jacques Antoine Dassier (1715–1759)	Genf	Medailleur	Rom, London, St. Petersburg
Johann Jakob Schalch (1723–1789)	Schaffhausen	Maler	London, Den Haag
Johann Melchior Wyrsch (1732–1798)	Buochs (Nidwalden)	Maler	Rom, Besançon
Samuel Hieronymus Grimm (1733–1794)	Burgdorf	Maler	Paris, London
Anton Graff (1736–1813)	Winterthur	Maler	Augsburg, Regensburg, Dresden
Johann Heinrich Füssli (Henry Fuseli) (1741–1825)	Zürich	Maler	Berlin, London
Angelika Kauffmann (1741–1807)	Chur	Malerin	Rom, London, Neapel
Alexander Trippel (1744–1793)	Schaffhausen	Bildhauer	London, Kopenhagen, Paris
Jacques Sablet (1749–1803)	Morges	Maler	Paris, Rom, Schweden, Madrid
Jakob Christoph Miville (1786–1836)	Basel	Maler	Rom, St. Petersburg
Léopold Robert (1794–1835)	La Chaux-de-Fonds	Maler	Paris, Rom, Florenz, Venedig

Quellen: Historisches Lexikon der Schweiz, biografische Artikel zu den Personen; Boerlin-Brodbeck 2017.

Angehörige des gehobenen städtischen Bürgertums bestellten bei ihnen Porträts oder Landschaftsbilder.

Gerade ambitionierte künstlerische Talente aus protestantischen Gebieten kamen kaum um die Auswanderung herum. Der reformierte Protestantismus war eine bilderfeindliche Kultur. Der reformatorische Bildersturm hatte die Bilder in den Kirchen zerstört und daraus entfernt, weil die Gläubigen nicht mehr zu den Heiligen, sondern zu Gott allein beten sollten. Die Maler und Bildhauer aber, die bis dahin Altarbilder oder Statuen von Heiligen als Kultobjekte angefertigt hatten, verloren mit der Reformation ihre Existenzgrundlage. Einige wanderten aus und suchten in der Fremde eine neue Beschäftigung. Ein prominentes Beispiel dafür ist Hans Holbein d. J. (1497/98–1543), der von Augsburg nach Basel zugewandert war, dort seit 1515 wirkte und Bürger wurde. Anfang der 1530er-Jahre zog er nach England, wo er Hofmaler König Heinrichs VIII. wurde.

Die eidgenössischen Republiken waren kulturell und wirtschaftlich auf Sparsamkeit und Nützlichkeit bedacht. Dies hatte verschiedene Ursachen. Im Unterschied zu den Monarchen des Auslands mussten die eidgenössischen Obrigkeiten bei der Besteuerung ihrer Untertanen wesentlich zurückhaltender sein, weil sie sonst deren Widerstand befürchten mussten. Angesichts ihrer militärischen Schwäche mussten sie gewaltsame Aufstände ihrer Untertanen vermeiden. Zudem lebten die regierenden Familien in den eidgenössischen Orten selber von den Einnahmen des Staats und waren folglich nicht daran interessiert, ihre Einkünfte durch staatliche Investitionen in Kunstaufträge zu schmälern. Zudem setzten rigorose Moralvorstellungen der öffentlichen Zurschaustellung von Pracht und Aufwand besonders in den reformierten Orten enge Grenzen. Auch sollte sich in den regierenden Korporationen der eidgenössischen Orte kein Einzelner symbolisch über seine Genossen erheben. Allenfalls gaben die regierenden Orte Geld für ein neues Rathaus, für Kornhäuser, neue Brücken oder Strassen aus. Grundsätzlich aber betätigten sie sich – im Unterschied zu ausländischen Herrschern – kaum als Mäzene und Kunstpatrone. Die Solothurner verdanken die Fassade der Jesuitenkirche bezeichnenderweise der Grosszügigkeit von König Ludwig XIV. von Frankreich, woran eine Inschrift und das Lilienwappen der französischen Könige noch heute erinnern.

Studenten, Geistliche und Reformatoren

Der Genfer Reformator Johannes Calvin wurde auch schon als «grand apôtre de la Réforme des réfugiés» – als der grosse Apostel einer Reformation der Flüchtlinge – bezeichnet.[103] Wenn auch die Reformation in Genf in der Tat massgeblich das Werk französischer Migranten und Glaubensflüchtlinge war,[104] so sollte nicht übersehen werden, dass Fremde mit

Migrationshintergrund der Reformatoren im schweizerischen Raum (Auswahl)

Name (Lebensdaten)	Geburtsort	Stationen der Wanderung
Johannes Oekolampad (1482–1531)	Weinsberg (Württemberg)	– 1499ff.: Student in Heidelberg – 1503ff.: Student in Bologna und Heidelberg – 1506–1508: Erzieher in Mainz – 1510–1518: Prediger in Weinsberg – 1518: Doktorat in Basel – 1518: Domprediger in Augsburg – 1522ff.: Theologe, Professor und Pfarrer in Basel
Leo Jud (1482–1542)	Guémar (Elsass)	– Schüler in Schlettstadt – 1499: Student in Basel – 1505: Baccalaureus in Freiburg i. Br. – 1507: Diakon in Basel – 1512: Pfarrer in Saint-Hippolyte, Elsass – 1519: Leutpriester in Einsiedeln – 1523: Pfarrer von St. Peter in Zürich
Ulrich Zwingli (1484–1531)	Wildhaus (Toggenburg)	– 1489: Schüler in Weesen – 1494ff.: Lateinschüler in Basel, Bern – 1498ff.: Student in Wien – 1502ff.: Student in Basel – 1506ff.: Pfarrer in Glarus – 1516ff.: Leutpriester in Einsiedeln – 1518ff.: Leutpriester in Zürich
Guillaume Farel (1489–1565)	Gap (Dauphiné)	– 1509: Student in Paris – 1523: Emigration nach Basel – 1524: Prediger in Montbéliard – Aufenthalte in Strassburg, Metz, Aigle, Lausanne, Orbe, Grandson, Yverdon, Genf – 1538–1565: Pfarrer in Neuenburg
Berchtold Haller (1494[90?]–1536)	Aldingen (Württemberg)	– Schüler in Rottweil und Pforzheim – 1511: Baccalaureus in Köln – 1513: Gehilfe an der Lateinschule Bern – 1520: Leutpriester in Bern
Heinrich Bullinger (1504–1575)	Bremgarten	– Schüler in Bremgarten – Lateinschüler in Emmerich – 1519–1522: Student in Köln – 1523–1529: Lehrer an der Klosterschule Kappel – 1529–1531: Pfarrer in Bremgarten – 1531: Pfarrer und Nachfolger Zwinglis in Zürich
Johannes Calvin (1509–1564)	Noyon (Picardie)	– Student in Paris, Orléans und Bourges – 1533–1536: Aufenthalte in Angoulême und Ferrara – 1536: Aufenthalt in Basel – 1536–1538: Pfarrer in Genf – 1538–1541: Pfarrer in Strassburg – 1541: Rückkehr nach Genf
Theodor de Bèze (1519–1605)	Vézelay (Burgund)	– Student in Orléans – 1549: Professor in Lausanne – 1558–1605: Theologe, Pfarrer, Professor und Kirchenführer in Genf

Quelle: Historisches Lexikon der Schweiz, biografische Artikel zu den Personen.

Migrationshintergrund ganz allgemein für die evangelische Glaubensreform im schweizerischen Raum verantwortlich waren. Die «har verlouffnen pfaffen» wurden denn auch in Zürich nach der Niederlage im Kappelerkrieg 1531 der Kriegstreiberei beschuldigt und Opfer fremdenfeindlicher Kritik.[105]

Die hohe Mobilität der beiden ersten Generationen der Reformatoren lässt sich mit zwei Umständen erklären, die seit dem Spätmittelalter die Laufbahn von Geistlichen charakterisierten. Zwar war – wie das Beispiel Ulrich Zwinglis zeigt – ein abgeschlossenes Theologiestudium vor der Reformation keine Bedingung für die Übernahme einer Pfarrstelle. Der Besuch einer Lateinschule sowie das Studium an einer Artistenfakultät gehörten aber doch zu den elementaren Voraussetzungen. Beides erforderte von den meisten künftigen Geistlichen den Wegzug von zu Hause. Sie wurden wandernde Scholaren und gewöhnten sich schon im Kindesalter an eine migrantische Lebensweise. Nach Abschluss der Ausbildung ging es für sie darum, eine Pfründe zu erlangen, die für jede Klerikerstelle die materielle Grundlage bildete. Da die Pfründen sehr ungleich ausgestattet waren, gehörte es schon im Mittelalter zum (vielfach kritisierten) Muster einer Klerikerkarriere, dass Geistliche mehrere Pfründen kumulierten oder auf reichere Pfründen wechselten. Das kirchliche Pfründensystem beziehungsweise der kirchliche Pfründenmarkt machten aus dem Geistlichen fast zwangsläufig einen Karrieremigranten. So bildeten die Geistlichen in der Diözese Konstanz vor der Reformation eine sehr mobile Gruppe: Im 15. Jahrhundert hielten sich zwei Drittel der Seelsorger weniger als zehn Jahre in derselben Pfarrei auf. Und unter diesen besonders mobilen Geistlichen machten jene, die nur ein bis fünf Jahre in derselben Pfarrei blieben, nochmals zwei Drittel aus.[106] Die Reformation änderte daran nichts Grundlegendes; die sehr ungleiche Ausstattung der Pfründen blieb ein Kennzeichen auch der reformierten Kirche in der frühen Neuzeit. Die viel gescholtene und dennoch allseits praktizierte Jagd nach einer höher dotierten Pfründe prägte auch noch im 18. Jahrhundert das Karriereverhalten der Zürcher Pfarrer.[107]

Gelehrte und Wissenschaftler

Unter den zivilen Arbeitsmigranten aus der Schweiz bildeten Gelehrte und Wissenschaftler eine weitere Gruppe, deren Lebenswege in mehrerlei Hinsicht durchaus mit den Zuckerbäckern, den Kaminfegern und den Baumeistern zu vergleichen sind. Warum viele Gelehrte aus der alten Schweiz migrierten, verrät einiges über die kulturellen und Bildungsverhältnisse in der Eidgenossenschaft des Ancien Régime.

Wie die Wanderung der Baumeister, Handwerker und Gewerbetreibenden war auch die Gelehrtenwanderung meist befristet und die Angelegenheit hoch qualifizierter Spezialisten. Manche liessen die Beziehungen zur Heimat nicht abreissen, zogen von ihrem Aufenthaltsort aus weitere Gelehrte ins Ausland nach oder wanderten im höheren Alter in die Schweiz zurück. Schweizer Gelehrte brachten ein Wissen mit, das sie im Ausland zu gefragten Experten machte. Auf der anderen Seite hing ihr Weggang auch damit zusammen, dass ihnen ihre Qualifikation in der Schweiz keine Perspektiven eröffnete. Im Unterschied zu den bisher betrachteten Arbeitsmigranten stammten die Gelehrten meist aus der soziokulturellen Oberschicht einer Stadt, die ihre Angehörigen auf höhere Schulen und zum Studium an eine Universität schickte und ihnen nötigenfalls auch eine Existenz als Privatgelehrte ermöglichte.

Albrecht Haller (1708–1777) kann als paradigmatischer Fall für die Karrieremigration eines Schweizer Gelehrten betrachtet werden. Als Begründer der experimentellen Physiologie und herausragender Vertreter der Botanik – einer Leitwissenschaft des 18. Jahrhunderts – war Haller Mitglied der wichtigsten europäischen Wissenschaftsakademien und gelehrten Gesellschaften. Sein Korrespondentennetz umspannte ganz Europa. Mit fünfzehn Jahren begann er sein Studium der Medizin, zuerst in Tübingen, dann im niederländischen Leiden. Mit neunzehn Jahren war er Doktor der

Schweizer Gelehrte der frühen Neuzeit im Ausland (Auswahl)

Name (Lebensdaten)	Herkunft	Tätigkeit	Wirkungsstätten im Ausland
Jost Bürgi (1552–1632)	Liechtensteig	Astronom, Mathematiker	Höfe in Kassel, Prag
Johann Heinrich Hottinger (1620–1667)	Zürich	Theologe, Orientalist	Universität Heidelberg
Jean-Pierre Crousaz (1663–1750)	Lausanne	Theologe, Philosoph	Universität Groningen, Hof Kassel
Johann Georg Sulzer (1720–1779)	Winterthur	Mathematiker, Philosoph, Kunsttheoretiker	Akademie Berlin
Johann Bernhard Merian (1723–1807)	Basel	Philologe, Philosoph	Akademie Berlin
Johann Georg Zimmermann (1728–1795)	Brugg	Mediziner	Hof Hannover

Quelle: Historisches Lexikon der Schweiz, biografische Artikel zu den Personen.

Medizin. Danach kehrte Haller vorerst nach Bern zurück, wo er als Arzt praktizierte und sich – erfolglos – um die Anstellung als Stadtarzt und als Professor an der Hohen Schule bemühte. Immerhin erhielt er 1735 die Stelle eines Stadtbibliothekars. 1736 berief ihn die junge Universität Göttingen als Professor der Anatomie, Botanik und Chirurgie. Göttingen verstand sich als Reformuniversität, die nicht nur Pfarrer und Juristen ausbilden, sondern auch medizinische und naturwissenschaftliche Forschung auf der Grundlage von empirischen Experimenten betreiben wollte. Haller blieb siebzehn Jahre in Göttingen und trug durch seine Forschungen und Veröffentlichungen massgeblich zur Reputation der Göttinger Universität bei. Gleichwohl kehrte er 1753 zur grossen Verwunderung seiner gelehrten europäischen Kollegen nach Bern zurück.

Hallers Rückwanderung erfolgte im Interesse der Familienökonomie. Dank der Fürsprache des Berner Schultheissen war Haller selber 1745 in den Grossen Rat gewählt worden. Doch kannte er die Rekrutierungsmuster in der bernischen Politik nur zu gut, um zu wissen, dass die Macht und das Ansehen seiner Familie zu gering waren, um ihm und seinen Nachkommen auf Dauer ein Auskommen im bernischen Magistratenstand zu sichern. Die Anwesenheit in Bern und die Pflege guter Beziehungen zu den einflussreichen Geschlechtern im bernischen Patriziat, ohne die ein Sitz im Grossen Rat und eine einträgliche Landvogtei kaum zu erlangen waren, waren folglich für Haller umso wichtiger. Aus Familienräson verzichtete er auf die Laboratorien und den botanischen Garten an der Göttinger Universität. Bern hatte ihm nichts Vergleichbares zu bieten, zumal die protestantischen Hohen Schulen im 18. Jahrhundert noch vielfach Horte der Orthodoxie waren, wo Theologen das kopernikanische Weltbild und die Einführung neuer Disziplinen ablehnten. Der sehnlichst erhoffte Karrieresprung in der Berner Politik blieb Haller jedoch verwehrt. Er gehörte offensichtlich nicht der richtigen Familie an. Um in der Berner Aristokratie des Ancien Régime ganz nach oben zu kommen und dort zu bleiben, war die Geburt in ein einflussreiches Geschlecht wichtiger als Pionierleistungen in Physiologie und Botanik.[108]

Das eindrückliche Netzwerk von Schweizer Gelehrten an der russischen Akademie der Wissenschaften im 18. und 19. Jahrhundert zeigt, dass Hallers Gelehrtenschicksal kein Einzelfall war. An der Akademie der Wissenschaften in St. Petersburg stellten Schweizer im 18. Jahrhundert zeitweilig ein Drittel der Mitglieder. Besonders markant war die Präsenz von Mathematikern aus der Basler Familie Bernoulli und aus deren Schülerkreis, darunter Leonhard Euler, die neben ihren mathematischen und physikalischen Forschungen entscheidenden Einfluss auf die Berufungspolitik der Akademie nahmen, in höchste Staatsämter aufstiegen und bis ins 19. Jahrhundert zahlreiche weitere Gelehrte aus der Schweiz für kürzere oder längere Zeit nach Russland holten.[109] Man sollte zwar die Situation der ausgewanderten

Gelehrten in St. Petersburg nicht allzu rosig schildern; der Lohn als Akademiemitglied reichte kaum für den Lebensunterhalt aus, sodass diese meist noch Nebenbeschäftigungen nachgingen oder als Hauslehrer für die Kinder russischer Adeliger tätig waren. Durch ihre Tätigkeit in einem höfisch-adligen Umfeld genossen sie jedoch ein ungleich höheres Sozialprestige als in der Schweiz, wo mit Wissenschaft und Forschung bis ins 19. Jahrhundert weder Ruhm noch Ehre zu gewinnen waren.[110]

Die Schweiz war noch im 18. Jahrhundert ein steiniges Pflaster für Wissenschaftler. Wer wie Haller empirische Forschung an Leichen, Tieren und mit Pflanzen betreiben wollte, benötigte Laboratorien und botanische Gärten. In der Schweiz fehlten aber auch die Akademien der Wissenschaften, die die Monarchen seit dem 17. Jahrhundert in England, Frankreich, Schweden oder Preussen als Thinktanks sowie zum eigenen Ruhm errichteten. Die eidgenössischen Republiken hätten nie Geld in Wissenschaftsakademien investiert, weil dies ausserhalb ihres kulturellen Horizonts und ihres Staatsverständnisses lag. Sie bildeten Theologen und Pfarrer aus, die die Bürger und Untertanen die Grundsätze des christlichen Glaubens und der protestantischen Moral lehren sollten. Auch hier herrschten in den eidgenössischen Kleinstaaten Pragmatismus und Nützlichkeitsdenken vor.

Hauslehrer, Erzieher und Erzieherinnen, Gouvernanten

Im 18. Jahrhundert herrschte in der Schweiz ein Überangebot an reformierten Theologen. In den 1770er-Jahren warteten die ordinierten Pfarrer im Kanton Zürich im Durchschnitt fast 17 Jahre auf ihre erste Stelle. Viele überbrückten die Wartezeit mit einer Anstellung als Hauslehrer im In- oder Ausland, andere bildeten sich an Universitäten in Deutschland und den Niederlanden weiter oder wurden Feldprediger bei den Zürcher Truppen in französischen oder holländischen Diensten.[111] Für gebildete Frauen wiederum war die Anstellung als Erzieherin in adeligen und grossbürgerlichen Familien im späten 18. und 19. Jahrhundert eine der wenigen Tätigkeiten, in denen sie als unverheiratete Frauen einer eigenständigen Arbeit nachgehen konnten, die ihren geistigen und kulturellen Fähigkeiten entsprach.

Albrecht Haller an der Universität Göttingen und die Basler Mathematiker an der russischen Akademie der Wissenschaften in St. Petersburg waren also nur die renommiertesten Vertreter einer geistig-kulturellen Elite, die ihr Fortkommen im 17. bis 19. Jahrhundert in der Migration suchte. In grosser Zahl wanderten damals Schweizerinnen und Schweizer, um als Erzieher, Erzieherinnen, als Hauslehrer und als Gouvernanten in den Dienst von Fürsten, Adeligen und wohlhabenden Bürgern zu treten, die ihre Zöglinge nicht in öffentliche Schulen schickten, sondern privat unterrichten und erziehen liessen.

Es ist von Hunderten von wandernden Männern und Frauen auszugehen. Viele stammten aus reformierten Gegenden in der französischsprachigen Schweiz. Für eine Anstellung als Pädagoge oder Pädagogin im Ausland empfahlen sie sich sowohl durch ihre Kenntnis der französischen Sprache als auch durch ihren reformierten Glauben. Französischkenntnisse waren im 18. Jahrhundert unabdingbare Voraussetzung für eine Karriere in Politik und Diplomatie sowie für die Gesellschaftsfähigkeit von Angehörigen der Oberschicht. Gleichzeitig kam der religiös-moralischen Erziehung von Kindern und Jugendlichen ein hoher Stellenwert zu, weshalb Fürsten, Adelige und Bürgerfamilien in Deutschland, den Niederlanden, in Skandinavien und Russland ihre Zöglinge gerne Pädagogen und Gouvernanten aus Neuenburg, der Waadt und Genf anvertrauten.[112] Mancher Erzieher und Hauslehrer nahm nach seiner Rückwanderung in die Schweiz verantwortungsvolle Stellungen im Bildungswesen und in der Politik ein.[113]

In einzelnen Fällen begründete die Tätigkeit als Erzieher Beziehungen, die Jahre später strategische Bedeutung erlangen sollten. Der Waadtländer Frédéric-César de la Harpe (1754–1838) weilte zwölf Jahre am Hof der Romanow in St. Petersburg als Erzieher von Alexander und Konstantin, den beiden Enkeln von Zarin Katharina II. Alexander wurde 1801 russischer Zar und beteuerte sein Leben lang, er habe alles, was er wisse, einem Schweizer zu verdanken. Auch Jeanne Huc-Mazelet (1756–1852) aus Morges weilte von 1790 bis 1794 als Erzieherin von Alexanders jüngerer Schwester Maria Pawlowna am Zarenhof. Als Napoleons Vorherrschaft in Europa und in der Schweiz 1813/1815 zusammenbrach und die Republik Bern ihre Herrschaft über die Waadt wiederherstellen wollte, konnten La Harpe und Huc-Mazelet dank ihrer Verbindungen zur Zarenfamilie die russische Diplomatie dazu bewegen, ihr Veto gegen die bernischen Restaurationswünsche einzulegen und die Souveränität des jungen Westschweizer Kantonalstaats zu schützen.[114]

Alpwirtschaft, Küherwesen und Schwabengängerei

Auch in der Landwirtschaft spielte die temporäre Arbeitsmigration eine Rolle. Die Einführung der Alpwirtschaft im Spätmittelalter war für die Landwirtschaft des Alpenraums eine folgenreiche ökonomische Innovation. Die Bauern optimierten die Bodennutzung, indem sie diese auf drei Höhenstufen verteilten. Weil in der Talsohle die Vegetation am frühesten einsetzte, wurden die Äcker in intensiv genutzte Heuwiesen umgewandelt, auf denen das Winterfutter für das Vieh geerntet wurde. Im Rhythmus der Vegetationsphasen verlagerten die bäuerlichen Haushalte ihren Arbeits- und Lebensmittelpunkt und begaben sich auf eine betriebswirtschaftlich anspruchsvolle Wanderung zwischen Talgrund, Maiensäss und Alp. Die

Käseherstellung auf der Alp, Federzeichnung von Daniel Lindtmayer, um 1600. Die Alpwirtschaft basierte auf saisonaler Wanderung der bäuerlichen Haushalte zwischen Talgrund, Maiensäss und Alp. Sie umfasste zahlreiche Tätigkeiten, darunter das Melken der Kühe, das Erhitzen und Formen des Käses, die Butterherstellung und den Transport der Ware ins Tal.

zyklischen Wanderungen im Jahreslauf forderten den Betrieben eine beachtliche Organisationsleistung und die Bewältigung der Arbeiten auf drei Höhenstufen ab. Dies war nur möglich, weil die Haushalte nicht geschlossen wanderten, sondern sich deren Angehörige jeweils phasenspezifisch trennten. Für die Dörfer in den Seitentälern des Mittelwallis, die im Talgrund Reben besassen und neben Viehwirtschaft, Getreide- und Gemüseanbau auch Weinbau betrieben, umfasste die jahreszyklische Wanderung noch eine vierte Betriebsstufe (Tal, Dorf, Maiensäss, Alp).[115]

Mit der Einführung der Alpwirtschaft war die Spezialisierung der Bauern auf die Viehwirtschaft verbunden, womit weitere Elemente der Mobilität und Wirtschaftsmigration verknüpft waren. Die Viehwirtschaft war im Unterschied zur Getreidewirtschaft stärker marktbezogen. Für den Verkauf ihres Viehs waren die Bauern auf Märkte angewiesen, ebenso für die Versorgung mit Getreide und Salz. Die weniger arbeitsintensive Vieh- und Alpwirtschaft setzte Arbeitskräfte für die militärische Arbeitsmigration frei.

In den westlichen Voralpen und insbesondere im Emmental praktizierten die so genannten Küher zwischen Mitte des 16. Jahrhunderts und etwa 1900 eine Form der Alpwirtschaft, die ganz auf nomadisierender Lebensweise beruhte. Die Küher waren eigentliche Agrarunternehmer, die ohne eigenen Hof und eigene Alp wirtschafteten; sie pachteten die Kühe von den Talbauern und wanderten mit ihnen für die Alpzeit auf eine ebenfalls gepachtete Alp. Im Winterhalbjahr mietete sich der Küher mit seinen Tieren bei den Talbauern ein, die er mit seinem Einkommen aus der Alpwirtschaft entschädigte. In der frühen Neuzeit wanderten Küher auf die Jurahöhen aus, wo sie die Alp- und Käsewirtschaft einführten. Im 19. Jahrhundert stellten sie zusammen mit den Käsern ein grosses Kontingent unter den Russlandwanderern.[116]

Es ist ein bekanntes Phänomen der europäischen Arbeitsmigration in der Neuzeit, dass Gegenden mit einer hoch spezialisierten, arbeitsintensiven Landwirtschaft saisonale Arbeitsspitzen nur mit der Zuwanderung von Landarbeitern bewältigen konnten, sofern der eigene Arbeitsmarkt nicht hinreichend Kleinbauern und Angehörige der unterbäuerlichen Schicht zur Verfügung stellte. Die so genannte Schwabengängerei stellte ein eigenes Kapitel dieser agrarischen Arbeitsmigration dar, die sich aus der unterschiedlichen Arbeitsintensität der alpinen und der ausseralpinen Landwirtschaft entwickelte. Richtig fassbar wird das Phänomen erst im 19. Jahrhundert, doch gibt es Hinweise auf diese saisonale Migration schon im 17. Jahrhundert.[117] Jedes Jahr wanderten Hunderte von Kindern und Jugendlichen beiderlei Geschlechts – die meisten zwischen zehn und 14 Jahre alt, einige aber auch jünger – in zehn- bis dreissigköpfigen Gruppen und in Begleitung von Erwachsenen aus Graubünden, Tirol, Vorarlberg und dem Vintschgau nach Oberschwaben. Bäuerliche Haushalte nördlich des Bodensees setzten diese billigen Arbeitskräfte in der arbeitsintensiven Zeit zwischen März/April und

Ende Oktober für die Viehhut, die Heu- und Kornernte, beim Melken und für sonstige Hof- und Hausarbeiten ein. Neben Kost und Logis im Haushalt des Dienstherrn bestand der Lohn für die Schwabenkinder hauptsächlich in der doppelten Einkleidung von Kopf bis Fuss. Die Kinder erhielten vor der Rückwanderung je ein Sonntags- und Werktagskleid, Hemden beziehungsweise Blusen, Socken und ein Paar neue Schuhe. Stammten diese so genannten Schwabenkinder am Anfang des 19. Jahrhunderts aus der Surselva, dem Lugnez und aus Vals, so rekrutierten sie sich Mitte des Jahrhunderts aus allen Regionen Graubündens mit Ausnahme des Bergells, Engadins und des Puschlavs, von Davos und des Rheinwalds. Ab Mitte des 19. Jahrhunderts ging die Schwabengängerei in fast allen Gebieten Graubündens stark zurück. Unverkennbar trug die Schwabengängerei die Züge einer Armutsmigration. Der Wegzug der Kinder in die Fremde entlastete die Haushalte in Graubünden von den Kosten für deren Ernährung und Bekleidung.[118]

5 Flucht- und Zwangsmigration im 16. bis 18. Jahrhundert

Kriegsflüchtlinge 99
Glaubensflüchtlinge im 16. Jahrhundert 100
Glaubensflüchtlinge im 17. und frühen
18. Jahrhundert 104
Politische Flüchtlinge 112
Französische Revolutionsflüchtlinge 113
Flucht- und Zwangsmigration innerhalb der
Eidgenossenschaft 118

Flucht- und Zwangsmigration sind in der Geschichte vielfach besser bekannt als die unspektakulären Formen der Migration. Dies hängt auch damit zusammen, dass Flüchtlinge und Vertriebene und deren Nachkommen die Erinnerung an erlittenes Leid und Unrecht sowie an die Entbehrungen der Flucht und Vertreibung wachhielten und diese zu einem konstitutiven Element ihrer Identitätsrepräsentation und ihres kollektiven Gedächtnisses machten. Die Erinnerung an Flucht- und Zwangsmigration bleibt auch dadurch virulent, dass Fluchtbewegungen grösserer Gruppen die Zielgebiete der Flucht vor hohe logistisch-organisatorische, finanzielle sowie politisch-kulturelle Herausforderungen stellten. Gleichwohl sollte man das Ausmass der Flucht- und Zwangsmigration in der frühen Neuzeit nicht überschätzen. Quantitativ machte sie nur einen geringen Teil des gesamten Migrationsgeschehens aus.

In die Schweiz wanderten in der frühen Neuzeit vergleichsweise wenige Menschen ein. Das Land war weder als Arbeitsmarkt noch als kulturelles Zentrum attraktiv. Unter den Einwandernden stellten die Menschen, die aus religiös-konfessionellen oder politischen Gründen in die Schweiz flüchteten, bis ins 19. Jahrhundert die grösste Gruppe.

Kriegsflüchtlinge

Als ein Land, das in der frühen Neuzeit bis 1799 nur in Randregionen direkt vom Krieg betroffen wurde, bot sich die Schweiz als unversehrter Zufluchtsort für Kriegsflüchtlinge an. Als sich die militärischen Operationen im Dreissigjährigen Krieg in den Jahren 1631 bis 1635, 1638 und nochmals 1643/44 ins Elsass und in den süddeutschen Raum verlagerten, wurden grenznahe Gebiete der Schweiz wie die Stadt Basel und der bernische Aargau Zufluchtsorte für Menschen aus den vom Krieg betroffenen Gebieten. Die Kriegsflüchtlinge wichen nicht nur vor unmittelbaren Kriegshandlungen aus, sondern retteten sich vielfach auch vor der enormen Belastung durch die Einquartierung und die Kontributionsforderungen der Armeen. 1631 flüchteten mehr als 5200 Menschen nach Basel. Besonders gross war die Fluchtbewegung 1638, als nach dem Angriff schwedischer Truppen auf die Festung Breisach mehr als 7500 Fremde in die Stadt gelangten, die damals etwa 10 000 Einwohner zählte. Um sich der Loyalität der Flüchtlinge für den Fall eines Angriffs fremder Truppen auf die Stadt zu versichern, liess die Basler Obrigkeit die Flüchtlinge schwören, dass sie sich an einer allfälligen Verteidigung der Stadt beteiligen würden. Auch der Krieg Ludwigs XIV. gegen Holland, der zu Kämpfen zwischen französischen und kaiserlichen Truppen in der Umgebung Basels führte, löste grössere Fluchtbewegungen aus badischen und elsässischen Dörfern nach Basel aus.[119]

Glaubensflüchtlinge im 16. Jahrhundert

Die Entstehung miteinander rivalisierender Konfessionen wurde nach der Reformation zur wichtigsten Ursache für Vertreibung und Flucht im frühneuzeitlichen Europa. Die diskriminierende Religions- und Konfessionspolitik der Landesherren und die Konflikte zwischen den Konfessionen machten die Glaubensflüchtlinge zur grössten Gruppe von Zwangsmigranten in einer Epoche, für die selbst das Zusammenleben verschiedener christlicher Glaubensgemeinschaften grundsätzlich unvorstellbar war. Die grosse Ausnahme bildeten die Niederlande, wo Christen unterschiedlicher Denominationen und Juden schon im 16. Jahrhundert in Frieden miteinander lebten.

Konfessionelle Zwangs- und Fluchtmigration wurde ausgelöst, wenn eine anfänglich noch unklare konfessionelle Lage zugunsten einer hegemonialen Glaubensrichtung geklärt wurde. Die Anhänger der unterlegenen Denomination wurden vor die Wahl gestellt, sich zur herrschenden Auffassung zu bekehren oder auszuwandern beziehungsweise – wenn diese Option nicht bestand – sich durch Flucht der Zwangsbekehrung zu entziehen. Auch Änderungen in der obrigkeitlichen Konfessionspolitik konnten Fluchtbewegungen verursachen, sei es, dass der Landesherr die Konfession wechselte und seine Untertanen ihm folgen mussten, sei es, dass er frühere Toleranzedikte widerrief und fortan keine von der herrschenden Lehre abweichende Glaubensauffassung in seinem Herrschaftsgebiet mehr duldete.[120]

Für die weitaus grössten Flüchtlingsbewegungen der frühen Neuzeit sorgten Glaubensflüchtlinge aus England, Italien, dem Reich und vor allem aus Frankreich. Aus Italien flohen Sympathisanten der Reformation vor der 1542 wieder eingeführten Inquisition. Eine kleine, aber prominente Gruppe von Engländern verliess die Insel, als die mit dem spanischen König verheiratete katholische Königin Maria I. (1553–1558) die kirchlichen Reformen ihres Vorgängers Edward VI. rückgängig machte und eine gewaltsame Gegenreformation betrieb.[121] Im Reich machte erst der Augsburger Religionsfriede (1555) die Koexistenz von katholischen und lutherischen Herrschaftsgebieten möglich. Davor hatten sich altgläubige und neugläubige Reichsstände im Schmalkaldischen Krieg (1546/47) und im Fürstenkrieg 1552 bekämpft. In Frankreich verfolgten die Könige sehr früh die Anhänger der Reformation und drängten diese in die Flucht oder in die Klandestinität. Gleichwohl gewann die reformatorische Bewegung in gewissen Regionen und bei mächtigen Geschlechtern des französischen Hochadels Anhänger, sodass das Königreich ab 1562 in eine mehr als dreissigjährige Phase der Religionskriege stürzte.

Im Unterschied zu diesen Ländern hatten die eidgenössischen Orte die Glaubensfrage schon nach dem Zweiten Kappelerkrieg 1531 politisch geklärt. Sie hatten sich im Zweiten Landfrieden darauf geeinigt, die Frage der religiösen Wahrheit als ein unlösbares Problem auszuklammern und sich stattdessen auf einen Modus für die friedliche Koexistenz beider Konfessionen zu verständigen: Die Orte garantierten sich gegenseitig ihren Konfessionsstand innerhalb ihres Herrschaftsgebiets und liessen in den gemischtkonfessionellen Gemeinen Herrschaften beide Glaubensrichtungen zu. Seitdem war die Koexistenz katholischer und reformierter Territorien in der Eidgenossenschaft politisch gesichert. Dies prädestinierte die reformierten Orte als Zufluchtsorte für verfolgte Glaubensbrüder und -schwestern aus dem Ausland.

Genf gehörte in der frühen Neuzeit zwar nicht zur Eidgenossenschaft im eigentlichen Sinn und unterstand deshalb auch nicht dem Kappeler Landfrieden. Seit der Eroberung der Waadt 1536 betrachtete sich Bern jedoch als Garant der Genfer Freiheit und Reformation. Wenn Genf in der frühen Neuzeit zweimal zum Fluchtpunkt grosser Flüchtlingsbewegungen wurde – dem Premier Refuge Mitte des 16. Jahrhunderts und dem Second Refuge Ende des 17. Jahrhunderts –, dann hat dies massgeblich mit der Rolle der Rhonestadt als Brückenkopf für die Ausbreitung des Calvinismus in Süd-, West- und Nordwesteuropa zu tun. Die Nachbarschaft zu Savoyen und Frankreich sowie die Zugehörigkeit zum romanischen Kultur- und Sprachraum machten sie besonders für Refugianten aus Südost- und Südfrankreich zum naheliegenden Zufluchtsort. Nach Genf gelangten aber auch Flüchtlinge aus Savoyen, England und Italien (Lucca, Genua, Cremona und Mailand).

Genf nahm im Verlauf des ersten Refuge zwischen 1549 und 1587 schätzungsweise 8000 Menschen auf. Von ihnen liessen sich rund 3000 dauerhaft nieder, was dreissig Prozent der Stadtbevölkerung ausmachte. In den zehn Jahren nach 1549 verdoppelte sich die Einwohnerzahl Genfs nahezu.[122] Nach 1560 sank sie vorerst wieder, da viele französische Flüchtlinge nach Frankreich zurückkehrten, wenn es die Verhältnisse in ihrer Heimat zuliessen und sie von einer (eingeschränkten) Glaubensfreiheit profitieren konnten. Insgesamt blieb die Lage der so genannten Hugenotten in Frankreich im letzten Drittel des 16. Jahrhunderts jedoch prekär, weil sich bis 1598 Phasen der Duldung beziehungsweise Toleranz und Phasen der brutalen Verfolgung abwechselten. Bedürftige Flüchtlinge wurden in Genf vor allem von den Bourses de charité betreut. Diese privaten Hilfsorganisationen wurden häufig von ehemaligen Flüchtlingen eingerichtet und durch Spenden, Legate und Kollekten alimentiert. Die wichtigste unter ihnen – die Bourse française – nahm sich der aus Frankreich ankommenden Flüchtlinge an und versorgte sie mit Lebensmitteln und medizinischer Hilfe.

Ins Genfer Bürgerrecht wurden in den Jahren 1555 bis 1585 mehr als 700 Flüchtlinge aufgenommen, was deutlich mehr war als im Durchschnitt der Jahrzehnte davor. Von dieser grosszügigen Integration profitierten besonders französische Familien, die, einmal Bürger geworden, dem in Genf lange Zeit umstrittenen Franzosen Johannes Calvin in der Bürgerschaft

Porträt von Robert Estienne (1499/1503–1559), Kupferstich aus «Les Vrais Pourtraits des hommes illustres en piété et doctrine», 1581. Estienne, königlicher Drucker in Paris, liess sich 1550 in Genf nieder, wo er zur Reformation übertrat und sich als gelehrter Drucker und Verleger betätigte. 1556 wurde er in Genf eingebürgert, wo er wie zahlreiche andere Neubürger aus Frankreich die Sache Calvins unterstützte. Die Schrift «Les Vrais Pourtraits» wurde vom Franzosen Théodore de Bèze, Calvins Nachfolger an der Spitze der Genfer Kirche, verfasst und 1581 von Jean de Laon (ca. 1518–1599), der als hugenottischer Flüchtling 1555 als Habitant in Genf aufgenommen und 1563 dort eingebürgert wurde, gedruckt.

Rückhalt gaben und die seit 1555 bestehende Mehrheit der Calvin-Anhänger in den Genfer Räten festigten.[123] Die eingebürgerten Glaubensflüchtlinge erweiterten und erneuerten massgeblich die politische, geistig-kulturelle und wirtschaftliche Elite Genfs.[124] Herbert Lüthy bezeichnete Genf deswegen geradezu als «oligarchie de réfugiés».[125]

Als Calvin 1536 erstmals nach Genf kam, gab es in der Stadt nur drei Ärzte. Bei seinem Tod im Jahr 1564 waren es deren acht – und alle waren immigriert. Das Genfer Apothekerwesen war zu Lebzeiten Calvins nahezu das Monopol der aus dem Piemont eingewanderten Kolonie. Unter den 35 herausragenden Buchdruckern, die zwischen 1550 und 1564 in Genf wirkten, war nur einer ein gebürtiger Genfer. Die Pastoren und Professoren, die in den Jahrzehnten nach 1545 im Genfer Pfarrdienst oder an der Genfer Akademie tätig waren, waren mit einer Ausnahme nicht in Genf geboren. Die Genfer Reformation war – anders formuliert – weitgehend das Werk von Immigranten. Von Genf aus, das sich nach dem Durchbruch der calvinischen Reformation zum Hauptquartier eines militanten reformierten Protestantismus mit starker Ausstrahlung nach Südeuropa, Frankreich, die Niederlande und England entwickelte, wanderten viele Prädikanten nach ihrer Ausbildung wieder in ihre Heimatländer zurück, wo sie offen und vielfach klandestin die neue Lehre predigten.[126]

Die Refugianten des ersten Refuge veränderten auch die Beschäftigungsstruktur der Stadt Genf markant. Die meisten, die auf Dauer als Neubürger in Genf bleiben konnten, waren Handwerker und Gewerbetreibende aus dem Nahrungsmittel- sowie aus dem Textil- und Bekleidungssektor, die besondere Fertigkeiten und europaweite Geschäftsbeziehungen mit sich brachten. Für die weitere Entwicklung der Genfer Wirtschaft in Richtung einer exportorientierten gewerblichen Warenproduktion waren die zahlreichen Gewerbetreibenden, Unternehmer und Kaufleute in der Textilindustrie, im Buchdruck und in der Goldschmiedekunst und Uhrmacherei wichtig. Seine Bedeutung als Zentrum der Textilindustrie und insbesondere der Seidenherstellung und des Seidenhandels verdankte Genf der Zuwanderung von Luccheser Familien wie den Balbani, Burlamacchi, Calandrini, Diodati, Micheli oder Turrettini, die mit ihrem grenzüberschreitenden Warenhandel auch die Basis für die Entwicklung Genfs zu einem Finanzplatz von europäischer Bedeutung legten. Die meisten der aus Lucca zugewanderten Familien schlossen sich im letzten Drittel des 16. und im frühen 17. Jahrhundert als Hersteller, Händler oder Investoren in der so genannten Grande Boutique zusammen – einem Kontor und Konsortium, das die Herstellung und den Absatz von Seidenprodukten betrieb.[127]

Der Erfolg des Genfer Konsortiums ist exemplarisch für die wirtschaftlichen Konsequenzen, die der Zwangsmigration von Glaubensflüchtlingen potenziell innewohnten. Migration aus konfessionellen Motiven machte um 1600 aus Genf ein Zentrum der europäischen Seidenindustrie, obwohl in der weiteren Umgebung Genfs Rohseide gar nicht hergestellt wurde und der lokale Markt für den Verkauf der Seidenwaren viel zu klein war. Viel entscheidender als diese Faktoren war aber die Tatsache, dass mit der Zuwanderung der Luccheser Familien Know-how, Kenntnis der Märkte und entsprechende Geschäftsbeziehungen nach Genf gelangten, von wo aus dieses Wissen mit viel Erfolg genutzt wurde. Die Präsenz zahlreicher Marchands-banquiers machte die Stadt Genf im 18. Jahrhundert zum Zentrum eines internationalen Finanzplatzes und zum örtlichen Kristallisationspunkt einer – wie Herbert Lüthy meinte – «société sans nationalité bien définie», einer Gesellschaft, die Familien mit hugenottischem, italienischem, eidgenössischem und deutschem Hintergrund zusammenführte.[128]

Auch Zürich und Basel verdankten den Aufschwung ihrer Textilindustrie der Zuwanderung von Kaufleuten und Unternehmern, die ihre Heimat im 16. Jahrhundert als Glaubensflüchtlinge verlassen mussten. In Basel liessen sich die d'Annone aus Mailand und die Socin aus Bellinzona nieder. Niederländer und Lothringer brachten seit den 1560er-Jahren das Seidengewerbe nach Basel. Nach Zürich gelangten die Appiani, die Muralt(o), die Orelli und die Zanino aus Locarno sowie die Pestalozzi aus Chiavenna.[129]

Glaubensflüchtlinge im 17. und frühen 18. Jahrhundert

Wesentlich bekannter als die erste Welle von Glaubensflüchtlingen Mitte des 16. Jahrhunderts ist der so genannte Second Refuge, der zahlreiche Glaubensflüchtlinge – aus Frankreich die Hugenotten und aus Savoyen die Waldenser – im späten 17. und frühen 18. Jahrhundert in die reformierte Schweiz führte. Die politische und administrative Bewältigung dieser massiven Flüchtlingskrise hat viele Quellen produziert, die Licht nicht nur auf die Fluchtbewegung selber und auf das Sozialprofil der Migranten werfen, sondern auch auf die Flüchtlings- und Asylpolitik der eidgenössischen Obrigkeiten. Hier wird die Geschichte der Migranten auch zur Geschichte der Sesshaften, die sich mit der Ankunft der vielen Fremden auseinandersetzen mussten.

Ursache für die Flucht der Hugenotten aus Frankreich war die verwickelte Religionspolitik der französischen Könige. 1598 erliess König Heinrich IV. nach mehr als dreissig Jahren Religionskrieg das berühmte Edikt von Nantes, das den reformierten Untertanen weitgehende Religionsfreiheit einräumte. Heinrich war selber Anführer der protestantischen Partei gewesen. Nachdem er 1589 vom letzten Valoiskönig Heinrich III. die Königswürde geerbt hatte, war er 1593 zum Katholizismus übergetreten, um seinen Anspruch auf den Thron zu festigen und sich krönen zu lassen. In der zweiten Hälfte des 17. Jahrhunderts schränkte dessen Enkel Ludwig XIV. die Toleranz gegenüber den Hugenotten wieder ein und hob das Toleranzedikt am 18. Oktober 1685 schliesslich ganz auf: Er ordnete die Zerstörung der protestantischen Kirchen an. Die katholische Taufe wurde obligatorisch. Ehen mussten vor katholischen Priestern geschlossen werden. Reformierte Pastoren hatten binnen 14 Tagen zu konvertieren oder das Land zu verlassen. Den Laien hingegen war die Emigration bei schwerer Strafe untersagt. Der König war sich also des wirtschaftlichen Schadens bewusst, der Frankreich mit dem Wegzug der hugenottischen Untertanen drohte.

Weil die Hugenotten heimlich fliehen mussten, lässt sich das Ausmass der Flucht nur schätzen. Die Zahlen schwanken zwischen insgesamt 150 000[130] und 200 000 bis 300 000 Refugianten.[131] Von insgesamt etwa 900 000 Hugenotten, die 1670 in Frankreich lebten, verliess somit – je nach Schätzung – jeder dritte bis jeder sechste Hugenotte das Land. Viele konnten oder wollten sich also die Flucht nicht leisten, sondern arrangierten sich mit der neuen Situation. Die Fluchtbewegung wurde dadurch verstärkt, dass der französische König und der Herzog von Savoyen gleichzeitig gegen die so genannten Waldenser in den Westalpen vorgingen. Zwischen 1685 und 1687 wurden 2000 bis 2500 Waldenser und 1698 nochmals 2800 Waldenser vertrieben.[132]

Neben England, den Niederlanden und Deutschland war die reformierte Schweiz ein wichtiges Fluchtziel. Je nach Schätzung gelangten mindestens 45 000 bis 60 000 Refugianten in die Schweiz. Davon blieben allerdings höchstens 6000 bis rund 20 000 auf Dauer im Land.[133] Die reformierten Städteorte waren für die meisten Hugenotten eine Durchgangsstation auf ihrer Wanderung, die in vielen Fällen in Etappen erfolgte und mehrere Jahre dauern konnte.

Die Fluchtbewegung verlief wellenartig. Schon vor 1685 hatten Hugenotten Frankreich verlassen, um sich den zunehmenden Repressalien zu entziehen. Ihre Zahl schnellte nach Widerrufung des Edikts von Nantes in die Höhe und blieb bis 1689 hoch. So gelangten allein im Jahr 1687 mehr als 15 000 Flüchtlinge nach Genf, davon 12 060 zwischen Juli und Dezember. Allein in der Woche vom 28. August bis 3. September waren es 4150. Ab 1688 verhinderte der Ausbruch des Pfälzischen Erbfolgekriegs die weitere Fortweisung der Flüchtlinge, die nun vorläufig in der Schweiz bleiben mussten. Andere, die bereits in die Pfalz gewandert waren, kehrten aus dieser kriegsversehrten Gegend wieder in die Schweiz zurück. In den 1690er-Jahren war die Fluchtmigration in die Schweiz tendenziell rückläufig, nahm aber gegen Ende des Jahrhunderts nochmals zu, als der Herzog von Savoyen 2800 Protestanten aus seinem Territorium auswies. Mit dem Ende des Pfälzischen Erbfolgekriegs 1697 verliessen wieder mehr protestantische Flüchtlinge die Eidgenossenschaft in Richtung Deutschland und Niederlande, zumal nun für sie definitiv keine Hoffnung mehr auf eine Rückkehr nach Frankreich bestand. Auch noch im frühen 18. Jahrhundert zogen Hugenotten, wenn nun auch in viel kleinerer Zahl, in die Schweiz.

Die Flüchtlinge stammten mehrheitlich aus der Umgebung Genfs, aus dem Rhonetal, dem Dauphiné, der Provence, den Cevennen und dem Languedoc. Für diese Gegenden waren die reformierten Orte der Schweiz die am nächsten liegenden Fluchtorte. Unter den in Genf zwischen 1684 und März 1689 eintreffenden Flüchtlingen gab es deutlich mehr Männer als Frauen. Die Frauen gelangten mehrheitlich in Begleitung von Erwachsenen oder Kindern nach Genf, doch nur ausnahmsweise gemeinsam mit ihren Ehegatten.[134] Ehepaare scheinen weniger rasch zur Flucht bereit gewesen zu sein als Einzelpersonen. Von Genf aus zogen die Flüchtlinge über Morges, Lausanne, Moudon, Payerne und Murten nach Bern oder den Jurasüdfuss entlang über Grandson und Neuenburg nach Nidau. Dort gelangten sie über die Aare nach Brugg, wo Zürcher Kommissare grössere Gruppen in Empfang nahmen und auf Fuhrwerken nach Zürich brachten.

Die vielen Flüchtlinge belasteten die Behörden und Gemeinden stark. Sie benötigten eine Unterkunft. Anfangs wurden sie vielfach auf Kosten der Gemeinden oder privater Hilfsorganisationen in Gasthäusern untergebracht. Weil dies zu teuer war, wurden sie bald einmal in öffentlichen Gebäuden oder gegen Bezahlung bei Privaten einquartiert. Weil die Flüchtlinge sich möglichst kurz an einem Ort aufhalten sollten, wurden viele rasch weitergeleitet und zur Entlastung der Städte auch auf Landgemeinden verteilt. Alte, Kranke und Personen mit Kindern wurden mit Wagen transportiert, wofür die Gemeinden aufkamen.

Die Flüchtlinge benötigten Nahrung, Kleider, Schuhe und medizinische Versorgung sowie ein Weggeld für die Fortsetzung der Reise. Besonders Witwen, Kinder, Alte und Kranke konnten die Kosten dafür nicht selber tragen und mussten für die Dauer ihres Aufenthalts unterstützt werden. Zunächst finanzierten Gemeinden und Privatpersonen mit Kollekten und Spenden diese Massnahmen, der Staat griff nur subsidiär ein. Die Obrigkeit verstärkte ihr finanzielles Engagement aber, als die Zuwanderung anhielt und sich die wirtschaftliche Lage infolge schlechter Ernten ab den späten 1680er-Jahren verschlechterte. Auch wohlhabende Flüchtlinge setzten sich ein. Hugenottische Adelige und Pfarrer nutzten ihre Kontakte ins Ausland, um Geld zu sammeln und sichere Plätze für die Weiterreise und eine dauerhafte Bleibe zu suchen. In den Städten Lausanne, Vevey, Morges und Nyon, die grosse Flüchtlingskontingente beherbergten, entstanden mit den so genannten Bourses françaises wie in Genf private Hilfsorganisationen, die sich vor Ort um die Flüchtlinge kümmerten. Die Behörden sorgten auch für die Seelsorge der Flüchtlinge. Diese erhielten eigene Pfarrer sowie ein eigenes Ehe- und Sittengericht, damit auch auf der Flucht für ihr Seelenheil gesorgt war. In Bern überliess man ihnen für den Gottesdienst die ehemalige Kirche der Dominikaner – nunmehr Französische Kirche.

Wegen der Nachbarschaft der Waadt zu Frankreich sowie zu Genf, das nur über ein sehr kleines Territorium verfügte, und weil die französischen

La Glorieuse Rentrée, Kupferstich von Jan Luiken aus «Le Grand Théâtre Historique», Band V, Leiden 1703. Der Second Refuge führte gegen Ende des 17. Jahrhunderts auch Waldenser – Glaubensflüchtlinge aus Savoyen und Piemont, die sich der calvinistischen Reformation anschlossen – in reformierte Orte der Schweiz. Etwa 2500 fanden 1687 in Genf Aufnahme. 1689 kehrten sie, allerdings nur vorübergehend, ins Piemont zurück.

Flüchtlinge im frankophonen Raum bleiben wollten, war die Republik Bern am stärksten belastet. Bern hatte darum ein besonderes Interesse an der Koordination der Flüchtlingspolitik zwischen den evangelischen Orten. Diese legten schon Anfang 1684 einen gemeinsamen Hilfsfonds an und einigten sich im November 1685 auf einen Schlüssel für die Kontingentierung der Refugianten: Bern sollte die Hälfte der Refugianten aufnehmen, während die übrigen Flüchtlinge auf Zürich (30 Prozent), Basel (12 Prozent) und Schaffhausen (8 Prozent) verteilt werden sollten.[135] Allerdings blieb die Verteilung der Lasten auf die vier Städte kontrovers. Absprachen über die Verteilung der Kosten, über die Grösse der Kontingente und über die Massnahmen zur Ausschaffung von Refugianten scheiterten immer wieder am gegenseitigen Misstrauen und an den partikularen Interessen der Orte. Bern drohte den anderen Städten mitunter, es werde die Flüchtlinge an diese weiter weisen, wenn die reformierten Eidgenossen es nicht stärker unterstützten. Das Feilschen bei den Konferenzen der evangelischen Orte zeigt, wie schwierig sich eine grenzüberschreitende Flüchtlings- und Asylpolitik im Spannungsfeld zwischen dem Appell an zwischenstaatliche Solidarität und der Verfolgung partikularer, einzelstaatlicher Interessen gestaltete.

Vor dem starken Anstieg der Zuwanderung ab 1685/86 war die Hilfsbereitschaft der Obrigkeiten, der Gemeinden und Privatpersonen allgemein gross. Kollekten und Spenden in Stadt und Land, das Engagement der Gemeinden sowie die unentgeltliche Beherbergung durch Privatpersonen bezeugen dies. Je mehr Refugianten ins Land kamen und je mehr sich abzeichnete, dass viele von ihnen längere Zeit im Land blieben, wollten Obrigkeiten und Gemeinden die finanzielle Belastung senken beziehungsweise auf mehr Schultern verteilen. Möglichst viele Flüchtlinge sollten rasch weiterziehen.

Seit dem Jahresübergang 1685/86 nahm die Zahl der Ausschaffungen stark zu. Allerdings erfolgten diese nicht im erwünschten Umfang, denn die Bereitschaft der Orte, durchziehende Refugianten zu betreuen, war ebenso gering wie das Interesse der Refugianten an der Fortsetzung der Flucht, solange ihre Zukunft anderswo nicht gesichert war. Die sich verschlechternde Wirtschaftslage belastete die Solidarität mit den Refugianten zusätzlich: Seit den späten 1680er-Jahren stiegen die Getreidepreise wegen schlechter Ernten und Exportverboten des Auslands stark an; dafür wurde auch der Getreide- und Brotbedarf der Flüchtlinge verantwortlich gemacht.

Die Bewältigung des Flüchtlingsproblems verursachte einen Bürokratisierungsschub. Bern und Zürich richteten mit den so genannten Exulantenkammern Spezialbehörden ein. In Bern organisierte eine solche die Hilfe, sie registrierte die Exulanten und verteilte sie auf die Gemeinden, sie schlug der Regierung und der evangelischen Tagsatzung Massnahmen vor und organisierte die Flüchtlingstransporte in andere protestantische Gebiete. Die steigenden Ausgaben für hilfsbedürftige Flüchtlinge zwangen die Behörden zur Festlegung von Kriterien für die Auswahl der unterstützungswürdigen

Personen. Das Alter, die geografische und ständische Herkunft, die soziale Stellung, die finanziellen Verhältnisse in der Heimat und die Arbeitstauglichkeit wurden hierbei zugrunde gelegt. Für den bernischen Kommerzienrat waren die Fabrikanten und Unternehmer unter den Flüchtlingen interessant, die allenfalls für die Gründung von Manufakturen und die Schaffung von Arbeitsplätzen infrage kamen. Zunehmend wurden diese Kriterien verschärft und die Unterstützungsleistungen gekürzt. Schliesslich wurden auch Massnahmen gegen Betrug getroffen. Weil nur echte Glaubensflüchtlinge und keine Armuts- und Wirtschaftsflüchtlinge unterstützt werden sollten, prüfte in Bern die so genannte Proselytenkammer das Glaubensbekenntnis der Hilfsbedürftigen. Bei Personen, die zum reformierten Glauben konvertieren wollten, klärte sie ab, ob sie dies «auss eiffer und trieb zur religion» oder nur aus «geltgir» tun wollten.[136] Die Zürcher Regierung wies die hugenottischen Pfarrer im April 1690 an, Attestate, die zum Bezug von Reisegeld berechtigten, zurückhaltender auszustellen, weil Refugianten angeblich dank dieser Bescheinigungen an verschiedenen Orten Reisegeld kassierten, ohne anschliessend tatsächlich abzureisen.[137]

Grundsätzlich wollten die reformierten Orte die Hugenotten nie auf Dauer integrieren. Für die allermeisten Refugianten waren sie eine erste Zufluchtsstätte und eine Etappe auf einer Flucht, die bisweilen Jahre dauerte. In dieser Hinsicht hatten die Refugianten des ersten Refuge im 16. Jahrhundert von einer wesentlich grosszügigeren Aufnahme profitiert.[138] Im späten 17. Jahrhundert jedoch blieb die Möglichkeit der Niederlassung von der Konjunktur des Arbeitsmarkts und/oder von der Vermögenslage der Refugianten abhängig. Die Angst der einheimischen Handwerker und Gewerbetreibenden vor Konkurrenz, die angespannte Wirtschaftslage und die Angst der Gemeinden vor steigenden Fürsorgekosten standen der Naturalisation der Refugianten entgegen. Die Eidgenossenschaft war nicht vom Krieg verwüstet und entvölkert, sodass auch kein Anlass für die Ansiedlung hugenottischer Kolonisten bestand. Bisweilen provozierten die Kleidung und das als arrogant empfundene Auftreten vornehmer Refugianten in der Öffentlichkeit kulturelle Abwehrreaktionen. Schliesslich mussten die reformierten Orte auch Rücksicht auf die katholischen Orte und die französische Krone nehmen, die die dauerhafte Aufnahme einer grossen Zahl hugenottischer Refugianten nicht akzeptiert hätten.

Während Jahren bemühten sich hugenottische Gesandte und die evangelischen Orte, andere Länder zur Aufnahme von Flüchtlingen zu bewegen. Wiederholt kündigten die Berner Behörden den Refugianten die zwangsweise Ausschaffung an. Dazu kam es in der Regel nicht, doch riefen ihnen solche Verlautbarungen immerhin in Erinnerung, dass sie sich ihres Aufenthalts nicht sicher sein konnten. Auswanderungsprojekte in die Niederlande, die selber zahlreiche Hugenotten aufgenommen hatten, sowie nach England, das die Hugenotten 1692/93 als Kolonisten im wieder eroberten Irland ansiedeln wollte, scheiterten nicht zuletzt daran, dass die Zukunft der Flüchtlinge an diesen neuen Wohnorten völlig ungesichert war.

In den späten 1690er-Jahren zeichnete sich die Möglichkeit einer dauerhaften Aufnahme in verschiedenen Städten und Territorien des Reichs ab, in Emden, Brandenburg, Schleswig-Holstein, Braunschweig-Lüneburg, Hessen-Kassel und Pfalz-Zweibrücken. Jetzt waren die evangelischen Kantone auch bereit, die Ausreise und definitive Ansiedlung der Flüchtlinge finanziell zu unterstützen. 1699 verliessen insgesamt fast 6500 Refugianten die Schweiz auf dem Landweg über Schaffhausen nach Württemberg und Bayreuth oder über Basel den Rhein abwärts. Die Kosten von knapp 26 000 Talern trugen die reformierten Orte gemeinsam.

Als klar wurde, dass dennoch zahlreiche Flüchtlinge im Land bleiben würden, trafen die Orte Massnahmen zu ihrer dauerhaften Niederlassung. In Genf sollen es nicht mehr als 1800 bis 2000 Personen gewesen sein, die als Hintersassen angenommen wurden. Viele von ihnen wurden im Handwerk, im Textil- und Ledergewerbe sowie in den Uhrmacher- und Schmuckateliers beschäftigt. Nur wenige erhielten – im Unterschied zu vielen Flüchtlingen des Premier Refuge im 16. Jahrhundert – das Bürgerrecht. Dies gilt auch für Basel und Zürich. Bern förderte ihre definitive Niederlassung besonders in den Städten der Waadt. Man schätzt, dass hier etwa die Hälfte der 1698 noch anwesenden Refugianten dauerhaft aufgenommen wurde, die allermeisten als Bürger minderen Rechts oder als Hintersassen und nur ausnahmsweise als vollberechtigte Bürger einer Gemeinde.[139]

Bei der Naturalisation der Refugianten hatten die Gemeinden ein entscheidendes Wort mitzureden, denn die Obrigkeiten hatten ihnen seit dem 16. Jahrhundert immer mehr Aufgaben in der Sozialpolitik und insbesondere die Armenfürsorge zugewiesen. Die Auswahl der naturalisierten Refugianten folgte deshalb stark Nützlichkeitserwägungen, die für die Sozial- und Einbürgerungspolitik der Gemeinden charakteristisch waren. In der Waadt waren fremdenfeindliche Tendenzen und die Weigerung, die Refugianten dauerhaft zu integrieren, in jenen Städten am stärksten, wo die Bürgerversammlung ein Wort mitzureden hatte. Nur wenigen wurde eine Tätigkeit als Handwerker in einem zünftigen Beruf erlaubt. Zur Meisterschaft in einem Handwerk waren sie grundsätzlich nicht zugelassen.

Besser standen die Aussichten für Flüchtlinge in jenen Wirtschaftsbereichen, die nicht durch die Zünfte reguliert waren, wie dem Textilgewerbe und dem Handel. Hugenottische Unternehmungen konnten mit staatlicher Unterstützung rechnen, wenn sie – wie im Fall von Textilunternehmen, insbesondere Seiden- oder Indienne-Manufakturen – einen Gewinn und technische Innovation für die heimische Wirtschaft versprachen. Allerdings blieben die meisten Projekte solcher merkantilistischen Wirtschaftsförderung erfolglos. Es blieben also vor allem jene Flüchtlinge, die nicht zur Last fielen und von denen man sich Impulse für die einheimische Wirtschaft erhoffte.

Porträt von Etienne Brutel de la Rivière (1683–1752), 1. Hälfte 18. Jahrhundert, Anonym. Sein Vater Gédéon, königlicher Rat und Generalpächter der Salzsteuer für das Languedoc, floh als Hugenotte 1685 in die Waadt und gründete in Nyon eine Strumpfwirkerei. Etienne eröffnete zusammen mit seinem Bruder Samuel 1721 in Zofingen eine Indienne-Druckerei. 1736 erwarben die Brüder die Aargauer Herrschaft Schafisheim, wo sie beim Schloss eine Indienne-Manufaktur errichteten, die überregionale Bedeutung erlangte.

Unternehmerischer Erfolg erleichterte die Integration in die soziopolitische und kulturelle Elite der neuen Heimat. Einige Familien mit Refugiantenhintergrund haben das wirtschaftliche, kulturelle und politische Profil der Städte Genf, Lausanne, Neuenburg, Basel und Zürich stark geprägt. Hugenottische Unternehmer und Marchands-banquiers heirateten in patrizische Familien ein und erhielten Zugang zu den Räten. Vermögende Familien ermöglichten ihren Söhnen akademische Studien und ein Leben als Gelehrte. Sie brachten Theologen und Juristen hervor, die als Professoren an Universitäten, Akademien oder Hohen Schulen wirkten, oder Naturforscher, die sich einen Namen in der europäischen Gelehrtenrepublik machten.[140]

Politische Flüchtlinge

Dass Menschen wegen ihres Glaubens vertrieben und zur Flucht gezwungen wurden, fügt sich in die verbreitete Vorstellung der frühen Neuzeit als einer Epoche der Konfessionalisierung, Orthodoxie und religiösen Intoleranz ein.[141] Verfolgung, Vertreibung und Flucht aus politischen Gründen scheinen dagegen wesentlich zur Moderne des 19. und 20. Jahrhunderts zu gehören. Auch wenn diese Unterscheidung epochenspezifischer Migrationsmuster grundsätzlich zutrifft, so muss sie doch bisweilen, wie gerade Ereignisse der Schweizer Migrationsgeschichte zeigen, differenziert werden.

Nach der militärischen Niederwerfung des deutschen Bauernkriegs durch die Fürsten im Frühsommer 1525 flohen aufständische Bauern und reformatorische Geistliche, die sich in dieser grössten Protestbewegung von Untertanen in der frühen Neuzeit engagiert hatten, aus dem süddeutschen Raum in den Thurgau, ins St. Gallische und ins Schaffhausische, um sich der Bestrafung durch die Fürsten zu entziehen. Der Herzog von Österreich und andere Reichsstände forderten von den eidgenössischen Orten die Ausweisung beziehungsweise Auslieferung dieser Flüchtlinge, denen sie als Rädelsführer und Aufwiegler den Prozess machen wollten. Dieser Forderung kamen die altgläubigen Orte umso lieber nach, als die reformatorische Bewegung ab 1524 gerade auch in der ländlichen Gesellschaft der Ostschweiz starke sozialrevolutionäre Tendenzen entwickelte. Die Anwesenheit von Protagonisten des Bauernkriegs liess befürchten, dass sich diese Tendenzen noch verstärken würden.[142]

Die Englische Revolution führte am Ende des Bürgerkriegs zwischen den Anhängern der Stuart-Könige und dem Parlament 1649 zur Abschaffung der Monarchie und zur Hinrichtung König Karls I. 1660 restaurierten die Stuarts die Monarchie in England und gingen nun gegen die so genannten «Königsmörder» vor, die 1649 Karl zum Tod verurteilt hatten. Viele wurden hingerichtet oder zu lebenslanger Haft verurteilt. Den meisten gelang die Flucht nach Amerika oder auf den Kontinent. Einige von ihnen

– darunter John Lisle (1610–1664) und Edmund Ludlow (ca. 1617–1692) – flüchteten in die Schweiz, wo ihnen der Berner Rat 1662 in der Waadt mit der Begründung Asyl gewährte, sie würden wegen ihres reformierten Glaubens in der Heimat verfolgt. Die wahre Ursache der Flucht verschwieg er tunlichst.[143]

Die Engländer verdankten ihre Aufnahme der Fürsprache des Berner Dekans Johann Heinrich Hummel und der Tatsache, dass die reformierten Orte in der Regierungszeit Oliver Cromwells enge Beziehungen zu England unterhalten hatten. Cromwell hatte Bern und die reformierten Orte für eine Union aller reformierten Kirchen in Europa gewinnen wollen und Zürich und Bern für deren Krieg gegen die katholischen Orte 1656 finanzielle Hilfe zugesagt.[144] Unter Decknamen lebten die englischen Republikaner in Lausanne und Vevey einigermassen sicher, auch wenn Lisle 1664 in Lausanne von einem englischen Agenten ermordet wurde. Jedenfalls widerfuhr ihnen nicht das Schicksal ihrer Gesinnungsfreunde, die 1660 nach Holland geflüchtet waren; Holland lieferte sie im Tausch gegen einen vorteilhaften Handelsvertrag an England aus, wo sie hingerichtet wurden. Als späte Anerkennung für das seinen Gesinnungsgenossen im 17. Jahrhundert gewährte Asyl vermachte der englische Freigeist und Sammler Thomas Hollis der Berner Bibliothek zwischen 1758 und 1767 anonym mehr als 400 Bände aus seiner grossen Bibliothek, deren Schriften im Sinne der Aufklärung für politische Freiheit und religiöse Toleranz plädierten. Allerdings realisierte Hollis spätestens 1765, als der Berner Rat dem politisch verfolgten Jean-Jacques Rousseau das Exil verweigerte, dass die Republik Bern im Ancien Régime alles andere als ein Hort der Freiheit war; der bernische Geheime Rat erschien ihm nun geradezu als ein Gremium von Tyrannen.[145]

Im späten Ancien Régime fanden auch kritische Intellektuelle in der Eidgenossenschaft Unterschlupf. Die ersten Redaktoren der 1780 vom Verlag Orell, Gessner, Füssli und Co. gegründeten «Zürcher Zeitung» waren fast alle politische Flüchtlinge, die wegen ihrer Mitgliedschaft im radikal aufklärerischen Illuminatenorden und wegen ihrer Kritik an Kirche und Obrigkeit Deutschland verlassen hatten. Sie fanden im Zürcher Exil eine Beschäftigung in einem renommierten Verlag. Zwar durften sie wegen der Zensur nicht über die politischen Verhältnisse in der Schweiz berichten; ihre Berichte über den Fortgang der Revolution in Frankreich machten aber aus der «Zürcher Zeitung» die beste Informationsquelle im deutschsprachigen Raum über die weitreichenden Veränderungen im Nachbarland.[146]

Französische Revolutionsflüchtlinge

Mit der Revolution in Frankreich beginnt das Zeitalter der politischen Weltanschauungen und Parteienbildung. Die Haltung gegenüber der Revolution begründete den ideologischen Gegensatz zwischen Liberalismus und Konservatismus, der wesentlich die politische Auseinandersetzung des 19. Jahrhunderts prägen sollte. Mit der Revolution setzte auch das Zeitalter des modernen Nationalismus und der Nationalbewegungen ein. Ideologische Kämpfe, Revolutionen und Nationalitätenkonflikte sind agonal strukturiert und münden gewöhnlich in den Sieg einer Partei und in die Vertreibung und Flucht der Verlierer. Nicht von ungefähr zählen diese Auseinandersetzungen seit dem späten 18. Jahrhundert zu den wichtigsten Migrationsursachen in der Moderne.

Mehr als 150 000 Franzosen aus allen Gesellschaftsschichten verliessen nach Ausbruch der Revolution 1789 ihr Land. Frühzeitig emigrierten Mitglieder der königlichen Familie und Angehörige des hohen Adels und Klerus ins nahe Ausland, um von dort aus den Widerstand gegen die neuen Verhältnisse zu organisieren. Papsttreue Geistliche, die den Eid auf die Zivilverfassung des Klerus verweigerten und die Unterstellung der Kirche unter staatliche Aufsicht ablehnten, bildeten ein weiteres Kontingent unter den Revolutionsflüchtlingen. Die Radikalisierung der Revolution 1792 und die Terrorherrschaft der Jakobiner 1793/94 trieb auch gemässigte Anhänger der Revolution wie konstitutionelle Monarchisten oder Girondisten ins Exil. Schliesslich drängten der Ausbruch des Ersten Koalitionskriegs 1792 und die Verschlechterung der Wirtschaftslage auch Bürger und Bauern ins Exil.[147]

Grenznahe Städte wie Turin, Brüssel, Bonn, Koblenz, Worms und Konstanz sowie – nach Ausbruch des Koalitionskriegs – London waren die wichtigsten Zielorte dieser so genannten Emigrés. Schätzungsweise 6000 bis 9000 gelangten bis 1798 auch in die Schweiz.[148] Deren Attraktivität hing damit zusammen, dass sie vom Ersten Koalitionskrieg verschont blieb; bis 1797 respektierten die Kriegsparteien aus Eigeninteresse die von der Tagsatzung 1792 einseitig proklamierte Neutralität. Die Nähe zu Frankreich und die französische Sprache gaben den Ausschlag, dass sich die meisten Emigrés in der West- und Nordwestschweiz niederliessen, vor allem in den Städten Freiburg und Bern sowie in der Waadt, in Neuenburg, Basel, Solothurn und im Wallis. Aus konfessionellen Gründen bevorzugten die Geistlichen katholische Orte.

1789 und 1790 kamen viele Adelige mit ihren Dienstboten sowie Angehörige des Dritten Standes in die Schweiz. Ab 1791 bildeten die Geistlichen die Mehrheit unter den Flüchtlingen. Nachdem Frankreich im August 1792 die Republik ausgerufen hatte und der König verhaftet worden war, gelangten nochmals zahlreiche Adelige in die Schweiz. Unter dem Eindruck der Radikalisierung der Revolution und der Machtübernahme durch die Jakobiner verliessen auch gemässigte Revolutionäre das Land. Mit dem Ende der Jakobinerherrschaft 1794 ebbte die Fluchtbewegung ab. Nur wenige Emigrés blieben länger als drei Jahre im Exil. Vor allem Geistliche kehrten in grosser Zahl nach Frankreich zurück, als die kirchen- und religionsfeindliche Stimmung in Frankreich nach dem Sturz der Jakobiner wieder nachliess. Adelige und Bürgerliche hingegen verweilten deutlich länger im Exil.

Kolonien französischer Revolutionsflüchtlinge in der Schweiz

Zeitpunkt bzw. Zeitraum	Kanton bzw. Region	Grösse
1789–1815	Kanton Freiburg	ca. 3700 Personen: – 2445 Geistliche (66%), mehrheitlich Weltgeistliche – 666 Adelige (19%) – 557 Dritter Stand (15%)
Oktober 1790	Waadt (v. a. Städte Lausanne, Morges, Nyon)	400–450 Personen: – zahlreiche Adelige und Bürgerliche – wenige Geistliche
1791–1798	Einsiedeln	mehr als 2000 Personen: – vornehmlich Geistliche aus dem Elsass
Dezember 1792	Kanton Solothurn	670 Personen: – davon 434 Geistliche
Januar 1793	Kanton Bern	330 Personen: – ca. 44 in der Stadt Bern – 3 in Aarau – 283 in Städten der Waadt (Lausanne 174; Morges 39; Nyon 29; Vevey 15; Romainmôtier 13; andere: 13)
November 1793	Kanton Solothurn	knapp 1000 Personen
Ende 1793	Waadt	1500–1800 Personen: – davon 700 in der Stadt Lausanne
1793	frankophoner Teil des Wallis (grossmehrheitlich)	750 Personen: – 500 Priester – 250 Laien

Quelle: Andrey 1972; von Arx 1939; Cavin 1972; Fässler 2019.

Die Revolutionsemigranten wohnten meist zur Miete bei Privatpersonen oder kamen in Gasthöfen unter. Adelige wurden in Landhäusern der Patrizier oder in standesgemässen Klöstern logiert, Weltgeistliche auf die Pfarreien verteilt. Ordensleute fanden in den Niederlassungen ihres Ordens Aufnahme. Zu Beginn ihres Exils konnten die wohlhabenderen Emigrés noch von ihrem Vermögen leben. Gerade Adelige schränkten anfänglich ihren gewohnten Lebenswandel nicht ein, gingen sie doch davon aus, die Revolution werde nicht Bestand haben. Als sich ihr Exil verlängerte, mussten gerade Adelige ihren Konsum einschränken; mitunter verarmten sie, weil der französische Staat im August 1792 ihre Güter konfisziert hatte und Einkünfte aus Frankreich seitdem ausblieben. Heimweh und die unsicheren Lebensaussichten im Exil bestimmten vielfach das Lebensgefühl der Emigrés. Weltgeistliche, die vielfach mittellos geflohen waren und seitdem von den Einkünften ihrer Pfründen abgeschnitten waren, lebten in prekären materiellen Verhältnissen.

Im Unterschied zu den protestantischen Glaubensflüchtlingen früherer Jahrhunderte, die auf ihrer Flucht auch vonseiten der reformierten Orte unterstützt worden waren, mussten die Emigrés ohne staatliche Hilfe auskommen. Die Zurückhaltung des Staats lässt sich damit erklären, dass die Armenfürsorge nach katholischer Auffassung Sache der Kirche war.[149] Geistliche konnten von der Hilfe durch kirchliche Einrichtungen profitieren. Die Emigrés veranlassten deswegen im In- und Ausland Spendenaktionen.

Adelige und hohe Kleriker fühlten sich im Exil sozial deklassiert und gedemütigt, auch weil sie von den Freiburger Behörden gleich behandelt wurden wie die Emigrés aus dem Dritten Stand und niederen Klerus. Diese vermochten sich offenbar flexibler an die neue Lebenssituation anzupassen. Einfache Geistliche waren in Freiburg und im Wallis als Seelsorger, Prädikanten und Beichtväter tätig. Sie wurden auch als Hauslehrer bei angesehenen Familien engagiert, waren in Freiburg bei Bauern auf dem Land tätig oder wurden von Gemeinden als günstige Schulmeister angestellt. Einheimische Bauern und Handwerker profitierten von der Anwesenheit billiger Arbeitskräfte und nahmen Angehörige des Dritten Standes unter den Emigrés als Knechte und Lohnarbeiter in Dienst.

Als die Preise für Nahrungsmittel 1794/95 in die Höhe schnellten, wurden bald einmal die zahlreichen Flüchtlinge dafür verantwortlich gemacht. Zu Unrecht allerdings, denn die Teuerung wurde vielmehr durch Frankreichs starke Nachfrage nach Lebensmitteln und kriegswichtigen Gütern für seine Bevölkerung und seine Armeen verursacht, die Frankreich nicht zuletzt auf dem Markt in der neutralen Schweiz deckte. Die Bauern und Händler in der Schweiz erwirtschafteten entsprechend hohe Gewinne.

Frühzeitig beschränkten die betroffenen Obrigkeiten die Einreise, und ab 1793 sollten ganze Gruppen wieder ausgewiesen werden. Allerdings setzten die Behörden ihre Beschlüsse nur nachlässig um. Die Geistlichen wurden bevorzugt behandelt, auch weil die Bischöfe von Freiburg und Sitten, der einheimische Klerus und die breite Bevölkerung sie unterstützten. Adelige sowie reiche und freiberufliche Bürgerliche waren geachtet. Den Dienstboten des emigrierten Adels begegnete die Obrigkeit hingegen mit Misstrauen, weil sie befürchtete, diese würden in der eigenen Bevölkerung revolutionäre Ideen verbreiten. Einbürgerungen oder die Gewährung der dauerhaften Niederlassung kamen nur selten vor, zum einen, weil viele Emigrés auf den Sieg der Koalitionsmächte und infolgedessen auf die baldige Rückkehr nach Frankreich hofften, zum andern, weil die Gemeinden bei der Aufnahme neuer Bürger ohnehin sehr zurückhaltend waren. Im Unterschied zu Freiburg begann die Walliser Obrigkeit schon 1793 mit Unterstützung des Papstes, zahlreiche Geistliche in italienische Diözesen abzuschieben.

Die Mehrheit der Flüchtlinge fristete im Exil ein zurückgezogenes Leben. Einige Emigrés aus reaktionär-royalistischen Kreisen agitierten jedoch in enger Absprache mit dem britischen Gesandten von ihrem Exil und insbesondere von Bern aus gegen das revolutionäre Frankreich. Sie waren Teil eines grenzüberschreitenden Netzwerks, das die europäischen Höfe und deren Gesandte über die politischen Veränderungen in Frankreich ins Bild setzte und den Kampf der konterrevolutionären Allianz gegen Frankreich unterstützte. Sie betrieben Propaganda gegen die junge Republik und warben Soldaten für die Armeen, die der Bruder des Königs mit exilierten Adeligen in Deutschland aufstellte, um sie an der Seite der Koalitionsmächte in den Krieg gegen Frankreich zu führen. Sie betrieben auch Wirtschaftssabotage zulasten Frankreichs, indem sie in England gedrucktes, falsches französisches Papiergeld in Frankreich in Umlauf brachten. Die eidgenössischen Obrigkeiten liessen diese royalistischen Konterrevolutionäre gewähren, zumal es in den Räten Berns, Freiburgs und Solothurns eine einflussreiche Partei gab, die die neue Ordnung in Frankreich als Gefährdung der eigenen Machtposition betrachtete und an der Restauration der absoluten Monarchie in Frankreich interessiert war.

Für die französische Regierung waren die konterrevolutionären Aktivitäten der Emigrés eine ernsthafte Bedrohung. Der französische Gesandte forderte deren Ausweisung. Kurz vor dem Einmarsch der französischen Armee in die Schweiz 1798 gab die Tagsatzung dem Druck nach. Allerdings waren damals die meisten Emigrés schon wieder nach Frankreich zurückgekehrt. Die verbleibenden kamen 1801/02 in den Genuss einer Amnestie durch den Ersten Konsul Bonaparte. Im Unterschied zur Konfessionsmigration des 16. und 17. Jahrhunderts hat die kurzzeitige Präsenz der französischen Revolutionsemigranten weder die Bevölkerungsentwicklung noch das Profil der politischen, gesellschaftlichen und kulturellen Elite oder gar die wirtschaftliche Entwicklung in der Schweiz beeinflusst.

Flucht- und Zwangsmigration innerhalb der Eidgenossenschaft

Es passt nicht unbedingt zum Selbstbild der Schweiz als einer vom Krieg verschonten Insel der Friedfertigen und Glückseligen und als eines humanitären Refugiums für die vor Krieg und Verfolgung aus dem Ausland fliehenden Menschen, dass es auch innerhalb der Eidgenossenschaft zu Flucht- und Zwangsmigration kam. In der frühen Neuzeit mussten auch hier Menschen aus Glaubensgründen oder wegen gewaltsamer Machtwechsel und gescheiterter Widerstandsbewegungen ihre Stadt oder ihren Kanton verlassen.

Die Reformation und die daraus resultierenden Konflikte zwischen den Konfessionsparteien waren mit die wichtigsten Ursachen für Flucht- und Zwangsmigration, und dies auf beiden Seiten der Konfliktlinie. So mussten ein Oswald Myconius und Sebastian Hofmeister schon 1522 wegen ihrer Sympathien für die «lutherische» Sache Luzern verlassen.[150] Auf der anderen Seite verlagerten Zürcher Soldunternehmer, darunter Angehörige der Familie Göldli, Wilhelm Tugginer oder Wilhelm Frölich, ihre Geschäftstätigkeit in altgläubige Orte wie Rapperswil, Luzern oder Solothurn.[151] Aus der Waadt zogen zahlreiche Geistliche weg, nachdem dort 1536 die Reformation eingeführt worden war.[152] Die als «libertins» beschimpften Gegner Calvins aus der Genfer Machtelite mussten Genf verlassen, nachdem Calvins Partei 1555 im Genfer Rat die Mehrheit errungen hatte und ein Putschversuch der Gegner Calvins fehlgeschlagen war. 1554 wurden die Anhänger der reformierten Gemeinschaft, die sich in Locarno gebildet hatte, von der katholisch dominierten Tagsatzung vor die Wahl gestellt, ihrem Glauben abzuschwören oder auszuwandern. Daraufhin gingen im März 1555 über hundert Locarneser ins Exil nach Zürich, wo sie – im Unterschied zu

Vertreibung der Protestanten aus Locarno 1555, dargestellt in einer Bilderfolge aus dem 17. Jahrhundert. Über das winterliche Graubünden erreichten die Glaubensflüchtlinge schliesslich die Stadt Zürich. Die Inschrift schildert die beschwerliche Reise: «Gen Rogoretto sie den ersten Tage kamen / Dann Meyland ihnen hat den Wäg ungut gemacht. Von wanen sie die Reiß erst im Aprellen namen / Durch Bernhardini Berg der ihnen Sorge bracht; Doch hat der Liebes Zug geleittet ihre Schritte, Bis sie das Rhaetiae nam auf in seine Mitte. Wie die Liebe dekt die Fehler, Also führt sie durch die Tähler. Über Berge schwache Füeß. Jesus gekreuzg'te Liebe / Machet heiter alles Trüebe / Alles bitter macht sie süeß!» Unten in der Mitte das Wappen der Locarneser Familie Muralto, die 1555 mit zahlreichen weiteren protestantischen Glaubensflüchtlingen aus Locarno nach Zürich ins Exil zog und dort 1566 ins Bürgerrecht aufgenommen wurde. Die Umschrift zum Wappen: «Diese Liebe uns Muralten Hat in Jesu wohl Erhalten.»

Ben Rogoretto sie den ersten Tage kam er,
Dan Meyland ihnen hat den Wäg ungut gemacht
Von wanen sie die Reiß erst im Aprellen namer,
Durch Bernhardini Berg der ihnen Sorge bracht,
Doch hat der Liebes zug geleittet ihre Schritte,
Biß sie das Rhœtiæ nam auf in seine Mitte

Wie die Liebe dekt die Fehler,
Also führt sie durch die Tähler
Über Berge schwache Füeß.

Jesus gekreüzgte Liebe,
Machet heiter alles trüebe,
Alles bitter macht sie süeß.

den französischen Hugenotten des späten 17. Jahrhunderts – nach einer längeren Wartezeit das Bürgerrecht erhielten.[153]

Als Kriegsflüchtlinge aus konfessionellen Gründen wird man die zahlreichen Einwohner des Unterengadins und insbesondere der Gemeinde Sent bezeichnen müssen, die 1621/22 nach der Invasion und der Zerstörung ihrer Häuser durch österreichische Truppen Zuflucht im Oberengadin, in Chur und besonders in der Stadt Zürich fanden. Zürcher Listen verzeichnen die Namen von 285 hilfsbedürftigen Unterengadinern, wovon allein 122 aus Sent stammten. Die meisten kehrten im Sommer 1624 wieder nach Graubünden zurück.[154] Als die Schwyzer Behörden 1655 in Arth eine von Zürich geförderte protestantische Gemeinschaft aufdeckten und deren Angehörige grösstenteils nach Zürich flohen, gab dies den Anlass zum Ersten Villmerger Krieg 1656.

Unschwer lassen sich auch politisch motivierte Fluchtbewegungen aus vielen Jahrhunderten anführen. Gewaltsame Veränderungen der Machtverhältnisse und die nicht eben seltenen politischen Konflikte in den regierenden Kommunen der alten Schweiz zwangen häufig die Anhänger der unterlegenen Partei zur Flucht oder Auswanderung. So war der Machtwechsel von 1336 in der Stadt Zürich, der nach Ritter Rudolf Brun, dem Anführer der Aufständischen, als «Brun'sche Zunftrevolution» bekannt ist, mit der Verbannung und Flucht der Gegner Bruns und der Zünfte aus dem Zürcher Stadtadel verbunden.[155]

Nach dem Scheitern oder der Niederwerfung der in der Schweizer Geschichte zahlreichen Oppositionsbewegungen oder Revolten gegen die Herrschaft und die regierende Machtelite mussten sich die so genannten Rädelsführer jeweils durch Flucht vor Verhaftung und exemplarisch harter Bestrafung in Sicherheit bringen. Dies trifft auf die Luzerner, Berner, Solothurner und Baselbieter Anführer im Bauernkrieg 1653 ebenso zu wie auf die Mitglieder der so genannten Henzi-Verschwörung gegen das bernische Patriziat 1749 oder die Protagonisten des Chenaux-Handels von 1781 im Kanton Freiburg. Diese setzten sich teilweise nach Paris ab, von wo aus sie nach 1789 für den Umsturz in der Schweiz agitierten. Die Obrigkeit ahndete politischen Widerstand drakonisch, indem sie Strafen wie Landesverweis, Verbannung, Aberkennung des Bürgerrechts oder Galeerenstrafen verhängte. Zwangsmigration gehörte zum Repertoire der vormodernen Strafjustiz.[156]

Als Folge der zahlreichen Unruhen erlebte die Stadt Genf im 18. Jahrhundert eine ganze Kaskade politisch motivierter Fluchtbewegungen. Die gewaltsame Machtübernahme durch die Partei der so genannten Représentants trieb 1781 viele Anhänger der patrizischen Partei der so genannten Négatifs ins Exil. Die Restauration der patrizischen Herrschaft 1782 zwang nun ihrerseits viele Représentants ins Exil; sie gründeten in Neuenburg, Brüssel, London und Konstanz eigentliche Flüchtlingskolonien, bis eine Amnestie 1789 ihnen die Rückkehr nach Genf ermöglichte.[157] Als in

Genf die Revolution 1792 die Herrschaft des Patriziats beseitigte, zogen zahlreiche Anhänger des Ancien Régime ins Exil.[158]

Ihnen taten es einige Jahre später Angehörige und Anhänger der alten Herrschaftselite der eidgenössischen Orte gleich. Patrizier und Geistliche, darunter auch Ordensgeistliche, flohen nach der Besetzung der Schweiz durch Frankreich und nach der Gründung der Helvetischen Republik 1798 nach Deutschland und nach Vorarlberg. Von dort aus organisierten sie den propagandistischen und militärischen Widerstand gegen die Helvetische Republik und griffen 1799 mit ihren Emigrantenregimentern an der Seite Österreichs und Russlands in den Zweiten Koalitionskrieg ein. Vor Ausbruch des Zweiten Koalitionskriegs setzten sich im Frühjahr 1799 grössere Gruppen erwachsener Männer in österreichische und süddeutsche Gebiete ab, um sich dem Kriegsdienst gegen die Koalitionsmächte zu entziehen. Als die Schweiz im Sommerhalbjahr 1799 zum Schauplatz des Kriegs zwischen Frankreich und den antifranzösischen Mächten wurde, flüchteten viele Zivilisten vor allem in der Zentral- und Ostschweiz vor den Kampfhandlungen sowie den Einquartierungen und Requisitionen durch die verfeindeten Armeen.

Die meisten politischen Flüchtlinge, die gegen die Helvetische Republik opponiert hatten, konnten nach 1801 auf der Grundlage der verschiedenen Amnestien des Helvetischen Parlaments in die Schweiz zurückkehren.[159] Im Kampf gegen Regimekritiker griffen die Helvetischen Behörden jedoch auch zum Mittel der Zwangsmigration und setzten Exponenten der Opposition in französischen Garnisonen des Auslands fest.

6 Die permanente Auswanderung ab Ende des Dreissigjährigen Krieges

Beweggründe der Auswanderer.................. 127
Das Sozialprofil der Emigranten 129
Massnahmen zur Minimierung der Auswanderungsrisiken................................... 134

Die permanente Auswanderung grösserer Bevölkerungsgruppen aus Schweizer Gebieten setzte nach dem Ende des Dreissigjährigen Kriegs ein. Zuerst waren Territorien im Südwesten des Reichs, insbesondere im Elsass, in Baden, Württemberg und in der Pfalz, die wichtigsten Wanderungsziele. Ab den 1680er-Jahren und verstärkt in den 1690er-Jahren wanderten grössere Gruppen auch in die Mark Brandenburg aus. Im 17. und frühen 18. Jahrhundert gelangten erste Auswanderer und Auswandererinnen in die englischen Kolonien Nordamerikas. Der Berner Patrizier und Unternehmer Franz Ludwig Michel (1675–ca. 1717) bereiste seit 1701 mehrmals die britischen Kolonien Carolina und Virginia. In seinem Reisebericht schilderte er seine Begegnungen mit ausgewanderten Schweizerinnen und Schweizern und weiteren Kolonisten, mit Indianern, deren Lebensweise und Verhältnis zu den Kolonialherren ihn interessierten, sowie mit Schwarzen, deren Arbeitskraft er als Kostenfaktor für die Plantagenwirtschaft kalkulierte. Weiter stellte er Überlegungen zur Finanzierung von Siedlungsprojekten an. Nach seiner ersten Rückkehr nach Bern 1702 entwickelte er mit Gleichgesinnten das Vorhaben einer Kolonie für Schweizer Auswanderer in Pennsylvania, das für ihn eine positive Alternative zur militärischen Arbeitsmigration der Schweizer Söldner darstellte. Mit Unterstützung der bernischen Obrigkeit und der britischen Krone entstand bis 1710 ein Siedlungsprojekt in Carolina. Der Berner Rat wollte sich auf diese Weise elegant der unliebsamen Täufer in seinem Territorium entledigen und ein altes kirchen- und religionspolitisches Problem lösen, während die britische Königin Flüchtlinge weiterschieben wollte, die 1709 wegen des Spanischen Erbfolgekriegs in grosser Zahl aus der Pfalz nach England geflohen waren. Eine der ersten Siedlungen, das 1710 vom Berner Christoph von Graffenried gegründete New Berne, wurde allerdings von Indianern zerstört. Andere wie Purysburg, 1732 vom Neuenburger Jean-Pierre Pury gegründet, verkümmerten nach einer gewissen Zeit. Erst im zweiten Viertel des 18. Jahrhunderts setzte eine stetige Auswanderung in die englischen Kolonien Nordamerikas ein. Grössere Auswanderungsbewegungen wandten sich im letzten Drittel des 18. Jahrhunderts auch Andalusien und Russland zu.

Die Siedlungswanderung in kriegsversehrte und entvölkerte Gebiete im Elsass und in Südwestdeutschland erreichte rasch ein gewisses Niveau, blieb über mehrere Jahrzehnte hinweg konstant und wurde jeweils nur durch den Ausbruch neuer Kriege gebremst. Regionalstudien, wie sie für die Auswanderung aus dem Knonauer Amt und dem bernischen Aargau sowie für die Einwanderung ins Elsass und in die Pfalz sowie in die Mark Brandenburg vorliegen, vermitteln ein plastisches Bild dieses Wanderungsgeschehens.[160] Zwischen 1648 und 1700 verliessen nicht weniger als 363 Familien und 1339 Einzelpersonen den bernischen Aargau. Sehr kleine Orte, zum Beispiel Elfingen, verloren bis zu vierzig Prozent ihrer Einwohner. Aus grösseren Gemeinden wie Küttigen, Oberentfelden, Effingen, Unterentfelden, Menziken oder Oberkulm wanderte jeder vierte bis fünfte Einwohner

Permanente Auswanderung aus der Schweiz im 17./18. Jahrhundert

Zeitraum	Herkunft	Zielgebiete	Personenzahl (ca.)
1649–1662	Zürcher Landschaft, Aargau	Kurpfalz, Württemberg, Baden-Durlach, Unterelsass	über 4300
1650–1700	Berner und Zürcher Landschaft	Hanau-Lichtenberg (Nordelsass)	1350
1660–1740	katholische (u. a. Entlebuch) und reformierte Gebiete der Schweiz	Elsass, Pfalz, Freigrafschaft Burgund, Württemberg, Bayern, Brandenburg	15000–20000
1685	Bern?	«Schweizerbruch» bei Potsdam	?
ab Mitte 1680er-Jahre	Kantone Bern und Zürich	Neuruppin (Brandenburg)	ca. 1500 Berner ca. 1000 Zürcher hugenottische Réfugiés
1710	Bern	New Berne (North Carolina, Nordamerika)	103
1712	2/3 Welsche, 1/3 Deutschschweizer	Preussisch-Litauen	über 350 Familien
ab 2. Viertel 18. Jh.	Zürich	britische Kolonien in Nordamerika	3000
1729–1755	Knonauer Amt (Zürich)	britische Kolonien in Nordamerika (Pennsylvania, North Carolina)	mind. 387 Personen
1732ff.	u. a. Zürich	Purysburg (North Carolina, Nordamerika)	über 400 Personen
1767–1769	katholische Gebiete	Andalusien	800
18. Jh.	?	Russland (St. Petersburg, Moskau, weitere russische Städte, Wolga, Krim, Südrussland)	100–1000 (schwankende Schätzungen)

Quellen: Bucher 1974, S. 126 f.; Wunder 1975; H.-U. Pfister 1987; R. Bühler 1991; Bolzern 1992; H.-U. Pfister 1992; Küng 1993, S. 317; Head-König 2002c, S. 608; Asche 2006; Asche, 2007. Für das Zielgebiet Hanau-Lichtenberg (1650–1700) liefern Bodmer 1930 und Küng 1993 (S. 317) die Zahl von 3000 Personen.

aus. Aus den beiden sehr grossen Gemeinden Reinach und Unterkulm zogen immer noch mehr als zehn Prozent der Einwohner weg.

Im Kanton Zürich war das Knonauer Amt nebst dem Unterland sowie dem Glatt- und Tösstal in der zweiten Hälfte des 17. Jahrhunderts und in der ersten Hälfte des 18. Jahrhunderts stark von der Auswanderung ins Elsass und in den Südwesten des Reichs betroffen. Dabei zeigten sich auffällige Migrationsmuster. Im Knonauer Amt stellten einige wenige Gemeinden das Gros der Auswanderer, andere waren dagegen kaum betroffen.[161] Dies gilt auch für die 387 Knonauer Amerikawanderer, die zwischen 1729 und 1755 nach Pennsylvania und North Carolina migrierten: Die allermeisten kamen aus Affoltern (93), Mettmenstetten (55), Knonau (34) und Rifferswil (32).[162] Zudem verlief die Auswanderung nicht gleichmässig, sondern in Schüben: Jahre mit starker Abwanderung folgten auf Jahre mit nur geringer oder gar keiner Abwanderung.[163]

Starke Schwankungen prägten auch das Migrationsgeschehen einzelner Gemeinden: Aus der kleinen Zürcher Kirchgemeinde Ottenbach, die im Jahr 1650 320 Einwohner zählte, wanderten im Jahrhundert zwischen 1649 und 1749 insgesamt 667 Einwohner aus und begründeten so eine eigentliche lokale Auswanderungstradition. In den Jahrzehnten nach dem Dreissigjährigen Krieg migrierten die Ottenbacher vor allem ins Elsass und in die Pfalz. Als die Pfalz wegen des Pfälzischen Erbfolgekriegs (1688–1697) als Wanderungsziel nicht mehr infrage kam, gewannen das Elsass und Pfalz-Zweibrücken Ende des 17. und Anfang des 18. Jahrhunderts an Anziehungskraft. Für Ottenbacher wurde Brandenburg um 1700 kurzzeitig ebenfalls ein Auswanderungsziel. In den 1730er-Jahren wanderten die ersten von ihnen nach Amerika aus.[164]

Das Wanderungsgeschehen folgte offenbar Konjunkturen bei der Wahl sowohl der Ziele als auch des Zeitpunkts der Abwanderung. Von Dorf zu Dorf, aber auch innerhalb der einzelnen Dörfer, ja selbst innerhalb einer Familie waren die Ziele der Wanderung jeweils sehr verschieden. Anschaulich ist dafür das Schicksal der Kinder des Johann Rudolf Vollenweider aus Affoltern am Albis. Vier seiner sechs Kinder sind gewandert: Heinrich Rudolf, geboren 1707, emigrierte 1743 nach Pennsylvania; Johannes Rudolf, geboren 1709, trat in Fremde Dienste in den Niederlanden und starb dort um 1737; Rudolf Rudolf, geboren 1713, wurde ebenfalls Söldner in den Niederlanden, und Regula, geboren 1716, heiratete 1747 nach Markirch im Elsass.[165]

Beweggründe der Auswanderer

Was bewog die Knonauer und Aargauer zur Auswanderung? Anders als in den von Kriegen heimgesuchten Nachbarländern nahm die Bevölkerung im schweizerischen Raum in der frühen Neuzeit trotz krisenbedingter

Rückschläge stetig zu. Hatten viele Bauern in der Schweiz während des Dreissigjährigen Kriegs gute Geschäfte mit dem Export von Lebensmitteln in kriegsversehrte Gebiete oder an die Armeen der Kriegsparteien gemacht und sich auch verschuldet, stürzten sie nach Kriegsende, als ihre Einkünfte einbrachen, in eine Friedensdepression und konnten den Schuldendienst nicht mehr bedienen. In den 1690er-Jahren verschlechterte sich zudem die Versorgung mit Lebensmitteln. Der Export von Textilien stockte ebenfalls angesichts der zahlreichen Kriege zwischen Frankreich und den antifranzösischen Mächten, und die Löhne der Heimarbeiter sanken.

Diese Entwicklungen trafen besonders die Angehörigen der landarmen oder landlosen Unterschicht in den Dörfern, die sich nicht mehr selber hinreichend mit Nahrung versorgen konnten. Sie verdingten sich als Tagelöhner bei Bauern oder gingen einem Handwerk nach. Im Knonauer Amt stellten viele im Auftrag städtischer Handelsherren Tuche in Heimarbeit her. Die Haushalte dieser ländlichen Unterschicht waren am stärksten von steigenden Getreidepreisen und vom stockenden Absatz ihrer Waren betroffen. In vielen Gemeinden stieg im 17. und 18. Jahrhundert der Anteil der Haushalte der ländlichen Unterschicht gegenüber den bäuerlichen Haushalten überproportional stark an.

Den Wanderungsentscheid einer Person oder einer Familie beeinflussten jedoch nicht nur allgemeine strukturelle und konjunkturelle Rahmenbedingungen, sondern auch deren konkrete Lebenslage, Ressourcenausstattung sowie Handlungsoptionen. Die ländlichen Haushalte waren je nach Grösse, Besitz und Zugangsrechten zu kollektiven Ressourcen in der Gemeinde unterschiedlich stark belastbar. Einzelpersonen hatten je nach Berufsaussichten, Heiratschancen und Position innerhalb der Familienkonstellation ganz unterschiedliche Zukunftsperspektiven.[166]

Der Entscheid zur Auswanderung wurde auch durch die Verhältnisse in den Zielgebieten der Migration beeinflusst. Das Elsass, die Pfalz und Süddeutschland waren im Dreissigjährigen Krieg stark in Mitleidenschaft gezogen worden. Krieg und Truppeneinquartierungen, Seuchen, Hunger, Fluchtbewegungen und Vertreibungen hatten in den am stärksten betroffenen Gebieten Bevölkerungsverluste von bis zu siebzig Prozent verursacht. Weitere Kriege suchten in der zweiten Hälfte des 17. Jahrhunderts Brandenburg, die Pfalz und das Elsass heim.

Mit gezielter Siedlungs- und Peuplierungspolitik wollten die Landesherren die entvölkerten und verwüsteten Landstriche wieder nutzbar machen. Neusiedler sollten die verfallenen Höfe in Besitz nehmen, die wüsten Böden wieder bewirtschaften und davon Abgaben und Steuern zahlen. Die Landesherren befreiten die Siedler für eine gewisse Zeit von Steuern und Abgaben, übereigneten ihnen kostenlos Siedlungsland, verliehen ihnen einen vorteilhaften personenrechtlichen Status und günstige Besitzrechte an den Höfen, gewährten unentgeltlichen Zugang zu Bau- und Brennholz und – was bei Siedlern aus anderskonfessionellen Gebieten wichtig war – gestatteten diesen, ihren Glaubensstand beizubehalten und von eigenen Pfarrern seelsorgerisch betreut zu werden. Solche Vergünstigungen sollten den potenziellen Migranten den Wanderungsentscheid erleichtern und das Risiko der Wanderung begrenzen.

In der Mark Brandenburg verfolgten die Kurfürsten mit der Ansiedlung reformierter Kolonisten aus der Schweiz und Holland sowie französischer Hugenotten auch kirchenpolitische Ziele. Nach ihrer Konversion zum Calvinismus zu Beginn des 17. Jahrhunderts wollten die Hohenzollern in ihrem ansonsten lutherischen Herrschaftsgebiet Inseln reformierter Einwohner schaffen. Peuplierungs- und Konfessionspolitik gingen Hand in Hand.

Das Sozialprofil der Emigranten

Die meisten Emigranten, die im 17. und 18. Jahrhundert aus dem bernischen Aargau in die Pfalz zogen, waren Leinenweber, Hirten, Tagelöhner, ledige Knechte und Mägde; danach folgten Ackerbauern und Winzer.[167] Auch unter den Auswanderern aus dem Knonauer Amt überwogen Angehörige der ländlichen Unterschicht. Es wanderten auch auffallend viele junge, ledige Männer, die als Arbeitsmigranten ihr Glück in der Pfalz suchten, ohne schon von Anfang an die dauerhafte Niederlassung in der Pfalz ins Auge zu fassen. Das Sozialprofil der Knonauer Auswanderer korrigiert somit die Erwartung, es seien in erster Linie gestandene Bauern ausgewandert. Stärkere Beweggründe, in die Fremde aufzubrechen, hatten Tagelöhner, Gelegenheitsarbeiter und Handwerker.

Täufer bildeten eine weitere Gruppe unter den Auswanderern. Sie gehörten einer Kirche der Freiwilligen an, die aus Zwinglis Reformation hervorgegangen war und sich trotz anhaltender Verfolgung durch die Obrigkeit und die Landeskirche im ländlichen Raum hatte behaupten können. Die Anfänge der Täuferwanderung reichen ins 16. Jahrhundert zurück. Damals zogen Täufer in grösserer Zahl nach Südmähren, wo ihnen lokale Adelige ungehinderte Niederlassung und Kultusfreiheit einräumten. Auf so genannten Bruderhöfen verwirklichten die «Hutterer» eine gemeinschaftliche Lebensform. Die generationenübergreifende Tradition der Auswanderung nach Mähren wurde nicht zuletzt durch täuferische Sendboten und temporäre Rückwanderer in Gang gehalten, die ihre in den Gebieten von Bern, Zürich und Basel verbliebenen Glaubensbrüder und -schwestern zur Migration nach Mähren zu bewegen suchten.[168]

Nach dem Dreissigjährigen Krieg eröffneten sich den Täufern mit der Auswanderung ins Elsass und in die Pfalz neue Möglichkeiten, sich der Repression zu entziehen und in der Fremde eine sichere Existenz aufzubauen. Dort waren die zurückgezogen lebenden Täufer als fleissige,

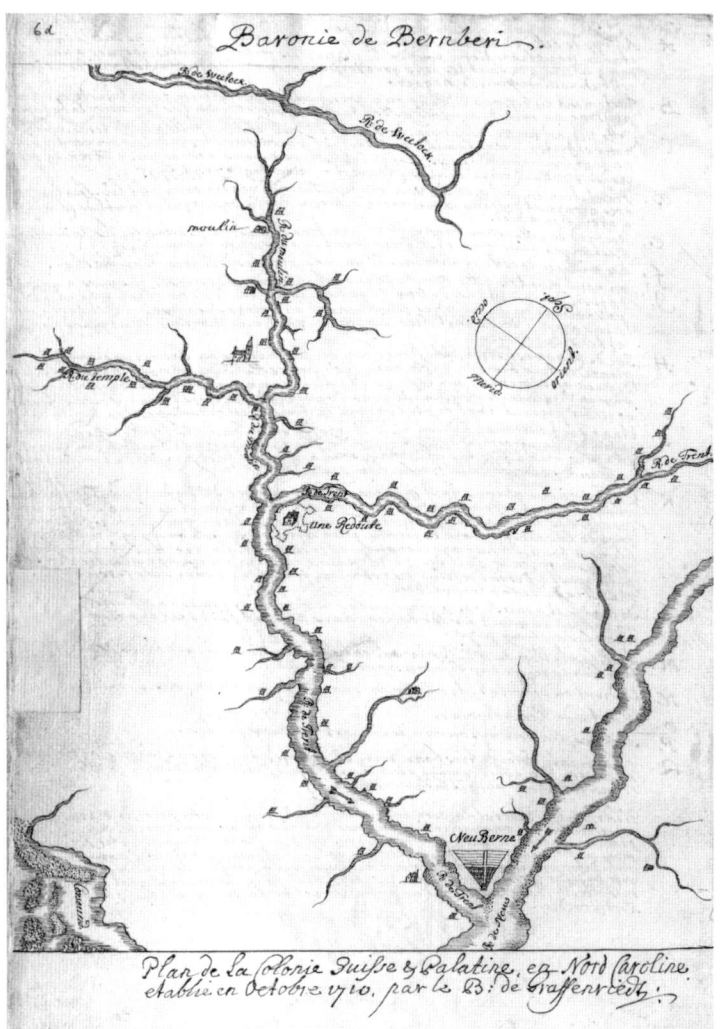

Plan der 1710 gegründeten Kolonie New Berne in North Carolina im Reisetagebuch von Christoph von Graffenried (1661–1743). Die neue Stadt für Schweizer und Pfälzer Siedler entstand am Zusammenfluss der Flüsse River und Neuse. Graffenried residierte im so genannten Hof an der unteren Spitze des dreieckigen Stadtgrundrisses. Flussaufwärts ist die sternförmige Schanze (im Plan «Redoute») eingezeichnet, die er zum Schutz gegen Indianerüberfälle errichten liess.

innovationsfreudige Bauern und folgsame Untertanen willkommen. Auch die Republik Bern wollte Konfessionspolitik und Migrationspolitik miteinander verbinden. Das Siedlungsprojekt ihres Patriziers Christoph von Graffenried (1661–1743) im nordamerikanischen Carolina unterstützte sie 1710 nicht zuletzt, um so eine grössere Täufergruppe ausschaffen zu können. Allerdings gelangten diese Täufer nie nach Amerika, weil sie schon auf dem Weg nach Amsterdam von deutschen und niederländischen Glaubensgenossen befreit wurden.

Bauern aus den Kantonen Bern und Zürich wanderten auch in die Mark Brandenburg aus. Verhandlungen zwischen dem Kurfürsten und den Räten von Bern und Zürich führten 1685 zu einer ersten Niederlassung bei Potsdam. Ab 1690 kamen grössere Gruppen aus beiden Kantonen in die Mark Brandenburg. Nicht alle gelangten freiwillig dahin; die bernische Almosenkammer schob auch Fürsorgefälle ab. Auf deutscher Seite beaufsichtigte eine besondere Behörde die Auswanderung, die eng mit einem gewissen Johann Ludwig Am Biel zusammenarbeitete. Am Biel nahm als so genannter Lokator von bernischer Seite die Auswanderer in Brandenburg in Empfang und verteilte sie auf die Siedlungsplätze. Er war auch Zeuge und Rechtsberater in den Verhandlungen um die Pachtverträge zwischen den Kolonisten und den landesherrlichen Ämtern.

Die Auswanderer, eigentliche Siedlungspioniere, gründeten im Ruppiner Land auf wüsten Böden neun geschlossene «Schweizerdörfer», von denen sieben auf Dauer Bestand hatten. Trotz anfänglich hoher Fluktuation entstanden in wenigen Jahren zahlreiche neue Bauernstellen, was nicht zuletzt durch den Geburtenüberschuss unter den Kolonisten und die ständige Zuwanderung aus der Eidgenossenschaft zu erklären ist. Die Gemeinden der Schweizer Kolonisten waren auch deswegen stabil, weil die Siedler in den ersten drei Generationen fast nur unter sich heirateten und ein Vorkaufsrecht auf frei werdende Höfe vor Ort besassen.

Die Nachkommen der ersten Siedlergeneration blieben mobil. Wenn sie im Ruppiner Land keine Bauernstelle übernehmen konnten, wanderten sie in brandenburgische Städte oder nach Preussisch-Litauen weiter. Mit den Jahrzehnten riss der institutionelle Kontakt der Siedler zur Schweiz ab. Mitte der 1730er-Jahre verliessen die letzten reformierten Pfarrer aus der Schweiz die Mark Brandenburg. Mischehen trugen dazu bei, dass sich die Bewohner der «Schweizerdörfer» im Verlauf des 18. Jahrhunderts so weit integrierten, dass ihr Migrationshintergrund schon im 19. Jahrhundert aus dem kollektiven Gedächtnis verschwunden war.

Um die Bevölkerungszahl und die landwirtschaftliche Produktion zu erhöhen, siedelte die spanische Krone 1767 mehrere Tausend Kolonisten in der Sierra Morena im nördlichen Andalusien an. Weil die Schweizer Landwirtschaft in den Augen spanischer Reformpolitiker prosperierte und Schweizer Bauern als kräftig sowie agrarunternehmerisch versiert galten, wurden

Siedler auch in der Schweiz angeworben. Allerdings kollidierte dieses Unterfangen mit den Interessen der eidgenössischen Militärunternehmer. Diese rekrutierten die jungen Männer in ihren Kantonen lieber als Söldner für ihre Kompanien in Fremden Diensten, als sie auf Dauer an die Siedlungswanderung zu verlieren. Die eidgenössischen Obrigkeiten untersagten in der Folge ihren Angehörigen die Auswanderung nach Spanien wohl auch, um zu verhindern, dass verarmte Rückwanderer die Armenkassen ihrer Gemeinde belasteten. Dennoch gelangten etwa 800 Auswanderer aus der katholischen Schweiz (Freiamt, Kelleramt, Baden, Luzern, Solothurn, Uri, Tessin, Wallis) zwischen 1767 und 1769 nach Südspanien. Allerdings fanden sich unter ihnen nicht die erhofften Musterbauern, sondern mehrheitlich Angehörige der ländlichen Unterschicht, also Kleinbauern und Tagelöhner sowie Bettler, die für die Kolonisierungsarbeiten ungeeignet waren. Angesichts der klimatischen und wirtschaftlichen Verhältnisse in Südspanien – sommerliche Hitze und Krankheiten kosteten vielen schon 1768 das Leben – kehrten manche bald wieder nach Hause zurück; viele wurden zum Bleiben gezwungen.[169]

Die Siedlungswanderung in der Epoche der frühen Neuzeit zeigt ein sehr unausgeglichenes soziales Profil. Spezifische Push- und Pull-Faktoren bestimmten die geografische Ausrichtung, das soziale und kulturelle Profil und den wirtschaftlichen Charakter von Wanderungsbewegungen sowie das Mobilitätsverhalten der involvierten Migranten. In grösseren Gruppen zogen vor allem jene aus der Schweiz weg, die als Angehörige der ländlichen Unterschicht aus sozialen und wirtschaftlichen Gründen marginalisiert, wie die Hugenotten wegen ihres Charakters als Fremde schlecht integriert oder wie die Täufer wegen ihres abweichenden Glaubensverständnisses diskriminiert waren. Von den Obrigkeiten und Gemeinden wurden sie jeweils aus unterschiedlichen Gründen als Belastung empfunden. Bauern, Handwerker und Gewerbetreibende hingegen, die auf ihren Höfen und in ihren Betrieben ihr Auskommen fanden und als Bürger in ihre Gemeinde integriert waren, hatten keinen Grund, auszuwandern.

Titelblatt der Schrift «Christlicher Wandersmann, Das ist: Kurtze und nohtwendige anleitung / wie reisende Studenten / Gewerbs- Kriegs- Handtwercks- und Baurs-Leuht / sich nit allein vor jhrem verreisen; Sonder Auch auf den reisen selbst: Damit selbige mit nutz angestellt werden; Zuverhalten», Zürich 1666. Mit konkreten berufs- und situationsspezifischen Anweisungen instruierte die Schrift des Zürcher Theologen, Kirchenhistorikers und Orientalisten Johann Heinrich Hottinger (1620–1667) reformierte Protestanten, wie sie sich auf Reisen im fremdkonfessionellen Ausland verhalten sollten.

Christlicher Wandersmañ

Das ist:

Kurtze und nohtwendige
anleitung / wie reisende Studenten /
Gewerbs- Kriegs- Handt-wercks-
und Baurs-Leuht / sich nit allein
vor ihrem verreisen;
Sonder

Auch auf den reisen selbst:
Damit selbige mit nutz angestelt
werden;
Zuverhalten.

Alles in der Ordnung /
Wie folgende II. Register mit=
bringen.
Auff ernstliches begehren gestelt / durch

Joh. Heinrich Hottinger / D.

Zürich
Bey Michael Schauffelberger / 1666.

Massnahmen zur Minimierung der Auswanderungsrisiken

Die Auswanderung gab dem Leben der Migranten eine ganz neue Richtung und wollte entsprechend gut bedacht sein. Wer die Brücken hinter sich endgültig abbrach, benötigte vor der Abwanderung einen Taufschein des Pfarrers, musste mit den Verwandten die Besitzverhältnisse klären und der Obrigkeit eine Abzugssteuer von zehn Prozent auf dem Vermögen entrichten, bis er vom Rat den Nachweis freier und ehrlicher Herkunft erhielt, das so genannte Mannrecht.

Die Festlegung der Migrationsziele und die Umstände der Auswanderung verraten, dass die Emigranten die Risiken ihres Entscheids möglichst begrenzen wollten.[170] So wanderten die Aargauer und Knonauer vorwiegend in deutschsprachige und protestantische – wenn möglich reformierte – Gebiete aus. Darauf achteten auch die weltlichen und geistlichen Obrigkeiten zu Hause. In den Augen der Kirche barg Migration die Gefahr, dass die Auswanderer in der Fremde ihrem reformierten Glauben untreu wurden und ihr Seelenheil gefährdeten. Wegen der dogmatischen und kultischen Differenzen zwischen reformiertem und lutherischem Protestantismus wurde selbst die Auswanderung in lutherische Territorien wie Baden oder Württemberg beargwöhnt. Die Auswanderer wurden vor dem Besuch fremdkonfessioneller Gottesdienste gewarnt und aufgefordert, wenn immer möglich mindestens einmal im Jahr einem Abendmahlsgottesdienst nach reformiertem Ritus beizuwohnen.

Die Bekanntschaft mit Wanderpionieren beziehungsweise Migranten, die die Verhältnisse in der Fremde schon kannten, erleichterte den Entschluss zur Wanderung. Gerade junge, unverheiratete Männer und Frauen zogen vielfach zuerst als temporäre Arbeitsmigranten in die Fremde, bevor sie sich dort – bisweilen nach mehrmaliger Aus- und Rückwanderung – definitiv niederliessen. Sie lernten so die Verhältnisse vor Ort und insbesondere den Arbeitsmarkt und die Lebenshaltungskosten in der Fremde kennen. Bei ihren temporären Aufenthalten in der Heimat schlossen sich ihnen mitunter weitere Landsleute an, mit denen sie gemeinsam wieder aufbrachen. So kehrte ein gewisser Heinrich Graf, der in die Kurpfalz ausgewandert war, im November 1680 von Neustadt an der Weinstrasse ins zürcherische Embrach zurück, um dort einen Geburtsschein abzuholen. Auf seiner Rückreise in die Pfalz begleiteten ihn vier ledige Männer, und im Jahr darauf traten drei junge Embracherinnen in der Pfalz in Dienst. Einige verheirateten sich und blieben dort, andere kehrten definitiv nach Embrach zurück.

Bisweilen lösten sich im Lebenslauf einer Person Auswanderung, Weiterwanderung und Rückwanderung ab: Heinrich Schneebeli aus dem Knonauer Amt war in jungen Jahren in die Pfalz ausgewandert und von dort aus wie viele andere weiter nach Nordamerika migriert. Zwei Jahre nach seiner Auswanderung auf den amerikanischen Kontinent kehrte er 1729 in seine alte Zürcher Heimat zurück, wo er mit seinem Wohlstand offenbar derart Eindruck machte, dass sich mehrere junge Männer gegen den Widerstand des Zürcher Rats nach Amerika aufmachten. Sie begründeten damit die Auswanderungstradition aus dem Knonauer Amt in die nordamerikanischen Kolonien. Schneebeli hingegen kehrte in die Pfalz zurück.[171]

Risikominimierung betrieben Auswanderer auch, indem sie sich die Option der Rückwanderung offenhielten: Sie verkauften beim Wegzug nicht ihren ganzen Grundbesitz und behielten auf diese Weise ihr Bürgerrecht in der Gemeinde. Den Entscheid zur endgültigen Auswanderung konnten sie so vom Gelingen der Integration in der Fremde abhängig machen. Mitunter verstrichen Jahrzehnte zwischen dem ersten Aufbruch ins Ausland und dem Verkauf der letzten Besitztümer in der alten Heimat.[172]

7 Unterwegs in der Eidgenossenschaft der frühen Neuzeit

Wirtschaftliche und lebenszyklische Faktoren der
Binnenmigration 139
Regional- und geschlechterspezifische Muster 141
Bürgerrechts- und Arbeitsmarktpolitik als Faktoren
der Migration 142
Einschränkungen des Bürgerrechts auf dem Land . . 147
Nichtsesshaftigkeit als Marginalisierungsfaktor 149

Vor der Entstehung des Bundesstaates 1848 verliefen die Grenzen, die für den Ein- und Ausschluss von Menschen entscheidend waren, nicht zwischen einem schweizerischen Inland und einem nichtschweizerischen Ausland. Die soziale und herrschaftlich-politische Zugehörigkeit einer Person und der Grad ihrer Integration definierten sich nicht über die Nation, sondern über die Familie und das Bürgerrecht in einer Gemeinde. Wer also in der frühen Neuzeit seinen Wohnort in eine andere Gemeinde seines Kantons oder gar in einen anderen Kanton verlegte, wurde ebenso zum Auswanderer beziehungsweise rechtlosen, fremden Einwanderer wie jemand, der in die Pfalz oder nach Nordamerika emigrierte. Allerdings machten die Obrigkeiten und Gemeinden bei der Festlegung der Einzugstarife für Neubürger oder Hintersassen vielfach schon damals einen Unterschied zwischen Zuwanderern, die aus demselben Territorium oder aus einem anderen eidgenössischen Kanton stammten, und solchen, die von ausserhalb der Eidgenossenschaft einwanderten. Wenn in diesem Kapitel vielfältige Formen der interregionalen Wanderung und Mobilität innerhalb der Eidgenossenschaft der frühen Neuzeit unter dem Stichwort «Binnenmigration» zusammengefasst werden, dann sollten sich die Leserinnen und Leser bewusst bleiben, dass die Schweiz erst nach 1848 ein national integrierter Raum wurde. Erst von da an lassen sich die Wanderungsbewegungen innerhalb der Landesgrenzen uneingeschränkt als Binnenmigration im eigentlichen Sinn bezeichnen.

Wirtschaftliche und lebenszyklische Faktoren der Binnenmigration

Die Dörfer und Städte der alten Schweiz waren keine geschlossenen Räume, sondern über die Abwanderung ihrer Bewohnerinnen und Bewohner und über die Zuwanderung von Ortsfremden mit ihrem näheren und weiteren geografischen Umfeld verbunden: Bauern, Handwerker, Patrizier und Landadelige nahmen auswärtige Knechte und Mägde in Dienst; Frauen und Männer von auswärts liessen sich in der Gemeinde nieder, weil sie in ortsansässige Familien einheirateten, Liegenschaften kauften oder erbten; der lokale Grundherr oder die Gemeinde übertrugen Ortsfremden den Betrieb des Gasthauses, der Mühle oder die Bewirtschaftung eines Lehenhofs. Regionalstudien vermitteln einen Eindruck von den Anlässen, dem Ausmass und den Formen dieser alltäglichen Mobilität und Migration, für die sich die historische Migrationsforschung viel weniger interessiert hat als für die faszinierende Spezialistenwanderung, die spektakulären Fluchtbewegungen oder die grossen Fernwanderungen.

Wie wichtig die demografischen Schlüsselereignisse Heirat und Tod als Faktoren einer alltäglichen Mobilität und Migration waren, zeigt etwa das Beispiel der Stadt Luzern: Bei den 297 Ehen, die dort zwischen 1786 und 1795 geschlossen wurden, stammten fast drei Fünftel der Partner nicht aus der Stadt, sondern grösstenteils aus Gemeinden des Umlands oder aus benachbarten Kantonen. Beim Tod des Ehepartners verliessen im selben Zeitraum fast jede zehnte Witwe und fast jeder fünfte Witwer die Stadt wieder.[173]

Arbeitsmigration sowie – zu einem geringeren Teil – Siedlungsmigration waren auch für die Binnenmigration innerhalb des schweizerischen Raums wichtige Antriebskräfte. Noch bevor mit dem Ende des Dreissigjährigen Kriegs die Auswanderung aus dem Knonauer Amt in die kriegsversehrten Gebiete im Südwesten des Reichs einsetzte, zogen fünfzig Familien (etwa 260 Personen) zwischen 1634 und 1650 ins Zürcher Oberland und ins Glatttal, wo sie Arbeit als Handwerker oder Tagelöhner suchten, einen Hof erwarben oder einen solchen als Lehenbauer pachteten.

Wenn Angehörige der dörflichen Oberschicht wie etwa Grossbauern oder Müller aus dem Knonauer Amt sich in anderen Zürcher Gemeinden niederliessen, dann erklärt diese Beobachtung, weshalb diese Personengruppe kaum Auswanderer ins Elsass oder nach Süddeutschland stellte: Der Kauf eines verwilderten Hofs im Ausland war für sie uninteressant und die Auswanderung mit höheren Risiken verbunden als bei Angehörigen der Unterschicht. Sie zogen es vor, einen Hof in einem anderen Amt zu erwerben und innerhalb des Zürcher Hoheitsgebiets zu wandern, womit sie auch die bei der Auswanderung fällige Abzugssteuer sparten.[174]

Das Beispiel des Zainenmachers Hans Ulrich Müller aus Ottenbach zeigt aber auch, wie mobil besonders Angehörige der Unterschicht auf der Suche nach Arbeit waren: Einträge in den Kirchenbüchern verraten, dass Müller mit seiner Familie mehrere Jahrzehnte lang in den Gemeinden zwischen Thur und Glatt unterwegs war: Seine Kinder wurden 1643 in Weisslingen, 1650 in Andelfingen, 1656 und nochmals 1662 in Kloten, 1659 in Wülflingen und 1666 in Hettlingen getauft; eine Tochter starb 1665 in Lindau. Müller selber und seine Frau verstarben 1669 in Hochfelden beziehungsweise 1676 in der Gemeinde Bassersdorf.[175]

Wie im Spätmittelalter waren die Städte auch in der frühen Neuzeit Brennpunkte der Zuwanderung von Dienstboten.[176] Zahlreiche ledige Frauen aus dem Knonauer Amt arbeiteten als Bedienstete in Haushalten der Stadt Zürich.[177] In Luzern hatten auswärtige Dienstboten ebenfalls massgeblich Anteil an der positiven Wanderungsbilanz. 1803 lebten dort 281 Studenten, Bedienstete, Gesellen und Knechte sowie nicht weniger als 655 Mägde, womit diese zugewanderten Personen ein Fünftel der Stadtbevölkerung ausmachten.[178]

Unter dem Druck der wachsenden Bevölkerung kam es im 16. Jahrhundert im Mittelland und in den Voralpen zu einem Landesausbau auf marginalen, ertragsarmen Böden. In den Dörfern wurde Wohnraum an so genannte Einzüglinge vermietet. Am Rand und ausserhalb der Dörfer entstanden die Taunersiedlungen der ländlichen Unterschicht. Diese

Zuwanderung machte sich indirekt in kommunalen Massnahmen zur Regulierung des Niederlassungsrechts und zur administrativen Kontrolle der Zuzügler, in der stetigen Erhöhung der Einzugsgelder sowie in der Zunahme des Anteils der Hintersassen an der Gemeindebevölkerung bemerkbar.[179]

Regional- und geschlechterspezifische Muster

Der Jurabogen zwischen den südlichen Ämtern des Fürstbistums Basel und der Waadt übte im 18. Jahrhundert eine starke Anziehungskraft auf Arbeits- und Siedlungsmigranten aus. Der Fürstbischof von Basel und der Fürst von Neuenburg siedelten bäuerliche Kolonisten vor allem aus dem Bernischen, dem benachbarten Frankreich und aus der Waadt an, die auf den Jurahöhen die Vieh- und Alpwirtschaft einführten und Käse für den Export herstellten. Berner stellten dabei das grösste Kontingent. Sie übernahmen vielfach bäuerliche Stellen von Einheimischen, die sich neu einer Tätigkeit in der Protoindustrie zuwandten. Faktoren wie das Alleinerbrecht des jüngsten Sohnes und das Fehlen von Gemeindegütern erhöhten gerade bei Emmentalern die Bereitschaft zur Abwanderung; darunter befanden sich auch Küher, die im Jura die Gelegenheit ergriffen, einen eigenen Hof zu bewirtschaften.[180]

Auch die prosperierende Uhren-, Schmuck- und Textilindustrie in der Stadt Genf war ein starker Anziehungspunkt für Arbeitsmigranten. Die städtischen Ateliers und Manufakturen beschäftigten zahlreiche Arbeiterinnen und Arbeiter, die aus der savoyischen, französischen und Waadtländer Nachbarschaft zuwanderten. Für die Genfer Uhrenindustrie arbeiteten zudem zahlreiche Heimarbeiter im Waadtländer Jura. Im Tal von Vallorbe entwickelte sich eine eisenverarbeitende Industrie. Den Jurasüdfuss entlang breitete sich von Genf aus die sehr erfolgreiche Produktion von bedruckten, wasserfesten Baumwolltüchern, so genannten Indiennes, mit einem Schwerpunkt um Neuenburg aus.

Der Bedarf an Arbeitskräften führte zur räumlichen Ausweitung des Arbeitsmarkts. So beschäftigte die Manufaktur der 1752 gegründeten Fabrique-Neuve von Cortaillod mehrere Hundert Arbeiterinnen und Arbeiter; zwischen 1754 und 1793 stieg der Anteil der Beschäftigten aus der Eidgenossenschaft von 10 Prozent auf 32 Prozent, jener der Ausländer von 0 Prozent auf 7 Prozent.[181] Die Uhrenindustrie im Neuenburger Jura verursachte eine starke Einwanderung ins Val de Travers, nach Le Locle, La Chaux-de-Fonds und Les Verrières.[182] Von den etwas mehr als 44 000 Bewohnern des Fürstentums Neuenburg des Jahres 1793 waren mehr als 10 500 zugewandert.[183]

Dank statistischer Erhebungen, wie sie die Obrigkeiten im 18. Jahrhundert auch aus Sorge um den Rückgang der Bevölkerung anstellten, lässt sich das Ausmass der Migration im späten Ancien Régime punktuell messen. Im Rahmen der Berner Bevölkerungsenquête von 1764 mussten alle Pfarrer der Regierung melden, wie viele Männer und Frauen ihrer Gemeinde den Kanton zwischen 1754 und 1763 verlassen hatten. Bei den Männern sollten sie zwischen Söldnern und Migranten in zivilen Berufen unterscheiden. Vergleicht man die Zahl der ausgewanderten Männer und Frauen mit der Zahl aller Männer zwischen 16 und 60 Jahren beziehungsweise aller Frauen zwischen 14 und 50 Jahren, die aufgrund ihres Lebensalters potenziell hätten wandern können (siehe Tabellen Seite 141), liefert die Momentaufnahme von 1764 aufschlussreiche Beobachtungen zum Ausmass sowie zu den geschlechter- und regionalspezifischen Mustern dieser Migration.

In der Republik Bern wanderten in den Jahren zwischen 1754 und 1763 8,43 Prozent der Männer zwischen 16 und 60 Jahren, aber nur 3,08 Prozent der Frauen zwischen 14 und 50 Jahren. Für beide Geschlechter gilt sodann, dass die Auswanderungsquote in den Dekanaten der Waadt deutlich höher lag als in den deutsch-bernischen Dekanaten. Der Arbeitsmarkt in der Stadt Genf übte im 18. Jahrhundert eine hohe Anziehungskraft besonders auf die westlichen Gebiete der Waadt aus, während es die Auswanderer aus den nördlichen Regionen der Waadt in die Indienne-Manufakturen im Neuenburgischen zog.[184]

Die Berner Obrigkeit interessierte sich 1764 auch für die Zahl der Rückwanderer. Aus den Berichten der Pfarrer erfuhr sie, dass in den zehn Jahren vor 1764 vier von zehn Söldnern, aber nur etwa zwei von zehn männlichen Auswanderern in zivilen Berufen zurückgekehrt waren. Bei den Frauen war der Anteil der Rückwanderinnen noch geringer. Dies lässt sich mit den weiteren Distanzen in der zivilen Arbeitsmigration erklären. Dass zivile Arbeitsmigranten, die sich im Ausland erfolgreich integriert hatten, ebenso wenig an einer Rückwanderung interessiert waren wie jene, die dort gescheitert waren und sich die Rückwanderung nicht leisten konnten, spielte sicher auch eine Rolle.[185]

Bürgerrechts- und Arbeitsmarktpolitik als
Faktoren der Migration

Hatten die Städte im Spätmittelalter ihr Bürgerrecht noch grosszügig an Zuzügler erteilt, gingen sie seit Mitte des 16. Jahrhunderts zu einer immer restriktiveren Bürgerrechts- und Integrationspolitik über. Diese Praxis wandten sie nicht nur gegenüber Zuwandernden aus den umliegenden Ländern Europas an, sondern auch innerhalb der Eidgenossenschaft. Sie verliehen ihr Bürgerrecht immer seltener und schlossen bisweilen im 17. und 18. Jahrhundert den Kreis der Bürgerfamilien ganz. Zuzügler wurden nur noch zu einem minderen Rechtsstatus – als Bürger zweiter Klasse, meist aber als so genannte Hintersassen – aufgenommen. Bürger zweiter Klasse hatten keinen Zugang zu politischen Ämtern, konnten sich aber auf Dauer in der Stadt niederlassen

Anteil der aus dem Kanton Bern ausgewanderten Männer in zivilen Berufen und im Solddienst an der Gesamtzahl Männer, 1754–1763

Dekanat	Männer 16–60 Jahre	zivile Berufe (n)	zivile Berufe (%)	Söldner (n)	Söldner (%)	Total (n)	Total (%)
deutsche Dekanate	56 192	1409	2.51	2 132	3.79	3541	6.3
welsche Dekanate	30 298	1945	6.42	1805	5.96	3750	12.38
Total	86 490	3354	3.88	3937	4.55	7291	8.43

Quelle: Hubler 1997, Seite 235.

Anteil der aus dem Kanton Bern ausgewanderten Frauen an der Gesamtzahl Frauen, 1754–1763

Dekanat	Frauen 14–50 Jahre	ausgewanderte Frauen (n)	ausgewanderte Frauen (%)
deutsche Dekanate	56 277	851	1.51
welsche Dekanate	29 944	1804	6.02
Total	86 221	2655	3.08

Quelle: Hubler 1997, Seite 235.

und einer wirtschaftlichen Tätigkeit nachgehen. Hintersassen dagegen waren nur geduldete Mitbewohner und konnten jedes Jahr ausgewiesen werden, wenn ihre Dienste oder ihre Arbeit nicht mehr benötigt wurden.

Der Wandel in der städtischen Migrationspolitik hatte wesentlich mit der veränderten Herrschaftslage der regierenden Städte in der Eidgenossenschaft zu tun. Diese hatten sich im Spätmittelalter gegen ihre dynastischen Konkurrenten Habsburg und Savoyen behauptet und ihre wirtschaftliche und militärische Macht in eine starke herrschaftliche Position umgemünzt. Die regierenden Geschlechter monopolisierten nun zusehends die einträglichen Ämter in der Verwaltung der Herrschaftsgebiete und hatten kein Interesse, diese Ressourcen mit Neuzuzüglern zu teilen.

Mit dem Rückgang der Bürgeraufnahme korrespondierte auch die Verengung der Migrationsräume: Waren im Spätmittelalter die zahlreichen Neubürger Zürichs noch aus weiten Distanzen zugewandert, so stammten die neu zuwandernden Bewohner der Stadt nun überwiegend aus dem Zürcher Untertanengebiet und nur noch ausnahmsweise aus weiter entfernten Gebieten.[186] Die Länderorte schlossen ihr Landrecht gegen Zuzüger ebenfalls ab. Die Aufnahme neuer Landleute erfolgte hier in der frühen Neuzeit nur noch in seltenen Ausnahmefällen, beispielsweise wenn das Land mit dem Verkauf des Landrechts dringend benötigte Einnahmen erzielen konnte (siehe Tabelle Seite 143). Als Folge dieser Abschliessungspolitik wandelte sich in den regierenden Städten langfristig die soziale Zusammensetzung der Einwohnerschaft. Der Anteil der Bürger an der städtischen Bevölkerung ging zurück, während jener der Hintersassen grösser wurde. Allerdings schwankte das Verhältnis von Bürgern und Hintersassen von Stadt zu Stadt erheblich (siehe Tabelle Seite 144).

In Genf waren die Bürger schon in der ersten Hälfte des 18. Jahrhunderts eine Minderheit in der Stadt, in Bern war dies spätestens in der zweiten Jahrhunderthälfte auch der Fall. Anders präsentierten sich die Verhältnisse in Zürich und Basel, wo die Bürger trotz rückläufigem Anteil an der Stadtbevölkerung in der Mehrheit blieben.

Offenbar betrieben die einzelnen Städte eine unterschiedliche Migrations- und Integrationspolitik. Zürich und Basel waren bei der Aufnahme von Hintersassen zurückhaltender als Bern und Genf, sodass die Bürger in Zürich noch am Ende des Ancien Régime deutlich in der Mehrheit blieben. Die Ursachen dafür sind in der politischen Ökonomie beziehungsweise in der Wirtschafts- und Arbeitsmarktpolitik der jeweiligen Städte zu suchen. Aufschlussreich ist der Vergleich zwischen Zürich und Genf, die im 18. Jahrhundert beide von der Protoindustrie und vom Export hochwertiger Waren lebten – Zürich vom Export von Baumwoll- und Seidentuchen, Genf vor allem vom Export von Uhren und Schmuck.

Die Zürcher Textilien wurden dezentral in Heimarbeit auf der Zürcher Landschaft unter der Kontrolle städtischer Verleger-Kaufleute

Bürgerrechtserteilungen in der Stadt Zürich, 1501–1795

Zeitraum	Anzahl Bürgerrechtserteilungen
1501–1550	923
1551–1600	763
1601–1650	407
1651–1700	17
1701–1795	2

Quelle: Guyer 1943, Seite 77.

Bürgerrechtserteilungen in der Stadt Basel, 1400–1798

Zeitraum	Aufnahmen (total)	Personen (total)	Aufnahmen (jährl. Schnitt)	Personen (jährl. Schnitt)
1400–1499	5814	14100	58	141
1500–1599	3743	9400	37	94
1600–1699	2818	5700	28	57
1700–1798	1583	1600	16	16

Quelle: Gschwind 1977, Seite 170.

Erteilung des Landrechts in Schwyz, 1500–1798

Zeitraum	Anzahl Landrechtserteilungen
1500–1586	89
1588–1798	17 (je 1 Erteilung: 1588, 1597, 1606, 1643, 1713; je 6 Erteilungen: 1648, 1716

Quelle: Styger 1914, Seite 183; Landolt 2012, Seite 80.

Anteil Einwohnerklassen an Gesamtbevölkerung von Schweizer Städten

Stadt (Stichjahr)	Bürger	Hintersassen	Übrige (Gäste, Fremde)
Zürich 1671	85%		
Zürich 1756		5.4%	
Zürich 1780	62%		
Basel 1779	52%	48% (Nichtbürger)	
Genf 1720	33%		
Genf 1780	27%		
Genf 1781	26.5%	46%	27.5%
Bern 1764		52.3%	

Quelle: Braun 1984, Seite 155ff.

hergestellt. Die städtischen Unternehmer beliessen die Heimarbeiter auf dem Land und siedelten sie nicht in der Stadt an, da die Lebenshaltungskosten für die Heimarbeiter auf dem Land tiefer waren als in der Stadt. Vor allem aber blieb so die städtische Sozialstruktur homogener. Die Bürger blieben in der Stadt Zürich in der Mehrheit und verminderten damit die Gefahr, von jenen Einwohnern majorisiert zu werden, die weder rechtlich noch politisch und wirtschaftlich voll integriert waren. Die Zürcher Obrigkeit behielt damit einen potenziellen Unruhefaktor unter Kontrolle und betrieb politische Krisenprävention.

Ganz anders in der Stadt und Republik Genf, die im Unterschied zur Stadt Zürich nur ein sehr kleines Territorium mit wenigen Dörfern besass. Der Arbeitsmarkt, den Genf herrschaftlich kontrollierte, war viel zu klein, um die hohe Nachfrage der dynamischen Genfer Wirtschaft nach Arbeitskräften zu befriedigen. Die Genfer Unternehmer mussten Arbeitskräfte aus dem weiteren savoyischen und französischen Umland als Hintersassen in die Stadt Genf aufnehmen. In der Folge nahmen die Bevölkerung Genfs und die soziale Differenzierung innerhalb der städtischen Gesellschaft im 18. Jahrhundert markant zu. Die Hintersassen befanden sich schon in der ersten Hälfte des 18. Jahrhunderts gegenüber den Bürgern in der Mehrheit. Diese Mehrheit forderte in der zweiten Hälfte des 18. Jahrhunderts immer radikaler Verbesserungen ihrer wirtschaftlichen und rechtlich-politischen Lage. Heftige Auseinandersetzungen zwischen Bürgern und Hintersassen erschütterten in den 1770er- und 1780er-Jahren die Stadt, und die regierenden Patrizier mussten Schritt für Schritt Konzessionen an jene Mitbewohner machen, von deren Arbeit der Wohlstand der Genfer Oberschicht abhing.[187]

Einschränkungen des Bürgerrechts auf dem Land

Trotz des allgemein höheren Mobilitätsgrads in der ländlichen Gesellschaft schränkten auch die Land- und Dorfgemeinden seit der zweiten Hälfte des 16. Jahrhunderts ihr örtliches Bürgerrecht zunehmend ein, um sich vor unerwünschter Konkurrenz auf dem lokalen Arbeitsmarkt, bei der Nutzung von Allmende, Weide und Wald sowie bei der Beanspruchung der lokalen Armenfürsorge zu schützen. Ortsfremde wurden allgemein nur noch als Hintersassen angenommen, die sich in der Gemeinde auf Zusehen hin niederlassen durften. Zu den kommunalen Ressourcen hatten sie grundsätzlich keinen Zugang mehr, auch wenn sie mit ihren Abgaben die Lasten der Gemeinde mittragen mussten.

Besonders bei starkem Bevölkerungswachstum und Nahrungsknappheit griffen die ländlichen Gemeinden zu protektionistischen Massnahmen, um die Mobilität und Niederlassung von Zuzüglern zu drosseln. Zu diesen zählten das Verbot, fremde Hausleute zur Miete aufzunehmen,

Die Bettlerin mit den Krücken nach Callot, Federzeichnung von Caspar Wolf, 1751–1760. Caspar Wolf (1735–1783) wuchs als viertes von sieben Kindern des Schreiners und Schnitzers Joseph Wolf und der Bauerntochter Sibylle Veronika Süess in Muri, Aargau, in ärmlichen Verhältnissen auf. Nach der Lehre beim bischöflichen Hofmaler Johann Jakob Anton von Lenz in Konstanz und Gesellenjahren in Augsburg, München und Passau wurde Wolf in den 1770er-Jahren ein Pionier der Alpenmalerei.

die Erhöhung der Einzugs- und Hintersassengelder, der Abschluss des Bürgerrechts, der Nachweis eines Mindestvermögens für die Genehmigung der Heirat mit Ortsfremden, die Erteilung eines minderen Bürgerrechts beziehungsweise des Hintersassenstatus, die Erhebung von Heiratsgeldern bei der Heirat mit einer ortsfremden Frau sowie der Verlust des Heimatrechts bei der Heirat einer Ortsbürgerin mit einem ortsfremden Mann.

Die Gemeinden verweigerten Gesuchstellern das Bürgerrecht mit der Begründung, die Gemeinde sei übervölkert, es fehle der Wohnraum, die Gesuchsteller hätten zu viele Kinder, seien ohne Besitz und verschuldet oder deren berufliche Tätigkeit stelle eine unerwünschte Konkurrenz für das ansässige Handwerk und Gewerbe dar. Unerwünscht war auch die Vermehrung von Haushalten, die als Konkurrenten auf dem örtlichen Liegenschafts- und Heiratsmarkt wahrgenommen wurden.

Als die Dorfarmut im 18. Jahrhundert zur grossen Belastung für Gemeinden und Obrigkeiten wurde, verweigerten die Gemeinden die Aufnahme von Neubürgern zunehmend auch aus Furcht vor steigenden Ausgaben für die Armenhilfe. Das kommunale Bürgerrecht war, nachdem die eidgenössischen Obrigkeiten Mitte des 16. Jahrhunderts die Gemeinden mit der Unterstützung für ihre verarmten Ortsbürger betraut und ihnen die Kosten dafür überbürdet hatten, zu einem zentralen migrations- und integrationspolitischen Faktor geworden. Dies galt umso mehr, als die Gemeinden verpflichtet waren, nicht nur die vor Ort lebenden Bürger, sondern auch jene, die bisweilen seit Generationen nicht mehr in der Gemeinde lebten, im Fall der Verarmung auf ihre Kosten zu unterhalten.[188] Als Folge dieser Entwicklung nahmen auch die ländlichen Gemeinden Zuzüger immer häufiger nur noch als Hintersassen auf. Bei der Auswahl bevorzugten sie Berufsleute, die die Bedürfnisse der lokalen Wirtschaft und Gesellschaft befriedigten.[189]

Nichtsesshaftigkeit als Marginalisierungsfaktor

Die Integrationsfähigkeit der korporativ-kommunalen sowie republikanischen Gemeinwesen, die im Gegensatz zum weitgehend monarchischen Europa das Herrschaftssystem und die politische Kultur der Eidgenossenschaft in der frühen Neuzeit bestimmten, war strukturell schwach. Mehr noch als die Zuzüger, die als Hintersassen in die Gemeinden aufgenommen wurden, bekam die wachsende Zahl von Menschen auf der Strasse diese Abwehrhaltung zu spüren. Die Rede ist von den mobilen Berufsleuten, darunter Sänger, Spielleute, Schausteller, Hausierer. Betroffen waren aber auch Angehörige religiös-ethnischer oder kultureller Minderheiten wie Juden, Zigeuner, Roma, Sinti und Jenische sowie verarmte und ausgestossene Marginalisierte wie Bettler, Landstreicher, Vagabunden, Kriegsvertriebene, Deserteure und flüchtige oder aus dem Land verbannte Kriminelle.

Zum Schutz vor Repression durch die Obrigkeit und die sesshafte Bevölkerung wanderten sie häufig in Gruppen, zogen sich an abgelegene Orte in Grenzregionen zurück und schlugen sich mit Gelegenheitsarbeiten, Bettel, Almosen, Speisungen von Klöstern und Diebstahl durch. Regelmässig wurden sie in der frühen Neuzeit Opfer gewaltsamer Betteljagden, Razzien, Abschiebungen und Körperstrafen durch die Obrigkeiten, die zu diesem Zweck besondere Polizeiorgane schufen.

Gemeinsam waren diesen sehr unterschiedlichen Gruppen eine hohe Mobilität sowie die Nichtsesshaftigkeit, die sich auch im fehlenden Heimatrecht manifestierte. Im 19. Jahrhundert gerieten sie immer stärker in den Fokus der Kantone und des Bundes. Die Beseitigung der Heimatlosigkeit, die Unterdrückung der mobilen Lebensweise sowie die mitunter zwangsweise Assimilation dieser Gruppen an die Kultur der Sesshaftigkeit wurden ein prioritäres sozial- und kulturpolitisches Anliegen der Behörden.

8 Inländer und Ausländer im modernen Staat des 19. Jahrhunderts

Inländergleichstellung in der Helvetik und im
neuen Bundesstaat 153
Eingeschränkte und unerwünschte Mobilität...... 156
Der Status der Ausländer 161
Urbanisierung und Land-Stadt-Migration 162
Soziale und konfessionelle Segregation 164

Bis zum Ende des Ancien Régime war die Schweizer Geschichte durch sämtliche Formen der Migration geprägt. Befristete Arbeits- und Karrieremigration, Auswanderung, Einwanderung, Rückwanderung, Binnenwanderung, Flucht- und Zwangsmigration gestalteten jeweils in regionalen und gesellschaftlichen Akzentuierungen die unterschiedlichen Epochen. Diese Entwicklungen setzten sich im 19. Jahrhundert in gesteigerter Intensität fort, denn nie zuvor waren weltweit mehr Menschen unterwegs als im Zeitraum zwischen Französischer Revolution und Erstem Weltkrieg. Auch die erzwungene Migration spielte im 19. Jahrhundert eine wichtige Rolle, obwohl der Sklavenhandel im Vergleich zum 18. Jahrhundert rückläufig war und die Fluchtmigration bei Weitem noch nicht die Dimensionen des 20. Jahrhunderts, des eigentlichen «Jahrhunderts der Flüchtlinge», erlangte.

Begünstigt wurden die gesteigerte Mobilität und die Zunahme der Migration im 19. Jahrhundert durch Faktoren wie Bevölkerungswachstum, verbesserte und preiswertere Transportmöglichkeiten von Menschen und Gütern, neue Beschäftigungsmöglichkeiten infolge der Industrialisierung, rasche Ausdehnung des internationalen Arbeitsmarkts sowie den Abbau von Mobilitätsschranken. Im Zentrum der folgenden Ausführungen steht der Abbau solcher Schranken im modernen Staat des 19. Jahrhunderts. Denn Migration bedeutet nicht nur Weggehen und Unterwegssein, sondern auch Ankommen und Bleiben. Dabei ist der rechtliche Status von Inländern und Ausländern von besonderer Bedeutung.

Inländergleichstellung in der Helvetik und im neuen Bundesstaat

In der Helvetik von 1798 und im modernen Bundesstaat von 1848 wurde das Verhältnis der Bürger zum Staat sowie der Bewohner zu ihrem Wohnort komplett neu geregelt. Zentraler Aspekt war die schliesslich in der Bundesverfassung garantierte rechtliche Gleichstellung von Schweizer Männern christlichen Glaubens, insbesondere die Niederlassungsfreiheit. Das Recht, sich in jedem Kanton frei niederzulassen und dort die politischen Rechte wahrzunehmen, vergrösserte die geografische und indirekt auch die soziale Mobilität in der Schweiz. Zugleich machten die neuen, freiheitlichen Verhältnisse das Land sowohl für politische Flüchtlinge und Intellektuelle als auch für Gewerbetreibende und Unternehmer aus dem Ausland attraktiv.

Die grössere Bewegungsfreiheit, welche die Bundesverfassung einem Grossteil der Schweizer Männer gewährte, erweiterte die Chancen des wirtschaftlichen Aufstiegs breiter Bevölkerungsschichten. Bis die so genannte Inländergleichstellung landesweit umgesetzt war, sollte es allerdings noch Jahrzehnte dauern. Die Emanzipation der Juden 1866, die Revision der Bundesverfassung im Zuge der demokratischen Bewegung sowie die Gewährung der Gewerbefreiheit 1874 waren wichtigen Etappen auf diesem

Weg. Zeitgleich erleichterte das rasch wachsende Eisenbahnnetz, dessen Bau bereits Tausende von primär ausländischen Arbeitern und vereinzelt auch Arbeiterinnen anzog, die Mobilität der Menschen. Die besseren Transportmöglichkeiten und der Abbau rechtlicher Schranken schufen die Voraussetzung für einen wirtschaftlichen und gesellschaftlichen Wandel, der im letzten Drittel des Jahrhunderts die Schweiz ebenso wie weite Teile Europas, Amerikas und andere Weltregionen erfasste.[190] Die Epoche zwischen 1870 und dem Ersten Weltkrieg wird denn auch als Blütezeit des Liberalismus bezeichnet. Verstärkt zogen hauptsächlich junge Männer und Frauen aus dem In- und Ausland in die Städte und Industriegebiete und lösten einen enormen Verstädterungsschub aus.

Dass die rechtliche Gleichstellung der Männer im ganzen Gebiet der Schweiz nicht selbstverständlich war, zeigt ein Blick in die Anfänge des 19. Jahrhunderts. Mit dem Untergang der Alten Eidgenossenschaft 1798 fielen ständische Schranken weitgehend weg. Die Helvetik gewährte am 13. Februar 1799 Niederlassungs- und Gewerbefreiheit auf dem gesamten Gebiet der Helvetischen Republik. Nach deren Scheitern 1803 wurden die erlangten Freiheiten jedoch weitgehend rückgängig gemacht. Der Bundesvertrag von 1815 enthielt keine Bestimmung betreffend Niederlassungsfreiheit, was insbesondere die katholischen Kantone, aber auch etwa Appenzell Ausserrhoden dazu veranlasste, die Zuwanderung von Andersgläubigen einzuschränken oder zu verhindern. Mobilitätsschranken galten teilweise aber auch für eigene Kantonsbürger. So verlangte der Kanton Zug von Bürgern, die sich in einer anderen Gemeinde niederlassen wollten, eine Kaution von 200 bis 500 Franken. Die wirtschaftlich besser gestellten Kantone hingegen strebten über kurz oder lang eine freiere Gestaltung der Niederlassung an, sodass sich am 10. Juli 1819 zwölf Kantone mittels Konkordat gegenseitig Niederlassungsfreiheiten zugestanden.[191]

Die grundlegende Überarbeitung des restaurativen Bundesvertrags aus dem Jahr 1815 und die Schaffung eines modernen Bundesstaats scheiterten 1832 und 1833. Beide hätten die Gleichbehandlung der Bürger gewährleisten und zugleich die Mobilität erleichtern sollen. Im Bericht zum Entwurf zur Bundesverfassung von 1848 hielten die Verfassungsväter am 8. April 1848 denn auch fest: «Wenn man will, dass die Schweiz eine Nation, die Eidgenossenschaft eine Familie von Brüdern sei, so muss man die Gleichheit der Rechte der Eidgenossen als Prinzip aufstellen.»[192] In der Tat schuf dann die Bundesverfassung von 1848 Rechtsgleichheit für Schweizer Männer christlichen Glaubens. Sie gewährte die Niederlassungsfreiheit im ganzen Gebiet der Schweiz. Allerdings hatten die Kantone noch für Jahre die Möglichkeit, die Niederlassung auch christlichen Schweizern zu verweigern, wenn diesen die für die Niederlassung notwendigen Papiere fehlten.[193]

Ein weiterer wichtiger Schritt zur Inländergleichstellung war die Beseitigung der Heimatlosigkeit mit dem «Bundesgesetz, die Heimathlosigkeit

Wanderungsgewinne nach Kantonen, 1870–1910

Kanton	jährliche Zunahme in Promille
Zürich	6.3
Bern	−5.0
Luzern	−0.4
Uri	−3.0
Schwyz	3.6
Obwalden	−3.9
Nidwalden	−5.5
Glarus	−7.2
Zug	0.1
Freiburg	−3.8
Solothurn	−0.3
Basel-Stadt	15.0
Basel-Landschaft	−2.7
Schaffhausen	−3.3
Appenzell Ausserrhoden	−4.3
Appenzell Innerrhoden	−3.4
St. Gallen	3.4
Graubünden	1.2
Aargau	−3.6
Thurgau	1.9
Tessin	0.3
Waadt	1.5
Wallis	−2.1
Neuenburg	−1.6
Genf	13.3
ganze Schweiz	0.3

Quelle: Bickel 1947, Seite 134.

betreffend» vom 3. Dezember 1850. «Heimatlose» waren in der Regel Nachkommen ehemaliger Kantons- und Gemeindebürger, die ihr kommunales Bürgerrecht verloren hatten. Das Bürgerrecht konnten Personen verlieren, die aufgrund von Heirat oder aus anderen persönlichen Motiven die Konfession wechselten. Aber auch Personen, die während langer Zeit ortsabwesend waren, beispielsweise weil sie über lange Zeit Dienst in fremden Heeren leisteten, waren davon betroffen.[194] Die Heimatlosen hatten im Armutsfall keinen Anspruch auf Unterstützung, sodass sie meist in prekäre Verhältnisse gerieten; die Folge war eine nichtsesshafte Lebens- und Arbeitsweise.[195] Mit dem Gesetz von 1850 besass der Bund die Möglichkeit, heimatlose Menschen einem Kanton zur Einbürgerung zuzuweisen, womit er den unsicheren Rechtsstatus der Heimatlosen beseitigte. Die Heimatlosen, die damals rund ein Prozent der Bevölkerung oder 25 000 bis 30 000 Personen ausmachten, erhielten das Bürgerrecht eines Kantons und einer Gemeinde und, im Falle von Armut, Anspruch auf Unterstützung. Die Männer erlangten zudem die politischen Rechte auf eidgenössischer, kantonaler und kommunaler Ebene.[196]

Eingeschränkte und unerwünschte Mobilität

Mit der Inländergleichstellung schuf der Gesetzgeber mittels Bestimmungen in der Bundesverfassung zugleich Bürger «zweiter Klasse»: Zu diesen gehörten Juden, Nichtsesshafte, Menschen aus der Unterschicht und vor allem Frauen.[197] Für sie blieben Mobilitätsschranken auch weiterhin bestehen. Die Abstriche im Gleichheitspostulat sind nicht nur auf die wirtschaftlichen und politischen Interessen von Kantonen und Gemeinden zurückzuführen, die der Gleichstellung Grenzen setzen wollten. Sie waren auch dem damals vorherrschenden politischen Diskurs geschuldet.

Den Schweizer Juden wurde aus antisemitischen Motiven und aus Angst vor unerwünschter Konkurrenz nach 1848 die Niederlassungsfreiheit weiterhin verwehrt. Sie erlangten diese erst 1866 auf starken ausländischen Druck hin. Insbesondere Frankreich, die Niederlande und die USA pochten auf rechtliche Gleichbehandlung von Juden und Christen in der Schweiz. Diese Staaten hatten, wie auch das Grossherzogtum Luxemburg, die Judenemanzipation bereits verwirklicht. Auch in der Schweiz hatten einzelne Städte wie Genf 1841 und Bern 1846 die Juden bereits vor der Gründung des Bundesstaats gleichgestellt. 1864 knüpfte die französische Regierung den Abschluss von Handelsverträgen mit der Schweiz an die Gewährung der Niederlassungsfreiheit für französische Juden in der Schweiz. Da die Schweiz aufgrund wirtschaftlicher Erwägungen diesem französischen Ansinnen entsprach, entstand eine aussergewöhnliche Ungleichbehandlung: In der Schweiz lebende französische Juden waren in Fragen der Niederlassung

Der Niedergelassene der löblichen Stadt Zürich reist nun seit Annahme des Bürgerrechtsartikels viel selbstbewußter davon als vorher.

Karikatur im «Nebelspalter», die den Habitus von Personen mit freier Niederlassung ins Bild rückt, 1875. Im Unterschied zu Schweizer Männern christlichen Glaubens, die seit 1848 ihren Wohnsitz im ganzen Gebiet der Schweiz frei wählen konnten, wurde Schweizer Juden die Niederlassungsfreiheit erst 1866 auf starken ausländischen Druck hin gewährt.

rechtlich bessergestellt als Schweizer Juden. 1866 wurde diese absurde Situation behoben, indem auch Schweizer Juden die Niederlassungsfreiheit erhielten. Die revidierte Bundesverfassung von 1874 garantierte schliesslich die Kultusfreiheit, die 1893 durch die Annahme der Schächtverbotsinitiative wieder eingeschränkt wurde.[198]

Auf die «verspätete Emanzipation» folgte dann aber eine rasante Wachstumsphase, die als Gründerjahre des Judentums in der Schweiz bezeichnet werden kann. Die jüdische Bevölkerung der Schweiz wuchs zwischen 1870 und 1920 dank Zuwanderung – vorerst meist aus dem Elsass und dem Herzogtum Baden, ab 1890 auch von Jüdinnen und Juden aus Osteuropa – um das Vierfache auf rund 21 000 Personen an. Diese Zahl entsprach etwas mehr als 0,5 Prozent der Gesamtbevölkerung, ihr Anteil war im damaligen internationalen Vergleich somit sehr bescheiden. Die zugewanderten Jüdinnen und Juden gründeten verschiedene neue Gemeinden, sodass die Schweiz am Ende des Ersten Weltkriegs 25 jüdische Gemeinden zählte.[199]

Äusserst schwer taten sich die Kantonsregierungen, der Bund sowie die Bevölkerung im Umgang mit Fahrenden. Die Lebensweise von Wanderhändlern und -handwerkern, meist ein Erbe früherer Verarmung, wurde im 19. Jahrhundert mehr und mehr als unzeitgemäss und unzivilisiert betrachtet. Nach zum Teil gewaltsamen Wegweisungen und Verfolgungen wurden sie im Rahmen des Heimatlosengesetzes von 1850 im jeweiligen Aufenthaltskanton eingebürgert, oft gegen den Widerstand der Bevölkerung. Zugleich stellte der Gesetzgeber die Nichtsesshaftigkeit unter Strafe.[200] Die Fahrenden wurden gezwungen, sich an die Lebensweise der sesshaften, bürgerlichen Gesellschaft zu assimilieren. Zur Ermittlung des Einbürgerungskantons internierten die Kantone mehrere Hundert Fahrende für mehrere Monate. Dabei wurden die Fahrenden verhört, medizinischen Untersuchungen unterworfen und zu Fahndungszwecken fotografiert.[201] Die Aufnahmen von Carl Durheim, die der Berner Fotograf im Auftrag der Bundesanwaltschaft machte, stellen weltweit den ersten grösseren Bestand an Polizeifotografien dar.[202]

Trotz Heimatlosengesetz blieb die Mobilität fahrender Bevölkerungsgruppen schweizerischer oder ausländischer Herkunft für den werdenden Verwaltungsstaat auch in den nachfolgenden Jahrzehnten eine Herausforderung. Im «Programm betreffend Bekämpfung der Zigeunerplage» schildert der Adjunkt der Polizeiabteilung des EJPD, Eduard Leupold, 1911 die Situation aus Behördensicht: «Die Zigeuner befinden sich in stetem Widerspruch mit den Polizeigesetzen; durch blosse Ausschaffung ist ihnen nicht beizukommen, da sie stets wieder im Lande auftauchen, solange ihre Rückkehr straflos bleibt. Sie setzen sich in beständigen und bewussten Widerspruch mit den Gesetzen und Verordnungen des Bundes über das Zivilstandswesen, da sie keine Geburten in die Zivilstandsregister eintragen lassen, keine bürgerliche Trauung eingehen und dadurch jede Fixierung des

Personenstandes verunmöglichen. Durch ihre unstete Lebensweise entziehen sie sich jeder zivilstandsamtlichen Kontrolle und damit auch jeder auf die Verletzung der Zivilstandsvorschriften gesetzten Strafe. Sie sind somit refraktär gegen jede bürgerliche Ordnung und staatliche Autorität und zwar nicht nur theoretisch, wie viele Bekenner anarchistischer Theorien, sondern täglich mit der Tat.»[203]

Spätestens seit 1905 hatten Behördenvertreter mit verschiedenen Massnahmen versucht, die Mobilität der Fahrenden einzuschränken beziehungsweise deren Einreise in die Schweiz zu verhindern. Dazu gehörten der Versuch einer Grenzsperre für ausländische Fahrende, das Verbot der Beförderung von Fahrenden mit Bahn und Dampfschiffen, die Planung eines Zentralregisters der Nichtsesshaften nach bayrischem Vorbild und die Abschiebung von ausländischen Fahrenden.[204] Im Oktober 1912 entschied die Polizeidirektorenkonferenz, Nichtsesshafte aus allen Kantonen im bernischen Witzwil zu internieren und sie nach der Identifikation wenn immer möglich auszuweisen.[205] Auch auf internationaler Ebene versuchte die Schweiz mehrfach, jedoch vergeblich, auf das Thema der Nichtsesshaften aufmerksam zu machen und internationale Konferenzen einzuberufen. Ebenfalls erfolglos blieb die Schweiz bei internationalen Konferenzen zur Armenpflege von Ausländern. So strebte sie einen internationalen Lastenausgleich für die Rückführung von armengenössigen Ausländern in ihre Heimatstaaten an, konnte sich jedoch nicht durchsetzen.[206]

Den Tiefpunkt der teils behördlichen, teils zivilgesellschaftlichen Zwangsmassnahmen gegenüber Fahrenden bildete das Projekt «Kinder der Landstrasse» der Stiftung Pro Juventute. Ab 1926 begann das Hilfswerk mit Unterstützung von Bund, Kantonen und fürsorgerischen Institutionen, Jenischen systematisch die Kinder wegzunehmen. Etwa 600 Kinder brachte sie in Pflegefamilien, Heimen, psychiatrischen und Arbeitsanstalten und mitunter sogar in Gefängnissen unter. Das Ziel dieser massiven Eingriffe in die Privatsphäre der Familie war, Jenische zur Sesshaftigkeit zu zwingen. Die gewaltsamen Kindswegnahmen stellten einen Versuch soziokultureller Homogenisierung dar. Sie müssen vor dem Hintergrund eines geradezu fanatischen Glaubens an umfassende staatliche Steuerungsmöglichkeiten des Sozialen verstanden werden.[207]

Im internationalen Vergleich besonders stossend ist die lange Dauer, während der den Schweizer Frauen die staatsbürgerlichen Rechte verwehrt blieben.[208] Die rechtliche, ökonomische und soziale Ungleichbehandlung von Frauen ist seit Längerem Gegenstand der Forschung. Als Gründe dafür seien hier lediglich das bürgerliche Männerideal und die Wehrpflicht erwähnt, von der die Frauen ausgeschlossen waren, das Differenzkonzept des Geschlechterdualismus, wonach Frauen als «Ungleiche» betrachtet wurden, sowie der fehlende Grundrechtskatalog in der Verfassung und das strukturelle Beharrungsvermögen der direkten (Männer-)Demokratie.[209]

Wir aber, in der | weitere Beiträge zu der unglücklichen Menschenklasse.

Transport einer heimatlosen Familie.

rechtes bestraft wer= | Die Unseligen irrten als Korbflechter, Kesselflicker,

Zwei Polizisten vertreiben eine heimatlose Familie, Zeichnung von Karl Jauslin im «Schweizerischen Nationalkalender», 1894. Bis 1850 hatten Heimatlose im Armutsfall keinen Anspruch auf Unterstützung. Infolgedessen gerieten sie oft in prekäre ökonomische Verhältnisse und übten eine nichtsesshafte Lebens- und Arbeitsweise aus.

Ungleich behandelt wurden die Frauen nicht nur im Hinblick auf die Ausübung der politischen Rechte, die ihnen auf Bundesebene bis 1971 verwehrt blieben. Frauen waren auch in Bezug auf ihre zivilrechtliche Stellung im ehelichen Güterrecht benachteiligt. Ihre persönliche Handlungsfähigkeit wurde durch die Geschlechtsvormundschaft beschnitten, die für verheiratete Frauen in manchen Kantonen bis 1912 galt, sowie durch diskriminierende Bestimmungen über den Erwerb, den Verlust und die Weitergabe des Schweizer Bürgerrechts und durch Einschränkungen der Niederlassungsfreiheit.[210] Noch 1911 hielt der damalige Bundesrichter und Staatsrechtler Albert Affolter fest, dass Frauen, «die sowieso das Stimmrecht nicht besitzen, als im Nichtbesitze der bürgerlichen Rechte und Ehren befunden und ihnen die Niederlassung verweigert werden» könne.[211] In einem argumentativen Zirkelschluss band Affolter also die Niederlassungsfreiheit an die politischen Rechte, die eigentlich an die Niederlassung gebunden gewesen wären. Wie häufig Frauen aufgrund dieser Haltung die Niederlassung in der Schweiz verwehrt wurde, ist angesichts fehlender Forschung schwierig zu beantworten. Doch offenbart Affolters Argument das rechtliche Prekariat von Frauen in der Schweiz nur zu deutlich. Noch bis ins Jahr 1988 konnte der Ehemann auch gegen den Willen seiner Gattin den Wohnsitz festlegen und handelte damit rechtens. Erst der Gleichstellungsartikel in der Bundesverfassung 1981, die Revision des Eherechts 1988 und das Gesetz über die Gleichstellung von Mann und Frau, das 1998 in Kraft trat, brachte die vollständige rechtliche Gleichstellung.

Der Status der Ausländer

Moderne Nationalstaaten definieren die Teilhabe an einem bestimmten politischen Gemeinwesen über die Staatszugehörigkeit. Über die Definition, wer zur staatlich-nationalen Gemeinschaft gehört, bestimmten sie indirekt auch den Status des Ausländers: Er wird zur Person, die nicht über die Staatszugehörigkeit des Staats verfügt, in dem er lebt oder sich gerade aufhält. Rogers Brubaker spricht denn auch davon, dass die Konstitution der bürgerlichen Rechte nach der Französischen Revolution zugleich zur «Erfindung des Ausländers» geführt habe.

Der Begriff «Ausländer» löste im Verlauf des 19. Jahrhunderts nach und nach denjenigen des «Fremden» ab, der in der Schweiz auch bei so genannten kantonsfremden Schweizern angewendet worden war.[212] Wiederum war es der französische Einfluss in Form der Helvetischen Republik, der in Fragen der Staatszugehörigkeit völlig neue Verhältnisse schuf. Mittels Gesetz vom 29. September 1798 hatte die Helvetische Republik die ausländischen Männer den inländischen Männern bis auf die politischen Rechte gleichgestellt. Voraussetzung für den Erhalt eines so genannten Toleranzscheins, einer Niederlassungsberechtigung, war das Vorweisen eines Heimatscheins und eines Leumundszeugnisses.

Mit dem Ende der Helvetischen Republik ging die Kompetenz in Ausländerfragen wieder an die Kantone zurück. Weiterhin bestand aber mit Frankreich ein Abkommen, das die Niederlassungsfreiheit sowie die bürgerlichen Rechte von Franzosen in der Schweiz sowie von Schweizern in Frankreich garantierte. Die Verschiebung der Kompetenzen in ausländerpolitischen Angelegenheiten von einer Zentralgewalt zurück an die Kantone wurde im Bundesvertrag von 1815 verankert. An dieser Kompetenzverteilung zwischen Bund und Kantonen änderte auch die Bundesverfassung von 1848 nichts Grundsätzliches. Der Bundesrat besass in den darauffolgenden Jahrzehnten bloss die Möglichkeit, diejenigen Ausländer auszuweisen, die die innere oder äussere Sicherheit des Landes gefährdeten. Bei Bedarf konnte er einen Bundesanwalt einsetzen.[213]

Der Bundesrat schloss zudem die Staatsverträge zwischen der Schweiz und den wichtigsten ausländischen Staaten ab. Diese bildeten den rechtlichen Rahmen für die Bestimmungen der Kantone über Niederlassung und Aufenthalt von Ausländern. Da sich die Schweiz bis zum Ersten Weltkrieg als Auswanderungsland verstand, war es den Regierungen von Bund und Kantonen ein besonderes Anliegen, dass der Aufenthalt und die Niederlassung von Schweizern im Ausland möglichst liberal gewährt wurden. Aufgrund des Reziprozitätsprinzips gewährten Bund und Kantone den Ausländern ebenfalls weitreichende Freiheiten. Die Abkommen über Niederlassung und Ausübung eines Gewerbes waren, entsprechend der im letzten Drittel des 19. Jahrhunderts liberal praktizierten internationalen Freizügigkeit, sehr offen gestaltet.

Wer sich in der Schweiz niederlassen wollte, musste Identitätspapiere und teilweise auch Leumundszeugnisse vorlegen. Für Ausländerinnen und Ausländer, aber auch für Schweizerinnen und Schweizer, die einen Kantonswechsel vornahmen, bestand eine polizeiliche Meldepflicht. Mit dem Inkrafttreten des schweizerischen Zivilgesetzbuchs im Jahr 1912 regelte der Bund die zivilrechtliche Stellung der Ausländer schliesslich einheitlich, und zwar als vollständige und bedingungslose Gleichstellung mit Schweizern. Nicht alle Schweizer Interessengruppen reagierten positiv auf diese Änderung. So monierten etwa Schweizer Arbeitnehmer und ihre Organisationen, dass ausländische Arbeiter keinen Militärdienst leisten müssten und gegenüber Schweizer Arbeitern somit einen strukturellen Vorteil besässen.

Urbanisierung und Land-Stadt-Migration

Die bundesstaatlichen Neuerungen im Bereich Rechtsgleichheit und Integration Mitte des 19. Jahrhunderts fielen zeitlich mit technischen Innovationen zusammen, die den Transport von Menschen und Waren revolutionierten, indem sie das Reisen wesentlich verkürzten und vereinfachten. In der Schweiz setzte der Bau der Eisenbahn, der das Verhältnis von Land und Stadt neu formte, in den 1850er- und 1860er-Jahren ein. Ebenfalls ab Mitte des 19. Jahrhunderts schritt die Urbanisierung rasch voran. Im letzten Drittel mündete diese in eine stürmische Phase.

Innert vierzig Jahren wuchsen die grossen Städte Zürich, Basel und Genf um das Mehrfache an, teilweise wegen Eingemeindungen, doch vor allem dank des natürlichen Bevölkerungswachstums und der Zuwanderung. Bereits kurz nach 1900 hatte die Einwohnerzahl in diesen drei Städten die 100 000er-Marke überschritten. Aber auch kleinere Städte mit grossen Industriezonen wie Winterthur und Arbon wuchsen rasant. Der grosse Wanderungsüberschuss, den die Städte Basel, Zürich und Genf sowie der Kanton St. Gallen verzeichneten, machte diese Kantone zu den Gewinnern der Land-Stadt-Migration. Alle Landkantone hingegen – mit Ausnahme von Graubünden, Zug und Tessin – wiesen eine negative Wanderungsbilanz auf.[214] Die beschleunigte Zuwanderung in die Städte veränderte die Stadtbilder nachhaltig. Architekten planten ganze Quartiere neu, gestalteten Ringstrassen und entwarfen repräsentative Bauten. Durch diesen Boom erhielten die Städte ihr bis heute städtebaulich dominantes Gepräge.

Im ausgehenden 19. Jahrhundert waren es meist wenig gebildete Frauen und Männer, die vom Land in die Stadt zogen. Die Industrialisierung, die in den urbanen Zentren rasch fortschritt, und die städtischen Zentren, die sich in permanentem Neu- und Umbau befanden, boten für sie weitaus bessere Berufschancen und stellten eine vielfältigere Lebensgestaltung in Aussicht als die Landgebiete, wo der Agrarsektor ebenso stagnierte wie die dort ansässige Textilindustrie. Im Zuge der Wanderungsbewegungen in die Städte und der beschleunigten Industrialisierung veränderte sich entsprechend die Berufsstruktur der schweizerischen Bevölkerung. Während die Zahl der Lohnempfänger durch Arbeiterinnen und Arbeiter stark zunahm, ging die Gesamtzahl der bäuerlichen Betriebe sowie die Zahl der in der Landwirtschaft Beschäftigten zurück. Gegen Ende des Jahrhunderts stiegen auch Angestellte zu einem bedeutenden Teil der Lohnempfänger auf.

Die ökonomische Dynamik des ausgehenden 19. Jahrhunderts eröffnete nicht zuletzt Frauen aus den Unterschichten neue Chancen. Neue Stellen im Dienstleistungssektor, im Gastgewerbe, im Büro und im Verkauf boten ihnen Erwerbsmöglichkeiten jenseits der monotonen, meist schlecht bezahlten Fabrikarbeit. Bei allen Schwierigkeiten und Unsicherheiten, mit denen Frauen im Dienstleistungssektor zu kämpfen hatten, versprach dieser Sektor grössere Eigenständigkeit und bessere Bezahlung.[215]

Wie die geografische Mobilität in eine soziale Mobilität münden konnte, zeigt das Beispiel von Annelise Rüegg (1879–1934). In Uster geboren, entstammte sie einer Arbeiterfamilie. Ihr Vater arbeitete in der Fabrik, die

Mutter als Heimarbeiterin. Um die Existenz der Familie zu sichern, musste Annelise Rüegg schon früh ihren Beitrag zum Familieneinkommen beisteuern. Bereits mit zwölf Jahren arbeitete sie ganztätig als Dienstmädchen. In der Schule hatte sie sich, wie sie später festhielt, wenig Mühe gegeben. Sie wusste, dass sie später wie ihre Schwestern und Freundinnen in der Fabrik würde arbeiten müssen. An ihrem vierzehnten Geburtstag stand Annelise Rüegg erstmals hinter Spinnmaschinen in einem Textilunternehmen. Doch an den Alltag in der Fabrik gewöhnte sie sich nicht. Sobald sich die Gelegenheit ergab, verliess sie die Spinnerei. Mehrfach trat sie neue Stellen in der Bekleidungsindustrie an, um diese bald wieder zu kündigen. Knapp sechzehnjährig verliess sie die Familie und übernahm die Stelle eines Dienstmädchens in einer Pension in der Romandie. Bereits ein Jahr später trat sie eine Stelle als Kellnerin in Lugano an. Mit Stolz schrieb sie ihrer Mutter, dass sie fleissig sei und dass der Fleiss im Gegensatz zur Tätigkeit in der Fabrik nicht mit einem «Hungerlohn» beglichen werde. Und so liess sie ihrer Mutter aus dem Tessin gleich etwas Geld zukommen. In späteren Jahren arbeitete Rüegg nicht nur in der Schweiz, sondern auch im Ausland und hielt als engagierte Sozialdemokratin und Pazifistin Vorträge in Russland, Ceylon, Australien, Ungarn und in den USA.

Soziale und konfessionelle Segregation

Während dieser einzigartigen Boomphase der Städte im letzten Drittel des 19. Jahrhunderts war nicht nur die Binnenwanderung von Schweizerinnen und Schweizern aussergewöhnlich hoch. Auch die Zuwanderung aus dem Ausland in die Schweizer Städte erreichte zwischen 1870 und dem Ersten Weltkrieg erste Höchstmarken. Besonders dynamisch waren die Veränderungen in den sich neu herausbildenden Arbeiterquartieren, die meist in der Nähe von Industriestandorten oder entlang der neuen Eisenbahnlinien lagen. Sie wurden zu den eigentlichen Hotspots der Zuwanderung, deren Gros Migrantinnen und Migranten der ländlichen Unterschichten, häufig mit katholischem Hintergrund, und Ausländerinnen und Ausländer stellten. In der letzten Volkszählung vor dem Ersten Weltkrieg 1910 zählte Genf 41,6 Prozent Ausländerinnen und Ausländer, Basel 37,8 Prozent, Zürich 33,8 Prozent und St. Gallen 31,1 Prozent. Die prozentual höchsten Anteile dieser Zeit wiesen Lugano mit 50,5 und das Industriestädtchen Arbon am Bodensee mit 46,1 Prozent auf. Da der Bedarf an Arbeitskräften im Bausektor und in der Industrie besonders hoch war, lag der Anteil der Ausländerinnen und Ausländer in den grossen Städten sowie in den industriellen Zentren weit über dem landesweiten Durchschnitt, der 14,6 Prozent betrug.[216]

Die Massenmigration in die Städte veränderte deren konfessionelle und religiöse Zusammensetzung, wobei sich soziale und konfessionelle

Schweizer Städte mit den höchsten Anteilen an Ausländern an der Gesamtbevölkerung, 1910

Stadt	Wohnbevölkerung	Ausländer	Ausländer in Prozent
Lugano	12 961	6 542	50.5
Arbon	10 299	4 747	46.1
Genf	123 153	51 740	42.0
Tablat	22 308	9 011	40.4
Basel	132 276	50 003	37.8
Schaffhausen	18 101	6 139	33.9
Zürich	190 733	64 387	33.8
Bellinzona	10 406	3 470	33.3
St. Gallen	37 869	11 764	31.1
Montreux	18 800	5 779	30.7
Lausanne	64 446	15 799	24.5
Luzern	39 339	7 046	17.9
Chur	14 639	2 597	17.7
Winterthur	25 250	4 349	17.2
Freiburg	20 293	3 495	17.2
Neuenburg	23 741	3 483	14.7

Stand: 1. Dezember 1910. Quelle: Bundesblatt V/1920, Seite 7.

Segregation nach Quartieren in den Städten häufig deckten. In Basel beispielsweise konzentrierte sich das katholische Leben hauptsächlich auf Kleinbasel, das damit zum klassischen Zuwanderungs- und Arbeiterviertel der Stadt avancierte. Hier befand sich die Clarakirche, die die Katholiken ab 1858 zum allgemeinen Gebrauch zugesprochen erhielten, sowie der nahe gelegene Lindenberg mit Pfarrhaus, Hauskapelle und Schulhaus. Die beiden Orte bildeten die Zentren des katholischen Lebens, quasi die architektonischen Ausformungen des katholischen Milieus. Ähnliches lässt sich in Zürich feststellen, wo wie in Basel bis 1798 nur Reformierte lebten. Nachdem die Zürcher Katholiken 1874 im Arbeiterviertel Aussersihl die Kirche St. Peter und Paul einweihen konnten, wurde diese zu einem Zentrum des katholischen Lebens in der Stadt. Bereits zuvor hatten die Katholiken mit der St.-Anna-Kapelle und der Augustinerkirche, die im Kulturkampf an die neu geschaffene christkatholische Gemeinde übergegangen war, über eigene Gotteshäuser verfügt.[217] Entsprechende Konzentrationen lassen sich auch in Bern oder Genf feststellen, wobei in Genf die Zuwanderung von Katholiken weniger steil anstieg.

Dass sich das soziale Leben und der Berufsalltag vieler Migrantinnen und Migranten religiöser Minderheiten im Umfeld ihrer Gotteshäuser abspielte, war keine Besonderheit der Katholiken. Auch das Leben von Jüdinnen und Juden konzentrierte sich während der Gründerzeit der jüdischen Gemeinden in der Schweiz seit der Emanzipation von 1866 bis zum Ersten Weltkrieg weitgehend auf das Umfeld der neu gebauten Synagogen und Kulturzentren. Verstärkt traf dies auf jüdisch-orthodoxe Gemeinschaften zu, deren Neugründungen nach der vorletzten Jahrhundertwende einsetzten.

Die Zuwanderer der verschiedenen religiösen Gruppierungen entfalteten ein vielfältiges Vereinsleben mit eigenständigen Organisationen. Katholiken und Juden gründeten in der Diaspora eigene Turn- und Sportvereine, Musik- und Theatergesellschaften sowie Armenkassen. Auch ausländische Migranten suchten Gemeinschaften, in denen sie ihre eigene Sprache praktizieren und ihre eigenen kulturellen Gepflogenheiten leben konnten. Schweizer Binnenmigranten gründeten im ausgehenden 19. Jahrhundert in den grossen Städten Tessinerclubs oder Bündnervereine, vergleichbar mit den Schweizer Emigrantinnen und Emigranten in den USA oder in Russland, die sich zu Landsmannschaften zusammenschlossen.

9 Freiheit und Bildung im jungen Bundesstaat

Asylland zwischen freiheitlichen Idealen und
aussenpolitischen Realitäten. 169
Ausländischer Druck auf Liberale und
Republikaner. 171
Umgang mit Sozialisten und Anarchisten 173
Massenmigration aus Osteuropa 177
Die Rolle der jüdischen Gemeinden. 180
Bildungsmigration in die Schweiz. 183

Die Flucht- und Bildungsmigration in die Schweiz gehört zu den aufsehenerregendsten Wanderungserscheinungen des 19. Jahrhunderts. Obwohl der Vergleich zur Arbeitsmigration zahlenmässig bescheiden ausfällt, hat die Aufnahme von politischen Flüchtlingen aus den Nachbarstaaten und weiteren europäischen Ländern das Ansehen der Schweiz im Ausland langfristig gestärkt und ihr den Ruf eines liberalen Asyllands eingetragen. So fanden im Verlauf des vorletzten Jahrhunderts Republikaner, liberale Freiheitskämpfer, Sozialisten und Anarchisten den Weg in die Schweiz. Vereinzelt erhielten auch Royalisten politisches Asyl. Zwar einigten sich die Tagsatzung und später der Bundesrat auf ausländischen Druck hin auf einige wenige flüchtlingspolitische Grundsätze. Von einer einheitlichen schweizerischen Asylpolitik vor dem Ersten Weltkrieg kann aber nicht gesprochen werden. Diese lag zwischen 1815 und 1926 in der Kompetenz der Kantone. Je nach konfessioneller Ausrichtung oder nach politischer Haltung, ob katholisch oder protestantisch, ob konservativ oder liberal, verfolgten die Kantone unterschiedliche, teilweise divergierende Interessen, was sich für Flüchtlinge in der Regel jedoch nicht als Nachteil herausstellen sollte.

Asylland zwischen freiheitlichen Idealen und aussenpolitischen Realitäten

Das Schlüsselereignis für die Fluchtmigration in die Schweiz bildete das Revolutionsjahr 1848, als in verschiedenen europäischen Ländern Umsturzversuche scheiterten und zahlreiche Revolutionäre nach Übersee, nach Grossbritannien oder eben in die Schweiz flohen. Hier war die liberale Neugestaltung des Landes so erfolgreich, dass sich seit diesem Zeitpunkt ein freiheitlich demokratischer Bundesstaat auf Dauer etablieren konnte.[218] Da das Land in der Folge für etliche Jahre der einzige Staat auf dem Kontinent war, der die politische Freiheit konsequent hochhielt und für Meinungsfreiheit einstand, flohen weiter zahlreiche politische Flüchtlinge ins Land. Für den jungen Bundesstaat bildete der Umgang mit ihnen eine erste Bewährungsprobe mit dem Ausland.

Die Gründung des modernen Bundesstaats im Revolutionsjahr 1848 markiert das zentrale Ereignis für den Umgang mit Flüchtlingen im 19. Jahrhundert. Doch bereits seit dem Wiener Kongress 1815 und dem Versuch der Heiligen Allianz, in Europa wieder vorrevolutionäre Zustände herzustellen, flohen liberale, republikanische und demokratische Aktivistinnen und Aktivisten in die Schweiz. Im Vergleich zu den europäischen Nachbarn besass der Kleinstaat den Vorteil, dass sich Anhängerinnen und Anhänger liberal-demokratischer Prinzipien nicht gegen Monarchen und Fürstenregenten durchzusetzen brauchten. Zudem hatte die Helvetik die alten Herrschaftsstrukturen in elf Kantonen derart geschwächt, dass liberale Vorstellungen auch im Zeitalter der Restauration in die liberalen Verfassungen einflossen.[219]

So fanden in den Regenerationskantonen deutsche Liberale, italienische «Carbonari» oder polnische Revolutionäre Aufnahme. Zu ihnen gehörte etwa Pellegrino Rossi, der 1816 vor den Österreichern aus Bologna fliehen musste und in Genf als erster Katholik an der Académie de Genève römisches Recht und Staatsrecht lehrte. Von dort aus startete er seine weitere politische und akademische Karriere. Als Vertreter Genfs war Rossi 1832 Berichterstatter der Tagsatzungskommission und arbeitete massgebend an der Revision des Bundesvertrags von 1815 mit. Als das Revisionsprojekt scheiterte, legte er seine Ämter in der Schweiz nieder und nahm 1833 einen Lehrstuhl für politische Ökonomie am Collège de France an.

In Genf war er mit verschiedenen italienischen Flüchtlingen zusammengetroffen. Unter ihnen Giacomo Ciani, Sohn einer ursprünglich aus dem Bleniotal stammenden Familie, die im frühen 18. Jahrhundert nach Mailand ausgewandert war und es dort als Kaufmanns- und Bankierfamilie zu Wohlstand gebracht hatte. Gemeinsam mit seinem Bruder Filippo war Giacomo Ciani ins Tessin geflüchtet. Nachdem sie 1839 die Tessiner Kantonsbürgerschaft erlangt hatten, machten beide politische Karriere. Sie engagierten sich für sozial- wie bildungspolitische Belange. Giacomo Ciani gab auch Anstösse, die zu den Anfängen des Tourismus in Lugano führten. Darüber hinaus unterstützte er als Inhaber der Druckerei Tipografia della Svizzera Italiana sowie als persönlicher Freund von Giuseppe Mazzini die antihabsburgischen Bewegungen in Italien.

Die republikanischen Kantonsverfassungen der 1830er-Jahre zogen insbesondere nach den Niederlagen der liberalen Kräfte in Europa viele Fluchtmigranten an. Von der liberalen Haltung profitierten unter anderem mehrere Hundert Polen, die 1833 in der Schweiz Asyl erhielten.[220] Auch Georg Büchner, der bekannte Verfasser des «Hessischen Landboten» und Mitbegründer der Gesellschaft der Menschenrechte, fand nach seiner Flucht aus Hessen über Strassburg den Weg in die Schweiz. An der in Zürich kurz zuvor gegründeten Universität wirkte er bis zu seinem frühen Tod im Februar 1837 als Privatdozent für Naturgeschichte. Dort lehrten auch die ebenfalls aus Hessen stammenden Brüder Wilhelm und Ludwig Snell. An der Universität Bern setzten die Brüder ihre akademischen Karrieren fort und wurden zu herausragenden Staatstheoretikern der Schweiz. Zugleich engagierten sie sich als politische Berater beziehungsweise als Politiker in der Schweiz.[221] Die wenigen Beispiele zeigen, wie die liberale Schweiz im Zeitalter von Restauration und Regeneration von politischen Flüchtlingen profitierte, und zwar nicht nur politisch und kulturell, sondern auch wirtschaftlich. Zahlreiche ausländische Unternehmer und Gesellen zogen es vor, ihre Ideen und Projekte in einem von liberalem Denken geprägten Umfeld umzusetzen.

Ausländischer Druck auf Liberale und Republikaner

Dass die Aufnahme von politischen Flüchtlingen bei den autokratischen Nachbarstaaten auf wenig Gegenliebe stiess, überrascht nicht. Unter Federführung von Fürst Klemens von Metternich hatten Österreich, Preussen und Russland bereits 1820 Massnahmen gegen antimonarchistische Aktivisten gefordert, die von der Schweiz aus agierten. Ein Jahr später verlangten Vertreter der Heiligen Allianz die Ausweisung der Flüchtlinge des Piemonteser Aufstands, die in die Schweiz geflohen waren. 1822 drohte Metternich der Schweiz sogar damit, dass sie ihren Neutralitätsstatus verliere, wenn sie nicht kooperiere.[222]

Auf den zunehmenden ausländischen Druck reagierte die Tagsatzung am 14. Juli 1823. Sie erliess das so genannte erste Presse- und Fremdenkonklusum, das die Kantone zur Kontrolle der Presseberichterstattung über auswärtige Mächte verpflichtete. Zudem stellte sie Massnahmen in Aussicht, die verhindern sollten, dass es von Schweizer Gebiet aus zu gefährlichen Umtrieben gegen die Regierung eines befreundeten Staats kam.[223] 1836 sah sich die Tagsatzung zu einem zweiten Fremdenkonklusum veranlasst, nachdem wiederum Österreich, aber auch Frankreich den Druck auf die Schweiz erhöht hatten. Den Hintergrund bildete ein von Giuseppe Mazzini von der Schweiz aus organisierter militärischer Einfall in Savoyen. Nach dem Scheitern der dilettantischen Aktion gründete Mazzini mit einer Handvoll Mitstreitern am 15. April 1834 in Bern den Geheimbund Giovine Europa, der die Schaffung eines Bunds europäischer Völker auf republikanischer Basis zum Ziel hatte. Dieser Bund richtete sich gegen Frankreich, hauptsächlich jedoch gegen die Habsburgermonarchie, die Mazzini als «Völkerkerker» bezeichnete. Nach Gerüchten über einen weiteren von der Schweiz aus geplanten Einfall verlangte Frankreich die Wegweisung von italienischen, polnischen und deutschen Aktivisten aus der Schweiz. Habsburg brach die diplomatischen Beziehungen mit der Schweiz gar ab. Die monarchistische Regierung rief alle österreichischen Arbeiter, Flüchtlinge und Fremden auf, das Territorium der Schweiz zu verlassen.

Die Tagsatzung reagierte mit dem zweiten Fremdenkonklusum: Sie drohte allen mit Ausweisung, die durch ihre Handlungen die Neutralität der Schweiz verletzten und die innere Ruhe und Sicherheit des Landes gefährdeten.[224] In der Folge mussten Giuseppe Mazzini und verschiedene italienische, deutsche und polnische Mitstreiter 1837 die Schweiz verlassen. Der Bund Giovine Europa wurde aufgelöst.

Verschiedene Kantone gewährten Flüchtenden aber weiterhin grosszügig Asyl, ein Recht, das seit 1815 wieder in ihren Händen lag. Daran hielten sie auch fest, als während der revolutionären Unruhen 1848 Tausende Deutsche, Franzosen, Italiener und Ungarn in die Schweiz flüchteten. Der junge Bundesstaat von 1848 befand sich dadurch in einer heiklen Situation,

Giuseppe Mazzini gründet im April 1834 in Bern den Geheimbund Giovine Europa. Kupferstich aus der 1890 erschienenen Biografie «Mazzini nella sua vita e nel suo apostolato» der britischen Schriftstellerin, Journalistin und Philanthropin Jessie White Mario, die in den 1850er- und 1860er-Jahren Mazzini und Garibaldi bei deren Aktivitäten zur Vereinigung Italiens eng begleitete.

denn die grossen europäischen Monarchien, aus denen Flüchtlinge in die Schweiz strömten, waren zugleich die Mächte, die die Neutralität und somit die politische Selbstständigkeit der Schweiz garantierten.[225]

Das erste Bundesratskollegium hielt denn auch an dem von der Tagsatzung eingeschlagenen Weg fest. Es verfolgte einen zwischen aussenpolitischer Opportunität und freiheitlichen Idealen verpflichteten Kurs, der vor allem durch die Praxis von Kantonen wie Basel-Landschaft, Zürich und Bern vorgegeben wurde. Dort hielten sich unter anderem auch Angehörige der deutschen Arbeitervereine auf, deren Netzwerke badischen Freischärlern 1848 als Basis dienten. Zu ihnen gehörten Georg und Emma Herwegh. Nach der Heirat mit Georg Herwegh hatte Emma Herwegh 1843 in Paris einen intellektuellen Salon geführt, in dem Heinrich Heine, Karl Marx, Michail Bakunin, George Sand, Victor Hugo und andere Intellektuelle verkehrten.[226] Nach dem gescheiterten Aufstand im Grossherzogtum Baden 1848/49 lebte sie in Zürich, später wieder in Paris, und betätigte sich unter anderem als Übersetzerin von revolutionärer Literatur.

Trotz des Einflusses radikaler und liberaler Kräfte in den Kantonen sah sich der Bundesstaat immer wieder genötigt, dem Druck der europäischen Grossmächte nachzugeben und politische Flüchtlinge aus der Schweiz auszuweisen. In der Regel konnten die Ausgewiesenen nach Grossbritannien oder in die USA ausreisen. Grossbritannien, wo sich im 19. Jahrhundert wohl die meisten politischen Flüchtlinge aufhielten, machte sich nach 1851 als Schutzmacht der schweizerischen Neutralität stark, während Frankreich, Preussen und Österreich die Ausweisung von Flüchtlingen erzwingen wollten und hierfür sogar Truppen zusammenzogen. Im Grossen und Ganzen jedoch entspannte sich nach 1850, auch aufgrund von Amnestien, die Situation von liberalen und republikanischen Flüchtlingen. Die Einigung Italiens und das Erstarken der republikanischen Kräfte in mehreren Ländern Europas trugen weiter dazu bei, dass grössere politisch motivierte Fluchtbewegungen ausblieben. Eine Ausnahme bildeten wiederum rund 2000 Polen, die nach den gescheiterten Aufständen von 1863/64 in der Schweiz Zuflucht fanden.[227]

Umgang mit Sozialisten und Anarchisten

In Italien, Frankreich und in verschiedenen anderen europäischen Staaten mussten im letzten Drittel des 19. Jahrhunderts politisch aktive Liberale und Republikaner ihre Heimat nicht mehr verlassen. Dafür nahm die Flucht von Sozialisten, Sozialrevolutionären und Anarchisten in die Schweiz zu. Ein erster Höhepunkt war der Deutsch-Französische Krieg von 1870/71. In dessen Folge gelangten kurzfristig über 2000 Zivilflüchtlinge aus Strassburg in die Schweiz. Aber auch rund 800 Kommunarden der Pariser Kommune fanden in der französischen Schweiz Aufnahme, die meisten von ihnen in Genf, dem Zentrum der Schweizer Kommunarden, unter ihnen der bekannte Maler Gustave Courbet.[228]

Der Deutsch-Französische Krieg nimmt in der Schweiz jedoch vor allem aufgrund von Militärinternierten eine wichtige Bedeutung ein: Die französische Ostarmee, besser bekannt unter dem Namen ihres Befehlshabers, Charles Denis Bourbaki, war von deutschen Truppen an die französisch-schweizerische Juragrenze abgedrängt worden. Ende Januar 1871 befand sie sich in einer ausweglosen militärischen Lage. Die Schweiz ihrerseits hatte ihre eigenen Truppen bereits im Herbst 1870 demobilisiert und verfügte über keinerlei Möglichkeiten, die französischen Einheiten an der Grenze aufzuhalten. So liess der Bundesrat nach mehrtägigen Verhandlungen die völlig entkräfteten und demoralisierten französischen Truppen Anfang Februar 1871 bei Les Verrières, Sainte-Croix, Vallorbe und im Vallée de Joux die Grenze überqueren.[229] Die 87 000 Soldaten und Offiziere liessen sich entwaffnen und wurden zur Internierung auf die Kantone verteilt.

Obwohl die französischen Truppen nur während anderthalb Monaten interniert waren, erlangte die Aktion für die Erinnerungskultur der Schweiz, wie für das spätere humanitäre Engagement, grosse Bedeutung. Dazu trug nicht nur die Solidarität der Kantone bei – mit Ausnahme des Tessins internierten alle Kantone französische Truppen –, sondern auch die ikonografische Wirkung der bekannten Panoramadarstellung des Genfer Malers Edouard Castres. Das Rundgemälde wurde 1881 zur zehnjährigen Erinnerung der Internierung fertiggestellt und befindet sich seit 1889 in Luzern. Auch das 1863 gegründete Internationale Komitee vom Roten Kreuz (IKRK) mit Sitz in Genf, das sich der Unparteilichkeit und Humanität verpflichtet sieht, stärkte in der Schweiz das Ansinnen, humanitäre Aufgaben zu übernehmen. Im Ersten Weltkrieg sollte das humanitäre Engagement vom Bund, IKRK und Privaten einen ersten Höhepunkt erreichen.[230]

Doch zurück zu den politischen Flüchtlingen des 19. Jahrhunderts. Nach der Verabschiedung der Bismarck'schen Sozialistengesetze 1878 und der verstärkten Immigration von Sozialisten in die Schweiz sah sich der Bundesrat veranlasst, an seiner Position festzuhalten. Bei Druck aus dem Deutschen Kaiserreich, aus Österreich und Russland wies er vermehrt Flüchtlinge wegen sozialistischer und revolutionärer Aktivitäten aus. Entsprechende Ausweisungen hatten die Schweizer Behörden vereinzelt zwar bereits in den 1840er-Jahren vorgenommen, als sie Vertreter der Deutschen Arbeitervereine und anderer politischer Vereinigungen weggewiesen hatten, so im Fall von Wilhelm Weitling. Als dieser 1843 seine Schrift «Das Evangelium eines armen Sünders» in Zürich veröffentlichen wollte, wurde er wegen kommunistischer Agitation verhaftet und im folgenden Jahr ausgewiesen.[231] In den 1880er-Jahren aber verstärkte insbesondere Deutschland den Druck auf die Schweiz. Und so liess der Bundesrat etwa die Redaktoren

Anarchisten als «Unkraut», Helvetia als streng über ihren Garten wachende Hausfrau, Karikatur im «Nebelspalter», 1898. Nach dem Attentat auf die habsburgische Kaiserin Elisabeth in Genf im selben Jahr nahm der Druck auf die Schweiz zu, Anarchisten zu kontrollieren und des Landes zu verweisen.

der oppositionellen Wochenzeitung «Der Sozialdemokrat», unter ihnen Eduard Bernstein, ausweisen. Neu war zugleich, dass sich deutsche Sozialdemokraten und Sozialisten in der Schweiz besser zu organisieren wussten. Dabei kam ihnen die hier vorhandene Infrastruktur der deutschen Arbeiter- und Arbeiterbildungsvereine zugute. In Zürich wurde Ende der 1880er-Jahre etwa der «Landesausschuss der organisierten deutschen Socialisten in der Schweiz» gegründet, der die deutsche Sozialdemokratie fördern und im Ausland stärken sollte.

Ab 1889 kam es zu einer verstärkten Kontrolle von politisch aktiven Ausländern. Den Hintergrund bildete die sogenannte Wohlgemuth-Affäre, eine versuchte Bespitzelung deutscher Sozialdemokraten durch deutsche Polizisten in der Schweiz. In der Folge richtete der Bundesrat die Stelle eines ständigen Bundesanwalts ein.[232] Dieser kümmerte sich primär um die Organisation und Koordination der Kontrolle politisch aktiver Ausländer, meistens von Sozialisten und Anarchisten, die dann durch die kantonalen Polizeidienste durchgeführt wurde. Ähnlich wie bei Liberalen und Radikalen Jahrzehnte zuvor profitierten die schweizerische Arbeiterbewegung, die Gewerkschaften und die späteren Sozialdemokraten trotz Kontrollen sowohl personell als auch organisatorisch stark von der Immigration von ausländischen Aktivistinnen und Aktivisten. An dieser Stelle sei nur auf die Karrieren von Herman Greulich und Nikolai Wassilieff verwiesen.[233]

Im letzten Viertel des 19. Jahrhunderts schliesslich kamen vermehrt Revolutionäre und Anarchisten aus Russland, Polen und später aus Italien in die Schweiz. Sie hielten sich häufig in der Romandie oder im Tessin auf. Insbesondere in Genf und später im Jura erhielt die anarchistische Bewegung Rückhalt. In Genf war Michail Bakunin 1867 vom dort tagenden Internationalen Friedenskongress ins Komitee der Liga für Frieden und Freiheit gewählt worden. Später machte er das Tessin zu seiner Wahlheimat. Pjotr Kropotkin hielt sich ebenfalls in Genf auf, wo er zu Beginn der 1880er-Jahre die Zeitschrift «Le Révolté» herausgab.[234]

Die Polizeibehörden verhielten sich gegenüber Anarchisten ähnlich wie gegenüber Sozialisten. Einzelne wie Michail Bakunin und Pjotr Kropotkin liessen sie gewähren, andere kontrollierten sie regelmässig, und bei Dritten gaben sie ausländischem Druck nach und wiesen sie aus. In der Regel konnten die politischen Flüchtlinge in einen Drittstaat ausreisen; so beispielsweise auch der Italiener Errico Malatesta. Als Vertreter eines kommunistischen Anarchismus konnte er 1881 über Paris nach London ausreisen. Anders gestaltete sich die Situation bei Sergei Netschajew. Er hatte zu einem Mord an einem angeblich abtrünnigen Mitstreiter aufgerufen. In Zürich wurde er deswegen verhaftet und an die russischen Behörden ausgeliefert. Er verbrachte sein Lebensende in russischer Kerkerhaft.[235]

Ab 1894 griffen die Behörden stärker durch. Anlass war ein Anschlag auf die Pariser Nationalversammlung. Dieser hatte in der Schweiz den so genannten Anarchistenartikel zur Folge, der eine wirksame Verfolgung anarchistisch motivierter Straftaten ermöglichte. Bereits 1889 hatte in Zürich eine Bombenaffäre für Aufsehen gesorgt und die Forderung nach strengeren Massnahmen gegen Anarchisten und Sozialrevolutionäre laut werden lassen. Isaak Dembo war unter dem falschen Namen Jakob Brynstein 1887 nach Zürich eingereist und hielt sich dort bei russischen und polnischen Anhängern sozialreformerischer sowie revolutionärer Ideen auf. Er selbst gehörte der revolutionären Narodniki-Bewegung an, die unter der reaktionären Regentschaft Zar Alexanders III. zur Gewalt schritt. 1889 experimentierte Dembo zusammen mit einem polnischen Studenten in einem Wald auf dem Zürichberg mit Sprengstoff und kam dabei ums Leben. Unter beachtlicher Anteilnahme russischer und polnischer Studierender wurde er in Zürich begraben.[236] Grosses Aufsehen erregte auch die Ermordung der österreichisch-ungarischen Kaiserin Elisabeth durch den italienischen Anarchisten Luigi Luccheni im September 1898 in Genf. In der Folge wies der Bundesrat mehrere politisch aktive Ausländer aus der Schweiz aus. 1906 folgte auf ausländischen Druck ein Gesetz, das die publizistische Verherrlichung von anarchistischen Straftaten und die Anstiftung zu Straftaten per Gesetz verbot.

Massenmigration aus Osteuropa

Ab 1881 setzte aus Osteuropa die erste grosse Massenflucht der Moderne ein. Aufgrund rechtlicher, sozialer und politischer Diskriminierungen und grosser sozialer Not sahen sich zwischen 1880 und dem Ersten Weltkrieg Hunderttausende von Juden und Jüdinnen in Russland, Russisch-Polen und Rumänien genötigt, ihre Heimat zu verlassen. Der Grossteil der rund drei Millionen Migranten, die Osteuropa verliessen, suchte in den Vereinigten Staaten von Amerika eine neue Existenz, ein geringerer Teil siedelte nach Argentinien über, und einige wenige wanderten nach Palästina aus. Zehntausende verblieben in Westeuropa, einige Tausend davon in der Schweiz. Sie stellten die kleinen jüdischen Gemeinden der Schweiz vor enorme logistische und finanzielle Herausforderungen.[237]

Der Präsident des Hilfscomités für jüdische Auswanderer, Jakob Bollag-Feuchtwanger, beschrieb im Juli 1904 die Migrantinnen und Migranten aus Osteuropa mit folgenden Worten: «Seit etwa 4 Jahren durchzieht Basel [...] ein endloser Strom jüdischer Auswanderer – jener Parias der menschlichen Gesellschaft, die nirgends gern gesehen, in der aufgeklärten Zeit des zwanzigsten Jahrhunderts ihrer nationalen Eigenart und ihres ausgeprägten, anders gearteten Gesichtsausdrucks [...] friedfertigen Charakters wegen, von Dorf zu Dorf, von Stadt zu Stadt und von Land zu Land gehetzt werden, die von den Stätten liebgewordener Erinnerung und teurer

Andenken wegziehen, um in ein fremdes Land zu wandern, dessen Sprache sie nicht sprechen, ja nicht einmal verstehen, von dem sie nur das eine zu wissen glauben, dass sich eine Gelegenheit zur Arbeit finden wird, die sie dem sicheren Hungertod entrinnen lässt.»[238] Jakob Bollag-Feuchtwanger strich die enorme soziale Not der Ostjuden, die Hetze, der sie ausgesetzt waren, und die unentwegte Suche nach einer Existenzgrundlage als Merkmale der Fluchtmigration aus Osteuropa heraus. Das Dokument erinnert an später erschienene literarische Arbeiten wie «Hiob» oder «Juden auf Wanderschaft». Es zeigt darüber hinaus, dass die Schweiz nicht nur während des Zeitalters des Nationalsozialismus, sondern bereits um 1900 eine Fluchtbewegung von Jüdinnen und Juden erlebt hatte, die entscheidend von den jüdischen Gemeinden getragen wurde.

Die Massenflucht der Juden aus Osteuropa begann nach der Ermordung des russischen Zaren Alexander II. am 1. März 1881 und den darauf folgenden, teilweise von der zaristischen Polizei gesteuerten Pogromen.[239] Die strukturellen Hintergründe lagen indes in den rechtlichen und sozialen Diskriminierungen sowie damit zusammenhängend in den sich dramatisch verschlechternden ökonomischen Verhältnissen in Osteuropa.[240] In der vorkapitalistischen Ökonomie weiter Teile Osteuropas hatten Juden zahlreiche Mittlerfunktionen zwischen Gutsbesitzern und Pächtern, zwischen Stadt und Land ausgeübt. Im Zuge der verspäteten Industrialisierung drängten vermehrt Christen in diese Domänen, was eine eigentliche «Ausstossung» der Juden aus ihren bisherigen Berufsfeldern zur Folge hatte. Die Behörden versuchten, die Juden vom Land zu verdrängen, zu gettoisieren, und schränkten deren Bildungsmöglichkeiten ein, was zu einer raschen Verarmung führte. Tausende ergriffen Jahr für Jahr die Flucht.

Insbesondere die jüdischen Gemeinden der Grenzkantone Basel-Stadt und St. Gallen waren von der Fluchtbewegung Osteuropas Richtung Westen betroffen. Der weitaus grössere Teil der Juden Osteuropas migrierte jedoch nicht durch die Schweiz, sondern Richtung Nord- und Ostseehäfen, teilweise auch via Triest nach Übersee. Um die Betreuung der Migrantinnen und Migranten in der Schweiz zu verbessern, gründeten Private das Hilfscomité für jüdische Auswanderer. Als die gewalttätigen Ausschreitungen gegen Juden mit dem berüchtigten Pogrom von Kischinew 1903 einen neuen Höhepunkt erreichten, stieg die Fluchtbewegung aus Osteuropa so stark an, dass Freiwillige wiederum in Basel ein «Auskunftsbureau für jüdische Auswanderer» einrichteten. Dieses hatte zum Ziel, «das jüdische Reise-Elend» in der Folge der «fluchtähnlichen Volkswanderung» aus Osteuropa zu verringern.[241]

Bis zum Ersten Weltkrieg nahmen Tausende von Migranten die gleich hinter dem Schweizer Bahnhof gelegene Beratungsstelle in Anspruch. Die ehrenamtlichen Berater gaben mündlich oder schriftlich Auskunft über Reisestrecken, über Schiffsagenturen und Einreisebestimmungen in

Absolute und relative Anzahl der Juden in der Schweiz, 1888–1930

Jahr	absolut	in Promille
1888	8 069	2.8
1900	12 264	3.7
1910	18 462	4.9
1920	20 979	5.4
1930	17 973	4.4

Quelle: Kamis-Müller 1990, Seite 28.

Jüdische Bevölkerung mit und ohne Schweizer Bürgerrecht, 1900–1930

Jahr	Schweizer	Ausländer	Total	Ausländer in Prozent
1900	4 972	7 292	12 264	59.5
1910	6 275	12 187	18 462	66.0
1920	9 428	11 551	20 979	55.1
1930	9 803	8 170	17 973	45.5

Quelle: Kamis-Müller 1990, Seite 28.

Übersee und leisteten immer wieder finanzielle und materielle Hilfe. Die meisten Ratsuchenden stammten aus dem südwestlichen Russland, aus Rumänien und Galizien. Mehr als die Hälfte von ihnen hegte die Absicht, nach Argentinien auszuwandern. Erst als sich die Preise für die Schiffspassage nach Argentinien ab 1912 mehr als verdoppelten, wurden die Vereinigten Staaten zur bevorzugten Destination für jüdische Migrierende, die durch die Schweiz reisten.[242]

Nach dem Ersten Weltkrieg sorgte Viktor Wyler, Koordinator der israelitischen Armenkassen der Schweiz, für die Wiedereröffnung der während des Kriegs geschlossenen Anlaufstelle. Wenig später, im Mai 1920, konstituierte sich in Zürich die Jüdische Emigrations-Kommission. Die Gruppierung hatte sich gebildet, um auf die veränderten Rahmenbedingungen nach dem Ersten Weltkrieg zu reagieren. Die Kommission versuchte mit dem neuen Organ «Emigrations- und Reise-Nachrichten», den Informationsfluss der Migrantinnen und Migranten zu verbessern und diese über neue Migrationsregime im In- und Ausland aufzuklären.[243]

Die Rolle der jüdischen Gemeinden

Bis zum Ersten Weltkrieg kümmerten sich die jüdischen Gemeinden der Schweiz nicht nur um Flüchtlinge und Auswanderer, sondern auch um so genannte Passanten. Dabei handelte es sich um Personen, die kein längeres Verweilen an einem Ort ins Auge fassten, da ihnen die hierfür nötigen Papiere fehlten. Die Passanten hielten sich in der Regel nur einen oder wenige Tage an einem Ort auf, um dann zum nächsten Zentrum jüdischen Lebens weiterzuziehen. Dort hofften sie auf eine Mahlzeit, auf ein Bett, eine Bahnfahrkarte oder eine ähnliche Unterstützung. Aufgrund ihrer im wahrsten Sinne des Wortes flüchtigen Existenz finden sich in den Quellen nur wenige Spuren von Passanten. In der Belletristik werden sie zuweilen romantisierend als «Luftmenschen» bezeichnet. Die wenigen Dokumente, wie diejenigen der bernischen jüdischen Armenkassen, sprechen hingegen weniger schmeichelhaft von «Berufsschnorrern».[244] Mit der Grenzsperre des Ersten Weltkriegs kam diese Form der jüdischen Migration nahezu zum Erliegen.

Spuren hinterliessen dafür die Migrantinnen und Migranten aus Osteuropa, die sich dauerhaft oder vorübergehend in der Schweiz niederliessen. Viele waren auf ihrem Weg Richtung Westen hier stecken geblieben, andere zogen gezielt an Orte jüdischen Lebens in der Schweiz. Bis zum Ersten Weltkrieg dürfte etwa ein Viertel bis ein Drittel der jüdischen Bevölkerung der Schweiz aus Zugewanderten aus Osteuropa bestanden haben.[245] Sie gelangten zu einem Zeitpunkt in die Schweiz, als die ansässigen Juden noch nicht lange rechtlich gleichgestellt waren und erst begonnen hatten, sich gesellschaftliche Anerkennung zu verschaffen. Ein Teil der länger in der

Schweiz ansässigen Juden sah in der Zuwanderung der Glaubensgeschwister aus Osteuropa ihre noch wenig gefestigte gesellschaftliche Stellung gefährdet. Anders als die ansässigen Schweizer Jüdinnen und Juden, die sich kulturell und sozial stark am Bürgertum orientierten, gehörten die Migranten aus Osteuropa den Unterschichten an. Das Aufeinandertreffen von Ost und West in der Schweiz barg ein beachtliches Spannungspotenzial.[246]

Ökonomische Unterschiede sowie divergierende Vorstellungen über religiöse Praktiken führten auch zu unterschiedlichen jüdischen Lebenswelten in Schweizer Städten. Die Einhaltung religiöser Gebote wie des Sabbatgebots, aber auch der Wunsch, in der Nähe eines Gebetslokals zu wohnen, schränkten die Berufswahl wie die Wahl des Wohnorts ein. Da der Samstag damals noch Werktag war, liess sich das Sabbatgebot am leichtesten in Ausübung einer selbstständigen Tätigkeit einhalten. So arbeiteten die Migranten meist als Handwerker, beispielsweise als Schneider, Hausierer, Handelsreisende, Kohlenhändler, Trödler oder Lumpensammler. Etwa zehn Prozent der ersten Einwanderergeneration waren Akademiker.

Die jüdischen Migrantinnen und Migranten aus Osteuropa liessen sich vor allem in Quartieren mit erschwinglichen Mietpreisen nieder. In Zürich zogen die Immigranten aus Osteuropa nach Aussersihl und Wiedikon, in Basel ins untere Kleinbasel oder ins Hegenheimerquartier. Auch in Biel, Genf, La Chaux-de-Fonds und Lausanne gab es ostjüdische Gebetsräume, so genannte Minjans. In Bern entstand im Umfeld der Maulbeerstrasse, wo sich eine koschere Metzgerei, eine Pension mit koscherer Küche sowie ein Bet- und Sitzungslokal befanden, ein kleines Zentrum ostjüdischen Lebens. Bern avancierte gar zu einem Zentrum der Bundisten, der Anhänger des Allgemeinen Jüdischen Arbeiterbunds von Litauen, Polen und Russland.[247] Zeitgleich profitierten auch die Zionisten von der nunmehr liberalen Haltung in der Schweiz und entschieden 1897, ihren Weltkongress in Basel abzuhalten. Zahlreiche weitere folgten bis 1946 in Basel, Zürich, Genf und Luzern.

Viele Ostjuden fühlten sich in den bestehenden Gemeinden nicht aufgehoben, da sie teilweise nicht erwünscht waren und andere religiös-rituelle Praktiken gewohnt waren.[248] So schlossen sich in Zürich osteuropäische Juden der 1895 gegründeten, streng-religiösen Israelitischen Religionsgemeinschaft Zürich oder der Agudas Achim an, die 1912 entstand. In Bern bildete sich ebenfalls eine Agudas-Achim-Gemeinschaft, deren Mitglieder sich im Alhambra-Saal und im Hotel National zu Anlässen trafen. In St. Gallen weihte im Jahr 1919 die Gemeinde Adass Jisroel die erste Synagoge einer osteuropäischen Gemeinde in der Schweiz ein. In Basel fanden streng Religiöse schliesslich ab 1927 in der Israelitischen Religionsgesellschaft einen institutionellen Rahmen.[249] Auf diese Weise entstanden jüdische Gesellschaften mit unterschiedlichen kulturellen Ausformungen.

In der Wohltätigkeit für die wirtschaftlich Schwachen lag das Verbindende; das Trennende kam in einer von beiden Seiten gelebten Distink-

«Der Hofmetzger an der Arbeit», Karikatur im «Nebelspalter» zur Abstimmung über das Schächtverbot, 1893. Die Kultusfreiheit, welche die revidierte Bundesverfassung von 1874 Schweizer Juden garantierte, wurde 1893 durch die Annahme der Schächtverbotsinitiative wieder eingeschränkt. Stereotypen, die insbesondere gegen Juden aus Osteuropa gerichtet waren, spielten bei den Befürwortern eine wichtige Rolle.

tion zum Ausdruck. Doch es gab auch mahnende Stimmen, die davor warnten, das Trennende zwischen Ost und West zu stark zu betonen. Mordché W. Rapaport, der wenig später die «Emigrations- und Reise-Nachrichten» herausgeben sollte, hielt im Ersten Weltkrieg fest: «Die Westjuden vergessen, oder scheinen vergessen zu wollen, dass aus der Verallgemeinerung des ‹polnischen Juden› zum ‹Ostjuden›, die sie durchführten, eine Verallgemeinerung des ‹Ostjuden› zum ‹Juden im allgemeinen› folgen wird, die die Nichtjuden durchführen werden.»[250] Dies hatte sich bereits in den Argumenten der Befürworter des Schächtverbots von 1893 ein erstes Mal gezeigt. Dabei handelte es sich um die erste Initiative überhaupt, die von der Schweizer Stimmbevölkerung gegen den Willen von Bundesrat und Parlament angenommen wurde. In der Argumentation der Befürworter hatten antisemitische, insbesondere gegen Juden aus Osteuropa gerichtete Stereotypen eine zentrale Rolle gespielt. Im Ergebnis hatte sich die antisemitische Polemik gegen Juden aus Ost- *und* Westeuropa gerichtet.

Es überrascht darum nicht, dass die Behörden ab 1910 bei der Durchsetzung einer restriktiveren Migrationspolitik das Hauptaugenmerk auf die kleine Gruppe der Juden aus Osteuropa legten. So erschwerte etwa der Zürcher Stadtrat in den Jahren 1912 bis 1920 einseitig die Einbürgerung von jüdischen Bewerberinnen und Bewerbern aus Osteuropa, indem er von ihnen eine längere Domizilfrist verlangte als von anderen Kandidatinnen und Kandidaten, nämlich fünfzehn statt zehn Jahre. Über diskriminierende Diskurse gegen osteuropäische Juden fand auch die Fremdenpolizei ab 1917 nach und nach zu einer Position, die die Zuwanderung und Niederlassung von Juden und Jüdinnen langfristig einschränken sollte.[251]

Bildungsmigration in die Schweiz

Der seit Jahrhunderten bestehende akademische Austausch über Grenzen hinweg erhielt durch die politischen Verhältnisse in Europa sowie durch die Gründung verschiedener neuer Schweizer Universitäten und Hochschulen eine neue Dynamik. Seit den 1830er-Jahren entwickelte sich eine rege, seit den 1840er-Jahren eine intensive akademische Immigration.

Da viele ausländische Liberale, Republikaner und Sozialisten die Schweiz als Flucht- und Rückzugsort wählten, formierten sich Oppositionszentren in Zürich, Genf oder Bern, aber auch in Lugano, Grenchen oder Lausanne. Häufig wählten die Geflüchteten Orte in der Nähe von Bildungsinstitutionen wie Universitäten, Akademien und Bibliotheken, um an unzensierte Information zu gelangen und um sich unbehindert austauschen zu können. Die Schweizer Universitäten gewährten weitgehend freien Zugang zum Wissen, denn sie fühlten sich mehrheitlich dem liberalen Denken des 19. Jahrhunderts verpflichtet. Im Gegensatz zu vielen Universitäten im

Ausland waren die Schweizer Hochschulen in der Regel weder der Kirche noch einem Regenten Rechenschaft schuldig. Dazu kam, dass die Schweizer Hochschulen auf ausländische Lehrkräfte angewiesen waren.[252] So verpflichteten Schweizer Universitäten gerne ausländische Oppositionelle als Dozenten.

Von 1852 bis 1854 dozierte an der Universität Zürich Theodor Mommsen Römisches Recht und verfasste hier die viel beachteten «Inscriptiones Confoederationis Helveticae Latinae» sowie «Die Schweiz in römischer Zeit». Der Deutsche Heinrich Fick, der in seiner Heimat zur Persona non grata erklärt worden war, half mit, das schweizerische Obligationenrecht zu schaffen. Gottfried Semper, Teilnehmer am Dresdner Aufstand von 1849, war 1855 einer der ersten Professoren am Polytechnikum, das er kurz zuvor für die Schweiz entworfen hatte. Die Hochschule in Zürich war von nun an auch die akademische Heimat zahlreicher ausländischer Lehrer.

Wenige Jahrzehnte später erlangte auch die Universität Bern nicht zuletzt dank Dozierender und Studierender aus dem Ausland eine Blütezeit. Etwa zur selben Zeit, als der Berner Chirurg Theodor Kocher den Nobelpreis für Medizin erhielt – im Jahr 1909 –,[253] habilitierte die Universität Bern Albert Einstein und beförderte der Regierungsrat des Kantons Bern die Philosophin Anna Tumarkin von der Titularprofessorin zur Professorin, womit die jüdische Wissenschaftlerin europaweit die erste Frau in dieser akademischen Position war.

Nur wenige Jahre vorher lehrte Chaim Weizmann als Privatdozent Chemie an der Universität Genf, bevor er ab 1904 einen Lehrstuhl in Manchester bekleidete. In Genf lernte er die Medizinstudentin Vera Chatzmann aus Rostov am Don kennen. Nach ihrem Studium heiratete das Paar 1906, und Weizmann avancierte zu einer führenden Persönlichkeit des Zionismus. In seiner Funktion als Präsident der zionistischen Vereinigung kehrte er 1939 anlässlich des 21. Zionistenkongresses nur wenige Wochen vor Ausbruch des Zweiten Weltkriegs nach Genf zurück. Mit eindrücklichen Worten warnte er dort die Welt vor den Folgen eines Kriegs für das europäische Judentum. Nach dem Zweiten Weltkrieg und dem nationalsozialistischen Völkermord an den europäischen Juden wurde er 1948 erster Staatspräsident Israels.[254] Die Liste der Dozierenden und Studierenden, die zwischen der Gründung des Bundesstaates 1848 und dem Ersten Weltkrieg in der Schweiz lehrten und studierten, liesse sich nahezu beliebig erweitern.

Studienanmeldung Universität Bern im «Album Universitatis Bernensis», 1873. Vom 15. bis 17. Oktober 1873 immatrikulierten sich 23 Russinnen. Die Frauennamen wurden durch einen kleinen Strich hervorgehoben. Die Russin Virginia Schlykowa beispielsweise war die 2874. Studierende seit der Gründung der Universität Bern.

Wintersemester 1873/74

2855	October 15.	Wouef Feuerstein ↑ Cherson. geb. 1852.	med.
2856	" "	Johann Souchizoff ↑ Cherson geb. 1853.	med.
(2857 – 2865) f. folgende Seite.			jur.
2866	" "	Salomon Kamrewski (Nicolajew) erhalt ald.	
2867	" "	Catharina Schreiber ↑ Kieff. geb. 1852.	med.
2868	" "	Seraphine Schachowa ↑ Jekaterinoslaw geb. 1854.	med.
2869	" "	Lübow Körner, Jungfr., ↑ Simpheropol geb. 1853	med.
2870	" "	Eugen Grieb von Burgdorf. g. 1854.	jur.
2871	" "	Alexandra Popowa, ↑ Samara (Russland). g. 54.	med.
2872	" "	Leonida Wodikin, Frau, Moscau g. 1835 (38 Jahr)	med.
2873.	" "	Raisa Poutiata, Frau, Moscau. g. 58	med
2874	" "	Virginia Schlibow, Jgfr., Moscau g. 15/7 53.	med
2875	" "	Sofia Hasse, Jfr., Petersburg g. 17/9 47.	med.
2876	" "	Julie Ilin, Frau, Poltawa g. 22/6 49	med.

Im letzten Drittel des 19. Jahrhunderts studierten auffallend viele Studenten und vor allem Studentinnen aus Osteuropa an Schweizer Hochschulen. Letztere avancierten gar zu den eigentlichen Pionierinnen des Frauenstudiums in Europa und der Schweiz.[255] Am 14. Dezember 1867 promovierte die medizinische Fakultät der Universität Zürich Nadeschda Suslowa aus dem Gouvernement Nischnij Nowgorod zur ersten Doktorin der Medizin. Damit war der erste Schritt für die Etablierung des Frauenstudiums europaweit getan.[256] Zwischen 1870 und dem Ersten Weltkrieg folgten Hunderte von Studentinnen, die in Zürich, Bern, Genf, Lausanne und Neuenburg das Examen ablegten. Neben der genannten Anna Tumarkin, die in Bern zuerst Philosophie studierte und dort anschliessend eine akademische Karriere absolvierte, besuchten Persönlichkeiten wie Rosa Luxemburg, Raissa Adler-Epstein, Helena Kagan und viele weitere Frauen aus Osteuropa Schweizer Hochschulen. Im Jahre 1906 erlangte das Frauenstudium mit 1478 immatrikulierten Russinnen in der Schweiz den Höhepunkt. Drei von vier Studentinnen belegten das Fach Medizin.[257] Während in Zürich, Bern, Lausanne und Genf je mehrere Hundert Frauen immatrikuliert waren, verzeichnete die Universität Basel gerade mal 15 Studentinnen. Die älteste Universität verhielt sich gegenüber dem Frauenstudium und gegenüber Ausländerinnen sehr restriktiv. Sie war stärker in den Traditionen einer jahrhundertealten Institution verfangen, und die Verantwortlichen glaubten, sich im Gegensatz zu den sich neu etablierenden Universitäten in Bern und Zürich nicht öffnen zu müssen.

Grund für die Bildungsmigration waren einerseits die politisch liberalen Verhältnisse in der Schweiz sowie die fehlenden oder nur rudimentär vorhandenen Zulassungsbeschränkungen an den im 19. Jahrhundert neu geschaffenen Schweizer Universitäten. Von den liberalen Verhältnissen in der Schweiz fühlten sich besonders Frauen aus Russland angezogen, wo in der zweiten Hälfte des 19. Jahrhunderts Frauen aus dem Adel und aus dem Bürger- und Beamtentum Bildungsmöglichkeiten nach der Matura forderten.[258] Überproportional vertreten waren dabei jüdische Studentinnen. Diese fanden in Russland, von religiösen Verpflichtungen wie dem täglichen Schriftenstudium entbunden, oft schneller Zugang zur weltlichen Bildung als jüdische Männer. Doch die politischen Verhältnisse, die spärlichen Frauenkurse und schliesslich das Verbot des Frauenstudiums an der St. Petersburger Universität 1863 drängten bildungsbeflissene Frauen zum Weggehen.

Die liberale Aufnahmepraxis an den meisten Schweizer Universitäten rief auch Kritiker auf den Plan. Der Zürcher Zoologieprofessor Conrad Keller etwa lobte 1928 rückblickend die restriktive Position Basels. Einzig die Stadt am Rheinknie habe «eine solide Tradition aufrecht» erhalten, wogegen die Haltung der anderen Hochschulen beschämend gewesen sei.[259] Weiter agitierte Keller nicht nur gegen ausländische Studierende, sondern auch gegen Juden im Lehrkörper. Einer, der diese Haltung besonders zu spüren bekam, war Ludwig Stein, der ab 1890 an der Universität Bern

Philosophie, Psychologie und Soziologie lehrte. Stein stammte aus Ungarn, hatte in Berlin studiert und machte, bevor er nach Bern berufen wurde, akademische Karriere an der Universität Zürich und an der ETH Zürich. Da sich Stein verschiedentlich für russische Studentinnen engagierte, wurde er zur Zielscheibe antisemitischer und antislawischer Polemik. Nach einer von der Basler Kulturzeitschrift «Der Samstag» angeführten Kampagne gegen die Person von Ludwig Stein zog sich dieser aus dem Lehrbetrieb zurück.[260]

Nach 1900 nahm diese Tendenz zu. Ausländische Studierende aus Osteuropa wurden vermehrt zur Projektionsfläche kleinbürgerlicher Ängste; insbesondere Frauen waren Männerfantasien ausgesetzt.[261] Die Stereotypen des russischen «Revolutionärs» und der die bürgerliche Geschlechterordnung unterwandernden jüdischen Akademikerin aus Osteuropa fanden in der Presse meist mehr Nachhall als die wissenschaftlichen Erfolge etwa einer Anna Tumarkin, eines Naum Reichesberg oder eines David Farbstein.

Zu einer gänzlich anderen Einschätzung gelangte rückblickend der aus den Unterschichten stammende Berner Schriftsteller und Autodidakt Carl Albert Loosli. Seine persönlichen Erinnerungen an jüdische Kommilitonen aus Osteuropa im Sprachduktus der Zwischenkriegszeit sind in einem geradezu verklärenden Ton verfasst, aber zugleich nicht frei von positiven Ressentiments: «Mit wenigen Ausnahmen waren es russische und polnische Juden, die damals zahlreich unsere höheren Lehranstalten besuchten. Arme Teufel zumeist [...]. So fremdartig sie mir auch in manchem vorkommen mussten, boten sie mir stets das oft bewundernswerte Beispiel eisernen Arbeits- und Lernwillens, einer uns arischen Studierenden, auch den unbemitteltsten unter uns, fast unfassbaren leiblichen Bedürfnislosigkeit, einer Entbehrungsfähigkeit, wie ich sie sonst höchstens etwa bei italienischen Maurern angetroffen habe. Dabei waren sie fast ausnahmslos von einer Gutherzigkeit, von einer gegenseitigen Hilfsbereitschaft, die sich nicht immer bloss auf die Glaubensgenossen erstreckte, die mich oft überraschte und rührte.»[262]

10 Im «wilden» Westen und Osten: Auswanderung als Massenphänomen

Migration nach Übersee 193
Migration nach Afrika, Asien und Ozeanien 197
Siedlungsprojekte als Massnahmen gegen
Pauperismus 198
Mehr Rechtssicherheit für Auswandernde 201
Koloniale Verstrickungen 202
Ethnozid an den Native Americans 205
Auswanderung in europäische Länder 206
Die Russische Revolution und ihre Folgen 208

Am 11. November 1882 bestieg Thomas A. Bruhin in Hoboken, New Jersey, die «Habsburg», um über Bremerhaven in die Schweiz zurückzukehren, von wo er 13 Jahre zuvor aufgebrochen war. Auf dem Dampfer befanden sich nur vereinzelt Passagiere. Im Zwischendeck, wo sich während der Passage von Europa in die USA Auswanderinnen und Auswanderer gedrängt hatten, lagerten nun Waren. Zwar kehrten regelmässig Migranten aus Amerika in die Schweiz zurück, doch betrug ihr Anteil im letzten Drittel des 19. Jahrhunderts höchstens zehn Prozent der Auswanderer. Bruhin führte wenig Gepäck mit, brachte aber eine Fülle an botanischen Notizen mit nach Europa.[263]

Wie Tausende andere Schweizerinnen und Schweizer war er in den 1860er-Jahren aufgebrochen, um seinem Leben eine neue Wendung zu geben und im fernen Amerika Chancen zu nutzen. Bei Bruhin waren es weder wiederkehrende Agrar- und Ernährungskrisen noch die soziale Not, die ihn zur Auswanderung bewegt hatten. Es war die Enge des klösterlichen Lebens im Benediktinerkonvent zuerst in Einsiedeln und später in Vorarlberg, der er zu entfliehen gehofft hatte. Entsprechend hatte er um Entlassung aus dem Orden gebeten, mit dem Ziel, als Weltpriester in New Coeln in Wisconsin zu wirken, wo sich viele deutschsprachige Auswanderer aufhielten und fast jeder zehnte Schweizer Nordamerikaauswanderer lebte. An seinem neuen Lebensmittelpunkt fand er genügend Freiraum, um seiner wahren Leidenschaft, der Botanik, nachzugehen. Bruhin, der gerne Medizin oder Botanik studiert hätte, doch von seiner Mutter und seinem Hausarzt in den Orden gedrängt worden war, begann an seinen verschiedenen Wirkstätten in Wisconsin, die Erscheinungen bei Pflanzen, Insekten, Amphibien und Vögeln intensiv zu studieren und zu beschreiben. So zählen seine Aufzeichnungen zu den ersten naturhistorischen Studien der Einwanderer in Milwaukee und Wisconsin überhaupt.

Während ihm die Studien in der Natur viel Freude bereiteten, störte sich Bruhin an der Führung der Diözese und am Zustand der Seelsorge im Bistum Milwaukee. Er beklagte in Rom die Verhältnisse, woraufhin er wenig später als Pfarrer abgesetzt und aus dem Bistum Milwaukee verwiesen wurde. Ab 1880 hielt er sich an diversen Orten in Nebraska, im Dakota Territory sowie in Pennsylvania auf, wirkte vereinzelt als Priester und entschloss sich schliesslich, in die Schweiz zurückzukehren. Nach einem kurzen Intermezzo als katholischer Priester in Laufenburg trat er zur christkatholischen Gemeinschaft über und heiratete 1883 Catharina Lüthy, die er dort kennengelernt hatte. Zusammen gründeten sie eine Familie. Bruhin arbeitete fortan in verschiedenen Schweizer Gemeinden als christkatholischer Pfarrer. Zugleich trieb er die Publikation seiner wissenschaftlichen Arbeiten voran, was ihm teilweise vor und nach seinem beruflichen Ruhestand 1891 gelang.

Thomas A. Bruhins Weg über die USA zurück in die Schweiz ist Ausdruck der hohen Mobilität der Menschen im 19. Jahrhundert und steht für mehrere Aspekte der Migrationsgeschichte. Erstens erlangte die Fernmigration ein bis dahin nie da gewesenes Ausmass. Zwischen 1815 und dem Ersten Weltkrieg waren gemäss Schätzungen weltweit mindestens 82 Millionen Menschen freiwillig grenzüberschreitend unterwegs. Auf die gesamte Erdbevölkerung hochgerechnet war die freiwillige Fernmigration des 19. Jahrhunderts somit rund dreimal höher als im Zeitraum zwischen 1945 und 1980.[264] Ermöglicht wurde dieser Quantensprung hin zur Massenmigration durch effizientere und billigere Transportmöglichkeiten in Form von Dampfschiffen und Eisenbahn sowie durch neue Formen der Finanzierung der Schiffspassagen von Europa nach Asien und nach Nord- und Südamerika.

Aus der grossen Zahl der Bevölkerungsbewegungen des 19. Jahrhunderts sticht aus europäischer Perspektive zweitens die transatlantische Migration nach Süd- und vor allem nach Nordamerika heraus. Ja, die Auswanderung nach Übersee wurde damals gar mit Auswanderung gleichgesetzt.[265]

Damit verbunden steht Bruhins Beispiel drittens für die beschleunigte Globalisierung im 19. Jahrhundert. Die Aneignung des amerikanischen Kontinents durch Auswanderer des 18. und 19. Jahrhunderts ist ebenso Ausdruck für die globale Verflechtung von sozialen, religiösen, wissenschaftlichen und ökonomischen Aspekten wie für deren Verstrickung in eine gewalttätige, die ansässige Bevölkerung und deren Kulturen geringschätzende Kolonialgeschichte. Denn der Aufstieg der Vereinigten Staaten zu einer weltweit führenden Wirtschafts- und Militärmacht gründet auf der Katastrophe für die Native Americans.[266] Dies trifft unter anderen Vorzeichen auch auf Lateinamerika sowie auf Teile Afrikas, Asiens und Ozeaniens zu.

Darüber hinaus fiel Bruhins Auswanderung viertens in eine Epoche, in der sich das Migrationsgeschehen der Schweiz in mehrfacher Form wandelte. War bis 1800 die militärische Migration ein besonderes Merkmal schweizerischen Wanderungsgeschehens gewesen, verlor diese im 19. Jahrhundert rasch an Bedeutung, bis sie 1859 verboten wurde. Hingegen nahm die Auswanderung von Zivilisten im 19. Jahrhundert weiter zu, vorerst stärker in Gruppen, ab der zweiten Jahrhunderthälfte vermehrt als Einzelpersonen. Mit der Einzelwanderung legte auch der Grad an freiwilliger Migration zu. Beispiel dafür ist Thomas Bruhin. Er verliess Europa aus freien Stücken, auch wenn er kaum Alternativen zur Auswanderung hatte. Doch längst nicht alle Schweizerinnen und Schweizer verliessen ihre Heimat Richtung Amerika freiwillig. Viele hatten keine Wahl, mussten ihr Zuhause aufgrund fehlender Perspektiven und wachsender Bevölkerung verlassen oder wurden von ihren Heimatgemeinden gedrängt oder gar gezwungen auszuwandern.[267]

Migration nach Übersee

Wanderten bis 1815 ungefähr 25 000 Schweizerinnen und Schweizer nach Übersee aus, folgten in den rund hundert Jahren bis zum Ersten Weltkrieg fast eine halbe Million. Mehr als siebzig Prozent der Überseeauswanderer wählten die Vereinigten Staaten als ihre neue Heimat. Dabei gilt es allerdings zu berücksichtigen, dass das statistische Material für den gesamten Zeitraum nicht immer zuverlässig ist und teilweise auf Schätzungen beruht.[268] Für das 19. und frühe 20. Jahrhundert lassen sich vier grössere Auswanderungsbewegungen auseinanderhalten, die von diversen kleineren Schüben flankiert wurden.[269] Auslöser der Migrationsbewegungen aus der Schweiz waren mehr oder weniger die gleichen Faktoren wie in den übrigen europäischen Staaten nördlich der Alpen: Missernten, wiederkehrende Armutskrisen, eine rasch wachsende Bevölkerung und die Entwicklung der Industriearbeit, die ein Teil des klassischen Gewerbes verdrängte, zwangen die Menschen zum Weggehen. Reiseberichte und Auswanderungsschriften, die von riesigen Landmassen berichteten, die es westlich der Neuenglandstaaten zu erschliessen gelte, oder die den natürlichen Reichtum und die üppige Flora und Fauna in Brasilien oder Argentinien schilderten, wirkten geradezu magnetisch auf die von der Krise gezeichneten und von einer besseren Zukunft träumenden Menschen.

Die erste grössere Auswanderungsbewegung von der Schweiz nach Übersee 1816/17 war die Folge von schweren Missernten und Überschwemmungen, die auf eine «kleine Eiszeit» zurückgeführt werden, sowie der instabilen politischen Verhältnisse nach den Napoleonischen Kriegen. Neben Nordamerika war Brasilien damals ein besonders lockendes Auswanderungsziel. Insbesondere Migrantinnen und Migranten aus den Westschweizer Kantonen Genf und Waadt zog es nach Brasilien und in andere Staaten Südamerikas.[270] Dabei wirkte die sprachlich-kulturelle Verbundenheit offensichtlich stärker als die religiös-konfessionelle, denn die mehrheitlich protestantischen und sich nach Frankreich orientierenden Genfer und Waadtländer Migranten zogen den katholisch dominierten Süden des amerikanischen Kontinents den anglikanisch und protestantisch geprägten Vereinigten Staaten vor.

Sowohl in der ersten grossen Auswanderungsbewegung von 1816/17 wie auch in der zweiten von 1851 bis 1855 waren es ganze Familien und Familienverbände aus armen und sehr armen Verhältnissen, die gemeinsam auswanderten. In der zweiten Phase waren Landwirte und Landarbeiter sowie aus dem ländlichen Milieu stammende Handwerker und Gewerbetreibende samt ihren Angehörigen besonders stark vertreten. Sie hofften, als Siedler zwischen den Appalachen und Kalifornien preiswertes Farmland zu erstehen. Nebst Hunger waren es auch die fehlenden Perspektiven, die Teile der Landbevölkerung zum Weggehen bewegten. Denn in der Mitte des

Aus der Schweiz nach Übersee ausgewanderte Personen, 1841–1955

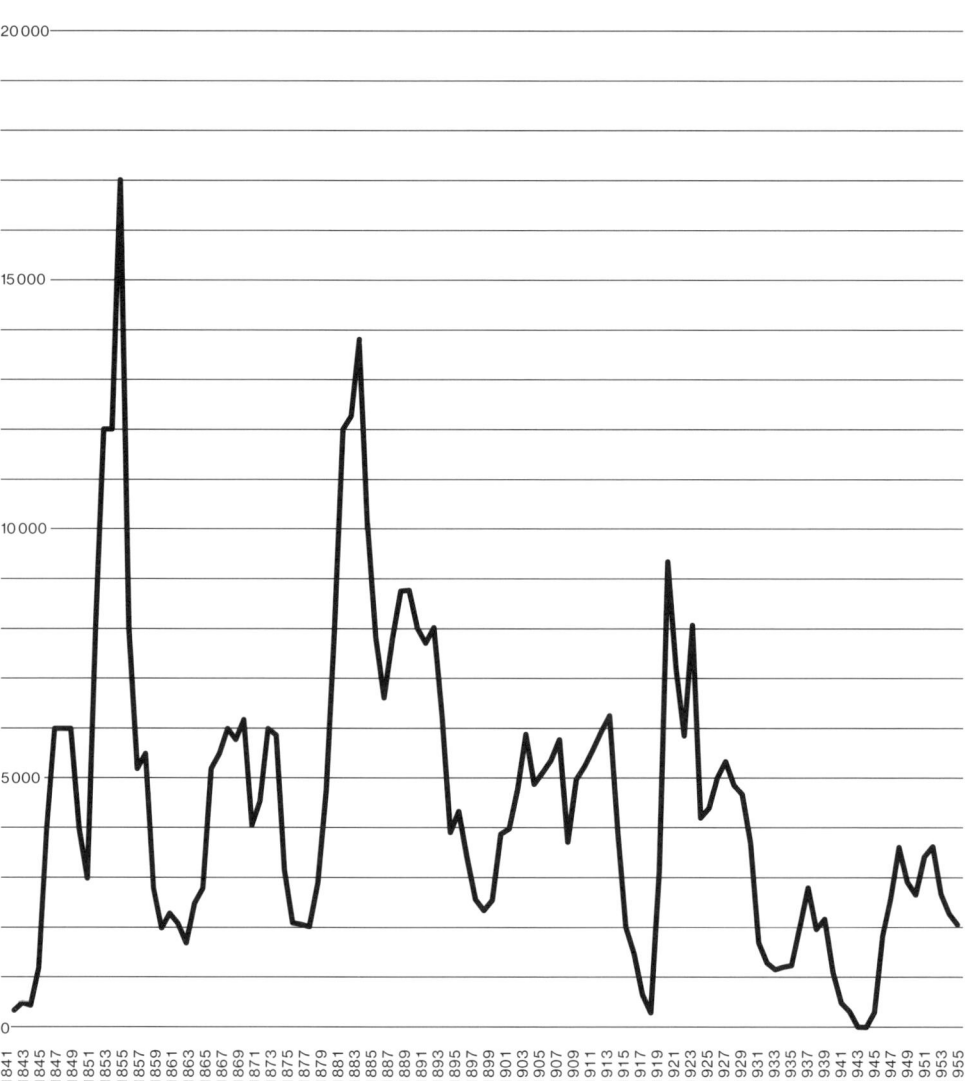

Quellen: Ritzmann-Blickenstorfer 1997; Statistisches Jahrbuch, Bände 1940–1956.

19. Jahrhunderts boten viele Klein- und Kleinstbetriebe im Voralpen- und Alpenraum, deren geringe Grösse häufig eine Folge von Erbteilungen war, kein existenzsicherndes Einkommen mehr.[271]

Dies erkannten auch verschiedene Gemeinden und Kantone. In der Folge unterstützten sie Auswanderungswillige oder drängten Angehörige der Unterschichten zur Migration. Im Auftrag des Glarner Auswanderungsvereins etwa erwarben Fridolin Streiff und Niklaus Dürst im Süden Wisconsins am Little Sugar River ein 485 Hektaren umfassendes Gebiet. 1845 traf dort eine erste Gruppe von etwas mehr als hundert Siedlern ein, die New Glarus gründeten.[272] Später folgten die Siedlungen New Elm und New Bilten.

Die Dominanz der Landbevölkerung unter den Auswanderern spiegelt sich auch in den Siedlungsräumen der USA in der zweiten Hälfte des 19. Jahrhunderts. Beinahe ein Viertel der Schweizer lebte allein in Ohio, das hervorragende Bedingungen für die Produktion sowie für den Export von Fleisch und Getreide bot.[273] Alleinstehende Männer machten während dieser zweiten Phase nur etwa ein Fünftel aller Schweizer Migranten nach Übersee aus. Unter diesen bildeten Akademiker sowie Freiberufler wie Händler, Kaufleute und Anwälte oder auch Missionare und Geistliche nur einen geringen Teil.

Während der dritten grossen Auswanderungsbewegung von 1880 bis 1884 stellten Auswanderer mit landwirtschaftlichem Hintergrund nochmals die stärkste Berufsgruppe, ihr Anteil ging jedoch rasch auf ein Drittel zurück.[274] Denn die «Frontier»-Politik in den USA neigte sich dem Ende zu.

Mit dem Schwinden der Möglichkeit, preiswertes Farmland zu erwerben, brach Ende der 1880er-Jahre die Siedlungswanderung von Schweizer Bauernfamilien nach Nordamerika ein. Ein weiterer Grund für die abnehmenden Zahlen von auswandernden Bauernfamilien waren die besseren Erwerbsmöglichkeiten zu Hause, die sich mittlerweile angesichts der beschleunigten Industrialisierung boten. Entsprechend veränderten sich Motive und Zugehörigkeit der Auswandernden. Zwei Drittel der Migrantinnen und Migranten, die im letzten Fünftel des 19. Jahrhunderts nach Übersee auswanderten, stammten aus dem sekundären und tertiären Sektor. Weitaus stärker als in der ersten Jahrhunderthälfte reisten sie nun auch als Einzelpersonen, wobei der Anteil der Frauen rasch wuchs. Gelockt wurden sie nun weniger von vermeintlich ungenutzten Landmassen als von einem andauernden Wirtschaftswachstum, das erst mit dem Ersten Weltkrieg ein Ende fand.

In der vierten Auswanderungsbewegung von 1920 bis 1923, der einzigen Massenauswanderung von Schweizerinnen und Schweizern während des gesamten 20. Jahrhunderts, setzte sich der Trend fort. Die restriktiven Zulassungsbestimmungen, welche die USA im Jahr 1924 erliessen, setzten dieser Entwicklung ein Ende. Die Migration von der Schweiz nach Übersee

Der Colonist.
Organ zum Schutze, Beistand und Belehrung schweizerischer Auswanderer.

Jahr-Abonnement 6 Fr.
Halbjahr-Abonnement 3 „
Viertelj.-Abonnement 1 „ 50 C.
Einrückungsgebühr 14 C. die einspaltige Zeile. Bei mehrmaliger Wiederholung tritt eine Preisermäßigung ein.

Wahrheitsgetreue Originalbriefe und belehrende Aufsätze über Amerika, franko an die Redaction gesandt, finden jederzeit unentgeltliche Aufnahme.

Nr. 15.   Bern, Sonntag den 17. April.   Dritter Jahrgang. **1853.**

Der Auswanderer.

Der Mann muß opfern und muß wagen,
Muß Stürme klaren Blicks ertragen,
Muß sein wie Felsen in der Fluth;
Und wenn die Stürme nimmer schweigen,
Und wenn die Wogen höher steigen,
Dann ziert ihn Kraft und frischer Muth!

So — als mich Noth und Sorgen drückten,
Als Müh und Arbeit nimmer glückten,
Da zog mich's fort ins ferne Land;
Mit neuer Kraft, mit starkem Fleiße,
Errang ich mir in manchem Schweiße
Ein schönes Land mit eigner Hand!

Drauf lacht, aus ewig reiner Ferne,
Im goldnen Glanz der Fürst der Sterne,
Drauf prangt die lieblichste Natur;
Frisch duften Felder, reiche Matten,
Und unter eines Palmen Schatten
Steht meine Hütte in der Flur.

Schau' von der Hütte nach dem Meere,
Verfolge jedes Schiffes Fähre,
Und harr' der Lieben sehnsuchtsvoll;
Und harr' mit innigem Verlangen,
Die Theuren liebend zu empfangen,
Für die ein Vater sorgen soll.

Wie sehnsuchtsvoll die Blicke schweifen,
Da naht ein Schiff auf Silberstreifen,
Und fährt den sichern Hafen ein.
Es bringt die schönsten aller Gaben,
Im treuen Kreis darf ich mich laben,
Ein Vater kann nicht sel'ger sein!

Der Mann muß opfern und muß wagen;
Er darf nicht vor den Stürmen zagen,
Nicht vor des Glückes Unbestand;
Ich hab' gewagt, ich hab' gerungen,
Die Lösung ist mir schön gelungen;
Hier blüht ein neues Vaterland!

Brief von Chr. Münger (Sohn des Chr. Müngers, Gutsbesitzers in Neueneck), aus New-Castle in Pennsylvanien.

Theurste Eltern und Geschwister!

Euern Brief vom 22. Wintermonat haben wir richtig erhalten und daraus ersehen, daß Ihr alle gesund seid, welche Nachricht uns mehr erfreute, als alles Uebrige, was darin enthalten war. Ihr machet mir Vorwürfe, daß ich nicht ausführlicher geschrieben, und Ihr schreibet mir fast nichts als spekuläres Zeug; doch genug von diesem. Was die Käsfendungen nach hierhin anbelangt, so könnte dieß so übel nicht sein, das Pfund kostet hier ¼ Dollar; aber mit dem Strohgeflecht laßt es bleiben, denn es ist hier nicht wie draußen und wird hier alles fabrikmäßig betrieben. Ich kann es nicht einsehen, daß es überhaupt hier gut für Euch wäre. Ihr würdet wahrscheinlich wieder das Heimweh bekommen, wie Ihr nach Eurer Zuhausekunft aus Amerika ja selbst gesagt habet, daß keine Tasse Caffee in ganz Amerika so gut sei, wie im Schweizerland, und besonders auch wenn Ihr noch an die grauenvollen Wasserwogen denket, wie Ihr sie auf Eurer vorigen Reise erlebtet. Wollt Ihr aber durchaus wieder hierhin kommen, und so Eurem bequemen Leben draußen Abbruch thun, so möget Ihr; denn hier ist nichts, als der Leib und Seele verderbende Brändi (Schnaps) und dazu ein streng religiös und anmaßendes Volk und Fröhlichkeit und Segen. Ich will damit Amerika nicht herabwürdigen, denn so ist es hier herrschende Sitte, und wer sich nach dieser richten kann, ist hier freilich auch glücklich. Besonders gut ist es hier für junge Leute, wie ich und Hubacher es sind. Hubacher beträgt sich als ein würdiges Mitglied der menschlichen Gesellschaft und der auch seinem Vaterlande Ehre macht. Er hat einen Brief erhalten von seinem Bruder, worin ihm eine gewisse Summe Geldes zugesichert wird; er glaubt aber, daß es nicht hinreiche, um sich einzurichten, deßhalb hofft er noch zu verdienen, bis es hinreicht; wir haben beide schon ziemlich englisch gelernt; wir gehen zu einem englischen Nachbarn zum Abendsitz, dessen freundliche Tochter uns recht fleißig englisch lehrt. Jost ist auch noch hier und ist gesund; er erwartet bald seine Familie, zu welchem Zwecke er sich einige Acker Land gekauft hat. Ueber Amerika weiß ich Euch übrigens nichts besonderes zu schreiben, als daß es ein Land ist, das Jeden nach Verdienst lohnt und ernährt. Hier in Pennsylvanien ist das Land ziemlich hügelich und es ist hier wasserreich. Im Sommer wird es sehr heiß, im Winter aber grimmig kalt; an Produkten bringt das Land fast alle europäischen Früchte hervor; auch Wein wird immer mehr gepflanzt; wilder Wein wächst auch in den Wäldern in

ging stark zurück.[275] Bis Ende 2000 wanderte weniger als die Hälfte aller Auswanderer des 19. Jahrhunderts in die USA aus.

Migration nach Afrika, Asien und Ozeanien

Die Bundesbehörden betrachteten die Migration nach Nordamerika, in Teilen auch diejenige nach Argentinien und Brasilien, als «eine ziemlich konstante Bevölkerungsbewegung». Dies geht aus einem Rechenschaftsbericht über die Kontrolle der Auswanderungsagenturen von 1907 hervor. Zugleich wird dort die Migration «nach anderen Staaten Amerikas, Afrika, Asien und Australien» eher «auf Zufälligkeiten» beruhend skizziert. «Viele [...] sind tatsächlich nicht Auswanderer im Sinne des gewöhnlichen Sprachgebrauchs, indem sie sich nicht zu bleibendem Aufenthalte nach einem überseeischen Platze begeben, sondern in der Absicht, nach einiger Zeit wieder zurückzukehren.»[276] Die Behördenvertreter gingen also davon aus, dass die Einzelmigranten eher die Absicht hegten, in die Schweiz zurückzukehren, und deshalb gar nicht als Auswanderer zu bezeichnen waren. Die zeitgenössische Zuschreibung hat für die historische Forschung weitreichende Konsequenzen. So lässt sich die damalige individuelle Migration viel schwerer fassen, da sie von behördlicher Seite weniger gut dokumentiert wurde. Amtliche Quellen, Verträge und Reisedokumente finden sich vor allem bei Gruppen. Bei Einzelmigranten lassen sich häufig keine oder nur vereinzelte, teilweise durch Zufall zum Vorschein gekommene Spuren finden.

Doch dank einzelner Forschungsarbeiten wissen wir, dass sich im Zuge der französischen Eroberung Algeriens in den 1840er-Jahren eine kleine Schweizer Kolonie, grösstenteils bestehend aus Tessiner Bauern, in Nordafrika niederliess. Auch im Süden des afrikanischen Kontinents, in der Kap-Region, lebten in den 1880er-Jahren einige Schweizerinnen und Schweizer. In Asien hielten sich vor 1800 nur vereinzelt Schweizer auf, und auch Ende des 19. Jahrhunderts war deren Zahl mit rund 2000 Personen bescheiden.[277] Geschäftsleute, Missionare und Naturforscher wurden ebenfalls im Einflussbereich der europäischen Kolonialmächte in Asien tätig. Die meisten lebten in Konstantinopel oder auf dem indischen

Titelvignette aus «Der Colonist. Organ zum Schutze, Beistand und Belehrung schweizerischer Auswanderer», 1853. Die Berner Auswanderungszeitung beschwor den Migrationsgeist unter anderem mit den Verszeilen «Der Mann muss opfern und muss wagen; / Er darf nicht vor den Stürmen zagen, / Nicht vor des Glückes Unbestand; / Ich hab' gewagt, ich hab' gerungen, / Die Lösung ist mir schön gelungen; / Hier blüht ein neues Vaterland!»

Subkontinent, aber auch in Fernostasien, in Britisch Singapur oder in Niederländisch Ostindien.

Anders als es die amtlichen Quellen von 1907 vermuten lassen, erfolgte die Migration nach Asien, Afrika und Ozeanien alles andere als zufällig. Die Emigranten hofften, in Asien eine neue Existenz aufbauen zu können, suchten Nischen in der kolonialen Ökonomie oder nach einer Beschäftigung, die es zu Hause nicht gab. Da sich die Migrierenden meist in instabilen Netzwerken und Personenkonstellationen bewegten, verlangte ihr Handeln ein hohes Mass an Anpassung. Versprach ein neuer Ort bessere ökonomische Chancen, konnte der asiatische Standort rasch wechseln. Stark vertreten waren Uhrenhändler aus Genf und dem Jura sowie Textil- und Seidenhändler. Auch einige Söldner sowie Forscher und Missionare zog es nach Asien. Später folgten Eisenbahn- und Versicherungsangestellte ins Osmanische Reich.

Siedlungsprojekte als Massnahmen gegen Pauperismus

Mit der einsetzenden Massenmigration im 19. Jahrhundert veränderte sich die Haltung von Gemeinden und Kantonen gegenüber der Auswanderung grundlegend. Bis zum Beginn des 19. Jahrhunderts hatten Regierungen und Behörden tendenziell zurückhaltend reagiert. Vor dem Hintergrund einer rasch wachsenden Bevölkerung, einer schwierigen Ernährungslage und ungelöster sozialer Fragen begannen ab 1815 verschiedene Gemeinwesen, Auswanderungswillige bei ihrem Vorhaben zu unterstützen und sich an Siedlungsprojekten zu beteiligen.[278]

In der Auswanderung nach Übersee erblickten damalige Kantons- und Gemeindevertreter ein probates Mittel zur Lösung von Pauperismus und zur Beschränkung des Wachstums der Unterschichten. Im Vordergrund stand dabei allerdings mehr die Bilanz der Armenkasse als das Wohl der Armen und Heimatlosen. Auch ehemalige Häftlinge, Strafgefangene, sogenannte Vaganten, Prostituierte und andere Personen, die mit dem Gesetz in Konflikt gerieten, versuchten die Behörden nach Amerika abzuschieben. Beeinflussen liessen sich die Entscheidungsträger wohl von den damals

Annonce der in Zürich domizilierten Agentur von Emil de Paravicini in «Der Colonist», 1857. Die Auswandererzeitung versprach, dass «an die Reisekosten ein theilweiser Vorschuss gewährt» werde und dass die Schiffe «sorgfältig ausgerüstet» seien. Damit sollten das Vertrauen in die Auswanderungsagentur gestärkt und die Unsicherheit angesichts kritischer Berichte über die ausbeuterischen Verhältnisse in den Kolonien bekämpft werden.

Auswanderung.

Der Unterzeichnete beehrt sich hiemit die Anzeige zu machen, daß seine Expeditionen nach folgenden vortheilhaft gelegenen Kolonien in

Süd=Brasilien:

1) Vergueiro, Provinz San Paulo,
2) Dona Francisca, Provinz Santa Katharina,
3) Santa Maria da Soledade, Provinz Rio Grande do Sul,
4) Mucury, Provinz Minas Geraes (über Rio de Janeiro),

ebenso nach

Chili:

Kolonien Llanquihue und Puerto Mont,

im Laufe künftigen Monats März vermittelst sorgfältig ausgerüsteter Schiffe beginnen werden und regelmäßig bis Oktober fortdauern.

Alle diese Kolonien, auf denen sich schon viele Schweizer und Deutsche befinden, sind sehr zu empfehlen, und wird an die Reisekosten ein theilweiser Vorschuß gewährt.

Nach Australien:

Reguläre Abfahrten vom ersten kommenden März an.

Nach Nord= und Süd=Amerika:

Regelmäßige Dampfschifffahrts=Gelegenheit.

Nähere Auskunft über Bedingungen, Preise, Abgangszeit zc. ertheilen auf frankirte Anfragen

E. de Paravicini,
konzessionirte General-Agentur,
Unterstraß Nro. 132, Zürich,

und dessen Bevollmächtigte,

im Kanton St. Gallen:
Herr J. J. Grob zur Harmonie
bei Lichtensteig.

Korrespondenzen.

Herr F. R., s. Z. in B., jezt in Paris. Sie werden höflich ersucht, Ihre im Jahre 1854 dem „Kolonist" aufgegebenen Inserate zu bezahlen.

Tit. Redaktion des „Geschäftsblattes für den obern Theil des Kantons Bern", in Thun. Bitte um gefällige Nachsendung der sieben ersten Nummern Ihres Unterhaltungsblattes.

„Kolonist".

populären Schriften von Thomas Robert Malthus, der auf die ungleichen Wachstumsmöglichkeiten von Bevölkerung und Nahrung hinwies. Malthus ging davon aus, dass die Bevölkerung exponentiell wuchs, die Nahrungsproduktion sich hingegen nur linear steigern liesse, was zu dauernden Hungersnöten und sozialer Not führen würde. Ein glühender Anhänger von Malthus war etwa der Genfer Staatsmann und Delegierte am Wiener Kongress, François d'Ivernois. Auch der aus Murten stammende Jean Herrenschwand vertrat in seinen Studien ähnliche Ansichten wie der britische Ökonom.[279]

Den Auftakt der staatlich propagierten Siedlungsprojekte in Übersee machte der Kanton Freiburg. Er beauftragte Nicolas Sébastien Gachet, den späteren Schweizer Konsul in Rio, Unterschichtsangehörige nach Brasilien zu führen. Alsbald schlossen sich weitere Kantone dem Projekt an, sodass insgesamt 2006 Männer, Frauen und Kinder im Herbst 1819 in Richtung Rio de Janeiro aufbrachen.[280] Zu ihnen gehörten auch die verarmten Brüder Michael und Wendel Rüttimann aus Sursee. Während der mehrmonatigen, strapaziösen Überfahrt starben 316 Personen. Weitere folgten nur wenig später nach der Ankunft; so auch Margaritha Imbach, die Gattin von Wendel Rüttimann.[281] Einige Tagesreisen von Rio entfernt gründeten die Auswanderer schliesslich im Bezirk Cantagalo die Siedlung Nova Friburgo. Da sie aber nicht jenes Land vorfanden, das man ihnen versprochen hatte, und die Anpassung an die klimatischen Verhältnisse ihnen schwerfiel, befand sich die Siedlung bereits nach wenigen Jahren in einem sehr schlechten Zustand. Philanthropische Vereine und die beteiligten Kantone sandten Mittel, die ein Überleben vor Ort ermöglichen und insbesondere eine Rückkehr der Siedler verhindern sollten.

Die Berichte über Probleme in Nova Friburgo bremsten die Siedlungsemigration nach Südamerika nicht. Agenturen malten in ihren Zeitschriften weiterhin ein üppiges Bild von Brasilien und Argentinien und strichen dabei unter anderem die lukrativen Möglichkeiten des Kaffeeanbaus, des damaligen Modegetränks, heraus. So überstrahlte der Reiz des Exotischen die soziale Realität. Tausende Schweizer Migrantinnen und Migranten zogen nach Brasilien, um in Kolonien wie Helvetia oder Alpina zu arbeiten. Was nach lauschigen Pensionen klang, stellte sich zuweilen als krasse Form der Ausbeutung heraus. Familien wie etwa die Zuben aus Alpnach verdingten sich mit Unterstützung der Heimatgemeinden in Halbpachtverträgen, einer Art Schuldknechtschaft. Die Heimatgemeinde übernahm die Hälfte der Übersiedlungskosten, während private brasilianische Unternehmen die andere Hälfte vorstreckten. Gemäss Vertrag hätte der Betrag innert vier Jahresraten abbezahlt werden können, doch benötigte die Familie Zuben hierfür 17 Jahre.[282]

Die Kritik an den ausbeuterischen Verhältnissen in den Kolonien nahm zu. In «Ibicaba» setzte sich der nach Brasilien ausgewanderte Bündner Thomas Davatz für die Anliegen der Schweizer ein und berichtete unverblümt an die Bündner Regierung. Nachdem er in Brasilien mehrfach bedroht wurde, floh er mit seiner Familie und kehrte 1857 in die Schweiz zurück.[283] Als die Kritik nicht abriss, sandten die Kantone und der Bund Vertreter, die zwischen Auswanderern und brasilianischen Behörden vermittelten. Christian Heusser, der damals im Auftrag des Kantons Zürich die Verhältnisse in den Halbpachtkolonien untersuchte und dem Bund Bericht erstatte, kam zu einem vernichtenden Urteil: «Die Verantwortlichkeit für das Unglück der [...] Kolonisten» liege zum «grössten Theil auf Agenten und Heimatgemeinden» selbst, hielt Heusser fest. So war er in den Kolonien nicht nur auf alte Soldaten, ehemalige Häftlinge und «arbeitsscheue Elemente» gestossen, sondern auch auf Greise, körperlich und geistig Behinderte, die den jungen Kolonisten aufgezwungen worden waren, damit die Gemeinden die Reise (mit-)finanzierten.[284] Zugleich nahmen die Heimatgemeinden den Migrantinnen und Migranten bei der Abreise teilweise die Heimatpapiere ab, sodass diesen die Rückkehr verwehrt blieb. Dies galt ebenso für Strafgefangene und ehemalige Häftlinge, deren Schicksal von der Forschung bisher nur am Rand behandelt worden ist. Dies nicht zuletzt deshalb, weil die Behörden in dieser fragwürden Abschiebungspraxis äusserst diskret agierten.

Mehr Rechtssicherheit für Auswandernde

1861 schickte die Eidgenossenschaft schliesslich den Sondergesandten Johann Jakob von Tschudi nach Brasilien. Tschudi sollte die Lage von Schweizer Siedlern verbessern, was er durch ein besseres Konsularnetz in Teilen auch erreichte. Doch als ehemaligem Gutsbesitzer waren ihm die Anliegen der Fazendeiros (Gutsbesitzer) ebenso nahe wie die der Schweizer Landarbeiter. Die Interventionen und die Not vieler Migranten führten schliesslich zu einem Umdenken. Bei Kantonen und Bund setzte sich die Einsicht durch, dass die Auswanderungsagenten, die auch als staatlich legitimierte Schlepper betrachtet werden können, besser kontrolliert werden mussten.

Die Gesetze, die Bund und Kantone lancierten, sollten den Auswanderinnen und Auswanderern einen besseren Schutz garantieren. Eine erste bundesstaatliche Bestimmung scheiterte allerdings 1852 an föderalistischen Bedenken. Immerhin erliess der noch junge Bundesstaat zwei für die Migrationspolitik zentrale Bestimmungen. 1848 setzte er ein Verbot von Militärkapitulation durch, und 1859 erliess er ein Gesetz, dass die Anwerbung von Schweizer Söldnern, mit Ausnahme von Schweizer Gardisten in Rom, untersagte. Mehr Rechtssicherheit brachte auch das Heimatlosengesetz von 1850, das den Verlust des Heimatrechts verhinderte und die Rückkehr armer Migrantinnen und Migranten zumindest de jure ermöglichte. Im März 1888 verabschiedeten die eidgenössischen Räte schliesslich das Bundesgesetz betreffend Aufsicht über die Auswanderungsagenturen. Die verschiedenen Massnahmen verbesserten die Sicherheit der Auswanderinnen und Auswanderer im letzten Drittel des 19. Jahrhunderts, die Klagen über Missstände gingen zurück.[285]

Dass diskriminierende Praktiken der Gemeinden zuweilen auch unbeabsichtigt Erfolgsgeschichten hervorbringen konnten, zeigt ein Beispiel aus der Gemeinde Lengnau. Als die verwitwete Aargauer Jüdin Rachel Weil Meyer 1847 zusammen mit dem 14 Jahre älteren Witwer Simon Guggenheim eine neue Familie gründen wollte, damit ihre insgesamt 13 Kinder unter einem Dach leben konnten, verhinderte die Gemeinde die Heirat. Das Paar beschloss, sein Schicksal selbst in die Hand zu nehmen, und liess die Alte Welt mit ihren antisemitischen Praktiken hinter sich. Sie verkauften ihre Häuser und übersiedelten mit all ihren Kindern via Hamburg nach Philadelphia, wo sie kurz nach ihrer Ankunft heirateten.

Was nun folgte, liest sich wie ein Märchen im Gestus des American Dream: Aus dem Geschäft des Hausierers Simon Guggenheim entwickelte sich in der zweiten Generation ein wohlhabendes, im Kolonialwarenhandel tätiges Unternehmen mit dem Namen «M. Guggenheim's Sons». Namensgeber war Simons Sohn Meyer Guggenheim, der 1854 Barbara Weil, eine der Töchter von Rachel Weil, geheiratet hatte. Ab 1881 investierte Meyer Guggenheim, der für seinen Geschäftssinn und seinen harten Umgang mit Arbeitern bekannt war, vermehrt in Silber- und Bleiminen. Damit begann der Aufstieg zu einer der bis zum Ende des Ersten Weltkriegs fünf reichsten Familien der USA. Nach dem Grossen Krieg kontrollierte das Guggenheim-Industrieimperium beachtliche Teile der weltweiten Kupfer-, Silber- und Bleiproduktion. Schliesslich betätigte sich Solomon Guggenheim, einer der Söhne in der dritten Generation, vermehrt als Kunstmäzen. Als Förderer der ungegenständlichen Malerei und der Kunstpädagogik brachte er es zu internationalem Ansehen.[286]

Mit dem Ersten Weltkrieg änderte sich der Umgang der Behörden mit den eigenen Migrantinnen und Migranten. Die Schweizer Regierung und zivilstaatliche Organisationen gingen dazu über, sich aktiv um ausgewanderte Schweizerinnen und Schweizer zu kümmern. Im Zuge der Nationalisierung der Gesellschaft lancierte die zwei Jahre zuvor gegründete Neue Helvetische Gesellschaft 1916 die Schaffung von Auslandschweizer-Organisationen. Wenig später begann der Bund, Schweizer Schulen im Ausland zu fördern. Die «Auslandschweizer», wie sie seit diesem Zeitpunkt genannt werden, galten von nun an als nationale Ressource. Nach dem Zweiten Weltkrieg förderten Bund und Private deren Pflege weiter – etwa durch die Einführung des Auslandschweizertags. 1976 verabschiedete das Parlament ein Bundesgesetz, dass die Präsenz der Schweiz im Ausland stärken sollte.[287]

Koloniale Verstrickungen

Obwohl Gemeinden, Kantone und der Bund im 19. Jahrhundert keine Kolonien im aussereuropäischen Raum besassen, legt die Migrationsgeschichte

Der spätere Nationalparkgründer Paul Sarasin und sein Vetter Fritz Sarasin in Sulawesi (damals Celebes), um 1900.
In den Tropen nahmen die beiden Vettern aus Basel, unterstützt von den britischen und holländischen Kolonialbeamten, intensive naturwissenschaftliche Forschungen vor und betrieben eine schweizerische Kolonialpolitik, die von staatlicher Seite offiziell nie stattfand, indirekt aber existierte.

die direkte und indirekte Verstrickung von Schweizerinnen und Schweizern in verschiedenste Formen von Arbeitszwang, Ausbeutung und physischer Gewalt im Kolonialsystem offen, ein Aspekt, dem in der Schweizer Geschichte bisher kein oder nur wenig Platz zugestanden wurde. Dazu gehört die direkte und indirekte Beteiligung von Neuenburger, Basler und Genfer Unternehmer, häufig Indienne-Fabrikanten, als Ausrüster und Anteilseigner von Sklavenunternehmen. Für den Zeitraum 1773 bis 1830 wird von einer Beteiligung an hundert Sklavenexpeditionen ausgegangen.[288] Schweizer Plantagenbesitzer liessen auf Zucker- und Kaffeeplantagen auf den Antillen und Kuba, in Surinam und Brasilien Sklaven arbeiten und beteiligten sich auf diese Weise an dieser äusserst gewalttätigen Form der Zwangsmigration.

In Brasilien, wo der Handel mit Sklaven ab 1850 verboten, die Sklavenarbeit auf den Plantagen aber erst 1888 gänzlich untersagt wurde, waren die Übergänge von selbst erduldeter Ausbeutung und Gewaltausübung fliessend. So lebten Schweizerinnen und Schweizer in Halbpachtverträgen, liessen aber wiederum Sklaven unter Zwang für sich arbeiten. Der Schaffhauser Nationalrat Wilhelm Joos, der längere Zeit in Brasilien gelebt hatte, führte die ärmlichen Verhältnisse der Schweizer auch darauf zurück, dass aufgrund der Zwangsbeschäftigung von Sklaven die Arbeit der freien Arbeitskräfte nicht gewürdigt werde. So postulierte er nicht nur, dass sich die Schweiz für die Abschaffung der Sklaverei starkmachte, sondern reichte 1864 auch eine Motion ein, die den Erwerb von Sklaven durch Schweizer Pächter und Besitzer unter Strafe stellen sollte. Der Bundesrat hielt das Vorhaben jedoch nicht für praktikabel.[289]

Auch wissenschaftliche Expeditionen, die unter Begleitschutz der Kolonialmächte erfolgten, nahmen teilweise kaum Rücksichten auf die ansässige Bevölkerung. In Asien profitierten Schweizer Auswanderer vom Kolonialsystem und von der gesellschaftlichen und rechtlichen Vorrangstellung der Europäer auf dem indischen Subkontinent und in Südostasien. Dass dies nicht nur für Unternehmer, Kaufleute, Missionare und Plantagenbesitzer galt, zeigt das Beispiel der international geschätzten Basler Naturforscher Paul und Fritz Sarasin. Das Vetternpaar finanzierte die ausgedehnten Forschungsreisen in Celebes, dem heutigen Sulawesi, aus dem eigenen Familienvermögen, das teilweise aus dem Handel mit Seide und Baumwolle stammte. Dem damaligen Zeitgeist entsprechend, stellten Paul und Fritz Sarasin die Erforschung der Natur, wozu auch rassenanthropologische Forschungen gehörten, über die Anliegen der ansässigen Bevölkerung. Die Expeditionen erfolgten auf der Grundlage eines neuen rassistischen Paradigmas im Schutz der niederländischen Kolonialherrscher, teilweise mit zwangsverpflichteten Trägern, und ebneten schliesslich den Holländern den Weg für ihre lange andauernde Militärintervention.

Mit ihren in Ostasien gewonnenen Erkenntnissen prägten Paul und Fritz Sarasin, zurück in der Schweiz, die Vorstellungen und Bilder von

Fremden und Fremdheit entscheidend mit. Rasch übernahmen sie führende Positionen in den naturwissenschaftlichen Gesellschaften und Institutionen der Schweiz und bestimmten deren Werdegang mit. So leiteten sie das Basler Naturhistorische Museum, begründeten das Völkerkundemuseum und standen der Naturforschenden Gesellschaft der Schweiz und dem Basler Zoo vor. Auch in der frühen Naturschutzbewegung, die als eines ihrer Hauptziele die Schaffung eines Nationalparks im Engadin realisierte, arbeitete Fritz Sarasin massgeblich mit und prägte so die Vorstellung von der «Wildnis zu Hause».[290]

Ethnozid an den Native Americans

Weiter waren Schweizer Bauern auch als «Frontier»-Farmer direkt und indirekt an der Vertreibung, Ermordung und der Zerstörung der Lebensgrundlage der Native Americans beteiligt oder trugen als Missionare zum Ethnozid an der indigenen Bevölkerung Nordamerikas bei. Das Siedlerleben im Grenzland zwischen den bewohnten Gebieten der weissen Zuwanderer und den Indianerterritorien lief letztlich darauf hinaus, die indigene Bevölkerung immer weiter zurückzudrängen. Dieser Drang nach Westen wird häufig als Pioniergeist und zentrales Merkmal der US-amerikanischen Einwanderungsgesellschaft beschrieben. Diesem Habitus inhärent war jedoch zugleich eine ungeheure Geringschätzung der indigenen Bevölkerung und ihrer Kultur. Die Native Americans wurden ihrer Lebensgrundlage beraubt. Von den schätzungsweise fünf bis zehn Millionen indigenen Einwohnerinnen und Einwohnern, die vor der Besiedlung Nordamerikas durch Europäer, Asiaten und zwangsmigrierte afrikanische Sklaven auf dem nördlichen Halbkontinent ihre Heimat hatten, lebten um 1900 nur noch rund eine Viertel Million. Sie führten häufig ein unwürdiges Dasein in einem der neu geschaffenen Reservate.[291]

Einer, der das Missionieren der Native Americans zu seiner Lebensaufgabe machte, war der Schwyzer Benediktinerpater Martin Marty. 1860 wanderte er in die USA aus, um beim Aufbau der Einsiedler Niederlassung St. Meinrad in Indiana mitzuwirken. Die Niederlassung war nicht zuletzt deshalb errichtet worden, damit die Einsiedler Benediktiner im Fall einer Zunahme konfessioneller Spannungen in Europa über ein Rückzugsgebiet in Nordamerika verfügten. Zehn Jahre später wurde Marty in St. Meinrad zum ersten Abt geweiht, fortan beschäftigte er sich mit der Mission. Dies brachte ihm den Beinamen «Apostel der Sioux» ein und beschert ihm in gewissen Kreisen bis heute Ansehen.

Geprägt durch den Kulturkampf in der Schweiz ging es Marty bei seiner Missionsarbeit in Übersee auch darum, dem Katholizismus zu neuer Kraft und neuem Glanz zu verhelfen. Dazu gehörte nach damaliger missionarischer Auffassung auch die Überwindung des «Heidentums» der Sioux und deren Bekehrung zum «richtigen» Glauben. Dass diese Haltung teilweise dazu führte, dass ganze Familien auseinandergerissen und den Eltern die Kinder weggenommen wurden, nahm Marty in Kauf.[292] So trug er seinen Teil zum Ethnozid an den Native Americans bei, obwohl er zugleich davon überzeugt war, den Menschen im Sinn Gottes zu dienen.

Auswanderung in europäische Länder

Die Migration von der Schweiz ins europäische Ausland machte im 19. Jahrhundert etwas mehr als die Hälfte der gesamten Auswanderung aus. Dennoch ist sie schlecht erforscht. Grund dafür ist weniger ein Desinteresse von Forscherinnen und Forschern als vielmehr die Schwierigkeit beim Erschliessen der Quellen. Die Behörden des vorletzten Jahrhunderts richteten, wie erläutert, ihr Augenmerk primär auf die Gruppenwanderung. Die in Europa stark dominierende Einzelmigration nahmen sie weniger oder gar nicht in den Blick.

Die Forschung konnte jedoch zeigen, dass sich im Europa des 19. Jahrhunderts mit Ausnahme der Reisläufer alle traditionellen Formen der Auswanderung wiederfinden:[293] die Arbeitsmigration von Kaufleuten und Unternehmern, Handwerkern und Gewerbetreibenden, die Bildungsmigration von Lehrern, Gelehrten und Studenten, die Gesellen- und Dienstbotenwanderung sowie die Armenmigration. Akademiker zog es tendenziell stärker nach Deutschland, Dienstboten nach Frankreich. Nicht selten etablierte sich aus saisonalen Formen der Wanderung auch eine dauerhafte Niederlassung an einem neuen Ort, und aus lange bestehenden Netzwerken gingen kleine Schweizer Kolonien hervor, so etwa in Bergamo, Venedig, Mailand, Genua, Lyon, Marseille und Paris. Später kamen weitere in London und Le Havre hinzu. Sie dienten auch als Basis für aussereuropäische Verbindungen.

Ebenfalls weitergeführt wurde im 19. Jahrhundert die traditionelle saisonale Arbeitswanderung von Tessiner und Bündner Handwerkern, darunter viele Kaminfeger und Ofenbauer, Richtung Norditalien. Unter dem Begriff der saisonalen Armenwanderung bekannt wurden schliesslich die Schwabengänger: Dabei handelte es sich um Kinder und Jugendliche, häufig aus dem Gebiet des Vorderrheins, die in grösster existenzieller Not im Herzogtum Württemberg als Knechte und Mägde arbeiteten, da es zu Hause von allem zu wenig gab.[294]

Im Unterschied zur Migration in die benachbarten europäischen Länder ist die Migration nach Russland bemerkenswert gut dokumentiert. Dies ist einerseits auf das persönliche Interesse einzelner Forscher wie Carsten Goehrke und seiner Mitarbeitenden zurückzuführen. Andererseits brachten viele Schweizer Auswanderer und Auswanderinnen, die nach der Oktoberrevolution 1917 unfreiwillig zurückkehren mussten, ihre Geschichten in die Schweiz zurück. Vor allem Spezialisten, darunter Gelehrte und Hauslehrer, Militärs, Käser und Zuckerbäcker, erhofften sich in Russland bessere

Eugenio Zala und Alfredo Semadeni, zwei junge Auswanderer aus dem Puschlav, in Kiew, um 1910. Rund 8000 Schweizer Staatsangehörige hielten sich bei Ausbruch der Oktoberrevolution 1917 in Russland auf. Sowohl prozentual wie auch absolut stellten die Schweizer damit eine der grössten Ausländergruppen.

berufliche Chancen. Die Siedlungswanderung ländlicher Unterschichten, wie sie für die Migration nach Amerika im 19. Jahrhundert typisch war, blieb in Russland die Ausnahme. Bekannte Bespiele sind die 1805 gegründete Kolonie Zürichtal auf der Krim oder die von Baselbieter und Waadtländer Weinbauern 1822 gegründete Siedlung Chabag bei Odessa. Da Russland als riesiger Agrarstaat selbst eine grosse Zahl verarmter Bauern und Landarbeiter aufwies, war das Land für Schweizer Bauern kaum attraktiv.[295]

Die verbesserten Anschlüsse ans europäische Verkehrsnetz im letzten Drittel des 19. Jahrhunderts gaben der Auswanderung nach Russland dies- und jenseits des Urals eine neue Dynamik. Auch ein vorübergehender Aufenthalt von Handwerkern, Facharbeitern, Gouvernanten und Erzieherinnen wurde nun möglich. Einen solchen wählte etwa Olympe Rittener aus Payerne. Aus einer wohlhabenden Familie stammend, besuchte sie die «École supérieure pour jeunes filles» und die Höhere Töchterschule in Zürich, eine Art Lehrerinnenseminar, wo sie einen der wenigen Berufe erlernte, die Töchtern aus bürgerlichem Milieu offenstanden. Mit dem Abschluss in der Tasche machte sie sich im August 1883 als 21-Jährige auf, die Welt zu erkunden. Ihr Weg führte sie nach Krasnojarsk in Sibirien, wo sie eine Stelle als Hauslehrerin bei einer vermögenden, im Minengeschäft tätigen Familie antrat. Vermittelt hatte ihr die Stelle die Genfer «Agence de faveur des institutrices et gouvernantes suisses à l'étranger». Während ihrer acht Jahre in Sibirien unterrichtete Olympe Rittener Französisch, die Sprache der damaligen russischen Elite, Musik und später Deutsch. Sie verdiente in Russland so gut, dass sie nach ihrer Rückkehr in die Waadt als unverheiratete Frau gut von ihren Ersparnissen leben konnte.[296]

Nicht freiwillig in die Schweiz kehrte hingegen François Birbaum zurück. Birbaum stammte aus ärmlichen Freiburger Verhältnissen und war 1886 bereits als 14-Jähriger nach St. Petersburg ausgewandert. Sieben Jahre später begann er eine Designerlaufbahn in den weltbekannten Handwerksmanufakturen von Gustav Fabergé. Birbaum, der sich fortan Franz Petrowitsch nannte, schaffte den beruflichen Aufstieg bis zum Leiter aller Fabergé-Ateliers. Die Oktoberrevolution von 1917 und die Auflösung der Firma beraubten ihn seiner Existenz in St. Petersburg.[297] Vorerst versuchte er, sich mit den neuen Machthabern zu arrangieren, und baute darauf, in Petrograd eine Kunstgewerbeschule führen zu können. 1920 kehrte er desillusioniert und all seiner Ersparnisse beraubt in die Schweiz zurück. Das vorrevolutionäre Russland blieb dennoch seine kulturelle und geistige Heimat.

Die Russische Revolution und ihre Folgen

Bei Ausbruch der Revolution hielten sich rund 8000 Schweizer Staatsangehörige in Russland auf. Damit stellten Schweizer sowohl prozentual als auch real eine der grössten Ausländergruppen in Russland. Bis zum Zweiten Weltkrieg mussten rund 7500 von ihnen das Land unfreiwillig verlassen. Eine gleiche Zahl ursprünglich aus der Schweiz stammender Migrantinnen und Migranten dürften in der Sowjetunion geblieben sein. Dabei handelte es sich um Personen, die über keine gültigen Ausreisepapiere mehr verfügten oder die jeden Bezug zur Schweiz verloren und ihren Lebensmittelpunkt schon lange in Russland hatten.

Nach der Etablierung der kommunistischen Herrschaft emigrierten nur noch vereinzelt Schweizerinnen und Schweizer in die Sowjetunion. Am bekanntesten ist die Auswanderung von 113 Personen in den Jahren 1923/24 auf Initiative des Schweizer Kommunisten Fritz Platten. Im Stalinismus sollte er wie viele andere auch sein Engagement für eine neue Gesellschaftsordnung mit Lagerhaft und Tod bezahlen.[298]

Völlig aus der Bahn geworfen hatte die Oktoberrevolution Moritz Conradi, Spross einer Bündner Zuckerbäckerfamilie, die es als Schokoladenfabrikantin in St. Petersburg zu Wohlstand gebracht hatte. Nachdem die Familie nach der Revolution enteignet worden war, übersiedelte Conradi zusammen mit seiner Frau nach Zürich zu seiner Mutter, die Russland bereits früher verlassen hatte. In der Schweiz erlangte Conradi traurige Berühmtheit, als er am 10. Mai 1923 im Lausanner Hotel Cecil den Leiter einer sowjetischen Delegation, Watzlaw Worowski, erschoss und zwei seiner Begleiter schwer verletzte. Conradi sah sich als modernen Wilhelm Tell, der die Welt vom Kommunismus befreien wollte. In einem skandalösen Prozess, geprägt von einer aufgepeitschten, antikommunistischen Stimmung, sprachen die Lausanner Geschworenen Conradi frei. Das Fehlurteil belastete das bereits angespannte Verhältnis zwischen der Schweiz und der Sowjetunion zusätzlich und vergiftete das Klima beider Staaten über viele Jahre. Conradi selbst nutzte der Freispruch wenig. Sein weiterer Lebensweg in der Schweiz und später in der Fremdenlegion war von Skandalen geprägt. 1947 starb er, vom Alkohol gezeichnet, in Chur.[299]

Dass sich viele Russlandrückkehrer in der Schweiz nur schwer zurechtfanden, dürfte auch damit zusammenhängen, dass sie in der Schweiz nach 1918 auf ein neues Migrationsregime trafen und nur bedingt willkommen waren. Zwar wurden sie bei der Ankunft von Mitgliedern so genannter Heimschaffungskomitees empfangen, doch hatten die Rückkehrer sogleich peinliche hygienische Kontrollen über sich ergehen zu lassen. Nachdem die Passformalitäten erledigt waren, wurden sie in eine fünf Tage dauernde Quarantäne in hierfür bereitgestellte Hotels überführt, hatten all ihre Kleider und Effekten abzugeben und mussten ein Entlausungsprozedere durchlaufen.

Die Massnahmen waren Teil der neuen rigiden grenzsanitarischen Kontrollen, die die Behörden nach dem Ende des Ersten Weltkriegs ausländischen Migrantinnen und Migranten zudachten. Da die befürchtete Massenmigration aus Deutschland und Mitteleuropa nach 1918 jedoch nicht eintraf, waren hauptsächlich Russlandschweizerinnen und -schweizer davon betroffen. In den Augen der Behörden kehrten diese aus Gegenden zurück, deren Bewohner als «politisch verdächtig», «sozial unerwünscht» und «hygienisch inakzeptabel» galten.[300] Nach den Prozeduren bei der Einreise überführte die Polizei die Russlandschweizerinnen und -schweizer in deren Heimatgemeinden. Da ein beachtlicher Teil der Rückkehrenden ihre Ersparnisse verloren hatte oder diese hatte zurücklassen müssen, waren die Heimatgemeinden wenig erfreut, diese verarmten Personen aufzunehmen.

Die Wanderungsbewegung hatte ihre Richtung geändert. In der ersten Hälfte des 19. Jahrhunderts hatten zahlreiche Gemeinden noch versucht, einen Teil ihrer mittellosen Bürgerinnen und Bürger zu exportieren. Nun, hundert Jahre später, mussten sie eine stattliche Zahl von teilweise seit Generationen im Ausland lebenden Auslandschweizerinnen und -schweizern wiederaufnehmen.

11   1888 – Die Schweiz wird zum Einwanderungsland

Der Beginn des «Jahrhunderts der Italiener» 215
Manchesterkapitalismus am Gotthard 216
Zielorte und Aufstiegschancen italienischer
Migranten 219
Herkunft und soziale Zusammensetzung der
Migrantengruppen 221
Wohlhabende Gäste 225
Migrationspolitische Vorstösse um 1900 227
Massnahmen zur stärkeren Kontrolle
transnationaler Migration 229

Am 19. Juni 1893 kam es in Bern zum Ausbruch von Gewalt zwischen arbeitslosen Berner Hilfsarbeitern und italienischen Bauarbeitern. Die rund fünfzig Berner bezichtigten die Italiener der Lohndrückerei. In der Folge nahm die Polizei ein Dutzend Randalierer fest und arretierte sie im Käfigturm. Die Schweizer Arbeiter reagierten mit einer Protestversammlung und versuchten, die Inhaftierten zu befreien. Als die Polizei nicht in der Lage war, die Arbeiter zu vertreiben, rief der Stadtpräsident die Armee zu Hilfe, der es mit Mühe gelang, die Ordnung wiederherzustellen. Hintergrund des Krawalls waren die prekären Verhältnisse der Berner Bauarbeiter, die unliebsame, besser organisierte italienische Konkurrenten abzuwehren suchten. Nach den Auseinandersetzungen forderten die Gewerkschaften protektionistische Massnahmen für die einheimischen Arbeiter, stiessen bei den wirtschaftsliberal denkenden Behörden jedoch auf kein Gehör.

Als «intellektuellen Drahtzieher» verdächtigten die Untersuchungsbehörden den Sekretär der Berner Arbeiterunion, Nikolai Wassilieff. Obwohl Wassilieff am Krawall nicht beteiligt gewesen war, verurteilte ihn das Gericht aufgrund von Mutmassungen zu einem Jahr Zuchthaus. Das Urteil, das auch in Teilen des Bürgertums Kopfschütteln auslöste, wurde in zweiter Instanz auf drei Monaten reduziert. Wassilieff, der vor den politischen Verhältnissen in Russland 1878 in die Schweiz geflohen war, hatte in Bern Medizin studiert. Nach der Promotion wurde er 1888 in Muri eingebürgert, übernahm jedoch wenig später das Sekretariat der Arbeiterunion und engagierte sich fortan für gewerkschaftliche Anliegen.[301] Als russischer Einwanderer mit revolutionärer Vergangenheit bündelte er unterschiedliche Ängste Konservativer und zog Argwohn auf sich.

Drei Jahre nach dem «Käfigturmkrawall» kam es im Zürcher Arbeiterquartier Aussersihl, das erst wenige Jahre zuvor eingemeindet worden war, zu heftigen mehrtägigen Ausschreitungen gegen italienische Arbeiter. Auslöser des Krawalls war ein Raufhandel, bei dem der italienische Maurer Giovanni Brescianini den elsässischen Scherenschleifer Aloys Remetter niedergestochen und tödlich verletzt hatte. Die Tat liess die angespannte Situation unter der verunsicherten Schweizer Arbeiterschaft eskalieren. In pogromartigen Übergriffen gingen die Schweizer gegen italienische Arbeiter vor und zerstörten deren Lokalitäten. Erst nach mehreren Tagen konnte die Armee die Lage unter Kontrolle bringen, während sich die italienischen Arbeiter in angrenzenden Wäldern versteckt hielten.

Bei den meisten der damaligen Konflikte spielten die prekären Verhältnisse vieler Arbeiter ebenso eine Rolle wie die soziale Hackordnung unter den Unterschichten oder das Ausschalten unliebsamer Konkurrenz. Die Mobilität der Bevölkerung in den Arbeiterquartieren und die durch saisonale Aufenthalte bedingte Fluktuation waren damals deutlich höher als heute.[302] Dieser Mangel an gesellschaftlicher Stabilität, gepaart mit schwierigen ökonomischen Verhältnissen vieler Unterschichtsangehöriger, führte

«Les troubles de Berne. La troupe repoussant l'attaque de la prison», zeitgenössische Darstellung des «Käfigturmkrawalls» vom 19. Juni 1893, Holzschnitt, Zeichnung von Louis Tinayre. Der gegen italienische Arbeiter gerichtete Gewaltausbruch war Ausdruck sozialer Spannungen zwischen schweizerischen und ausländischen Arbeitern angesichts der prekären wirtschaftlichen Verhältnisse innerhalb der Arbeiterschaft.

immer wieder zu sozialen Spannungen zwischen Neuankömmlingen und «Etablierten» sowie zwischen den verschiedenen Pressure-Groups. Die Konflikte waren weitgehend ökonomisch und sozial bedingt; allenfalls auf einer sekundären Ebene handelte es sich auch um ethnisch-kulturell motivierte Auseinandersetzungen.[303] Sie waren Ausdruck des beschleunigten wirtschaftlichen und gesellschaftlichen Wandels, der die Menschen zwischen 1870 und dem Ersten Weltkrieg in weiten Teilen Europas erfasste.

In der Schweiz fallen zwei eng miteinander verflochtene Umbrüche in diese Phase. Zum einen entwickelte sich das Land zu einem Industriestaat. Zwar hatte der Eisenbahnbau in der Schweiz im internationalen Vergleich spät eingesetzt, doch besass das Land ab den 1880er-Jahren ein dichtes Netz und eine für damalige Verhältnisse weit gediehene Industrie. Für Arbeitsuchende war die Schweiz deshalb besonders attraktiv. Sie entwickelte sich zu einer «grossen Arbeitsmarktdrehscheibe» in Europa.[304] Seit Ende der 1880er-Jahre beschäftigte die Industrie erstmals signifikant mehr Menschen als die Landwirtschaft. Damit wurde die Schweiz, zum anderen, von einem Aus- zu einem Einwanderungsland. Das Jahr 1888 markiert den Umbruch: Erstmals wanderten deutlich mehr Ausländer zu, als Schweizer ihre Heimat verliessen, ein Trend, der die Verhältnisse in der Schweiz von nun an prägen sollte (vgl. Grafik «Anteil ausländischer Bevölkerung an gesamter Wohnbevölkerung der Schweiz, 1850–2016», Seite 257).[305] Auch Schweizerinnen und Schweizer aus den Unterschichten fanden nun zu Hause genügend Erwerbsmöglichkeiten und waren nicht mehr zur Auswanderung gezwungen. Bis dieser doppelte Strukturwandel der Schweiz vom Agrar- zum Industriestaat und vom Auswanderungs- zum Einwanderungsland ins Selbstverständnis der Bevölkerung gedrungen war, sollte es jedoch noch lange dauern. Die Vorstellung von der Schweiz als einem Bauernstaat und Auswanderungsland hielt sich noch während vieler Jahrzehnte. Davon legen nicht zuletzt jene Stimmen Zeugnis ab, die seit 1900 vor den Folgen einer forcierten Migration warnten.

Der Beginn des «Jahrhunderts der Italiener»

Eine Schlüsselrolle bei den strukturellen Transformationen der 1880er-Jahre kommt dem Bau der Gotthardbahn zu. Der Gotthard strahlt, wie die Diskussionen bei der Inbetriebnahme des Basistunnels im Jahr 2016 gezeigt haben, nicht nur eine grosse Symbolkraft aus, sondern besitzt auch ein gewaltiges ökonomisches Gewicht. Im 19. Jahrhundert bildete die Gotthardbahn das Kernstück des schweizerischen Schienennetzes und ermöglichte überhaupt erst eine rasche Verbindung nach Süden. Gemeinsam mit dem Ausbau der Städte schufen die Gotthardbahn und spätere Alpentransversalen die Basis für eine prosperierende Wirtschaft der Schweiz. Auch der

Tourismus als schnell wachsender Teil der Schweizer Wirtschaft während dieser Phase ist ohne die Erschliessung der Alpen nicht denkbar. Sowohl die infrastrukturellen als auch die städtischen und touristischen Bauten wurden in grossem Umfang von italienischen Arbeitsmigrantinnen und -migranten geschaffen.

Zwar arbeiteten Italiener aus den grenznahen Gebieten Norditaliens seit Generationen als Saison- und Zeitarbeiter in Frankreich und in der Schweiz. Einige von ihnen, wie Joseph Lanfranchi und Nicola de Borgosesia, hatten bereits in den 1830er-Jahren in La Chaux-de-Fonds ein Gipsergeschäft gegründet, wenige Jahre später taten es ihnen Joseph Bargiga und Auguste Ottone gleich.[306] Aber im letzten Drittel des 19. Jahrhunderts erlangte die Arbeitsmigration aus Italien völlig neue Dimensionen: Die Zuwanderung stieg rasch und andauernd an, und neu begaben sich auch Ungelernte auf Arbeitsuche oder wurden von Schweizer Agenten für den Bau des Gotthards rekrutiert.

So stehen der Baubeginn der Gotthardbahn von 1872 sowie der vier Jahre zuvor zwischen Italien und der Schweiz ausgehandelte Niederlassungsvertrag, der rechtliche Fragen der italienischen und schweizerischen Migranten regelte, am Anfang des «Jahrhunderts der Italiener in der Schweiz». Während des folgenden Jahrhunderts sollten schätzungsweise rund fünf Millionen Italienerinnen und Italiener als Arbeitsuchende vorübergehend oder für immer in die Schweiz einwandern.[307] Wohl keine andere Einwanderergruppe veränderte die politischen und soziokulturellen Verhältnisse der Schweiz sowie den Alltag der Menschen mehr als die der Italienerinnen und Italiener.

Manchesterkapitalismus am Gotthard

Zwischen 1872 und 1882 arbeiteten Tausende Italiener am Bau der Gotthardbahn. Sie stellten zwischen achtzig und neunzig Prozent aller Handlanger, Maurer und Mineure. Auf dem Höhepunkt der Bautätigkeit 1879 waren allein am Scheiteltunnel zwischen Airolo und Göschenen über 3800 Arbeiter beschäftigt. Die Arbeitsbedingungen im und am Tunnel waren, wie später bei anderen Tunnelbauten am Simplon, Lötschberg oder Hauenstein, unmenschlich hart. Hitze, Lärm, Staub und Nässe machten den Arbeitern zu schaffen, die Sicherheit war ungenügend, die Unterkünfte waren viel zu eng bemessen, die medizinische Versorgung war unzureichend, und die hygienischen Verhältnisse insbesondere im Tunnel waren katastrophal. Auf fahrbare Toiletten verzichtete die Bauleitung aus Kostengründen, sodass Exkremente und Abfälle bei grösster Hitze liegen blieben. Neben 200 Arbeitern, die während des Baus wegen Steinschlag, Explosionen und weiteren Unfällen ums Leben kamen, davon 177 Personen allein am Scheitelbau, starb eine

Anteil Ausländer pro 100 Personen der gesamten Wohnbevölkerung der Schweizer Kantone

	1850	1860	1870	1880	1888	1900	1910
Schweiz	2.9	4.6	5.7	7.4	7.9	11.6	14.7
Zürich	2.2	3.8	5.3	8.6	10.1	16.3	20.3
Bern	1.5	1.9	2.7	2.7	2.8	4.1	5.4
Luzern	0.4	0.8	1.3	1.7	2.3	4.4	7.0
Uri	0.3	0.6	0.7	26.7	3.1	7.3	7.0
Schwyz	0.5	1.2	1.5	5.2	3.2	5.4	6.8
Obwalden	0.1	0.7	0.6	1.0	3.1	3.1	4.7
Nidwalden	0.3	0.5	1.2	2.3	4.9	4.6	5.5
Glarus	0.8	2.0	2.2	3.0	3.8	4.8	8.4
Zug	0.6	2.6	2.6	4.8	3.8	8.0	10.9
Freiburg	1.9	1.8	2.2	1.9	1.9	3.4	5.2
Solothurn	1.3	1.7	2.4	2.8	3.0	4.2	6.2
Basel-Stadt	23.0	28.7	29.7	34.0	34.2	38.1	37.6
Basel-Landschaft	3.7	3.8	4.0	6.8	7.8	10.9	14.1
Schaffhausen	3.9	5.7	8.4	11.4	13.2	18.4	23.3
Appenzell Ausserrhoden	1.1	2.0	1.7	3.1	3.9	4.8	6.9
Appenzell Innerrhoden	0.7	1.0	1.1	2.4	2.3	2.4	3.2
St. Gallen	1.9	3.3	3.5	5.8	7.9	11.4	17.5
Graubünden	2.4	3.2	4.1	6.6	8.0	14.3	17.2
Aargau	1.5	1.5	1.9	2.6	2.8	4.9	7.9
Thurgau	2.1	3.3	4.3	7.5	9.6	13.3	19.0
Tessin	6.6	5.7	7.3	15.7	14.4	22.0	28.2
Waadt	2.7	5.3	7.2	6.8	7.2	11.1	14.4
Wallis	2.0	3.2	3.7	3.1	2.9	7.2	11.3
Neuenburg	7.0	9.9	10.7	9.6	9.1	10.4	10.9
Genf	23.6	34.6	38.1	37.3	37.8	39.7	40.4

Quelle: Bundesblatt V/1920, Seite 5.

unbekannte Zahl von Arbeitern an hygienebedingten Infektionskrankheiten.[308] Obwohl das Krankheitsbild, unter dem Betroffene litten, bekannt war, gingen die Verantwortlichen den Ursachen nicht auf den Grund. Planer und Bauleitung kalkulierten zu eng, und finanzielle Mittel für Schutzmassnahmen und hygienische Standards fehlten häufig, sodass die Tunnelarbeiter in prekärsten Verhältnissen arbeiteten. Für die Schwerindustrie und die Grossbetriebe in den Zentren Grossbritanniens, Frankreichs und Deutschlands hat die internationale Forschung die elenden Verhältnisse der Arbeiterinnen und Arbeiter aufgearbeitet. In der Schweiz fehlt eine Perspektive, die auf vergleichbare Verhältnisse hinweist. Es waren primär italienische Tunnelarbeiter, die die Auswüchse des Manchesterkapitalismus in der Schweiz erlebten.

Am 27. Juli 1875 eskalierte die Situation am Gotthard. Arbeiter verliessen aufgrund mangelhafter Lüftung den Tunnel Richtung Göschenen und traten in Streik. Die Forderung nach verbesserten Arbeitsbedingungen verknüpften sie mit Lohnforderungen. Als sich die Streikenden mit dem Bauleiter Louis Favre nicht einigen konnten, rief dieser die Urner Polizei zuhilfe. Aus nicht abschliessend geklärten Umständen schossen die Truppen am folgenden Tag auf streikende Arbeiter. Es gab zahlreiche Verletzte, Constantino Doselli aus Parma sowie die Turiner Giovanni Merlo, Giovanni Gotta und Salvatore Vila fanden den Tod.

Die Schüsse auf die italienischen Arbeiter schlugen in der nationalen und internationalen Presse hohe Wellen, sodass der Bund eine Untersuchungskommission einsetzte. Diese beklagte die Arbeitsbedingungen sowie die Wohnverhältnisse der Arbeiter, doch änderte sich in der Folge kaum etwas. Auch bei den einheimischen Arbeitern und Gewerkschaften stiessen die Anliegen der Italiener nur vereinzelt auf Gehör.[309] Zu stark nahmen viele Schweizer Arbeiter die Italiener als Konkurrenten wahr. Die Solidarität zwischen In- und Ausländern sollte sich erst mit der Zeit einstellen, nachdem sie länger zusammengearbeitet hatten.

Schliesslich waren es vor allem in die Schweiz geflüchtete italienische Sozialisten, die angesichts der schwierigen, teilweise katastrophalen Arbeitsbedingungen ab den 1890er-Jahren versuchten, die italienische Arbeiterschaft in der Schweiz gewerkschaftlich zu organisieren. Von der resoluten Haltung dieser Arbeitervertreter profitierten in- und ausländische Arbeitnehmer. Im Tessin gründeten italienische Sozialisten zusammen mit Tessiner Sozialisten 1897 die «Unione socialista di lingua italiana in Svizzera».[310]

Die schwierigen sozialen Verhältnisse und die schlechten Arbeitsbedingungen führten auch nach den geschilderten gewaltsamen Arbeitskonflikten am Gotthard immer wieder zu Auseinandersetzungen zwischen ausländischen Arbeitnehmern und Schweizer Arbeitgebern sowie zwischen in- und ausländischen Arbeitern. Am Simplon, in Kaltbrunn am Ricken oder am Hauenstein kam es zu entsprechenden Arbeitskämpfen.[311]

Arbeitskämpfe stellten keine schweizerische Besonderheit dar, sondern hinterliessen auch andernorts vielfältige Spuren auf der europäischen Landkarte des 19. Jahrhunderts. Dabei vermengten sich konfessionelle, politische, soziokulturelle, nationale und soziale Differenzen. Die antiirischen Ausschreitungen der britischen Arbeiter in Stockport 1852, die Kämpfe in London, Wolverhampton und Birmingham 1862 und die Auseinandersetzungen in Lancashire 1867 trugen starke antikatholische Züge. Im Ruhrgebiet kam es zu Konflikten zwischen deutschen und ausländischen Arbeitern, etwa beim so genannten Polenaufstand in Herne 1899 oder auch in Hamborn bei Dortmund 1912. Zu den wohl blutigsten Konflikten kam es in den Salzwerken von Aigues-Mortes bei Montpellier, als 1893 französische Arbeiter gegen italienische Arbeiter vorgingen. Gemäss offiziellen Angaben gab es acht Tote und fünfzig Verletzte, andere Quellen berichten von fünfzig Toten und 150 Verletzten.[312]

Zielorte und Aufstiegschancen italienischer Migranten

Die meisten Italienerinnen und Italiener suchten in der Schweiz vorübergehend Arbeit, blieben für eine Saison und kehrten bei schlechterer Konjunktur wieder in die Heimat zurück, um in den folgenden Jahren bei Bedarf erneut einzureisen. Das Informationsnetz im Familien-, Verwandten- und Freundeskreis sorgte dafür, dass sich laufend neue Migranten in die Schweiz aufmachten. Für den Bau des Simplontunnels von 1898 bis 1906 und des Lötschbergtunnels 1906 bis 1913 wurden auch süditalienische Grubenarbeiter, Maurer und Hilfsarbeiter angeworben, von denen manche mit ihren Familien in die Schweiz kamen. Für ihre Kinder wurden in Goppenstein Schulen errichtet, in denen Brüder und Ordensschwestern im Auftrag der Missione Cattolica unterrichteten.

Nach und nach entstanden kulturelle Vereinigungen,[313] auf den Baustellen der grossen Bahnprojekte für einige Jahre gar eigentliche Italienerkolonien. Die dort lebenden Migranten veränderten die soziale und nationale Zusammensetzung in den kleinen Gemeinden des Reusstals, im Wallis und im Berner Oberland vorübergehend stark. Zuweilen bildeten die Arbeitersiedlungen auch beliebte sonntägliche Ausflugsziele für die einheimische Bevölkerung, wie etwa die Barackensiedlung «Tripolis» bei Trimbach anlässlich des Baus des Hauenstein-Basistunnels zwischen 1912 und 1918.[314]

Wie gross die soziale und kulturelle Distanz der Schweizer Bevölkerung gegenüber italienischen Arbeitern war, geht aus der Lektüre ärztlicher Erfahrungen beim Bau des Simplontunnels 1898 bis 1906 hervor. Dort heisst es: «Es besteht seit Jahren der Brauch, dass für den Tunnelbau beinahe ausschliesslich Arbeiter italienischer Nationalität verwendet werden. Die gesunde kräftige Konstitution des italienischen Arbeiters, seine

Italienische Schule der Bonomelli-Mission in Goppenstein, um 1900. Die meisten Kinder der italienischen Grubenarbeiter, Maurer, Hilfsarbeiter und Gewerbetreibenden besuchten diese Schule. Die Lehrschwestern aus Cuneo unterstanden der Kontrolle der Walliser Behörden, benutzten aber Lehrmittel aus Italien.

Genügsamkeit, die Leichtigkeit, mit welcher er die Tunnelhitze erträgt und die relativ bescheidenen Lohnansprüche kommen dabei sehr in Betracht. [...] Er arbeitet ebenso gerne in einem verlorenen Tale, wo er in einem Stalle schlafen und sich mit Brot und Polenta begnügen muss, als in einer Stadt, wo ihm die Komforts der Zivilisation zugänglich sind. Ist er einmal an der Arbeit, so ist es eine Freude zuzusehen, wie der Mann sich derselben anpassen kann, und wie das Werk rasch und sicher vorwärts kommt. Trotz seiner primitiven Schulbildung, oder besser gesagt trotz keiner Schulbildung, zeigt er sich im allgemeinen sehr intelligent. Die meisten haben sich eben früh an die Arbeit gewöhnt, denn leider ist dem Italiener noch nicht recht begreiflich, dass Kinder unter 16 Jahren noch geschont werden müssen.»[315]

Über die Grossbaustellen der Bahnen gelangten italienische Arbeiter auch vermehrt in die Städte, wo vielerorts grosse Bauvorhaben geplant und Arbeiter gesucht waren. Italienerinnen waren ebenfalls gefragt, in der Textilindustrie sowie in anderen industriellen Betrieben. Aufgrund fehlender beruflicher Aufstiegschancen machten sich vereinzelte Migranten als Bauunternehmer selbstständig, wie etwa Giuseppe Rossi in Thalwil oder Francesco Riva in La Chaux-de-Fonds. Andere Migranten versuchten ihr Glück in einer selbstständigen Tätigkeit, die sich an den Bedürfnissen einer italienischen Klientel orientierte.[316] So belieferten Kleinhändler die eigenen Landsleute mit Arbeitskleidern, Merceriewaren und anderen Alltagsgegenständen. Für die gleiche Klientel verkauften andere Produkte aus der Heimat: Käse, Wurst, Gemüse und Südfrüchte. Dritte wiederum eröffneten ein kleines Ladenlokal samt Restaurationsbetrieb.

Eine typische Karriere dieser Art ist die Laufbahn von Domenico Boscardin und seiner beiden Brüder aus der Provinz Vicenza. In den Sommermonaten bereisten sie als Hausierer und Marktfahrer die Ostschweiz. Nach einigen Jahren liessen sie sich in St. Gallen-St. Fiden nieder, um ein Geschäft für Arbeitskleider zu errichten und von dort aus Hausierer zu beliefern. Die folgende Generation gab die Zusammenarbeit mit Hausierern auf und setzte auf die eigene Produktion von Arbeitskleidern. Die Boscardin produzierten für Bahn, Post und Militär und beschäftigten bis zu 65 Personen. In den 1980er-Jahren gaben sie die eigene Produktion auf und konzentrierten sich wieder auf den Detailhandel.[317]

Herkunft und soziale Zusammensetzung der Migrantengruppen

Die Arbeitsmigranten aus Italien stellten die am schnellsten wachsende Migrantengruppe im ausgehenden 19. und zu Beginn des 20. Jahrhunderts. Zwischen 1880 und 1910 verdoppelte sich ihr Anteil an der ausländischen Bevölkerung der Schweiz auf 36,7 Prozent. Die mit 39,7 Prozent nach wie vor grösste Gruppe bildeten 1910 die Deutschen, allerdings mit abnehmender

Wichtigste Herkunftsländer der ausländischen Bevölkerung der Schweiz, 1880–2010

	1880	1910	1920	1930	1941
ausländische Bevölkerung in absoluten Zahlen	211 035	552 011	402 385	355 522	223 554
Deutschland	45.1%	39.7%	37.2%	37.8%	35.0%[a]
Österreich	6.0%	6.8%	5.3%	5.6%	
Frankreich	25.4%	11.5%	14.2%	10.4%	10.9%
Italien	19.7%	36.7%	33.4%	35.7%	42.9%
Grossbritannien					
Spanien					
Portugal					
Türkei					
(Ex-)Jugoslawien					
Anteil der ausländischen an der gesamten Wohnbevölkerung	7.5%	14.7%	10.4%	8.7%	5.2%

a) Inkl. der Staatsbürger aus dem angeschlossenen Österreich. Quelle: Historisches Lexikon der Schweiz, Sachartikel Ausländer.

1950	1960	1970	1980	1990	2000	2010
285446	584739	1080076	944974	1245432	1495549	1766277
19.4%	16.0%	10.9%	9.3%	6.9%	7.5%	14.9%
7.7%	6.5%	4.1%	3.4%	2.4%	2.0%	2.1%
9.6%	5.4%	5.1%	5.0%	4.2%	4.2%	5.4%
49.1%	59.2%	54.0%	44.3%	30.8%	21.5%	16.3%
	1.4%	1.4%	1.6%	1.4%	1.5%	2.1%
	2.3%	11.2%	11.4%	10.0%	5.7%	3.6%
	0.1%	0.3%	2.0%	8.9%	9.5%	12.0%
	0.1%	1.1%	4.1%	6.6%	5.6%	4.1%
	0.2%	2.3%	6.4%	13.9%	24.2%	17.8%
6.1%	10.8%	17.2%	14.8%	18.1%	20.5%	22.4%

Tendenz. Rückläufig entwickelte sich auch der Anteil der Franzosen, der in der gleichen Spanne um mehr als die Hälfte zurückgegangen war und 1910 noch 11,7 Prozent betrug. Der Anteil der Migrantinnen und Migranten aus Österreich-Ungarn verharrte bei etwas mehr als 6 Prozent. Insgesamt stellten Migrantinnen und Migranten aus den Nachbarstaaten um 1910 somit fast 95 Prozent aller Ausländer.[318]

Die Zuwanderinnen und Zuwanderer aus Frankreich, Deutschland und Österreich-Ungarn waren sozial sowie von ihrem Bildungshintergrund heterogener zusammengesetzt als die Italienerinnen und Italiener. Neben Handwerkern und Arbeitern, die, aus allen Nachbarstaaten kommend, einen Grossteil der Migrantinnen und Migranten ausmachten – Schneider, Schuster und Zimmerleute aus Deutschland etwa stellten in verschiedenen Städten der Deutschschweiz die Mehrheit –, finden sich Dienstmädchen und Dienstboten, Studierende und Professoren und eine beachtliche Zahl von Freiberuflern und Unternehmern. Vor dem Hintergrund der liberalen politischen wie ökonomischen Rahmenbedingungen hofften viele, ihre unternehmerischen Ideen in der Schweiz verwirklichen zu können. Einige von ihnen waren so erfolgreich, dass sich ihre Namen wie ein «Who is who» der Schweizer Industrie- und Wirtschaftsgeschichte lesen. Aus der kaum zu überblickenden Fülle ausländischer Unternehmer seien hier nur ein paar besonders bekannte herausgegriffen.

Als einer der Väter der Schönenwerder Industrie ist Franz Ulrich Bally (1748–1810) zu nennen. Bereits 1778 war er aus dem Vorarlbergischen in den Aargau eingewandert und arbeitete in der dortigen Seidenbandindustrie. Er erwarb das Bürgerrecht, heiratete Magdalena Kuhn von Schönenwerd und eröffnete ein Merceriegeschäft. Aus diesem Geschäft, das bis zur Krise der 1840er-Jahre 450 Heimarbeitern eine Verdienstmöglichkeit gab, sollte in der übernächsten Generation neben anderen Betrieben auch die Schuhfabrikation hervorgehen. Innert weniger Jahre baute Carl Franz Bally (1821–1899) das Unternehmen zum grössten seiner Art auf dem europäischen Kontinent aus, das in der Fertigung als einer der ersten Betriebe auch tayloristische Prinzipien übernahm.

Ein weiteres Beispiel ist Heinrich Nestle (1814–1890). Ende der 1830er-Jahre gelangte der aus Frankfurt stammende Wandergeselle nach Lausanne, absolvierte dort eine Zulassungsprüfung als Apothekergehilfe und eröffnete schliesslich einen kleinen Gewerbebetrieb. Nachdem er sich die Methoden des Chemikers Justus von Liebig zu Eigen gemacht hatte, produzierte er mit bescheidenem Erfolg unterschiedliche Drogerieprodukte, bis ihm 1867 die Herstellung einer milchhaltigen Kindernahrung gelang, für die er an der Pariser Weltausstellung des gleichen Jahres eine Goldmedaille gewann. 1875 verkaufte Nestle, der sich nun Henri Nestlé nannte, bereits 1,1 Millionen Packungen der Kindernahrung in über zwanzig Länder. Die Kindernahrung bildete die Grundlage des später global tätigen Konzerns.

Erfolgreiche Unternehmer mit Migrationshintergrund waren schliesslich auch Julius Maggi, der 1872 in Kemptthal das später weltweit bekannte Unternehmen J. Maggi & Cie. gründete, der aus Deutschland zugewanderte Walter Boveri und der aus einer britischen Ingenieursfamilie stammende Charles Eugen Brown. Letztere zwei gründeten 1891 die Firma Brown Boveri & Cie. in Baden. Mit bahnbrechenden Entwicklungen machten sie die BBC zu einem führenden elektrotechnischen Unternehmen, das 1988 mit der schwedischen Firma Asea zum weltweit tätigen Asea-Brown-Boveri-Konzern fusionierte.

Migrantinnen und Migranten aus Frankreich liessen sich in der Regel in der Romandie nieder, insbesondere in Genf. Ihre soziale Zusammensetzung entsprach mehr oder weniger derjenigen der Bevölkerung der Westschweiz. Da sich die Romands kulturell und intellektuell stark zu Frankreich hingezogen fühlten und der politische Republikanismus mehr verbindend wirkte als trennend, war das Miteinander von Schweizern und Franzosen meist problemlos.[319] Aus diesem Grund wohl haben Letztere in den Quellen weniger Spuren hinterlassen. Französische Migrantinnen und Migranten organisierten sich grenzübergreifend. Soziale und politische Vereinigungen wie die «Sociétés de secours mutuels et d'entraide» oder der von Genfer Sozialisten gegründete «Cercle d'études sociales» bedienten auch angrenzende französische Regionen. Die Leitung der «Fédération socialiste de l'Ain et des deux Savoies» erfolgte ebenfalls von der Schweiz aus.

Wohlhabende Gäste

Der Bau des Gotthards beflügelte nicht nur die Schweizer Wirtschaft und stand am Anfang der Arbeitsmigration grosser Bevölkerungsgruppen. Er läutete zugleich auch ein neues Zeitalter im Schweizer Tourismus ein. Reisen und Tourismus sind zwar kein Migrationsphänomen, doch ist deren Boom um die Wende zum 20. Jahrhundert Ausdruck gesteigerter Mobilität. Auf die Wahrnehmung der Ausländerinnen und Ausländer hatte der Tourismus entsprechenden Einfluss. Denn mit dem neuen Schienennetz wurde das Reisen bequemer und wesentlich günstiger. Die Entdeckung der Alpen blieb somit nicht mehr nur einigen wenigen Exoten und Abenteurern vorbehalten, sondern wurde für eine breitere wohlhabende, jedoch ausschliesslich ausländische Klientel möglich.

Die kaum mehr als dreissig Jahre dauernde Epoche zwischen der Eröffnung des Gotthards und dem Ersten Weltkrieg gilt denn auch als eigentliche Gründerzeit des Tourismus in der Schweiz. Die Zahl der Hotels verdoppelte sich in dieser Phase auf rund 3500 Betriebe, die Zahl der ausländischen Gäste stieg auf fast vier Millionen.[320] Ein Teil der Touristen hielt sich für längere Zeit, vereinzelt sogar während einer ganzen Saison in

Sanatorium Monte Verità, Anfang 20. Jahrhundert. Die liberalen Verhältnisse der Schweiz zogen um die Wende zum 20. Jahrhundert zahlreiche Künstler, Anarchisten, Philosophen und Lebensreformer an. In Amden oder wie hier auf dem Monte Verità oberhalb von Ascona bildeten sich kleine Zentren alternativen Lebens.

den Touristenorten auf. Vielfältige Angebote machten den Erlebnis- und Erholungsraum der Alpen und Seen zu Orten des Vergnügens und der Zerstreuung. Neben Hotelpalästen und Bergbahnen entstanden Kursäle, Konzerthäuser, Casinos und Kurbäder. Luzern, Montreux samt der Waadtländer Riviera, Interlaken und St. Moriz avancierten zu weltweit beachteten Reisedestinationen. Auch die grösseren Städte mit Seeanstoss wie Genf, Zürich und Lugano profitierten vom Boom.

Der mondäne Tourismus der Belle Époque stiess jedoch nicht in allen Kreisen auf positive Resonanz. 1905 gründete ein kleiner Kreis besorgter Bürger die Schweizerische Vereinigung für Heimatschutz, die sich gegen die Zerstörung historischer Stadtbilder und gegen die «Verschandelung» der Bergregionen zur Wehr setzte. Eine Verknüpfung von Zivilisationskritik mit einer alternativen Form von Tourismus findet sich bei den Lebensreformern. Diese fühlten sich von den liberalen Verhältnissen in der Schweiz angezogen, schätzten zugleich die ausgebaute Infrastruktur und lancierten hier mehrere Vorhaben. Auf dem Monte Verità oberhalb von Ascona gründeten im Jahr 1900 die aus Siebenbürgen stammende Musiklehrerin und Frauenrechtsaktivistin Ida Hofmann und der belgische Industriellensohn Henri Oedenkoven ein vegan ausgerichtetes Siedlungsprojekt. Zur Überwindung der Missstände der Moderne propagierten sie und ihre Gäste Reformen in Ernährung, Erziehung, Bewegung, im Tanz, in der Kleidung und in der Architektur. Zahlreiche Künstlerinnen und Künstler sowie Intellektuelle aus verschiedenen Ländern zogen zur Erholung oder zur Teilnahme am Projekt auf den «Berg der Wahrheit». Zu ihnen gehörten unter anderen die Tanzpädagogen Mary Wigman und Rudolf von Laban sowie der Soziologe Max Weber. Etwa zur gleichen Zeit versuchte eine kleine Gruppe von Künstlern, Lebensreformern und Spiritisten im Umkreis des Meraner Unternehmers Joshua Klein, auf dem Grappenhof in Amden ein Siedlungsprojekt zu realisieren. Sie scheiterten jedoch nach wenigen Jahren. Ganz anders der ebenfalls aus der Habsburgermonarchie stammende Rudolf Steiner. Kurz vor Ausbruch des Ersten Weltkriegs machte er oberhalb von Dornach mit der Eröffnung des Goetheanums dieses zum weltweiten Zentrum der Anthroposophen.[321]

Migrationspolitische Vorstösse um 1900

Der rasche soziale Wandel, der Anstieg der ausländischen Wohnbevölkerung und die verschiedenen sozialen Konflikte riefen Politiker, Experten und Vertreter von zivilgesellschaftlichen Organisationen auf den Plan, um migrationspolitische Fragen zu diskutieren. Wie bei den gewerkschaftlichen Anliegen traten auch hier wieder Akteure mit Migrationshintergrund in Erscheinung. Eine Abkehr von der liberalen Grundhaltung in der

«Fremdenfrage», wie man das Thema seit dem ausgehenden 19. Jahrhundert bezeichnete, stand nicht zur Debatte. Als beispielsweise der Zürcher Stadtrat im Anschluss an den «Italienerkrawall» 1898 dazu überging, bei der Niederlassung von Italienern und Österreichern Leumundszeugnisse zu verlangen, hob der Bundesrat diese Praxis umgehend wieder auf, mit Verweis auf die Verträge mit den entsprechenden Staaten.[322]

Ein zivilgesellschaftlicher Versuch, auf die Herausforderungen zu reagieren, war das Preisausschreiben der Zürcher «Stiftung von Schnyder von Wartensee» von 1899. Die Stiftung hoffte auf neue Ideen in der «Fremdenfrage».[323] Angeregt von diesem Wettbewerb, verfasste der Zürcher Armensekretär Carl Alfred Schmid im Jahr 1900 eine kleine Schrift mit dem Titel «Unsere Fremdenfrage», in der er erstmals vor der «Überfremdung» der Schweiz warnte.[324] Zwar zeichnete die Stiftung Schmids Studie nicht aus, auch stiessen seine Überlegungen vor dem Ersten Weltkrieg politisch auf geringe Resonanz. Hingegen schuf er damit einen Begriff, der bis Ende der 1970er-Jahre die migrationspolitischen Debatten der Schweiz prägen sollte.

Der damals weitreichendste Versuch, sich der Migrationsthematik anzunehmen, stammte von Nationalrat Theodor Curti. Er suchte nach Ansätzen, die Unruhen wie diejenigen von Bern und Aussersihl gar nicht erst aufkommen lassen würden. In einem Postulat an den Bundesrat forderte Curti eine Revision des Einbürgerungsgesetzes. Das Bundesgesetz vom 25. Juni 1903 betreffend Erwerb des Schweizer Bürgerrechts, das aus Curtis Vorstoss hervorging, hätte den Kantonen die Möglichkeit gegeben, ein partielles Ius soli einzuführen. Allerdings machte kein Kanton davon Gebrauch. Gleichwohl waren sich die Experten einig, dass der im internationalen Vergleich hohe Ausländeranteil der Schweiz einzig über eine raschere und umfangreichere Einbürgerung gesenkt werden könne. Neben Erleichterungen bei den Einbürgerungspraktiken stand gar die Zwangseinbürgerung zur Debatte.[325]

Bemerkenswert aus heutiger Sicht ist insbesondere die Tatsache, dass der hohe Ausländeranteil nicht als ein ethnisch-kulturelles, sondern als ein politisches Problem betrachtet wurde: Der Ausschluss der Ausländer von den politischen Rechten führe in der Schweiz zu den «schwerwiegendsten Bedenken», hielt etwa der Basler Nationalrat Emil Göttisheim 1910 fest.[326] Dass ein immer grösserer Teil der Bevölkerung von den politischen Rechten des Landes ausgeschlossen bleibe, sei eine ernst zu nehmende Bedrohung für die Demokratie. Der Zürcher Staatsschreiber Rudolf Bollinger betonte zur selben Zeit, dass die Einbürgerung «eine unbedingte Vorbedingung für die Assimilation» sei. Die politische Gleichstellung erleichterte gemäss Bollinger somit die gesellschaftliche und kulturelle Integration von Ausländerinnen und Ausländern.

Die aus heutiger Sicht progressiv anmutenden Ideen basierten auf einer zutiefst liberalen Überzeugung. Göttisheim und Bollinger waren Mitglieder der so genannten Neunerkommission. Dieses in migrationspolitischen Fragen wichtigste Expertengremium der Schweiz vor dem Ersten Weltkrieg setzte sich aus je drei Vertretern der Städte Zürich, Basel und Genf zusammen und lancierte verschiedene Einbürgerungsvorschläge. Zum Gremium gehörte auch der Zürcher Sozialdemokrat Herman Greulich. Auf seinen Wanderjahren als Buchbindergeselle war er 1865 nach Zürich gekommen. Nachdem er sich hatte einbürgern lassen, machte er als Gewerkschafter und Politiker Karriere. Zusammen mit Göttisheim sollte er 1919 auf parlamentarischer Ebene in Bern auch eine erste Motion für das Frauenstimmrecht einreichen. Göttisheim wiederum, dessen Grossvater bereits in den 1840er-Jahren aus Württemberg nach Basel eingewandert war, machte als Jurist und Politiker Karriere. Wie sein Vater Christian Friedrich zählte Emil Göttisheim zu den herausragenden Exponenten des Basler Freisinns, die sich für sozialliberale Anliegen einsetzten.

Eine gänzlich andere Position nahm Eduard Blocher ein, auch er Spross einer aus Deutschland zugewanderten Migrantenfamilie und Grossvater des späteren Bundesrats. Als Theologe und Laienhistoriker huldigte er einer radikalen Germanophilie und kämpfte als Präsident des Deutschschweizer Sprachvereins gegen die vermeintliche Romanisierung der Schweiz. Die Schweiz begriff er nicht als Willensnation, sondern verortete sie auf dem «Boden des Deutschtums». Seine Brüder Hermann und Eugen vertraten andere Vorstellungen, politisierten im rechten Flügel der Sozialdemokratie und amteten als Regierungsrat von Basel-Stadt beziehungsweise als Bundesrichter.[327]

Massnahmen zur stärkeren Kontrolle transnationaler Migration

Ende des 19. Jahrhunderts begannen verschiedene Staaten, im Hinblick auf migrationspolitische Fragen ihre Laissez-faire-Politik zu überdenken. Zwar hatte die internationale Staatengemeinschaft während der Pariser Weltausstellung von 1889 die liberale Niederlassungspolitik noch bekräftigt. In den folgenden Jahren mehrten sich aber die Stimmen, die eine stärkere Kontrolle transnationaler Migration forderten.

Mit dem so genannten Aliens Act von 1905 machte in Europa Grossbritannien den Anfang. Zwischen 1871 und 1911 hatte sich die Zahl der ausländischen Staatsangehörigen im Vereinigten Königreich auf rund 300 000 verdreifacht. Dabei bildeten die Einwanderer aus Polen und Russland die am schnellsten wachsende Gruppe, was auf Missmut stiess. Mit dem Aliens Act unterschied der Gesetzgeber neu zwischen Flüchtlingen und Immigranten. Als Flüchtlinge galten politische Aktivisten oder verfolgte Revolutionäre, nicht jedoch grössere Gruppen verfolgter, mittelloser Menschen.[328] Die vielen jüdischen Emigrantinnen und Emigranten waren demnach keine Flüchtlinge. Die Folgen der Unterscheidung waren weitreichend, wie verschiedene Historiker festhalten: Vaughan Bevan bezeichnet den Aliens Act als «Wasserscheide für Fremde», Panikos Panayi wertet ihn als «first nail in the coffin of free entry to Britain», David Feldman als den Beginn des «unaufhaltsamen Niedergangs des liberalen England» und des Aufstiegs eines nationalen Interventionsstaats.[329]

Im Gegensatz zu England waren die Aussengrenzen der kontinentaleuropäischen Staaten schwieriger zu kontrollieren. Um unerwünschte Einwanderer loszuwerden, griff Deutschland zunächst zur Massnahme der Ausweisung, während Schweden und Dänemark die Handels- und Gewerbefreiheit von Ausländern einschränkten. Auch die Schweiz beschnitt vor dem Ersten Weltkrieg den freien Personenverkehr. Davon betroffen waren vor allem nichtsesshafte Bevölkerungsgruppen.

Den eigentlichen Startschuss für die Epoche der selektiven Zuwanderungsbegrenzungen in der Moderne gaben allerdings die USA. 1882 verabschiedete das US-Parlament den Chinese Exclusion Act, der die Einwanderung chinesischer Arbeiter vorerst für zehn Jahre, später für unbestimmte Zeit verbot. Diese Diskriminierung war die erste Zulassungsbestimmung der USA, die sich gezielt gegen eine bestimmte ethnische Gruppierung richtete. Den Hintergrund des Gesetzes bildeten wirtschaftliche Probleme des Landes in den 1870er-Jahren, als die grossen transkontinentalen Eisenbahnlinien fertiggestellt waren. Die Tausenden von chinesischen Arbeitern, die zum Eisenbahnnetz beigetragen hatten, wurden nun nicht mehr benötigt. Zudem machte sich in den politischen Debatten ein moderner Rassismus breit. Amerikanische Zuwanderungskritiker sahen die Gesellschaft, die sie als weiss, angelsächsisch und protestantisch begriffen, durch die verstärkte Zuwanderung aus Asien und (Süd-)Osteuropa seit dem ausgehenden 19. Jahrhundert zunehmend gefährdet.

12 Wendepunkt Erster Weltkrieg: Das Fremde wird zur Bedrohung

Rückgang der Arbeitsmigration und Zuzug neuer
Migrantengruppen 234
Humanitäre Hilfe und Betreuung von
Kriegsgefangenen 237
Krise, Not und Stimmungswandel 239
Umfassende Kontrollen: Das bundesstaatliche
Migrationsregime 241
Von der Kontrolle zur Abwehr 243
«Überfremdung» wird zum beherrschenden
Schlagwort 246

Der Erste Weltkrieg brachte nicht nur millionenfachen Tod und unsagbares Leid, er führte auch zum Untergang ganzer Monarchien in Europa und Kleinasien und beendete das liberale Zeitalter des 19. Jahrhunderts. Der Grosse Krieg bildete eine Zeitenwende. Es folgte eine Epoche wiederkehrender sozialer und politischer Spannungen, wirtschaftlicher Krisen und militärischer Konflikte, in der die Staaten ihr Wohl im Protektionismus suchten. Der bekannte britische Historiker Eric Hobsbawm bezeichnet die Phase von 1914 bis 1945 denn auch als «Katastrophenzeitalter».[330] Dabei wandelte sich das weltweite Wanderungsgeschehen gewaltig.

Zum einen verursachte der Weltkrieg eine enorme Zunahme der Zwangsmigration, zum andern eine drastische Einschränkung der freiwilligen Migration. Mit dem Kriegsausbruch rekrutierten die europäischen Grossmächte Millionen von Soldaten. Kolonialmächte wie das britische Empire riefen in Indien und in anderen aussereuropäischen Ländern Europas in grossem Umfang Männer zu den Waffen. Zugleich kehrten Hunderttausende im Ausland tätige Arbeiterinnen und Arbeiter in ihre Heimatländer zurück. Diese enormen Bewegungen zu Beginn des Ersten Weltkriegs waren jedoch nicht mehr als der Prolog für die sich bald abzeichnende erzwungene Migration in Form von Deportation, Evakuierung, Flucht und Vertreibung. Bereits nach wenigen Monaten war ersichtlich, dass der Grosse Krieg bezüglich Massenflucht ein neues Zeitalter einläutete. Mit der Grenzschliessung brach zugleich das bis 1914 vielerorts praktizierte System eines freien Personenverkehrs zusammen. Die bilateralen Niederlassungsverträge, die zwischen den meisten Staaten Bestand hatten, wurden aufgekündigt oder verkamen aufgrund der meist geschlossenen Grenzen zu Makulatur. Die Propaganda der Krieg führenden Länder veränderte das Verhältnis zwischen In- und Ausländern nachhaltig, wobei der allgegenwärtige Chauvinismus nationale Gegensätze überhöhte und Fremdenfeindlichkeit sowie Antisemitismus schürte. Immer mehr gerieten daher nationale und ethnisch-religiöse Minderheiten im Verlauf des Kriegs unter Druck. «Fremde» galten über Nacht als Problem. Alle diese durch Krieg und Krise hervorgerufenen Eskalationen bewirkten umfassende Änderungen in der Migrationspolitik vieler Staaten.

Joseph Roth, Schriftsteller aus dem untergegangenen Vielvölkerstaat Österreich-Ungarn, liess in seiner Novelle «Die Büste des Kaisers» seinen Protagonisten, den Grafen Franz Xaver Morstin, nach dem Krieg in die verschonte Schweiz reisen, um dort nach dem «alten Frieden» zu suchen. Der Graf, der Pässe, Einreiseformalitäten und Visen für Fantastereien hielt, erlebte das neue Migrationsregime mit den notwendigen Papieren in Zürich. Zudem musste er dort mit ansehen, wie in der «American Bar», Sinnbild der neuen Zeit, die untergegangenen Monarchien dem Spott preisgegeben wurden. Ausser sich vor Wut über die neuen Reiseformalitäten und die neuen gesellschaftlichen und politischen

Verhältnisse, zog er sich an die italienische Riviera zurück, um sein frei gewähltes Exil nie wieder zu verlassen.[331]

Neben zeitgenössischen Literaten, darunter auch Stefan Zweig, waren es Wissenschaftler wie Alexander und Eugen Kulischer, die in ihren Grundlagenstudien zur Geschichte der Bevölkerungsbewegungen bereits 1932 den Bruch hervorhoben, den der Grosse Krieg verursacht hatte. Nicht nur jenseits des Atlantiks seien die Tore «dröhnend ins Schloss gefallen». Auch an zahlreichen alten und neuen Grenzen in Europa seien «Schlagbäume in Form von Einreiseerschwerungen und Erwerbsbeschränkungen errichtet» worden.[332] In der Tat gingen viele Staaten während und vor allem nach dem Ersten Weltkrieg von noch wenig eingeschränkten Abläufen zu Regimen der Kontrolle über. Dies gilt besonders für Europa und Nordamerika. Misstrauen zwischen den Staaten, soziale Not und die Angst vor sozialistisch motivierten Unruhen in der Folge der Oktoberrevolution von 1917 führten zu neuen Identifikations- und Kontrolltechniken in Form von Ausweisschriften und Einreisevisa. Vermehrt wurden auch gesundheitliche Standards für Einwanderer festgelegt und hygienische Kontrollen an der Grenze durchgeführt.

Ob der Erste Weltkrieg aber tatsächlich die grosse, fundamentale Zäsur bildete, darüber gehen heute in der Forschung die Meinungen auseinander. Der Krieg markierte zwar einen starken Einbruch der freiwilligen Migration, bedeutete aber keineswegs deren Ende. Besonders dann nicht, wenn aussereuropäische Bevölkerungsbewegungen in den Blick genommen werden. Von verschiedener Seite wird weiter vorgebracht, dass der Krieg «nur» eine seit dem ausgehenden 19. Jahrhundert einsetzende Welle von Migrationseinschränkungen beschleunigt habe.[333] Für die Schweiz allerdings ist der Befund klar: Der Erste Weltkrieg und das Ausschalten direktdemokratischer Abläufe haben erst staatliche Zentralisierungen im Bereich der Migration ermöglicht. So kann erst seit diesem Zeitpunkt von einem bundesstaatlichen Migrationsregime gesprochen werden, während davor die Kompetenzen weitgehend bei den Kantonen gelegen hatten.

Rückgang der Arbeitsmigration und Zuzug neuer Migrantengruppen

Der Kriegsausbruch Anfang August 1914 setzte auch in der Schweiz innert weniger Tage Menschenmassen in Bewegung wie kaum je zuvor. In den letzten Juli- und ersten Augusttagen kehrten gemäss Schätzungen zwischen 100 000 und 150 000 wehrpflichtige Ausländer aus der Schweiz in ihre Heimatländer zurück. Zugleich rief die Armee zwischen dem 3. und 7. August 220 000 Schweizer Soldaten und Offiziere zu den Waffen. Während die Mobilmachung mehr oder weniger reibungslos verlief, fiel die Wirtschaft durch

Italiener warten im Elsässerbahnhof in Basel auf ihre Heimreise nach Italien, Sommer 1914. Kurz nach Beginn des Ersten Weltkriegs kehrten Ende Juli und Anfang August 1914 Zehntausende von wehrpflichtigen Ausländern in ihre Heimatländer zurück.

diesen doppelten Verlust in eine eigentliche Schockstarre. Erst im Verlauf des Spätherbsts konnten sich die Unternehmen dank der Wiederbeschäftigung demobilisierter Wehrmänner sowie der Anstellung von Frauen langsam erholen. Verschiedene Betriebe blieben jedoch für immer geschlossen.

Eine besondere Herausforderung für die Behörden war die Rückkehr von Zehntausenden Italienerinnen und Italienern, die, von Deutschland, Frankreich und Belgien kommend, in den ersten Augusttagen die Schweizer Grenze überschritten. Die Bilder der Menschen, die in Fussballstadien zusammengedrängt oder vor dem Bahnhof in Basel von Soldaten bewacht auf ihre Weiterreise Richtung Süden warteten, haben sich in die kollektive Erinnerung eingeschrieben.[334] Während Arbeiterinnen und vor allem Arbeiter das Land in grosser Zahl verliessen, fanden in weit bescheidenerem Umfang zivile Kriegsflüchtlinge, Deserteure, Kriegsdienstverweigerer (Refraktäre) sowie wohlhabende Touristen und Händler in die Schweiz, ausserdem etwa 20 000 Auslandschweizer, die ihren militärischen Pflichten nachkamen.

Zivile Kriegsflüchtlinge, Deserteure, Kriegsdienstverweigerer und Touristen hielten sich während der ersten beiden Kriegsjahre meist nur vorübergehend und in geringer Zahl in der Schweiz auf. Die Bundesbehörden liessen Pazifisten, politische Flüchtlinge und Kunstschaffende, die sich gegen den Krieg wandten, meist gewähren. Zwar fristeten diese häufig ein Leben in äusserster Armut, doch konnten sie ihre schriftstellerische oder künstlerische Arbeit fortsetzen. In prekären Verhältnissen lebte nicht nur der belgische Grafiker und Maler Frans Masereel, der von der Romandie aus gegen den Krieg anschrieb, sondern auch Emmy Hennings, die sich zusammen mit Hugo Ball, von Berlin herkommend, 1915 in Zürich niederliess. Zusammen mit Sophie Taeuber, Hans Arp, Tristan Tzara, Richard Huelsenbeck und Marcel Janco gründete das Paar im Februar des folgenden Jahres in Zürich das Cabaret Voltaire, den Geburtsort des Dadaismus.

Die russische Sozialistin Angelica Balabanoff wiederum liess sich 1915 in Bern nieder. Dort half sie im März mit, den ersten grösseren Friedenskongress vorzubereiten, die Internationale Konferenz sozialistischer Frauen gegen den Krieg. Auch bei den Vorarbeiten für die Zimmerwalder und Kientaler Konferenzen, die 1915 und 1916 als Treffen der internationalen sozialistischen Kriegsgegner in der Schweiz stattfanden, war sie aktiv. Nach der Oktoberrevolution kehrte sie im Oktober 1918 als Vertreterin des russischen Roten Kreuzes nach Bern zurück, wurde aber während des Landesstreiks zusammen mit der von Jan Berzin geleiteten sowjetischen Botschaftsmission ausgewiesen. Die Festnahmen politisch verdächtiger Personen vonseiten Bundesanwaltschaft gingen nach dem Landesstreik vom November 1918 weiter. Im Februar 1919 wurden die meisten Inhaftierten mit so genannten Russenzügen ausser Landes geschafft.[335]

Bereits ein Jahr vor Balabanoff war Lenin ins Exil nach Bern übersiedelt. Wenig später zog er nach Zürich und lebte wie die meisten politischen

Exilanten ein zurückgezogenes und bescheidenes Leben, bis er nach der Februarrevolution 1917 in Russland dank der Vermittlung des Schweizer Sozialdemokraten Robert Grimm in seine Heimat zurückkehrte.[336]

Humanitäre Hilfe und Betreuung von Kriegsgefangenen

Im Ersten Weltkrieg erreichte das humanitäre Engagement von Bund, IKRK und Privaten einen ersten Höhepunkt. Die humanitäre Hilfe erweiterte während des Kriegs den aussenpolitischen Spielraum der Schweiz und stärkte ihr Ansehen im Ausland. Tausende von Freiwilligen trugen die humanitäre Arbeit mit und leisteten im In- und vereinzelt im Ausland Unterstützung. Schon im September 1914 regte der Bundesrat den Austausch von Zivilinternierten an. Bis Kriegsende veranlasste er, dass mehrere Zehntausende Frauen, Kinder und alte Menschen via Genf, Rorschach und Singen-Schaffhausen in ihre Heimatstaaten zurückgeführt wurden. Das Schweizerische Rote Kreuz organisierte darüber hinaus ab 1915 den Austausch schwer verwundeter Soldaten und Offiziere. In eigens hergerichteten Lazarettzügen konnten bis Kriegsende 80 000 Verwundete in ihre Heimatländer repatriiert werden.

Zwischen Januar 1916 und Kriegsende verbrachten auf Initiative des IKRK, des Vatikans und der Schweiz 67 000 Kriegsgefangene aller Konfliktparteien einige Monate in der Schweiz. Die Internierten waren nach Ländern getrennt in Hotels, Pensionen und Sanatorien untergebracht, pflegten teilweise rege Kontakte zur Bevölkerung und gingen, wenn es ihre Gesundheit erlaubte, einer Arbeit in der Landwirtschaft oder in der Industrie nach.[337] Ihren Aufenthalt in der Schweiz fernab von Kriegsgefangenenlagern auf Feindgebiet erlebten viele als Geschenk. In der eigens geschaffenen «Deutschen Internierten-Zeitung» berichtete beispielsweise Ludwig Töttermann, dass er sich nur mit einem Stückchen Papier in der Brusttasche mehr oder weniger frei in der Schweiz bewegen könne. So müsse er sich nicht vor Aufsehern in Acht nehmen und könne sich am Abend in ein sauberes Bett legen, was ihn auch nach Wochen noch in Erstaunen versetze.[338]

Ganz andere Erfahrungen machten russische und teilweise italienische Deserteure wie Attilio Santucci, die in kleinen Gruppen aus Gefangenenlagern und Arbeitskommandos der Mittelmächte ausgebrochen und in die Schweiz geflohen waren. Im Unterschied zu den belgischen, französischen, britischen oder deutschen Kriegsgefangenen internierte die Schweiz sie nicht wie Kriegsgefangene, sondern wie Deserteure. Gemäss eines Bundesratsbeschlusses wurden sie ab 1917 zu «Arbeiten im öffentlichen Interesse» angehalten. In den vom Militär geleiteten Arbeitseinsätzen kam es aufgrund der äusserst harten Arbeiten immer wieder zu Konflikten, etwa in Niederweningen im Wehntal.[339]

Austausch von Verwundeten in Lyon, «Schweizer Illustrierte Zeitung», 16. Oktober 1915. Mit der Internationalen Agentur für Kriegsgefangene übernahm das Schweizerische Rote Kreuz ab 1915 bis Ende des Ersten Weltkriegs die operative Aufgabe, schwer verwundete Soldaten und Offiziere in eigens hergerichteten Lazarettzügen in ihre Heimatländer zu repatriieren.

Umgekehrt waren vereinzelt auch Schweizerinnen und in etwas grösserer Zahl Schweizer von Internierungen in den Krieg führenden Ländern betroffen. Meist geschah dies, wenn Schweizer Staatsangehörige für Deutsche gehalten wurden. Aber auch in Deutschland kam es vereinzelt zur Internierung von Schweizer Staatsbürgern. Wie viele im Ausland lebende Schweizerinnen und Schweizer während des Kriegs insgesamt interniert wurden, lässt sich nicht beziffern. Die Behörden sprechen von mehr als 500 Personen, die aus den kriegführenden Staaten, ohne Russland, ausgewiesen wurden.[340]

Krise, Not und Stimmungswandel

Je länger der Krieg dauerte und je schwieriger sich die wirtschaftliche Lage gestaltete, umso mehr veränderte sich die Stimmung gegenüber Migranten. Die enthemmte, rohe Sprache der ausländischen Kriegspropaganda hatte auch Auswirkungen in der Schweiz. Antisemitische Vorurteile und kollektive Verunglimpfungen erreichten eine neue Eskalationsstufe. Zwar waren die massive Teuerung von Lebensmitteln und Kohle sowie die steigende Wohnungsnot primär das Produkt mangelhafter Kriegswirtschaft und eines während langer Zeit fehlenden Rationierungssystems. Für die sozialen Missstände wurden aber nicht die Behörden, sondern meist ausländische, häufig jüdische Händler verantwortlich gemacht und als so genannte Kriegsspekulanten und Kriegsgewinnler verunglimpft. Die «Lebensmittelwucherprozesse» etwa richteten sich einseitig gegen Ostjuden.

Der ukrainisch-jüdische Schriftsteller Schemarya Gorelik, der die Kriegsjahre in der Schweiz verbrachte und seine Erinnerungen in der Schrift «Fünf Jahre im Lande Neutralien» festhielt, kommentierte den damaligen Stimmungswandel. So habe sich in den Städten eine gereizte Stimmung breitgemacht, die nicht recht zur Ausgeglichenheit des Schweizers passe. In der Presse seien «öfters spitze und ätzende Notizen über Leute ohne Heimat» erschienen, «die wie Heuschrecken das ruhige Schweizerland überfluteten». Um deutlich zu machen, wer damit gemeint war, so Gorelik weiter, machten die Publizisten Anspielungen, die keine Zweifel liessen, dass es sich dabei um Juden aus Galizien, Polen, Ungarn und Russland und, wie Gorelik anfügte, «überhaupt die Juden» handelte.[341] Die Wirkmacht antisemitischer Vorurteile sollte Gorelik nach dem Landesstreik im November 1918 selbst erfahren: Die Waadtländer Polizei inhaftierte ihn und wies ihn nach einigen Monaten ohne ersichtlichen Grund aus der Schweiz aus.

Ab dem Sommer 1916 stieg die Zahl der Deserteure und Kriegsdienstverweigerer rasch an. Im Verlauf der jahrelangen zermürbenden Schlachten kritisierten immer mehr Soldaten den Krieg. Sie rückten nicht mehr zu ihren Einheiten ein oder entzogen sich dem Marschbefehl durch Flucht in einen neutralen Staat. Zwar war die Zahl der Deserteure und

Kriegsdienstverweigerer auch mit dem Höchststand von 26 000 Männern im Mai 1919 wenig besorgniserregend, aber ihr Aufenthalt in der Schweiz wurde von Journalisten besonders heftig kritisiert.[342]

Mehr und mehr begannen Medien- und Behördenvertreter sowie Angehörige zivilgesellschaftlicher Organisationen zwischen «erwünschten» und «unerwünschten» Personen zu unterscheiden. Als erwünscht galten wohlhabende Touristen und Militärinternierte, wohingegen Deserteure und Kriegsdienstverweigerer, so genannte ausländische Kriegsgewinnler, Bolschewisten und Ostjuden als «indésirables» bezeichnet wurden. Vor der Schweizerischen Gemeinnützigen Gesellschaft kündigte Wilhelm Ehrenzeller 1917 in Zürich an, dass der Kampf gegen die «Unerwünschten» in nächster Zeit eröffnet werde. Zwei Jahre später konstatierte der damalige Leiter der Fremdenpolizei des Kantons Zürichs, Hans Frey, die Türen zur Schweiz hätten allen unerwünschten Kriegszuwanderern, die «in unserem Volksorganismus als Fremdkörper empfunden werden», bis 1917 zu weit offen gestanden.[343]

Deserteure und Kriegsdienstverweigerer in der Schweiz, 1916–1919

	April 1916	Juni 1917	Mai 1919
Italiener		4 520	11 818
Deutsche		2 894	7 203
aus Österreich-Ungarn		932	2 463
Franzosen		1 462	2 451
Russen		639	1 129
aus weiteren Staaten**		307	830
gesamt	701*	10 754	25 894

*nur Deserteure; **darunter: Türken, Serben, Rumänen, Belgier, Bulgaren, Engländer, Griechen, Amerikaner. Quellen: BA E27, 13925 und BA E22 820, zitiert nach: Durrer 1994, Seite 198.

Umfassende Kontrollen: Das bundesstaatliche
Migrationsregime

Nach der Oktoberrevolution in Russland im Jahr 1917 leitete der Bundesrat eine grundlegende Neugestaltung der Ausländerkontrolle ein. Am 21. November 1917 erliess er die «Verordnung über die Schaffung der Grenzpolizei und die Kontrolle der Ausländer». Aus dieser Verordnung sollte bald die Eidgenössische Fremdenpolizei hervorgehen.[344] Eigentlich hätte der Bundesrat mit den Kriegsvollmachten bereits in den ersten Kriegstagen eine entsprechende Änderung des Personenverkehrs vornehmen können. Doch der freisinnig dominierte Bundesrat war zu Beginn des Kriegs noch ein entschiedener Gegner staatlicher Eingriffe, ganz besonders in den Bereichen der Wirtschaft und des Personenverkehrs.

Für den neutralen Kleinstaat gab es zunächst keinen Grund, vom freien Personenverkehr, von dem Wirtschaft und Gesellschaft während Jahrzehnten stark profitiert hatten, abzurücken. Die aufgebotene Armee übernahm die Aufgabe, die Grenzen zu bewachen, um den Übertritt ausländischer Militärs zu verhindern. Schritt für Schritt bauten die Soldaten die Grenzen zu befestigten Zonen um, reduzierten die Zahl der Übergänge und beteiligten sich an der Kontrolle der Zivilbevölkerung. Auch als der Bundesrat im Herbst 1915 in Rücksprache mit den Kantonen eine schärfere Grenzkontrolle verordnete, war damit noch keine grundsätzliche Abkehr von liberalen Positionen verbunden. Die Massnahme hatte primär zum Ziel, den Schmuggel einzudämmen, was in der Bevölkerung auf breite Zustimmung stiess.[345]

Auf Drängen der Bundesanwaltschaft nahm der Bundesrat im November 1917 schliesslich doch die besagte Kehrtwendung vor. Mit der neu geschaffenen eidgenössischen Zentralstelle für die Fremdenpolizei kümmerte sich erstmals eine gesamtschweizerische Behörde um Einreise und Aufenthalt von Ausländerinnen und Ausländern. Sie bildete die wichtigste Institution einer neu auf Kontrolle und Abwehr ausgerichteten Politik. Eine kleine Gruppe von Beamten um Ernst Delaquis, Heinrich Rothmund und Max Ruth verstand es, die vorerst nur als Provisorium gedachte Stelle in kurzer Zeit als unverzichtbar erscheinende und einflussreiche Behörde zu etablieren. Sie griff den seit 1900 in politischen Diskussionen immer wieder verwendeten Begriff der «Überfremdung» auf und erklärte die Bekämpfung derselben zur wichtigsten Aufgabe der neuen Amtsstelle. Auf diese Weise prägte die Zentralstelle die schweizerische Migrations- und Bevölkerungspolitik in den folgenden Jahrzehnten entscheidend mit.

Auch die Einbürgerungspolitik geriet vermehrt in den Einflussbereich der Fremdenpolizei. Im Sog der Überfremdungsbekämpfung wandelte sich die Einbürgerung nach dem Ersten Weltkrieg vom Instrument der Integration zu einem der Abwehr. Das neue Dispositiv von Kontrolle und Abwehr vervollständigte der Bundesrat durch eine weitere Amtsstelle. 1920 rief

«Der einzige Schweizer Import-Artikel, der nach wie vor ohne jede Kompensation an uns abgegeben werden wird», Karikatur im «Nebelspalter», Juli 1916. Dass die Schweiz von der Internierung fremder Kriegsgefangener auch profitierte, war im «Nebelspalter» kein Thema. Der humanitäre Einsatz für die Kriegsopfer und ihre Internierung waren Instrumente, die den Nutzen der Neutralität für alle Kriegsparteien unterstrichen.

er den Grenzsanitätsdienst ins Leben, der die Einreise von Personen nach gesundheitspolitischen Kriterien zu überwachen und «hygienisch nicht akzeptable» Personen zurückzuweisen beziehungsweise zu internieren hatte. Allerdings erwies sich diese Form der Grenzkontrolle als zu kostspielig und überflüssig, denn die aus Osteuropa erwartete Massenmigration setzte nicht ein. Bis in die 1930er-Jahre hoben die Behörden die acht Grenzsanitätsposten schrittweise auf. Nach Ausbruch des Zweiten Weltkriegs bezog die Armee diese Posten wieder neu, und in der Nachkriegszeit erreichte die medizinische Kontrolle der Arbeitsmigranten eine neue Dimension.[346]

Eine neue Ausrichtung erfuhr auch die Bundesanwaltschaft. Bis zur Gründung der Zentralstelle für die Fremdenpolizei 1917 war sie mit der ihr angegliederten Politischen Polizei die einzige Institution gewesen, die gesamtschweizerisch die Kontrolle über Ausländerinnen und Ausländer ausgeübt hatte. Die kleine Amtsstelle hatte sich stark auf Linksradikale, auf Kommunisten und Anarchisten, teilweise auch auf internationale Gewerkschaftsvertreter, konzentriert. Nach der Oktoberrevolution und dem Landesstreik vom November 1918 spitzte sie diese Fokussierung nochmals zu.

Von der Kontrolle zur Abwehr

Die beschriebene Zäsur in der schweizerischen Migrationspolitik ereignete sich vor dem Hintergrund einer allgemeinen Verunsicherung breiter Bevölkerungsschichten am Ende des Ersten Weltkriegs, die man sich nicht dramatisch genug vorstellen kann. Als im November 1918 die Mittelmächte kapitulierten, brach ein Ordnungssystem zusammen, das Europa und die Welt über Generationen geprägt hatte. Die Monarchien der Krieg führenden Staaten Deutschland, Österreich-Ungarn und Russland gingen unter, das Osmanische Reich zerbrach. An deren Stelle traten meist noch instabile Republiken oder völlig neue Formen der Herrschaft wie das Rätesystem in Russland. Hunderttausende von Menschen befanden sich auf der Flucht, Not und Elend waren allgegenwärtig. Viele neue und alte europäische Staaten setzten auf Abschottung und Protektionismus, eine Entwicklung, die sich nach dem New Yorker Börsencrash von 1929 noch verstärken sollte.

Als wären die Menschen bei Kriegsende nicht bereits genug verunsichert gewesen, wurden sie zudem von der weltweit verheerendsten Pandemie der Moderne heimgesucht. Die Spanische Grippe, die ihren Ursprung wohl in den USA hatte und durch Truppentransporte nach Europa gelangte, forderte über siebzig Millionen Tote. In der Schweiz fielen ihr zwischen Juli 1918 und Juni 1919 24 000 Menschen zum Opfer. Es handelte sich um den grössten demografischen Aderlass in der neueren Schweizer Geschichte. Ärzte und Gesundheitsbehörden standen der Epidemie machtlos gegenüber und waren völlig überfordert.

Vor dem Hintergrund dieser angespannten Situation warnte im Januar 1921 Ernst Delaquis, Chef der Polizeiabteilung des EJPD, dass die politischen Umwälzungen eine ständig wachsende Zahl von Menschen dazu drängten, ihre Heimat zu verlassen, um auf die «Friedensinsel Schweiz» zu gelangen. «Je unerwünschter» die Migranten seien, «mit umso grösserer Hartnäckigkeit» verteidigten sie «ihr sogenanntes Recht, bei uns zu bleiben».[347] Delaquis brachte mit seinen Worten eine Position zum Ausdruck, die bereits seit dem Ende des Kriegs die Praxis der Zentralstelle für die Fremdenpolizei bestimmte. Unmittelbar nach dem Krieg hatte diese vor einer bevorstehenden Massenauswanderung polnischer Juden gewarnt und die Polizeidirektoren der Kantone aufgefordert, die Zuwanderung dieser «äusserst unerwünschten Elemente» einzuschränken.[348]

Im September 1920 bekam dies die Wiener Jüdin Anna Lorbeerbaum zu spüren. Mit Unterstützung des Supreme Economic Council versuchte sie, für eine grössere Zahl jüdischer Migranten Aufnahme in der Schweiz zu erwirken. Bei diesen handelte es sich, wie sie vermerkte, «um unschuldigste Opfer des Kriegs, sparsame, ordentliche Menschen, die keinem Staate zur Last fallen und dankbar wären, irgendwo in der Welt ihrem Beruf nachzugehen». Auf Lorbeerbaums Bittschrift antworteten die Behörden, mit grösster Wahrscheinlichkeit in der Person von Max Ruth, rasch und unmissverständlich. Sie verwiesen auf die neuen Prinzipien der Schweiz. Entscheidend seien die «nationale Aufnahmefähigkeit», ebenso «der volkswirtschaftliche Nutzen» sowie die Assimilierbarkeit von Migrantinnen und Migranten. Sowohl der aktuelle Ausländeranteil als auch die Herkunft der Gesuchsteller würden einen Einlass in die Schweiz nicht zulassen.[349]

Max Ruth, von 1920 bis 1944 erster Adjunkt der Polizeiabteilung im EJPD, nahm aufgrund seiner Position und seiner konzeptionellen Fähigkeiten eine Schlüsselrolle innerhalb der restriktiven Migrationspolitik der Schweiz ein. Er verfasste die Grundlagenpapiere für eine neue Niederlassungspolitik wie auch für die Bürgerrechtspolitik. Ruth schlug vor, sich an US-amerikanischen Einwanderungsbeschränkungen zu orientieren, und unterschied zwei Kriterien, nach denen die Zulassung in die Schweiz zu beurteilen sei: eine «politische» und eine «soziale Auslese». Zudem hätte sich die Auswahl am volkswirtschaftlichen Bedarf der Schweiz zu orientieren. Italiener waren aus Ruths Perspektive erwünscht, da sie für den Hoch- und Tiefbau dringend benötigt wurden. Die Niederlassung von «Ostjuden» bezeichnete er auf jeden Fall als «unerwünscht».[350] Diese Position sollte er in den folgenden Jahren immer wieder neu bekräftigen.

Ruth propagierte eine äusserst defensive, auf Abstammung basierende Bevölkerungspolitik, die mit sozialdarwinistischen und antisemitischen Theoremen durchsetzt war. Dennoch stiess er bei Behörden und Bundesregierung auf breiten Konsens. Bis zur Verabschiedung des Bundesgesetzes über Aufenthalt und Niederlassung der Ausländer (ANAG) durch

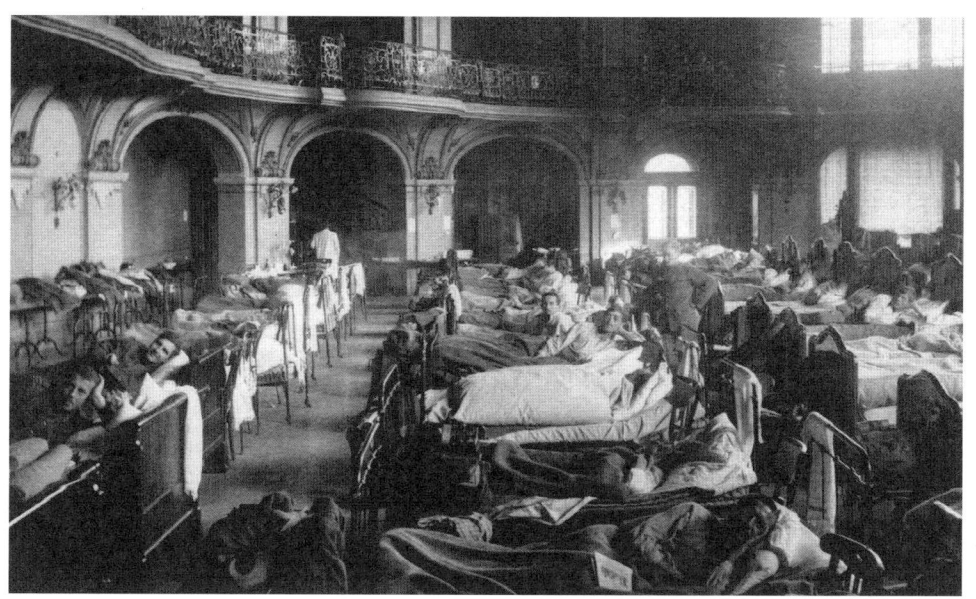

Lazarett mit an Grippe Erkrankten in der Tonhalle Zürich, 1918 oder 1919. Die Spanische Grippe dauerte von Juli 1918 bis Juni 1919 und forderte in der Schweiz 24 000 Todesopfer. Um die Kranken aufnehmen zu können, wurden öffentliche Gebäude in Lazarette umfunktioniert. Die Spanische Grippe trug dazu bei, dass die einreisenden Personen durch den Grenzsanitätsdienst neu auch einer hygienischen Kontrolle unterzogen wurden.

das Parlament im Jahr 1931 betreute Max Ruth beispielsweise den Gesetzgebungsprozess ununterbrochen und beriet die parlamentarischen Kommissionen.[351] So ist es auch nicht erstaunlich, dass das ANAG zum rechtlichen Kernstück einer restriktiven Zulassungspolitik avancierte, das auch für die Flüchtlingspolitik prägend werden sollte. Es trat ausgerechnet zu jenem Zeitpunkt in Kraft, als die Nationalsozialisten in Deutschland die Macht ergriffen. Problematisch am damaligen Versuch der Steuerung der Einwanderung nach qualitativen Kriterien war insbesondere, dass die «Auslese» auf sozialdarwinistischen Theoremen basierte, die diskriminierenden Praktiken Tür und Tor öffneten. Auf diese Weise betrieb die Fremdenpolizei im Rahmen ihrer Überfremdungsbekämpfung seit dem Ersten Weltkrieg eine antisemitische Einwanderungspolitik.

«Überfremdung» wird zum beherrschenden Schlagwort

Während des Ersten Weltkriegs trugen Behörden- und Medienvertreter zur Popularisierung der Überfremdungsthematik bei. Dies schlug sich auch in der Wirtschafts- und in der Bürgerrechtspolitik nieder. Seit 1918 warben unter dem Schlagwort der «wirtschaftlichen Überfremdung» nahezu alle Parteien und Verbände für protektionistische Massnahmen. Vor dem Hintergrund dieser Entwicklung kritisierte 1924 der freisinnige Nationalrat Oskar Wettstein, einer der damaligen Experten auf dem Gebiet des Bürgerrechts, dass die Behandlung der Einbürgerungsfrage in der Schweiz im «Sumpf politischer Ängste und kleiner ökonomischer Sorgen» untergegangen sei. Kaum je zuvor in der Geschichte der Schweiz habe ein politisches Thema einen solch heftigen Stimmungswechsel verzeichnet wie die Überfremdungsfrage.[352]

Wettstein brachte damit zum Ausdruck, dass «Überfremdung» während des Kriegs sich von einem quantitativen zu einem qualitativen Konzept gewandelt hatte. Der Eifer der Vorkriegsjahre, die Einbürgerung zu erleichtern, um so den Ausländeranteil zu senken, wurde in sein Gegenteil verkehrt. So beschloss der Bundesrat im Verlaufe des Kriegs, die Wohnsitzfrist für die erste Einwanderungsgeneration Einbürgerungswilliger von zwei auf vier Jahre zu erhöhen. Diese Verlängerung, die nach dem Krieg um weitere zwei Jahre auf sechs ausgedehnt wurde, zielte zuerst auf die während des Kriegs eingewanderten Kriegsdienstverweigerer und Deserteure. Zusammen mit der Verlängerung der Wohnfristen forderten die Behörden neu «eine ernstliche und aufrichtige Anpassung an die schweizerische Eigenart».[353] Zugleich scheiterten die seit 1898 bestehenden Bemühungen, das Ius soli einzuführen, endgültig.

Die Einbürgerungsfrage, vor dem Ersten Weltkrieg noch der eigentliche Brennpunkt der schweizerischen Migrationsthematik, verschwand nach und nach aus den politischen Debatten. Dafür nahm die Fremdenpolizei mit

Karikatur im «Nebelspalter» zur zunehmenden Internationalisierung Zürichs, März 1917. Mit der Zunahme der wirtschaftlichen Probleme und der wachsenden sozialen Not wandelte sich im Verlauf des Ersten Weltkriegs das Reden über Fremde. «Überfremdung» wurde zum beherrschenden Schlagwort.

Heinrich Rothmund und Max Ruth vermehrt Einfluss auf die Gestaltung der Einbürgerungspraxis. Möglich wurde dies vor allem durch die Eingliederung des Naturalisationsbüros ins Justiz- und Polizeidepartement im Januar 1926. Bereits zwei Jahre vorher hatte Rothmund «Kein Recht auf Einbürgerung» und «Keine Einbürgerung ohne Assimilation» zu den neuen Leitsätzen der schweizerischen Einbürgerungspolitik erklärt.[354] Die beiden Leitsätze bildeten das exakte Gegenteil des vor dem Ersten Weltkrieg vertretenen Grundsatzes des «Assimilierens durch Einbürgern», wobei mit Assimilation die politische Gleichstellung gemeint war.

Das neue Migrationsregime des Bundes zeigte Wirkung. Der Ausländeranteil in der Schweiz ging aufgrund der kriegsbedingten Rückwanderung und der eingeleiteten staatlichen Massnahmen von 14,7 Prozent im Jahr 1910 auf 8,7 Prozent im Jahr 1930 und auf 5,2 Prozent im Jahr 1941 zurück.[355] Das neue Migrationsregime schränkte die Gestaltungsmöglichkeiten der Migrantinnen und Migranten ein, doch entwickelten diese neue Strategien, um ihre Spielräume zu nutzen.

13 Asylland im Zeitalter der Weltkriege

Vom Flüchtlingsregime des Völkerbunds zum
«wilden Kontinent»............................ 252
Zwischenkriegszeit: Die Schweiz als
Durchgangsland 254
Zwischen den Fronten: Die Rettungsinsel schliesst
ihre Pforten 260
Formen und Bedingungen des Aufenthalts.......... 261
Hilfe und Selbsthilfe 268
Die Ära der Flüchtlinge: Vorgeschichte der
Nachkriegszeit................................ 271

Im Frühling 1915 reiste der gebürtige Würzburger Leonhard Frank, Pazifist, Sozialist, Künstler, Drehbuchautor und Schriftsteller, in die Schweiz ein. Er hatte in einem Berliner Szenelokal einen kriegsbegeisterten Journalisten malträtiert – keine Bagatelle in Zeiten des Kriegstaumels. Der Emigrant erlebte die Alpenrepublik als unbeschwert, die Menschen schienen «frei zu atmen»,[356] so notierte er in seinem autobiografischen Roman «Links, wo das Herz ist». Erschüttert von den «bluttriefenden Nachrichten» von der Front des Ersten Weltkriegs, bewegte er sich in Kreisen pazifistisch gesinnter Intellektueller und Künstler in Zürich und verfasste, mal im Café Terrasse, mal im «Odeon» sitzend, Schriften gegen den Krieg. Unter dem Titel «Der Mensch ist gut» veröffentlichte der Zürcher Max Rascher Verlag, der eine Reihe von Emigrantinnen und Emigranten unterstützte, 1918 fünf der in dieser Zeit entstandenen Novellen.

Frank, der nach dem Ende der kriegerischen Auseinandersetzungen zunächst nach München, dann wieder nach Berlin ging, wo er in sozialistischen und literarisch-künstlerischen Avantgardezirkeln verkehrte, musste Deutschland anderthalb Dekaden später noch einmal verlassen: Im Mai 1933 fielen seine Bücher den Scheiterhaufen der Nationalsozialisten zum Opfer. 1934 verlor er die deutsche Staatsbürgerschaft. Ausgangspunkt seines 17 Jahre dauernden Exils war erneut die Stadt an der Limmat, Zufluchtsort für knapp die Hälfte aller vor dem Hitlerregime in die Schweiz geflüchteten Schriftstellerinnen und Schriftsteller und für unzählige andere Flüchtlinge. Hier blieb er bis 1937, als er über Frankreich in die Vereinigten Staaten ausreiste. Anfang der 1950er-Jahre nach Deutschland zurückgekehrt, starb er 1956 in München.[357]

Die Schweiz stellte auch nach dem Ersten Weltkrieg noch einen Zufluchtsort für Frauen und Männer dar, die ihre Heimat verloren hatten. Allerdings begannen die unter dem Eindruck des Ersten Weltkriegs aufgerichteten Barrieren bei Einreise und Aufenthalt zu greifen. Leonhard Frank, der Künstler und Bohemien, konnte sich 1915 noch weitgehend unbeschwert hier aufhalten und publizieren. Dagegen unterlag sein späterer Aufenthalt einer Reihe von Einschränkungen. Die Bundesanwaltschaft bezeichnete ihn Mitte der 1930er-Jahre als «unerwünschten Ausländer» und warnte davor, dass er «sich ganz sicher wieder politisch betätigen wird».[358] Wie andere Ausländer, besonders wenn sie einen politischen Hintergrund hatten, wurde er von den fremdenpolizeilichen Autoritäten misstrauisch beäugt und immer wieder angehalten, seine Ausreise vorzubereiten. Schon seit Benito Mussolini im Oktober 1922 in Italien die Macht übernommen und das faschistische Regime gefestigt hatte, waren politische Emigranten über die Grenzen in die Alpenrepublik gekommen und hatten versucht, das Schicksal ihres Herkunftslandes aus dem Exil heraus zu beeinflussen. Auch wenn die Zahl der politischen Emigranten aus dem südlichen Nachbarland in der Schweiz klein blieb – Mauro Cerutti spricht in seiner Untersuchung «Le Tessin, la

Suisse et l'Italie de Mussolini» von rund dreissig Führern antifaschistischer Oppositionsgruppen –, wollte die Alpenrepublik für solche Menschen künftig nur noch ein Durchgangsland sein.

Vom Flüchtlingsregime des Völkerbunds zum «wilden Kontinent»

Die Verschärfungen, die Leonhard Franks Exil in der Schweiz prägten, spiegelten eine generelle Tendenz wider, die man mit Blick auf Migrationsregime in Europa und der Welt beobachten konnte. Wenn der Erste Weltkrieg der Rede von «Überfremdung», die mit der Etablierung von Nationalstaaten Hand in Hand ging, fast überall Massnahmen zur Kontrolle von Zuwanderung und Flüchtlingsmigration folgen liess, so zeigte sich zugleich, dass die Probleme, die mit massenhaften Bevölkerungsverschiebungen einhergingen, auf der Ebene der Einzelstaaten nicht mehr zu lösen waren. Das galt besonders für unfreiwillige Massenmigrationen infolge von ethnisch-religiösen Konflikten und für Umsiedlungen, die durch Grenzverschiebungen hervorgerufen wurden. Tatsächlich kam es im Nachklang des Ersten Weltkriegs, der den Zerfall der europäischen Vielvölkerreiche besiegelte, zu Flüchtlingsbewegungen und Vertreibungen ungeahnter Grössenordnung.

Im Januar 1919 begann die Pariser Friedenskonferenz, bei der sich die 32 teilnehmenden Staaten für die Gründung eines Staatenbundes aussprachen. Er sollte die Zusammenarbeit der Völker fördern und Frieden und Sicherheit gewährleisten. Zwölf Monate später nahm der Völkerbund, dem auch eine Reihe von neutralen Staaten – darunter die Schweiz – noch im gleichen Jahr beitraten, seine Arbeit auf. Unter seiner Ägide nahm erstmals in der Geschichte ein internationales Flüchtlingsregime vage Konturen an.

Als Mittel der politischen Steuerung setzte das Bündnis auf jeweils in akuten Krisensituationen einberufene Konferenzen, bei denen es darum ging, Einzelfalllösungen für bestimmte Flüchtlingsgruppen auszuhandeln, die durch Kriege und politische Umwälzungen staatenlos geworden und Drangsalierungen ausgesetzt waren. Das System basierte auf freiwilliger Übernahme von Verantwortung für Flüchtlinge und versuchte, humanitäre, nationale und internationale politische Interessen in Einklang zu bringen. Das Amt des Hochkommissars für Flüchtlinge besetzte 1921 der Norweger Fridtjof Nansen. Nach ihm wurde auch ein von allen Mitgliedern des Völkerbunds anerkanntes Reisedokument benannt, der so genannte Nansen-Pass, der den Opfern von ethnischen Entmischungen und Vertreibungen die Einreise in Asylländer ermöglichte. Die Schweiz beherbergte den Sitz des Völkerbunds, der sich in einem monumentalen Gebäudekomplex am rechten Ufer des Genfersees einrichtete, dem bald so benannten Palais Wilson. In den 1920er-Jahren regulierten somit internationale Absprachen den

Postkarte der Befürworter des Schweizer Beitritts zum Völkerbund, 1920. Mit dem Slogan «PAX. Aus ihren Schwertern werden sie Pflugscharen schmieden» warben sie im Vorfeld der Volksabstimmung vom 16. Mai 1920 für die Hauptzielsetzung des Völkerbunds, Friedenssicherung durch Kriegsverhinderung. Die Vorlage wurde mit 56,3 Prozent der Stimmen angenommen.

Umgang mit den Opfern der blutigen Kämpfe um Staats- und Nationsbildung auf dem Gebiet der zerfallenen Grossreiche. Darunter befanden sich russische Aristokraten, Intellektuelle und Künstler, Opfer antijüdischer Pogrome und gewaltsamer «Säuberungen» auf dem Gebiet des Osmanischen Reiches. Besonders hart trafen Letztere das armenische Volk.

1938 jedoch erwies sich dieser aus der Not der Flüchtlingskatastrophe des Ersten Weltkriegs geborene Versuch als gescheitert, Flüchtlingen durch internationale Absprachen Schutz und Hilfe zu gewähren. Eine im Juli des Jahres auf Initiative des amerikanischen Präsidenten Roosevelt am Südufer des Genfersees abgehaltene internationale Konferenz, bei der es darum ging, eine Antwort auf die Verfolgung von Juden in Deutschland, Österreich und zunehmend auch im östlichen Europa zu finden, blieb nahezu ergebnislos. Die Eroberungszüge der deutschen Wehrmacht und die verheerenden Folgekonflikte steigerten die erzwungenen Migrationen ins Unermessliche. Der Zweite Weltkrieg war nicht nur der erste Krieg, in dem die Zahl der zivilen Opfer die der militärischen überstieg, er bildete auch einen Höhepunkt der Zwangswanderungen im «Katastrophenzeitalter». Auf fünf Prozent wird der Anteil von Flüchtlingen, Vertriebenen und Deportierten an der europäischen Gesamtbevölkerung für den Zeitraum zwischen 1939 und 1943 geschätzt.[359]

In den durch den Zweiten Weltkrieg verursachten beispiellosen Bevölkerungsverschiebungen galten keine international verbindlichen Absprachen über die Behandlung ziviler Flüchtlinge und Vertriebener. Der Historiker Keith Lowe kommt zu dem Urteil, dass Europa am Ende des Zweiten Weltkriegs ein «wilder Kontinent» war.[360] Die Aufnahme Hilfesuchender und heimatlos Gewordener basierte auf willkürlich und situationsbedingt getroffenen Entscheidungen der Regierungen von Einzelstaaten im Modus des Krisenmanagements. Wie gestaltete die Schweiz vor diesem Hintergrund ihr Verhältnis zu Ausländern im Inland, besonders, wenn sie schutzbedürftig waren?

Zwischenkriegszeit: Die Schweiz als Durchgangsland

Es liegt auf der Hand, dass die Zuwanderungsgeschichte der Schweiz in diesen Jahren entscheidend durch politische Entwicklungen in den Ländern bestimmt wurde, mit denen sie eine gemeinsame Grenze hatte. Arbeitsmigrationen, wie sie bis zum Ersten Weltkrieg in grosser Zahl üblich gewesen waren, spielten dagegen nun eine Nebenrolle. Die fremdenpolizeilichen Behörden waren mit Anhängerinnen und Anhängern von Kommunismus, Pazifismus, Sozialismus und Antikolonialismus, Kulturschaffenden und exilierten Bildungseliten aus dem ehemaligen Osmanischen und dem Zarenreich beschäftigt. Damit nicht genug, begannen in mehreren Staaten

Europas faschistische Regime, die politische Opposition unter Druck zu setzen und ins Exil zu zwingen. Der Spanische Bürgerkrieg trieb zusätzlich Hunderttausende von Unterstützerinnen und Unterstützern des Republikanismus in die Flucht.

Ausländerwesen und Asylgewährung der Schweiz bewegten sich vor diesem Hintergrund im Spannungsfeld von humanitären und diplomatischen Erwägungen. Die Erinnerung an den Landesstreik schürte zudem eine nahezu zwanghafte Angst vor «kommunistischen Umtrieben», für die man besonders Ausländer verantwortlich machte. So unterstrich die «Neue Zürcher Zeitung» in ihrer Ausgabe vom 27. Januar 1926 im Hinblick auf den Aufenthalt italienischer Antifaschistinnen und Antifaschisten, dass Ausländer in der Schweiz nur Schutz erwarten könnten, «solange sie sich ruhig verhalten und sich keine Störung der öffentlichen Ordnung und Sicherheit zuschulden kommen lassen».

Zu diesem Zeitpunkt hatte sich die Angst vor «Überfremdung», die in den Jahrzehnten vor dem Ersten Weltkrieg angesichts hoher Zuwanderungszahlen aufgekommen war, weder in der helvetischen Bevölkerung noch bei den Ausländerbehörden gelegt, obwohl die Zahl der Fremdstämmigen im Land kontinuierlich abnahm. Gerade einmal 8,7 Prozent betrug 1930 der Ausländeranteil, gegenüber 14,7 Prozent um 1910. Die Zahl sollte während des Zweiten Weltkriegs weiter sinken, auf zirka 5 Prozent 1941. Antibolschewismus, aussenpolitische Implikationen und die Angst vor Arbeitslosigkeit und Lohndumping, gefördert durch die in der Schweiz deutlich spürbaren globalen Wirtschaftskrisen der 1920er- und 1930er-Jahre, nährten die publizistische und politische Diskussion über Arbeitsmarktkontrolle, Zuwanderungsbeschränkung und «Überfremdung».

In dieser Situation legte eine Serie von ausländerpolitischen Entscheidungen die rechtliche Grundlage für eine stärker zentralisierte und restriktive Handhabung der so genannten Überfremdungsfrage, allem voran der mit 62 Prozent Ja-Stimmen angenommene Bundesbeschluss vom Herbst 1925, der dem Bund das Recht zugestand, über Ein- und Ausreise, Aufenthalt und Niederlassung von Ausländern gesetzliche Bestimmungen zu erlassen. Eine Schlüsselstellung hatte ferner das 1931 beschlossene Bundesgesetz über Aufenthalt und Niederlassung der Ausländer (ANAG). Es regelte die Anwesenheit von Arbeitnehmerinnen und Arbeitnehmern aus dem Ausland – mit einer Reihe von Änderungen – noch bis in die jüngste Vergangenheit. Das ANAG folgte volkswirtschaftlich-protektionistischen Erwägungen und war kein Asylgesetz im eigentlichen Sinn. Diese Handhabung wurde vor allem dann problematisch, wenn Landfremde in der Schweiz durch Ausbürgerung aus dem Herkunftsland staatenlos wurden, denn das Gesetz sah das Erlöschen der Aufenthaltsgenehmigung vor, «wenn der Ausländer aufhört, ein anerkanntes und gültiges Ausweispapier zu besitzen».[361] Einzig eine zeitlich eng befristete, von den Kantonen auszustellende Toleranzbewilligung kam

Nansen-Pass, ausgestellt am 15. Dezember 1937 auf Max-Elie Brailowsky (1886–1961), Fabrikant aus St. Petersburg, zum damaligen Zeitpunkt wohnhaft in La Chaux-de-Fonds. Der vom Eidgenössischen Justiz- und Polizeidepartement ausgestellte Pass war vierseitig.

Seite 4 (Bild oben) zeigt den NS-Hakenkreuz-Stempel, der bei der Durchreise durch Deutschland angebracht wurde: «Warnemünde ausgereist, 17. Jan. 1938». Vollständiges Dokument: Diplomatische Dokumente der Schweiz, dodis.ch/50578.

dann noch infrage. In diese Kategorie fiel beispielsweise Leonhard Frank bei seinem zweiten Aufenthalt in der Schweiz. Der Bund behielt sich in Fragen des Asyls das letzte Wort vor. Sollte etwa das Verhalten des Ausländers Anlass zu schweren Klagen geben oder er (oder sie) der öffentlichen oder privaten Wohltätigkeit zur Last fallen, konnte die Aufenthalts- oder Niederlassungsbewilligung entzogen werden.

Die nationalsozialistische Machtübernahme in Deutschland stellte binnen kürzester Frist die angestrebte ausländerpolitische Neuordnung auf die Probe. Noch bevor das ANAG am 1. Januar 1934 in Kraft trat, zwangen Razzien und Verhaftungen infolge des Berliner Reichstagsbrands sowie der Aufruf zum Boykott jüdischer Geschäfte in Deutschland die Schweiz, ihre Flüchtlingspolitik zu überdenken. Denn politische Stabilität, ein demokratisch-freiheitlicher Grundkonsens, religiöse Toleranz, eine trotz konjunktureller Schwächen relativ günstige Arbeitsmarktsituation und sprachliche Vielfalt machten die Schweiz zu einer bevorzugten Destination für Oppositionelle und solche, die das nationalsozialistische Regime dazu erklärte. Vor diesem Hintergrund sprachen sich Regierung und Behörden einvernehmlich für Massnahmen aus, die den Status der Schweiz einzig als Transitland für politisch Verfolgte unterstrichen. Fortan bestimmten zeitliche Befristung, regelmässige Überprüfung der Asylwürdigkeit, Erwerbsverbot sowie das Untersagen politischer Tätigkeit den Aufenthalt Zufluchtsuchender Ausländer in der Schweiz. Besondere Aufmerksamkeit verlange, so die Weisung des eidgenössischen Justiz- und Polizeidepartements «betreffend Einreise von Israeliten» vom 31. März 1933, die Zuwanderung von Juden, die unter allen Umständen daran zu hindern seien, sich dauerhaft in der Schweiz niederzulassen.

Im Herbst 1938 schien ein auf die Beurteilung von Einzelfällen aufbauendes Dispositiv von Kontrolle und Abwehr nicht mehr praktikabel. Hatte die zentrale Figur der Ausländerpolitik des Bundes, Heinrich Rothmund, im Januar 1937 bei einem Vortrag vor der Neuen Helvetischen Gesellschaft in Zürich unter dem Motto «Sucht Männer, nicht Massen» noch für eine Politik der Auslese plädiert, kamen nun Massnahmen zum Zuge, die Flüchtlinge pauschal fernhalten sollten. Unter dem Eindruck der Ereignisse in Österreich sowie des Scheiterns der Konferenz von Evian erreichte die Politik des Ab- und Weiterweisens eine neue Dimension. Flankiert wurde sie von einer aufblühenden Ideologie der Geistigen Landesverteidigung, die es erlaubte, alles Fremde als «unschweizerisch» zu markieren. Wer einen österreichischen Pass besass, benötigte künftig ein Visum. Wenig später verhandelte die Schweiz mit den Deutschen die Einführung des «J-Stempels» in die Pässe von «Nichtariern». Damit legte die Schweiz ihren Einreisebestimmungen die antisemitischen und rassistischen Kriterien der Nationalsozialisten zugrunde.

Anteil ausländischer Bevölkerung an gesamter Wohnbevölkerung der Schweiz, 1850–2016

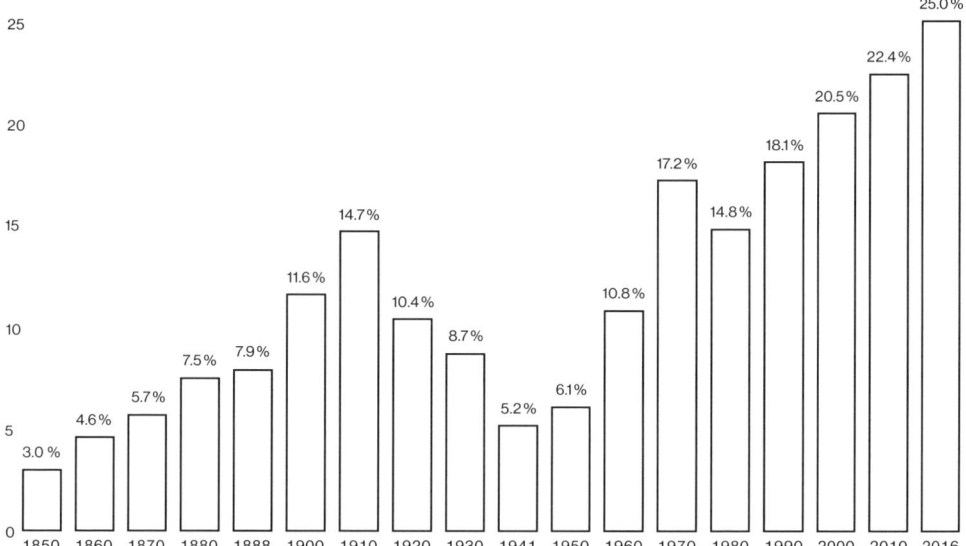

Quelle: Bundesamt für Statistik, Statistisches Lexikon der Schweiz.

Zwischen den Fronten: Die Rettungsinsel schliesst ihre Pforten

Als die amerikanische Gesandtschaft sich Anfang 1938 an das Politische Departement der Eidgenossenschaft wandte, um auszuloten, ob die Schweiz bereit sei, angesichts der verzweifelten Lage der Juden in Deutschland eine internationale Zusammenkunft zu beherbergen, verhielt sich die Behörde, gelinde gesagt, zögerlich. Man sehe «dieser Perspektive nicht sehr gerne entgegen». Zu befürchten sei, «dass das Komitee sich vielleicht später entschliessen könnte, weiterhin bei uns zu verbleiben». Vonseiten der Schweiz bestehe «angesichts unserer Einstellung zum Emigrantenproblem» kein Interesse, «dass sich dieser Ausschuss [...] bei uns festsetzt».[362]

Tatsächlich arbeitete die Schweiz daran, ihr Engagement im Völkerbund zurückzuschrauben. Im Mai 1938 kehrte sie zur «integralen Neutralität» zurück. In internationalen Verhandlungen zum Umgang mit der zunehmenden Zahl von Vertriebenen in Europa verwiesen die schweizerischen Autoritäten immer wieder auf die besondere geografische Lage des Landes, die eine restriktive Flüchtlingspolitik quasi erzwinge. Beschworen wurde hier das Bild der Rettungsinsel, die aufgrund ihrer Binnenlage in Europa und zwischen zwei starken, autoritär regierten Nachbarn eingezwängt, nicht anders könne, als sich migrationspolitisch abzuschotten. Wirtschaftspolitisch galt dies hingegen nicht. Die Metapher der Rettungsinsel nahm die des übervollen Rettungsboots vorweg, die Bundesrat Eduard von Steiger im August 1942 prägte. Ein «stark besetztes kleines Rettungsboot mit beschränktem Fassungsvermögen» könne, so der Verantwortliche des Inneren, nicht «Tausende von Opfern einer Schiffskatastrophe» aufnehmen, sondern müsse sich darauf beschränken, «die schon Aufgenommenen» zu retten.[363]

Von Steiger rechtfertigte in dieser Rede die kontinuierliche Verschärfung der Flüchtlingsbestimmungen seit Ausbruch des Kriegs, die im Sommer 1942 in der Verfügung einer Grenzschliessung gipfelte. Auch als der Vernichtungsfeldzug gegen die Juden mit Deportationen aus den westeuropäischen Ländern Europas Fahrt aufnahm – eine Tatsache, die damals hinreichend bekannt war –, gab die Regierung per Kreisschreiben Anweisung, sämtliche Zivilflüchtlinge noch an der Grenze zurückzuweisen und Flüchtlinge «nur aus Rassegründen» nicht als politische Flüchtlinge zu behandeln. Erst im Herbst 1943 lockerte der Bundesrat die Grenzsperre partiell. Die Sonderbestimmungen für jüdische Flüchtlinge fielen im Juli 1944, einen Monat nach der Landung der Alliierten in der Normandie.

Im Zweiten Weltkrieg war die Schweiz das einzige Nachbarland Deutschlands, das nicht besetzt war, wohl aber von den Achsenmächten umzingelt. Die programmatische Vorgabe durchzusetzen, die Schweiz sei ein Durchgangs-, aber kein Asylland für Exilanten und Kriegsflüchtlinge, bereitete unter diesen Bedingungen Schwierigkeiten. Dies eröffnete denjenigen, die sich bereits im Land befanden, die Möglichkeit einer Duldung, wenn auch unter prekären Umständen. An den Grenzen spielten sich dagegen Tragödien ab. Tausende von Rückweisungen sind dokumentiert, wobei es die Quellenlage heute kaum mehr zulässt, zu exakten Zahlen zu kommen. Zu unterschiedlich waren die Abwehrhandlungen von Grenzabschnitt zu Grenzabschnitt und von Moment zu Moment, zu lückenhaft die Dokumentationspraxis der Grenzposten.[364] Präziser lässt sich dagegen die Zahl der aufgenommenen Zivilflüchtlinge bestimmen, die sich für den Zeitraum des Krieges auf rund 60 000 beläuft. Einige hielten sich nur wenige Wochen oder Monate hier auf, andere mehrere Jahre, manche blieben bis zu ihrem Lebensende lange Jahre nach dem Krieg. Militärflüchtlinge, die in einer Grössenordnung von etwa 100 000 in der Schweiz Schutz suchten, verliessen das Land spätestens nach Kriegsende.[365]

Formen und Bedingungen des Aufenthalts

Wie sich das Leben für Nichtschweizer in der Schweiz unter den Bedingungen des aufziehenden Kriegs gestaltete, welche Einschränkungen und Freiräume sich für Frauen und Männer durch die – vielfach unfreiwillige – Ortsverlagerung in die Schweiz ergaben, hing wesentlich vom Zeitpunkt der Einreise und vom jeweiligen Aufenthaltsstatus ab. Diese Faktoren, aber auch das Verhalten der lokalen Autoritäten und der Bevölkerung waren es, die Alltag und Auskommen prägten. Sie hatten auch einen Einfluss darauf, ob aus dem perspektivisch auf Rückkehr ausgerichteten Aufenthalt provisorischen Charakters eine dauerhafte Immigration wurde.

Zivile Arbeitsmigrationen. Im Zeitalter der Weltkriege reduzierte sich die zivile Arbeitsmigration in die Schweiz. Zählte man 1910 zum Beispiel noch rund 203 000 italienische Arbeitskräfte im Land, ergab eine Erhebung aus dem Jahr 1930 die Anwesenheit von 127 039 Italienerinnen und Italienern, etwa ein Drittel der ausländischen Wohnbevölkerung insgesamt.[366] Das Baugewerbe, die Möbel- und Uhrenindustrie, die Rohstoffverarbeitung sowie die Textilindustrie und der Servicebereich hingen von diesen Männern und Frauen ab. Dazu kamen die Saisonarbeitskräfte, die sich damals wie heute nur für wenige Monate – vorwiegend in der milden Jahreszeit – im Land aufhielten. Sie lebten in provisorischen Unterkünften und auf Baustellen, packten im Tourismus an oder bei der Ernte. Die rechtliche Lage und der soziale Schutz dieser ausländischen Arbeiterinnen und Arbeiter gaben in der Zwischenkriegszeit immer wieder Anlass zu bilateralen Gesprächen, bei denen beide Seiten versuchten, für ihre Staatsbürgerinnen und Staatsbürger die bestmöglichen Bedingungen auszuhandeln.

Insgesamt griff der Staat immer stärker in die Regulierung von Arbeitszuwanderung ein. Begrenzung und Kontrolle von Zuwanderung wurden von rechts bis links zu Garanten eines zu schützenden nationalen

Judas Ischariot, Karikatur von Carl Böckli im «Nebelspalter», August 1941. Böckli, langjähriger Redaktor, hatte sich in den 1930er-Jahren nie gescheut, Sympathisanten der Nationalsozialisten mit Spott blosszustellen. Der Kampf gegen das von der Geistigen Landesverteidigung propagierte «Unschweizerische» zielte allerdings auch auf die jüdische Bevölkerung. In der Karikatur erscheint der Jude als unzuverlässiger und geldgieriger Pseudoschweizer.

Arbeitsmarkts erklärt, die Anwesenheit von Ausländern in der Schweizer Gesellschaft dagegen als Schwächung gedeutet. Parteien und Grossverbände, etwa die Gewerkschaften, sprachen sich für wirtschaftsprotektionistische Massnahmen aus. Das eidgenössische Justizdepartement wies an, dass jeder Ausländer abzulehnen sei, sollte seine Erwerbstätigkeit «volkswirtschaftlich nicht notwendig oder zumindest nicht ausgesprochen nützlich» sein.[367] Als der Krieg im September 1939 ausbrach, kehrten nach und nach über 50 000 Auslandschweizerinnen und -schweizer zurück in die Heimat und suchten nach einem Auskommen in der heimischen Wirtschaft. Unter diesen Bedingungen sowie infolge der Mobilisierung männlicher Ausländer in ihrem Herkunftsland sank der Anteil ausländischer Arbeitskräfte in der Schweiz auf einen historischen Tiefpunkt.

Politische Flüchtlinge. Mit der Machtübernahme der Nationalsozialisten verschlechterte sich die Lage der politischen Opposition im nördlichen Nachbarland schlagartig. Die Verordnung «Zum Schutz von Volk und Staat», im Nachklang des Reichstagsbrands am 28. Februar 1933 erlassen, öffnete antidemokratischer Verfolgung und Terror in Deutschland Tür und Tor. Wenig später erfolgte der Aufruf zum Boykott jüdischer Geschäfte als Auftakt einer Serie von Massnahmen, die vielen jüdischen Familien die Lebensgrundlage entzog.[368]

In dieser Gemengelage galt es, die schweizerische Flüchtlingspolitik zu überdenken. Auf dem Spiel standen das humanitäre und demokratische Selbstverständnis der Alpenrepublik. Ins Gewicht fielen aber auch antijüdische Ressentiments und die Angst vor «Überfremdung» generell. Daher mahnte das eidgenössische Justiz- und Polizeidepartement Zurückhaltung bei der Aufnahme von Flüchtlingen an, denen nur vorrübergehender Aufenthalt zu gewähren sei. Zusätzlich beschloss der Bundesrat: «Ausländer, die geltend machen wollen, sie seien politische Flüchtlinge, haben sich innerhalb von 48 Stunden nach dem Grenzübertritt bei der Polizei des Aufenthaltsorts anzumelden, indem sie sich ausdrücklich als politische Flüchtlinge zu erkennen geben.»[369] Der Status, der mit einem Verbot der politischen Betätigung in der Schweiz verbunden war, wurde äusserst restriktiv gehandhabt. Die Polizeibehörden schätzten die «Asylwürdigkeit» immer wieder neu ein und überwachten die Betroffenen intensiv. Ende 1938 hielten sich lediglich 123 anerkannte politische Flüchtlinge in der Schweiz auf, für den gesamten Zeitraum von 1933 bis 1945 geht man von einer Zahl von 644 Personen aus.[370]

Einer dieser politischen Flüchtlinge war der Sozialdemokrat, Publizist und Richter Wilhelm Hoegner. 1933 floh er vor Verfolgungen nach Österreich und von dort 1934 mit seiner Frau und zwei Kindern in die Schweiz. Über die materielle Situation im Exil gibt ein verbitterter Brief an den Zuständigen der sozialdemokratischen Flüchtlingshilfe Auskunft. Ohne die Unterstützung der Flüchtlingshilfe blieben der Familie, so Hoegner, nur folgende Möglichkeiten, um das Auskommen zu sichern: «a) wirtschaftlich ausreichende Arbeitsmöglichkeiten; b) Inanspruchnahme der öffentlichen Wohlfahrt; c) Rückkehr in die Heimat; d) Wegzug in ein anderes Land, e) Selbstmord. Die Möglichkeit b) würde in Zürich zunächst die Heranziehung von Bürgen bedeuten. Die Möglichkeit c) wäre für eine Anzahl von uns [...] mit dem Ausweg e) gleichzusetzen. Für Nachweis der Möglichkeit d) wäre eine Anzahl von uns, um hier nicht länger zur Last fallen zu müssen, sehr dankbar. Wie aber die Dinge liegen, dürfte vorerst nur die Möglichkeit a), Arbeitsgelegenheit, in Betracht kommen.»[371]

Unter den Bedingungen des befristeten Aufenthalts und des genehmigungspflichtigen Stellenantritts eine Arbeitsstelle zu finden, war nur wenigen vergönnt. Dennoch war das politische Asyl ein vergleichsweise privilegierter Status. Die Betroffenen konnten sich innerhalb der Schweiz relativ frei bewegen, eine – angesichts der begrenzten finanziellen Mittel bescheidene – Wohnung beziehen und ihren Alltag selbst gestalten. Für viele andere Flüchtlinge war das, zumal nach Kriegsausbruch, nicht mehr möglich.

Militärische Internierungen. Als beim Westfeldzug der Deutschen Wehrmacht im Juni 1940 die französische Armee und die polnische Exilarmee an der schweizerisch-französischen Grenze in Bedrängnis gerieten, erklärten die Schweizer Autoritäten sich bereit, ihnen Schutz zu gewähren. Rund 43 000 Soldaten französischer und polnischer Herkunft sowie mehrere Hundert Zivilisten passierten die Grenze. Die Militärflüchtlinge wurden gemäss den Bestimmungen des Haager Abkommens entwaffnet und interniert.

Während die meisten französischen Soldaten nach Abschluss der deutsch-französischen Waffenstillstandsverhandlungen wieder zurückkehren konnten, blieben mehr als 12 000 polnische Militärflüchtlinge bis nach Kriegsende in der Schweiz. Verschiedene in aller Eile errichtete Lager nahmen die Menschen auf. Das «Concentrationslager» Büren an der Aare entstand in diesem Zusammenhang, wurde aber als militärisches Internierungslager im Frühling 1942 wieder aufgegeben. Zu gross waren die Schwierigkeiten der Verwahrung und Versorgung von über 6000 Internierten auf

Brief von Heinrich Rothmund an Arthur de Pury, Schweizer Botschafter in Den Haag, 27. Januar 1939. Rothmund, Leiter der Polizeiabteilung des Justiz- und Polizeidepartements, präsentiert die Massnahmen zur Einschränkung der Einreise von Flüchtlingen. Auf Seite 2 hält Rothmund fest: «Wir haben nicht seit zwanzig Jahren mit dem Mittel der Fremdenpolizei gegen die Zunahme der Ueberfremdung und ganz besonders gegen die Verjudung der Schweiz gekämpft, um uns heute die Emigranten aufzwingen zu lassen.» Vollständiges Dokument: Diplomatische Dokumente der Schweiz, dodis.ch/46769.

Polizeiabteilung
Polizeidepartement

Bern, den 27. Januar 1939.

Herrn Minister A. de Pury,
Schweizerischer Gesandter,
im Haag.

Sehr verehrter Herr Minister,

Gestatten Sie mir, dass ich Ihre Dienste in Anspruch nehme in der für uns so ausserordentlich wichtigen Emigrantenfrage. Zu Ihrer Orientierung lege ich ein Exemplar der Antwort bei, die Herr Bundespräsident Baumann in der Dezembersession des Nationalrates auf die Interpellationen Trümpy und Müller erteilt hat. Zu deren Ergänzung füge ich bei, dass die Weiterreise der bei uns sich aufhaltenden Emigranten von Woche zu Woche schwieriger wird. Unsere Einreisepraxis ist deshalb ausserordentlich streng geworden. Wir geben nur noch Einreisebewilligungen zu kurzfristigem Aufenthalt an Emigranten, deren Weiterreise vor der Erteilung der Bewilligung durch das Visum eines anderen Landes, in das der Emigrant auch wirklich reisen will, sichergestellt ist. Es musste ein besonderes Bureau unter besonderer Leitung geschaffen werden, das die zu hunderten einlaufenden Gesuche prüft. Wie Sie unserem Kreisschreiben vom 20. Januar entnommen haben werden, hat der Bundesrat das Visum für Emigranten im allgemeinen wiedereingeführt. Sein Beschluss ermächtigt uns zudem, mit Italien, der Tschechoslowakei, Ungarn und den russischen Randstaaten über die allgemeine Wiedereinführung des Visumszwangs Besprechungen aufzunehmen, was demnächst geschehen wird. Wenn wir nicht Garantien für eine lückenlose Kontrolle bei der Einreise über die Angehörigen dieser Länder, die Emigranten sind, erreichen, werden wir zu dieser Massnahme kommen müssen. Wir haben zudem einen neuen Antrag an den Bundesrat in Vorbereitung, der uns Kompetenzen geben soll für eine bedeutende Verschärfung der In-

kleinstem Raum und unter prekären Bedingungen. Das Internierungswesen wurde in der Folge reformiert. Die Behörden brachten die Internierten dezentral unter und führten obligatorische Arbeitsdienste ein, etwa im Strassenbau oder im Rahmen der so genannten Anbauschlacht.

Zivile Flüchtlinge. Interniert wurden nicht nur Soldaten fremder Streitkräfte. Ein Bundesratsbeschluss, der eine überwachte Unterbringung von Zivilflüchtlingen in Lagern oder Heimen für zulässig erklärte, existierte seit Oktober 1939. Bereits vorher, nach der Flüchtlingswelle aus Österreich im Frühjahr 1938, waren entsprechende Unterkünfte geschaffen worden, so beispielsweise das «Sommercasino» in Basel, das Hotel Krone in Wald-Schönengrund im Toggenburg oder das Gebäude einer ehemaligen Stickerei in Diepoldsau im St. Galler Rheintal.

Im März 1940 beschloss der Bundesrat, Arbeitslager für zivile Personen, so genannte «Emigranten», zu errichten. Untergebracht wurden dort Personen, die vor dem Krieg eingereist waren und aufgrund fehlender Reisepapiere, durch Ausbürgerung ungültig gewordener Pässe oder fehlender Einreisebewilligungen in ein Drittland nicht ausreisen konnten. Die Internierten wurden bei Strassen-, Erdbau- oder landwirtschaftlichen Arbeiten eingesetzt. Auf Fähigkeiten und Eignung wurde dabei wenig Rücksicht genommen. Der Schriftsteller und Spanienkämpfer Eduard Claudius war einer von mehreren Literaten, Künstlern und Intellektuellen, deren Tage fortan mit dem Morgenappel zum Arbeitseinsatz begannen.[372]

Ab März 1942 sprachen die Behörden von «internierten Flüchtlingen». Dieser Status bezeichnete Zivilflüchtlinge, die man nun systematisch in überwachte Heime (Frauen und Kinder) und Lager (arbeitsfähige Männer) einwies. Diese Erfahrung machte Gerson Goldschmidt, damals knapp zwanzigjähriger Spross einer alteingesessenen jüdischen Familie aus Lübeck. Nach Monaten der Flucht und Internierung über Belgien und Frankreich kam er im Oktober 1942 mithilfe von Fluchthelfern in den Bergen bei Troistorrent im Unterwallis über die Grenze. Nachdem Bekannte aus der Schweiz alle Hebel in Bewegung gesetzt hatten, damit die Grenzpolizei den jungen Mann nicht, wie von der Eidgenössischen Fremdenpolizei angewiesen, zurück an die Grenze stellte, landete er auf Umwegen im Arbeitslager Ampfernhöhe bei Brugg. Goldschmidts Bericht gibt Einblick in das Lagerleben: «Morgens und abends war Appel, alle mussten zur Stelle sein. [...] Für die Arbeit wurden wir in Gruppen von je 30 bis 40 Mann eingeteilt. Um 7 Uhr morgens mussten diese Gruppen das Lager unter der Leitung von Schweizern verlassen, um 5 Uhr nachmittags kamen sie zurück. Eine Gruppe war für die Arbeit in der Küche und den Innendienst eingeteilt. [...] Eine Gruppe arbeitete bei den Bauern in der Landwirtschaft, eine andere arbeitete im Wald als Holzfäller. Eine Gruppe erledigte Befestigungsarbeiten [...].»[373]

Ein besonders strenges Regime waltete über den Mitgliedern oder Weggenossen der Kommunistischen Partei, Gegnern des Franco-Regimes oder Mitgliedern linksradikaler oder anarchistischer Gruppierungen, die im Verlauf der 1930er-Jahre ins Exil gegangen waren und von der Schweiz aus versuchten, das Geschehen in ihrer Heimat zu beeinflussen. Als Gefahr für die Sicherheit des Landes angesehen, sassen viele von ihnen Haftstrafen wegen verbotener politischer Aktivität ab und wurden in so genannten Speziallagern interniert, weit ab von anderen Flüchtlingen, politischen Sympathisanten oder potenziellen Unterstützern. Seit 1941 existierte ein solches Lager in Malvaglia im unteren Bleniotal, wenig später in Gordola oberhalb des Lago Maggiore; schliesslich, als die schweizerischen Behörden nach dem italienischen Waffenstillstand ein Zusammengehen mit geflohenen italienischen Partisanen befürchteten, kam das Lager Bassecourt im französischsprachigen Jura hinzu.[374]

Männer und Frauen. Die getrennte Unterbringung von Frauen und Männern hatte die Entstehung spezifisch männlicher beziehungsweise weiblicher Soziabilitäten zur Folge. Im Lager Bassecourt beispielsweise waren rund fünfzig als linksextrem eingestufte Männer untergebracht. Hier bildete sich im Verlauf des Jahres 1943 eine kleine Gruppe des helvetischen Ablegers der Bewegung Freies Deutschland, deren Mutterorganisation im selben Jahr in der Sowjetunion entstanden war. Wie Alix Heininger gezeigt hat, blieb der Frauenanteil in dieser kommunistischen Widerstandsorganisation in der Schweiz verschwindend klein – von der Führungsebene gar nicht zu sprechen –, und dies, obwohl die Kommunistische Partei, die ein egalitäres Geschlechterbild vertrat, für die Bewegung Freies Deutschland ein wichtiger Orientierungspunkt war.

Exil und Emigration bestätigten bürgerliche Rollenmuster von Männern und Frauen, eröffneten letzteren aber gerade darum mitunter Freiräume: Frauen setzten sich für die private Unterbringung ihrer internierten Ehemänner ein und liessen dabei ihre vermeintliche Hilflosigkeit als Frauen und Mütter spielen. Sie übernahmen Haushalts- und Betreuungstätigkeiten in der Nachbarschaft und verbesserten damit die delikate Einkommenssituation von Paar und Familie. Sie wurden auch von den Behörden anders behandelt. Das wird deutlich, wenn zum Beispiel die Fremdenpolizei intellektuellen Frauen wie der Kinderbuchautorin Lisa Tetzner das Recht zugestand, Texte zu publizieren, als Dozentin für Sprecherziehung zu arbeiten und auch hin und wieder als Rezitatorin aufzutreten, während die Bundesanwaltschaft ihren Lebenspartner Kurt Kläber – den proletarisch-revolutionären Schriftsteller, der 1927 der KPD beigetreten war – eng überwachte. Lisa Tetzner war es, die dem Paar, das sich von 1936 an in der Schweiz aufhielt, den Lebensunterhalt sicherte. Kläber dagegen musste sich im Hintergrund halten. Er sorgte für den Haushalt und ein gutes Verhältnis zu den Nachbarn und bestellte den kleinen Garten hinter ihrem Häuschen in Carona. Gerade weil man Kläbers politischen Aktivismus ernst nahm und Tetzners literarische Tätigkeit als «belanglose» und «oberflächliche» Kinderliteratur abtat, eröffneten sich Lisa Tetzner Handlungsspielräume. Sie konnte sich frei im Land bewegen, einer lukrativen Arbeit nachgehen und eine Reihe ihrer später weltbekannten Kinderbücher publizieren.[375]

Hilfe und Selbsthilfe

Überall, wo sich Migrantinnen und Migranten in der Schweiz unter schwierigen Umständen aufhielten, entstanden solidarische Netzwerke. Sie lassen sich in drei Typen unterscheiden: migrantische Selbsthilfe, sich allmählich professionalisierende private Hilfsorganisationen sowie spontane Unterstützung aus der Bevölkerung.

Migrantische Selbsthilfe organisierte sich normalerweise entlang nationaler Zugehörigkeiten. Das «Cooperativo» in Zürich beispielsweise war seit seiner Eröffnung in den frühen 1900er-Jahren ein Treffpunkt für sozialdemokratische Emigranten aus Italien geworden und empfing auch links gesinnte Gäste aus aller Welt, darunter 1917 Lenin oder die Sozialistin und Feministin Angelica Balabanoff. Das «Cooperativo» beherbergte auch eine italienische Schule und die Redaktion linkssozialistischer Zeitungen. Politische Emigranten wie der Schriftsteller Ignazio Silone gingen in den Räumen an der Militärstrasse ein und aus. An mehreren Orten entstanden antifaschistische Colonie Libere Italiane, die Italienerinnen und Italiener in der Schweiz in ihren alltäglichen Problemen unterstützen und in ihren antifaschistischen Überzeugungen stärken wollten. 1943 führte man diese Gruppen unter dem Dach der Federazione delle Colonie Libere Italiane in Svizzera (FCLIS) zusammen. Eine andere politische Ausrichtung hatten die Case d'Italia in Zürich und Bern, die bis nach der Kapitulation Italiens unter dem Einfluss der Propaganda des faschistischen Regimes standen.

Während des Zweiten Weltkriegs spielte das kulturelle Leben in den Zentren der kriegsbedingten Zuwanderung und in den Flüchtlings- und Arbeitslagern eine wichtige Rolle. Die Schweizer Behörden, besonders auch die Lagerleitungen, unterstützten derartige Formen der migrantischen Selbstorganisation, vorausgesetzt, sie blieben unpolitisch. Theaterstücke, Musik, selbst organisierte Weiterbildung und der Austausch über Pläne und Projekte für die Zeit nach dem Krieg waren nicht nur für die in der Schweiz Gestrandeten enorm wichtig. Je absehbarer das Ende des Krieges und damit auch der Zeitpunkt der Weiterreise der Flüchtlinge wurden, desto mehr kamen Zukunftsentwürfe und praktische Handreichungen zur Vorbereitung der Ausreise den Interessen der schweizerischen Autoritäten entgegen.

Beispielsweise konnte Ende Oktober 1944 die erste Ausgabe der Zeitschrift «Über die Grenzen» in einer Auflage von 5000 Exemplaren erscheinen. Das Blatt sprach eine Palette von Themen und Bedürfnissen der Flüchtlinge an, von ästhetisch-künstlerischen Verarbeitungen von Flucht und Entwurzelung über pragmatische Ratschläge zur Organisation der Weiterreise bis hin zu Erörterungen der geistigen Situation in den Herkunftsländern. Im Dezember 1945, als der Grossteil der Flüchtlinge die Schweiz wieder verlassen hatte und die meisten Lager aufgelöst worden waren, stellte das Redaktionskomitee dieses Selbsthilfeprojekt ein.

Zu den wirksamsten Unterstützern der Opfer von Krieg und Verfolgung zählten die zahlreichen und in der Forschung mittlerweile gut aufgearbeiteten Schweizer Hilfswerke. Zu unterscheiden ist dabei zwischen, erstens, den sozialdemokratischen Organisationen wie dem Arbeiterhilfswerk und der proletarischen Kinderhilfe; zweitens der Roten Hilfe, die 1940 wie alle kommunistischen Organisationen und Parteien landesweit verboten wurde; drittens der jüdischen Flüchtlingshilfe und, viertens, den christlichen Verbänden beider grosser Konfessionen. Hinzu kamen kleinere spezifischere Organisationen wie das Hilfswerk deutscher Gelehrter, der schweizerische Zweig der Internationalen Frauenliga für Frieden und Freiheit, der Fürsorgedienst für Ausgewanderte und zahlreiche Hilfsstellen für Flüchtlingskinder. Die Arbeit dieser Hilfswerke, mit Ausnahme der Roten Hilfe, koordinierte ab 1936 die Schweizerische Zentralstelle für Flüchtlingshilfe (SZF). Wenngleich die SZF wenig Einfluss auf die Entscheidungen der Behörden hatte, konnte sie heimatlos gewordenen Menschen eine Anlaufstelle bieten und erste Not lindern.

Weniger noch als der organisierten Flüchtlingshilfe ist die Darstellung in der Lage, der facettenreichen Hilfsbereitschaft Einzelner Rechnung zu tragen. Als ein Beispiel unter vielen anderen kann Paul Vogt angeführt werden. 29-jährig als Pfarrer im appenzellischen Walzenhausen angetreten, öffnete er nach dem Machtantritt der Nationalsozialisten in Deutschland das unter seiner Ägide entstandene Sozialheim Sonneblick für Flüchtlinge des Regimes. Im Gästebuch des «Sonneblicks» finden sich zahlreiche Einträge von Gestrandeten, darunter auch Dankesworte von Fritz Salomon, der sich ab Sommer 1935 für ein halbes Jahr in dem Gästehaus in den Hügeln über dem Bodensee aufhielt: «Eine Stätte des Rastens» in «schwerer Zeit» habe ihm, «dem die leidige Politik des Dritten Reichs seine Heimat» nahm, das Heim bedeutet.[376] Vogt koordinierte später die Freiplatzaktion, wurde zum Leiter des Schweizerischen Evangelischen Hilfswerks für die Bekennende Kirche in Deutschland und zu einer zentralen Figur der SZF.

Einige der Schweizer Flüchtlingshelfer – Frauen und Männer – sind in die Reihen der Gerechten unter den Völkern aufgenommen worden, ein Titel, den der Staat Israel seit 1953 jenen verleiht, die in der Zeit der nationalsozialistischen Herrschaft Risiken und Gefahren eingegangen sind, um Jüdinnen und Juden vor dem sicheren Tod zu retten. Neben Paul Vogt zählt

Das evangelische Sozialheim Sonneblick in Walzenhausen, um 1939. Bereits ab 1933, nach dem Machtantritt der Nationalsozialisten in Deutschland, fanden Flüchtlinge des Regimes hier Unterkunft. Während des Zweiten Weltkriegs wurde das Heim zu einem eigentlichen Flüchtlingszentrum. Bis heute dient der «Sonneblick» als Gästehaus mit sozialer Zielsetzung.

der St. Galler Polizeihauptmann Paul Grüninger dazu. An der Ostgrenze des Landes verhalf Grüninger in den Monaten nach dem Anschluss Österreichs Hunderten von Flüchtlingen zur Einreise in die Schweiz, bevor er 1939 denunziert und daraufhin seines Postens enthoben wurde. 1971 als Gerechter unter den Völkern geehrt, starb er 1972 verarmt. Seine Rehabilitierung erfolgte erst 1995. Auch Carl Lutz, Schweizer Diplomat und Vizekonsul in Budapest, und seine Frau Gertrud Lutz-Fankhauser gehören zu den in der israelischen Holocaust-Gedenkstätte Yad Vaschem Geehrten.

Die Ära der Flüchtlinge: Vorgeschichte der Nachkriegszeit

Das Ende des Zweiten Weltkriegs in Europa läutete auch das Ende einer Ära der grossen Fluchtmigrationen, der so genannten ethnischen Entmischungen und der Zwangsarbeit ein. Die Dimensionen von Flucht, Vertreibung und Verschleppung wurden erst jetzt richtig deutlich. Manche Historikerinnen und Historiker sprechen im Hinblick auf die Jahre 1914 bis 1945 denn auch von einem «neuen Dreissigjährigen Krieg» und machen damit auf die Einheit der Epoche aufmerksam. Bereits 1985 arbeitete der Holocaust-Forscher Michael Marrus in seiner Pionierstudie «The Unwanted» erstmals in aller Deutlichkeit heraus, dass Flüchtlinge in der ersten Hälfte des 20. Jahrhundert zu einer Massenbewegung geworden waren.[377]

Der Schweiz war es im Zweiten Weltkrieg gelungen, ausserhalb der direkten militärischen Konfrontationen zu bleiben. Doch prägte die Ära der Flüchtlinge auch in der Alpenrepublik Politik und Alltagsleben. Die qualitativen Merkmale der Zuwanderung wie soziale Zusammensetzung, ethnisch-konfessionelle Zugehörigkeiten und politische Überzeugungen änderten sich. Sie dynamisierten, auch unter dem Druck der ausserordentlichen quantitativen Dimension, die Konzepte von Migration, Flucht und Asyl. Zudem traten neue Instanzen auf den Plan. Die Bundesebene in Gestalt der Eidgenössischen Fremdenpolizei und der Bundesanwaltschaft gewann an Einfluss gegenüber den Kantonen. Jenseits des behördlichen Handelns kamen neue Akteurinnen und Akteure ins Spiel. Die Flüchtlingshilfe professionalisierte sich zügig und baute ein nationales Netzwerk auf, das auch transnational eingebunden war.

Mit dem Läuten der Kirchenglocken am 8. Mai 1945 war allerdings die Ära der Flüchtlinge nicht schlagartig beendet. Millionen Menschen hatten ihre Heimat verloren oder waren von ihr durch ein schier unüberwindliches Trümmerfeld getrennt. Das galt auch für viele Flüchtlinge, die den Krieg in der Schweiz überdauert hatten und deren Rückführung vielfältige Probleme bereitete. Im Schatten der Gewalt konstituierte sich angesichts der katastrophalen Ausgangssituation in Europa ein Migrationsregime, das starke internationale Elemente enthielt. Die Schweizer Migrationsgeschichte der zweiten Hälfte des 20. Jahrhunderts war zwar nicht durch Gewalt und Krieg allein geprägt, sondern auch durch den Aufstieg des Wohlfahrtsstaats und Arbeitsmarktbedingungen in der Hochkonjunktur. Die Zwangsmigrationen in der Ära der Weltkriege waren aber doch das Prisma, durch das Migration von nun an international verhandelt werden sollte. Die Schweiz hatte ihre Migrations- und Flüchtlingspolitik unter diesen Vorzeichen neu auszurichten.

14 Neutralität und humanitäre Sendung: Neufindung in der Nachkriegszeit

Flüchtlingsregime im Schatten der Gewalt 275
Zum Umdenken aufgefordert 278
Neutralität und Solidarität 280
Flüchtlingspolitische Massnahmen. 282

Den unmittelbaren Nachkriegsjahren widmet kaum eine Überblicksdarstellung zum europäischen Migrationsgeschehen im 20. Jahrhundert einen eigenen Abschnitt. Die Zeitspanne wird in der Regel entweder als Appendix der Epoche der Weltkriege behandelt oder dient einer Geschichte von Wanderungen und Wanderungspolitik im Kalten Krieg als Prolog. Anders der Historiker Peter Gatrell. In seinem Buch «The Making of the Modern Refugee» benutzt er das Bild des «Mahlstroms», um jene gigantischen Wanderungsbewegungen zu beschreiben, mit denen die vom Krieg erschütterten Gesellschaften inner- und ausserhalb Europas nach dem Ende der militärischen Auseinandersetzung konfrontiert waren.[378] Es kam den Siegermächten zu, Soldaten und die zivilen Opfer von Verfolgung, Verschleppung, Vertreibung und Deportation in ihre Heimat zurückzubringen. Angesichts dieser Herkulesaufgabe zeichnete sich ein neues übernationales Paradigma des Umgangs mit Flüchtlingen ab. Flüchtlinge waren zu einem Problem geraten, das nach multilateralen Absprachen verlangte.

Der Glaube an die Kontrollierbarkeit und Steuerbarkeit von Migrationsströmen liessen eine Reihe von internationalen Vereinbarungen und Institutionen entstehen. Auch die Schweiz konnte sich dieser Annäherung nationaler Migrationsregime unter internationalem Vorzeichen nicht entziehen. Nach dem Zweiten Weltkrieg machte sich das Land auf die Suche nach einer flüchtlingspolitischen Neuorientierung. Die künftigen Leitlinien nahmen in der Auseinandersetzung mit der schärfer werdenden Kritik an der neutralen Haltung des Landes Gestalt an.

Flüchtlingsregime im Schatten der Gewalt

Allein die Situation der rund um den Globus versprengten europäischen Juden stellte die Siegermächte vor eine kaum zu bewältigende Aufgabe. Jene, die den Holocaust überlebt hatten, zogen daraus unterschiedliche Lehren in Bezug auf ihre künftige «Wahlheimat». Die Vorstellungen reichten von zionistischen Bestrebungen über vollkommene Assimilation in den Zufluchtsländern bis zur Rückkehr ins Heimatland und zur Beteiligung am Wiederaufbau. Gleich welche Entscheidung die Menschen trafen: Verarmt, enteignet, entrechtet und entwurzelt, waren sie auf Hilfestellung angewiesen, zumal sich zeigen sollte, dass der allgegenwärtige Antisemitismus mit Kriegsende nicht einfach verschwunden war, Juden also, wohin sie kamen, mit Ablehnung rechnen mussten.

Das galt sogar, wenn es Überlebenden des Holocaust gelang, in ihre Heimat zurückzukehren. Ihrerseits in den prekären Verhältnissen der Kriegs- und Mangelwirtschaft lebend, hatten Nachbarn, Freunde und Bedürftige die Besitztümer und Wohnräume der zuvor Deportierten oder Geflohenen zwischen sich aufgeteilt und reagierten auf Rückforderungen nicht eben erfreut.

Keith Lowe zitiert einen ungarischen Witz über einen aus dem Konzentrationslager zurückgekehrten Juden, der einem befreundeten Christen begegnet und auf die Frage, wie es ihm gehe, antwortet: «Ich habe das KZ überlebt, aber ich besitze nichts mehr ausser den Kleidern, die du am Leib trägst.»[379]

Unzählige Menschen irrten in weiten Teilen Europas nach Kriegsende durch zertrümmerte Städte und Dörfer, um Angehörige und einen Weg zurück in die alte Heimat zu finden. Angesichts mehrmaliger erzwungener Deplatzierungen war für viele nicht einmal klar, wo die alte Heimat lag und was davon übrig geblieben war. Man geht allein von zehn bis zwölf Millionen überlebenden Zwangsarbeiterinnen und Zwangsarbeitern aus, die rund zwanzig Nationalitäten angehörten und um die 35 verschiedene Sprachengruppen vertraten.[380] Für solche und andere Personengruppen aus Non-Enemy-Staaten, die weit entfernt von ihrer Heimat mittellos und hilfebedürftig waren, fanden die Alliierten noch vor Kriegsende einen Sammelbegriff: Displaced Persons.[381]

In den letzten Kriegsjahren und unmittelbar danach zeichneten sich Formen einer multilateralen Verständigung und Zusammenarbeit ab. Auf Veranlassung des amerikanischen Präsidenten Theodore Roosevelt und im weiteren Kontext der Vorbereitungen zur Gründung der Vereinten Nationen wurde Ende 1943 die United Nations Relief and Rehabilitation Administration (UNRRA) ins Leben gerufen. Von den Vereinigten Staaten, der Sowjetunion, Grossbritannien und China getragen und gestützt auf Hilfsorganisationen wie das IKRK oder das Jewish Joint Distribution Committee (JOINT), bewerkstelligte sie die erste Versorgung von Displaced Persons und, wo möglich, ihre Rückführung. Es wurde jedoch rasch deutlich, dass die Repatriierung in den Einflussbereich der Sowjetunion bei vielen Betroffenen auf Widerstände stiess und gegen ihren Willen hätte durchgesetzt werden müssen. 1947 löste die International Refugee Organization (IRO) die UNRRA ab. Die IRO beschäftigte sich mit den verbliebenen Displaced Persons, die nun in Drittländer überführt oder dort, wo sie waren, verstärkt integriert wurden. Auf der Ebene der 1946 offiziell gegründeten Vereinten Nationen gelang es, ein Aufnahmeprogramm zu verhandeln, an dem bis 1951 über 700 000 Personen teilnahmen. Der grösste Teil siedelte nach Nordamerika und nach Australien über. Ende der 1940er-Jahre erklärte man die Mission für abgeschlossen.

Nach kontroversen Debatten entstand 1950 das mit begrenzten Ressourcen und Kompetenzen ausgestattete und von vielen Ländern nur halbherzig – und von der Sowjetunion nicht – unterstützte Amt des UN-Hochkommissars für Flüchtlinge. Ihm kam die Aufgabe zu, auf eine, wie man hoffte, dauerhafte Lösung der Flüchtlingsfrage hinzuarbeiten. Das UNO-Hochkommissariat für Flüchtlinge (UNHCR) brachte die Genfer Flüchtlingskonvention von 1951 auf den Weg, die 1954 in Kraft trat. Die Übereinkunft war zunächst darauf beschränkt, europäische Flüchtlinge im Zusammenhang mit dem Zweiten Weltkrieg und seinen Nachfolgekonflikten zu schützen.

Flüchtlinge mit ihrem Gepäck im Freien, vor ihrer Weiterreise nach Australien, 25. Oktober 1949. Die Schweiz war für die von der International Refugee Organization (IRO) betreuten Displaced Persons Zwischenstation. Bis 1951 wurden vonseiten der IRO über 700 000 Personen in Drittländer überführt, die meisten nach Nordamerika und Australien.

Um den geänderten Bedingungen von Flüchtlingen weltweit gerecht zu werden, erweiterten die Mitgliedstaaten den Wirkungsbereich der Konvention mit dem Protokoll von 1967 zeitlich und geografisch. Insgesamt 147 Staaten sind bisher der Genfer Flüchtlingskonvention oder dem Protokoll von 1967 beigetreten. Die Schweiz ratifizierte das Vertragswerk 1955. Damit bekannte sie sich zum universalistischen Humanitarismus westlicher Prägung, der den Umgang mit Verfolgten in Europa bis zum Fall des Eisernen Vorhangs prägen sollte. Diese Positionierung war keineswegs selbstverständlich für ein Land, das den Beitritt zu den Vereinten Nationen ablehnte und sich auch nach dem Krieg zur Neutralität bekannte. Wie kam es dazu?

Zum Umdenken aufgefordert

Die Schweizer Autoritäten hatten die Beschlüsse und Massnahmen der Alliierten im Umgang mit kriegsbedingten Migrationen, insbesondere Zwangsmigrationen, aufmerksam verfolgt. Die Frage, welche Bedingungen Flüchtlinge bei ihrer Rückkehr oder Weiterreise an dem Ort vorfinden würden, der zum vorläufigen Endpunkt ihrer Odyssee werden sollte, war auch für das neutrale Land nicht nebensächlich. Der von Annektierung und militärischer Auseinandersetzung verschonte Binnenstaat hatte die Flüchtlinge in seiner Obhut über Jahre immer wieder genötigt, die «baldige Ausreise» vorzubereiten, auch noch zu einem Zeitpunkt, als dies wegen des Kriegs unmöglich geworden war. Als die Waffen ruhten, erhoffte man sich, dass ein grosser Teil dieser Menschen die Schweiz umgehend verlassen würde. 115 000 Schutzsuchende befanden sich im Mai 1945 im Land, davon gut die Hälfte Zivilflüchtlinge. Zusätzliche Grenzübertritte aus den kriegsgebeutelten Nachbarländern waren zu befürchten. Auch galt es zu überlegen, unter welchen Umständen die Schweiz denjenigen Flüchtlingen eine dauerhafte Bleibe anbieten würde, denen eine Weiterreise nicht zugemutet werden konnte.

Allerdings waren solche Erwägungen nicht der einzige Grund für die Aufmerksamkeit, mit der die Schweiz die alliierten Bemühungen verfolgte und bald auch auf ihre Weise flankierte. Die Alpenrepublik stand nach Kriegsende im Kreuzfeuer internationaler Kritik. Grund dafür waren die Handelsbeziehungen, die das Land während des gesamten Kriegs mit Nazideutschland unterhalten hatte, das Clearing-System und der Goldumschlag, durch die das international geächtete Deutschland sich Devisen hatte beschaffen können, die Transitfunktion, welche die Schweiz für die Achsenmächte gehabt hatte und die durch den Krieg hindurch weitgehend uneingeschränkt aufrechterhalten geblieben war, sowie nicht zuletzt die restriktive Flüchtlingspolitik, vor allem gegenüber Juden.

Bereits im Dezember 1944 hatte die Bundesversammlung den Neuenburger Max Petitpierre zum Bundesrat gewählt. Er übernahm Anfang

Die isolierte Schweiz, Karikatur im «Nebelspalter», Oktober 1945. Nach dem Ende des Zweiten Weltkriegs stand die Schweiz wegen ihrer im Krieg praktizierten Neutralitätspolitik im Kreuzfeuer internationaler Kritik. Die Neutralität der Schweiz, so die aussenpolitische Devise des Bundesrats nach 1945, musste nun international wieder salonfähig gemacht werden.

1945 das Eidgenössische Politische Departement (EPD) und prägte über anderthalb Jahrzehnte die schweizerische Aussenpolitik. Seine Herausforderung bestand darin, die Neutralität der Schweiz international wieder salonfähig zu machen und das Land aus seiner «politischen, moralischen und wirtschaftlichen Isolierung herauszuführen».[382] Petitpierres Biograf Daniel Trachsler schildert die diplomatischen Anstrengungen zur Normalisierung der Beziehungen zum westlichen Nachbarn Frankreich und die dramatischen Umstände der Verhandlungen mit der Sowjetunion. Der Wiederaufnahme der schweizerisch-sowjetischen Beziehungen ging ein Tauziehen um die Rückkehr von in der Schweiz internierten Militärflüchtlingen voraus. Unter diesen befanden sich auch zwei von Moskau als Kriegsverbrecher angesehene Russen, deren Auslieferung der Kreml am Ende durchsetzte.

Mit dem Washingtoner Abkommen wurde schliesslich im Mai 1946 ein Ausgleich mit den westlichen Alliierten erreicht. Beziehungen zu Schweizer Firmen, die aufgrund ihrer Kontakte zu Deutschland im Laufe des Kriegs in den Vereinigten Staaten boykottiert worden waren, kamen wieder in Gang, die Blockade schweizerischer Guthaben in den USA fiel. Die Schweiz rückte aufgrund ihres unversehrten Produktionsapparats und der stabilen Währung zum begehrten Handelsplatz und Kapitalmarkt in einer sich langsam erholenden europäischen und weltweiten Wirtschaft auf. Politisch und ökonomisch war das Land damit seiner Rehabilitierung nähergekommen. An der moralischen Hypothek ihrer Kooperationsbereitschaft mit Nazideutschland und ihrer restriktiven Flüchtlingspolitik im Zweiten Weltkrieg trug der Kleinstaat dagegen weiterhin schwer.

Neutralität und Solidarität

Das Bekenntnis zur Neutralität war in Regierungskreisen und in breiten Teilen der Bevölkerung nach dem Krieg unumstritten. Der Grundsatz der Nichteinmischung galt innenpolitisch als Garant der helvetischen Unabhängigkeit. Angesichts der Entstehung einer internationalen Nachkriegsordnung schien es allerdings unumgänglich, die Maximen der Neutralitätspolitik zu überdenken. Nicht Rückzug und Isolationismus sollten künftig die aussenpolitische Leitlinie der Schweiz bestimmen, sondern die Verbundenheit mit der internationalen Gemeinschaft.

Die Neubestimmung hing eng mit der Entstehung der Vereinten Nationen und ihrem System der kollektiven Sicherheit zusammen. Nach kontroversen internen Debatten beschloss die Schweizer Regierung, sich der UNO anzunähern. Erstrebenswert erschien eine Mitgliedschaft, bei der die Schweiz mit Verweis auf die Neutralität von militärischen Massnahmen der UN-Sicherheitspolitik ausgenommen worden wäre, auf der wirtschaftlichen und der technischen Ebene aber kooperierte. Verständnis für die helvetische

Sonderposition versuchte man zu erzielen, indem man sich zur internationalen Solidarität explizit bekannte und diese mit humanitärem Engagement, einer aktiven Zusammenarbeit in technischen Angelegenheiten und mit der Gastgeberfunktion für internationale Organisationen und Zusammenkünfte verband. Die Überzeugungsarbeit fruchtete indes nicht bei den Architekten der Vereinten Nationen. «Neutrality is a word I cannot find in the Charter», liess der norwegische UNO-Generalsekretär Trygve Lie 1946 verlauten.[383] Die Schweiz verzichtete schliesslich auf ein Beitrittsgesuch.

Auch wenn der Kleinstaat mit diesem Kurs auf eine formale Integration in wichtige internationale Organisationen der Nachkriegsära verzichtete, näherte er sich den entstehenden Kooperationsstrukturen an und orientierte sich dabei zunehmend an den westlichen Siegermächten. 1948 erhielt die Schweiz Beobachterstatus in der UNO. Das Land engagierte sich in mehreren Unterorganisationen wie der Weltgesundheitsorganisation (WHO) oder der Organisation der Vereinten Nationen für Erziehung, Wissenschaft und Kultur (UNESCO) und, ab 1959, im Kinderhilfswerk UNICEF.

Anlässlich der Überarbeitung der Genfer Konventionen im April 1949 und nochmals von April bis Juli 1954, als die Indochinakrise nach internationalen Absprachen verlangte, wurde Genf zum Schauplatz weltpolitisch entscheidender diplomatischer Konferenzen, an denen sich hochrangige Vertreter aus aller Welt begegneten. Die Rhonestadt profilierte sich – und damit die ganze Schweiz – als sicherheitspolitisch und logistisch kompetente Gastgeberin, während das Land auf inhaltlicher Ebene keinen substanziellen Beitrag leistete. Es definierte sich als Ort der Begegnung und seine politische Linie als «politique de détente et de coexistence pacifique permanente»,[384] wie Bundesrat Max Petitpierre es wenige Monate nach der Indochinakonferenz formulierte.

Petitpierre schloss dabei an seine programmatische Rede vom 7. Oktober 1947 an, in der er die aktiv praktizierte internationale Solidarität zur neuen Legitimationsbasis der helvetischen Neutralität erklärt hatte.[385] Zugleich verankerte er die Eidgenossenschaft im Multilateralismus der Nachkriegszeit. Die von Petitpierre verkündete Maxime wiederum hatte nicht nur Folgen für das Verhältnis zum Ausland, sondern auch für das Verhältnis zu Kriegsopfern im In- und Ausland, die zu unterstützen die Schweiz sich nun anschickte. War Solidarität in der unmittelbaren Nachkriegszeit auf technische und finanzielle Hilfe für kriegsversehrte Länder in Europa, auf den europäischen Wiederaufbau und auf den Umgang mit Flüchtlingen bezogen worden, kamen bald logistischer Beistand für UNO-Mandate etwa im Nahen Osten oder am Kongo hinzu, wirtschaftliche Kooperationen und schliesslich die Unterstützung von Ländern des globalen Südens. Eine Reihe von konkreten humanitären Massnahmen ging mit der Neuausrichtung der Neutralität einher, die auf den Umgang mit den kriegsfolgebedingten Migrationen in der Dekade nach 1945 einen erheblichen Einfluss hatten.

Flüchtlingspolitische Massnahmen

Die von den Alliierten vorbereitete politische Neuordnung Europas nach dem Zweiten Weltkrieg bezog die Nachkriegshilfe für Flüchtlinge mit ein. Nachdem die Bündniskräfte am 9. November 1943 mit 44 Staaten das Abkommen über die UNRRA unterzeichnet hatten, war auch für den neutralen Kleinstaat der Zeitpunkt gekommen, über einen eigenen Beitrag nachzudenken. Die UNRRA direkt zu unterstützen, schien aus neutralitätspolitischen Gründen zu diesem Zeitpunkt nicht opportun. Als zu gross erachtete man den Einfluss der Vereinigten Staaten, die finanziell, aber auch personell die Hauptlast der UNRRA trugen. Dennoch zollten die eidgenössischen Autoritäten der Hilfsaktion Anerkennung: «Les moyens mis en œuvre par l'UNRRA sont d'une ampleur qui n'a probablement jamais été atteinte au cours de son histoire», so Petitpierre im Dezember 1945.[386]

Einen unabhängigen, aber dennoch vergleichbaren Beitrag zu leisten, war das Ziel der «Schweizer Spende an die Kriegsgeschädigten». Auf Veranlassung des Bundesrats schlossen sich im Februar 1944 unter diesem Dach unabhängige Hilfswerke zusammen, um bei humanitären Hilfeleistungen zu kooperieren. Mit der Schweizer Spende setzte der Bund ein Signal auf diesem Terrain, dessen Koordination er zuvor privaten Organisationen überlassen hatte.

Die Schweizer Spende hatte einen humanitären Anspruch, war aber nicht ohne Eigennutz. Man erhoffte sich, durch Hilfe vor Ort einem Ansturm von verzweifelten und perspektivlosen Menschen in die vom Krieg verschonte Schweiz vorzubeugen. Auch war die Einrichtung der Schweizer Spende nicht ohne politisches Kalkül. Obwohl der Aktionsradius überwiegend im benachbarten Ausland lag, erhoffte man sich auch eine innenpolitische Wirkung. So hiess es in der von Bundesrat und Bundespräsident an das Volk gerichteten Broschüre «Unser Volk will danken» aus dem Jahre 1945: «Die Schweizer Spende an die Kriegsgeschädigten soll unserer Bevölkerung Gelegenheit bieten, die Gefühle der Nächstenliebe, die sie empfinden, zu bezeugen. Jeder Schweizer, ob jung oder alt, arm oder reich, soll die Möglichkeit erhalten, an einem Werk teilzunehmen, durch das er gegenüber dem schwer geprüften Nächsten einer moralischen Verpflichtung nachkommt.»[387]

Der Schweizer Spende gelang es nur begrenzt, den gewünschten Rückhalt in der Bevölkerung zu finden. Es stellte sich heraus, dass das anfangs angenommene Spendenvolumen von hundert Franken pro Haushalt zu optimistisch vorausgesagt worden war. Damit die Schweizer Spende dennoch aussenpolitische Wirkung entfalten konnte, steuerte der Bund den Betrag bei, der notwendig war, um auf Augenhöhe zu den Beitragsländern der UNRRA zu gelangen.

Zugute kamen die Hilfeleistungen, die mit der Sammlung von insgesamt rund 200 Millionen Franken ermöglicht wurden, Displaced Persons,

Schweizer-Spende!

Me cha mir dasmal nüt meh näh,
Ich ha scho drüümal öppis ggää.

Pflaschter, sovill Wunde z'heile
Chamme nüd koräkt verteile.

Mir sälber händ gnueg duregmacht.
Zum Bischpiel dä Alarm hüt z'Nacht.

Gsetzt de Fall **ich** wär en Arme,
Hett ächt d'Mitwelt au Verbarme?

«Schweizer-Spende! Schweizer, spende!», doppelseitige Karikatur im «Nebelspalter», 1945 (siehe auch Seite 282). Die mangelnde Bereitschaft der Bevölkerung, die «Schweizer Spende» zu unterstützen, dokumentierte die Satirezeitschrift mit Kommentaren einzelner gut betuchter Mitbürger: «Mir chönd nöd üs verbarme, für anderi verarme.» Um auf Augenhöhe mit den Beitragsländern der internationalen Hilfsorganisation zu gelangen, steuerte schliesslich der Bund den fehlenden Betrag bei.

Schweizer, spende!

Wa wänd etz au mir schwache
Eifache Schwizer mache?

Wänn alli gänd, öb arm öb riich,
Gaht's eventuell au ohni mich.

Mir chönd nüd us Verbarme
Für anderi verarme.

's isch gnueg was eusereis für Opfer bringt,
Ich ha min Fifi gopferet, chriegsbedingt.

Kindern und Opfern der Naziherrschaft in den unmittelbaren Nachbarländern, darunter nach der Kapitulation auch Menschen in Deutschland. In «Unser Volk will danken» kommen erschütternde Schicksale zum Ausdruck, etwa in folgender Passage: «Wir beschlossen, zu fliehen. Für mich aber war die Flucht besonders schwierig, da ich damals mein zweites Kind erwartete. Tagsüber versteckten wir uns in Wäldern und Getreidefeldern, verfolgt von Polizisten und Polizeihunden. Nachts wanderten wir abseits der Landstrassen, Dörfer und Städte, die alle von den fremden Truppen besetzt waren. Für uns war das Furchtbarste, dass wir auf der Flucht unser kleines Mädchen verloren und trotz allem Suchen und Nachfragen nicht mehr auffinden konnten.»[388]

Um Menschen zu helfen, die sich tausendfach in solchen oder ähnlichen Situationen befanden, war für die Schweizer Spende eine Zusammenarbeit mit der UNRRA logistisch unumgänglich. Zugleich trug die Zusammenarbeit dazu bei, die humanitären Absichten des neutralen Landes hervorzuheben. Nachdem die Finanzierung der Schweizer Spende Bundesrat und Kammern mehrfach intensiv beschäftigt und immer wieder auf der Kippe gestanden hatte, setzte man im Juni 1948 den Endpunkt unter dieses Kapitel der Schweizer Nachkriegshilfe. Fortan lag die humanitäre Hilfe wieder ganz in den Händen privater Hilfsorganisationen, die allerdings, wie das Schweizerische Rote Kreuz, das Arbeiterhilfswerk und die Caritas, professionell aufgestellt waren und weiterhin, nicht zuletzt unter dem Dach der neu gegründeten Schweizer Europahilfe, kooperierten.

Schliesslich trat die Schweiz nach längeren Aussprachen mit der IRO-Leitung, in denen es massgeblich um den finanziellen Beitrag der Schweiz ging, Ende März 1949 der IRO bei. Dabei gelang es den Spitzenbeamten der verantwortlichen Abteilung, federführend Eduard de Haller und Hans Cramer, für die Schweiz unter den gegebenen Umständen äusserst günstige Bedingungen auszuhandeln. Unterstützung etwa, die die Eidgenossenschaft bereits zuvor an Flüchtlinge auf ihrem Territorium geleistet hatte und die unter die Kategorien der IRO fiel, konnte sie in Rechnung stellen. Auch behielten die helvetischen Behörden die Oberhand bei der Betreuung der Flüchtlinge im Land. Darüber hinaus konnte die Schweiz die Kosten der Repatriierung von Flüchtlingen von den Beitragszahlungen an die IRO abziehen.

Eine andere Form der Unterstützung galt Kindern aus kriegsversehrten Ländern. Die Schweiz leistete Hilfe vor Ort in Krisengebieten, nahm Kinderspeisungen vor und verteilte Hilfsgüter. Bei der Organisation von Erholungsaufenthalten in der Schweiz knüpfte man an Aktivitäten der Arbeiterkinderhilfe an. Diese hatte bereits in der Zwischenkriegszeit Emigrantenkinder und Kinder aus prekären Verhältnissen für mehrmonatige Aufenthalte in die Schweiz geholt. Die Zürcherin Regina Kägi-Fuchsmann und die in München geborene und in Bern aufgewachsene Nettie Sutro gehörten zu den emblematischen Trägerinnen dieser Netzwerke, darunter zentral das Schweizer Hilfswerk für Emigrantenkinder.[389] Die Kinderhilfe des Schweizerischen Roten Kreuzes übernahm dabei koordinierende Funktion und ermöglichte zwischen 1946 und 1949 mittels so genannter Kinderzüge knapp 30 000 deutschen Kindern einen Erholungsaufenthalt in der Schweiz.

Zahlen des Schweizerischen Roten Kreuzes lassen für den Zeitraum von November 1940 bis Ende 1956 auf insgesamt 180 000 Kinder schliessen, die aus verschiedenen kriegsversehrten Ländern in die Schweiz einreisten und für die sich rasch der Begriff «Schweizerkinder» einbürgerte.[390] Untergebracht wurden sie in Heimen oder Gastfamilien. «Ihre Ursula», schrieben Krankenschwestern aus dem Kinderheim Miralago in Brissago an die Mutter eines Schützlings in Dresden, «ist am Montag Abend nach langer Fahrt [...] wohlbehalten bei uns eingetroffen. Sie ist hier mit 61 anderen Kindern [...]. Ursula gefällt es sehr gut bei uns, sie ist auch ganz glücklich über das gute Essen und die wunderschöne Gegend. [...] Von Ursula soll ich viele Grüsse und Küsse schicken.»[391]

Viele Einzelschicksale offenbaren, dass solche Kurzaufenthalte Verbindungen zu Migrantinnen und Migranten schufen, die bereits seit Längerem in der Schweiz lebten. Einer schweren Lungentuberkulose entronnen, reiste zum Beispiel Gerhard Girsensohn, 1934 in Soest nahe Dortmund geboren, als «Schweizerkind» im Herbst 1949 zur Erholung nach Wangen an der Aare. Sein Gastvater war ein Deutscher aus Ostpreussen, der als Pazifist im Ersten Weltkrieg Zuflucht in der Schweiz gefunden und dort geheiratet hatte. Auch der Pfarrer, mit dem der Heranwachsende im Nachbarort zu tun hatte, war deutscher Abstammung. Er schlug dem Knaben aus dem Ruhrgebiet eine Brücke zur Schweizer Politik und Gesellschaft.

Als «Land, in dem Milch und Honig fliessen», blieb die Alpenrepublik damaligen «Schweizerkindern» im Gedächtnis. Dauerhaft bestehen blieben viele transnationale Kontakte, genährt von Briefen, Besuchen und späteren touristischen Aufenthalten. Es liegt nahe, dass das in dieser Zeit entstandene positive Schweizbild familiäre Dispositionen prägte, die sich bis in die nächste Generation hinein motivationsfördernd auf Migrationsentscheidungen auswirkten. Zum Teil sind die Nachkommen von «Schweizerkindern» bis heute in der Schweizer Wirtschaft tätig.

Auch die Situation der Flüchtlinge im Land änderte sich in den frühen Nachkriegsjahren. Am 7. März 1947 wurde per Vollmachtenbeschluss «einigen Flüchtlingsgruppen, vor allem Alten und Kranken, durch Gewährung des so genannten Dauerasyls das dauernde Verbleiben in der Schweiz ermöglicht».[392] Um die 5000 lag die Zahl der Menschen, die in den Genuss dieser Regelung kamen, darunter einige der etwa 250 Schriftstellerinnen und Schriftsteller, die aus politischen und rassischen Gründen Deutschland nach 1933 hatten verlassen müssen und in der Schweiz Zuflucht gesucht hatten. Der Schweizerische Schriftstellerverein, den die fremdenpolizeilichen

Plakate des Schweizerischen Arbeiterhilfswerks (SAH) am VPOD-Kongress in Bern, Mai 1946. Die Ausstellung dokumentierte die bereits geleistete Unterstützung von Kriegsflüchtlingen in den umliegenden Ländern und im Inland, darunter: «9 300 Schweizerkinder in die Ferien aufgenommen, d. h. 281 720 Ferientage bei einer Totalauslage von Fr. 700 000».

Behörden seit 1933 immer wieder zu Rate gezogen hatten, wenn es um die Genehmigung von Aufenthalt und Arbeitserlaubnis ausländischer Kollegen ging, zeigte sich nun milde gegenüber in erster Linie älteren Kollegen, die sich in der Schweiz über Jahre unter schwierigen Bedingungen über Wasser gehalten hatten. Der Journalist und Arbeiterdichter Julius Zerfass beispielsweise galt als «feinsinniger und bescheidener Schriftsteller und Lyriker [...], dem eine Aufbesserung seiner sehr beschränkten ökonomischen Lebensbedingungen durch gelegentliche Veröffentlichungen, die immer ein gewisses Niveau wahren, durchaus zu gönnen ist».[393]

Im März 1948 stimmte das Parlament einer Abänderung des Bundesgesetzes über Aufenthalt und Niederlassung der Ausländer (ANAG) zu, die die Praxis des Umgangs mit Flüchtlingen liberalisierte. Artikel 23 sah die Aufnahme von Ausländern vor, die «aus politischen und anderen Gründen an Leib und Leben gefährdet sind». Ein eigentliches Asylgesetz wurde allerdings erst 1979 eingeführt, es trat zum 1. Januar 1981 in Kraft.

Im Kontext der im In- und Ausland formulierten Kritik an der Schweizer Flüchtlingspolitik in der nationalsozialistischen Ära wurde ausserdem ein Bericht erstellt, der bis heute grundlegend ist für die historische Aufarbeitung dieser Jahre, der so genannte Ludwig-Bericht. Der Untersuchung vorausgegangen waren Ende März 1954 Enthüllungen des «Schweizerischen Beobachters» hinsichtlich der – wie man damals glaubte – proaktiven Rolle des Leiters der Polizeiabteilung des eidgenössischen Justiz- und Polizeidepartements, Heinrich Rothmund, bei der Erfindung des «Judenstempels» im Sommer und Herbst 1938. Halb, um Aufklärung zu bringen, halb, um Schlimmeres zu vermeiden, gab das Parlament einen Bericht in Auftrag. Carl Ludwig, Jurist von Beruf und von 1948 bis 1959 Präsident der Schweizer Spende, sollte Licht in die Verwirrung um Verfügungen, Zahlen und Praktiken von Aufnahme sowie Aus- und Rückweisung von Flüchtlingen in den «dunklen Jahren» bringen. Im Herbst 1955 lag der Bericht dem Bundesrat vor. Die gewählten Vertreterinnen und Vertreter des Volks hielten ihn allerdings erst 1957 in den Händen – in einer kommentierten, über 400 Seiten umfassenden Version. 1966 wurde der Bericht schliesslich auch der breiten Öffentlichkeit zugänglich gemacht. Seine blosse Existenz offenbart den Druck, unter dem die Schweiz in den frühen Nachkriegsjahren stand, sowie das Bemühen um Rechtfertigung einer auf Verhinderung und Abwehr gerichteten Flüchtlingspolitik.

Fast zeitgleich mit der Diskussion um die Ergebnisse des Ludwig-Berichts, im Oktober 1956, wurde die Schweiz Zeuge des Umsturzversuchs in Ungarn. Als Anfang November in blutigen Kämpfen deutlich wurde, dass der Volksaufstand gescheitert war, begann eine Massenflucht über Österreich in den Westen. Das eben entwickelte schweizerische Verständnis von Neutralität als Solidarität und humanitäre Sendung stand vor seiner ersten Bewährungsprobe.

15 «Freie Welt» im Kalten Krieg

Postkoloniale Schweiz 291
Von Budapest in die Schweiz 292
Vom Alpenland im Kalten Krieg 294
... zum Kalten Krieg im Alpenland 296
Ost-West-Migrationen: Europa und die Schweiz . . . 297
Offene Arme und Missverständnisse 299
Günstiger Arbeitsmarkt und politischer Wille 301
Existenz im Schatten des Bruchs 304

Das Migrationsgeschehen auf dem europäischen Kontinent war in der zweiten Hälfte des 20. Jahrhunderts von mehreren Prozessen geprägt. Dazu zählte zunächst die Dekolonialisierung, die nicht nur die ehemaligen Kolonien, sondern auch das gesellschaftliche Gefüge der europäischen Kolonialnationen erschütterte. Die Zentren der nun auseinanderfallenden Imperien hatten die Rückwanderungen von kolonialen politischen, wirtschaftlichen und militärischen Eliten sowie die Rückkehr von Siedlerinnen und Siedlern zu verkraften, die ihre Existenz angesichts der geänderten Machtverhältnisse in den entstehenden Nationalstaaten gefährdet sahen. Auch wanderten ehemals Kolonialisierte in die europäischen Metropolen ein, für Bildungszwecke, aus ökonomischem Druck oder aus Angst vor Drangsalierungen unter dem neuen Regime im Herkunftsland. In den vier Dekaden nach dem Zweiten Weltkrieg strömten zwischen 5,4 und 6,8 Millionen Menschen in die europäischen Mutterländer, darunter waren rund 4 Millionen Europäer.[394]

Für die Betroffenen, von denen viele kaum je den Fuss auf den europäischen Kontinent gesetzt hatten, war der Übergang nicht einfach. «Whiteness» stellte in der Kolonie eine andere Ressource dar als in der Metropole. Weiss zu sein, war unter dem Kolonialregime unmittelbar an Superiorität gekoppelt, während es in den Metropolitanregionen zwar Privilegiertheit bedeutete, aber keine Garantie gegen eine soziale Abwärtsbewegung bot. Elisabeth Buettner, die sich mit den Folgen der Dekolonialisierung für mehrere europäische Länder befasst hat, zitiert aus dem Tagebuch einer betagten Siedlerin in Mosambik, die Mitte der 1970er-Jahre beobachtete, wie Familien um sie herum nach der Unabhängigkeit des Landes zurück ins «Mutterland» Portugal gingen: «A cousin, to whom I was very close, left. Later, destitute in Lisbon, he killed his wife and then himself. They were good people. They were dead anyway, they only made it official.»[395]

Postkoloniale Schweiz

Von solchen Erfahrungen der Entwurzelung, des Statusverlusts und des biografischen Bruchs, die etwa die Gesellschaften Frankreichs, Grossbritanniens oder der Niederlande vor grosse Herausforderungen stellten, war die Schweiz, die nie eigene Kolonien besessen hatte, nur am Rande betroffen. Doch war auch sie politisch, wirtschaftlich und kulturell eng mit dem Kolonialsystem verstrickt. Sie hatte, wie Christof Dejung am Beispiel des Kolonialwarenhandels der Gebrüder Volkart aufgezeigt hat, von der Erschliessung von Absatzmärkten und dem Aufbau von Handelsbeziehungen profitiert. Das Vermögen manch eines Pioniers des modernen Liberalismus, Alfred Eschers etwa, fusste auf Sklavenhaltung, in seinem Fall auf einer Kaffeeplantage auf Kuba. In dem Mass, in dem die Schweiz nach dem Ende der Imperien «postkolonial» war, war sie auch eine Station der Rück- und

Umkehrmigrationen, welche die Kolonien des globalen Südens und Fernen Ostens mit den Zentren des europäischen Nordens verband. Auch in der Alpenrepublik sollten Menschen aus den Weltregionen eintreffen, die in den Befreiungskämpfen und den daran anschliessenden blutigen Bürgerkriegen aufgerieben worden waren.

Die Dekolonialisierung erstreckte sich, grob gesehen, über die drei Jahrzehnte nach dem Zweiten Weltkrieg, die mitunter als «Trente Glorieuses» bezeichnet werden, weil die wirtschaftliche Entwicklung im globalen Norden von einer nahezu ungebrochenen Hochkonjunktur gekennzeichnet war. Eine mit der Beschleunigung der industriellen Produktion einhergehende Arbeitskräfteknappheit hatte binneneuropäische, später auch interkontinentale Süd-Nord-Arbeitsmigrationen zur Folge, die nach der Dekolonialisierung den zweiten wichtigen Faktor darstellen, der das Wanderungsverhalten in der zweiten Hälfte des 20. Jahrhunderts beeinflusste. Wie nur wenige andere Konstellationen drückte drittens schliesslich der Kalte Krieg, um den es in diesem Kapitel geht, dem Migrationsgeschehen auf dem europäischen Kontinent seinen Stempel auf.

Die Prozesse waren miteinander verschränkt und schrieben sich zugleich in die längere Geschichte von (Zwangs-)Migrationen im 20. Jahrhundert ein. Bei der Suche nach einem besseren Leben spielten politische, ökonomische und kulturelle Motive eine Rolle, aber auch individuelle und generationelle Erfahrungen sowie Netzwerke. Menschen verliessen ihre Heimat, weil ihnen Diskriminierung und Verfolgung drohten und weil sie sich vom Leben in einem anderen Land ein besseres Auskommen und eine Perspektive versprachen. Ob dies eintraf, hing von vielen Faktoren ab: den Bedingungen der Aufnahmeländer, Verbindungen zu Bekannten und Verwandten, Fluchtwegen, Hilfe und nicht zuletzt von Zufall und Gelegenheit.

Von Budapest in die Schweiz

Die Verflechtung kriegsbedingter familiärer Fluchtgeschichten mit denjenigen des Kalten Krieges, das Nebeneinander unterschiedlicher Motivationslagen und schliesslich eine vom Glück begünstigte Konstellation im Moment der Flucht werden an der Biografie von Andreas Herczog nachvollziehbar. Geboren 1947 in Budapest, floh er mit seiner Mutter im November 1956 in die Schweiz. Sein Vater hatte 1944 die Deportation ungarischer Juden durch die deutsche Wehrmacht überlebt. Er war Anfang der 1950er-Jahre gestorben. Bereits der erste Verlobte der Mutter war dem Terror der antisemitischen und faschistischen Partei der Pfeilkreuzler zum Opfer gefallen. Unter ihrem Einfluss schlug sich Ungarn im Zweiten Weltkrieg auf die Seite der Achsenmächte, bis die Ostfront zusammenbrach und die Rote Armee das Land besetzte. Es blieb nach dem Zweiten Weltkrieg im Einflussbereich Moskaus.

Aktion «Volkshilfe hilft Ungarn», 1956. Nach dem Einmarsch der sowjetischen Truppen in Ungarn im November 1956 bekundete die Schweizer Bevölkerung enorme Solidarität mit den Aufständischen. Das Rote Kreuz erhielt 17 Millionen Franken an Spenden, insgesamt wurden zwei Millionen Pakete mit Medikamenten und Nahrungsmitteln nach Ungarn verschickt.

Als der Ungarische Aufstand im Herbst 1956 die ersten Opfer in der Zivilbevölkerung verzeichnete, entschied sich Herczogs Mutter zur Flucht. «Niemand wusste», erinnert sich der heute im Zürcher Seefeld lebende Stadtplaner und Politiker, «wie es politisch weitergehen würde. Meine Mutter hatte den Zweiten Weltkrieg erlebt. Verständlicherweise hatte sie genug davon. Vermutlich war sie der Ansicht, je nach Entwicklung der Situation fände sie für mich im Ausland die günstigeren Schul- und Ausbildungsmöglichkeiten.»[396] Im ungarisch-österreichischen Grenzgebiet begegnete die Gruppe einem russischen Panzer. Der Neunjährige grüsste. Die Mitreisenden schimpften, doch die Flucht per Pferdekutsche an die Grenze zu Österreich gelang. Schliesslich landete die Familie nicht wie geplant bei Verwandten in den Vereinigten Staaten, sondern in der Schweiz. Denn als man nach einem beschwerlichen Fussmarsch über die grüne Grenze in ein österreichisches Auffanglager gelangte, offenbarte sich, dass die Zuteilungen in die USA Zeit in Anspruch nehmen würden. Dagegen fragten «Rotkreuzangestellte bei ihrem Gang durch die Säle [...], wer in die Schweiz wolle». Frau Herczog meldete sich.

Als eines der ersten Länder hatte sich der Kleinstaat am 6. November 1956 bereit erklärt, Ungarnflüchtlinge aufzunehmen. «Während andere Länder noch über die Auslesebedingungen verhandeln», teilte ein hoher Beamter des schweizerischen Flüchtlingswesens dem Bundespräsidenten Mitte November mit, «trafen hier schon die ersten Transporte ein.» Die Schweiz nehme alle auf, «die kommen wollen», und habe «keine Auslesekriterien aufgestellt».[397] Insgesamt registrierten die Behörden 13 803 Flüchtlinge aus Ungarn. Für etwa 5000 unter ihnen war die Schweiz lediglich ein Transitland. Knapp zwölf Prozent kehrten während der folgenden vier Jahre wieder nach Ungarn zurück.[398] Die anderen liessen sich, wie die Familie Herczog, dauerhaft hier nieder.

Vom Alpenland im Kalten Krieg ...

Als am 4. November 1956 russische Panzer auf Budapest Kurs nahmen, verurteilte die Schweizer Regierung die Repressionen und Verletzungen internationaler Normen und Menschenrechte unmittelbar und forderte die beteiligten Konfliktparteien auf, «die sie trennenden Konflikte durch Verhandlungen beizulegen».[399] Erstmals in einer Krisensituation des Ost-West-Konflikts bezog die Schweiz auf der internationalen Bühne Position und bot sich als Vermittlerin an, wenn auch mit Blick auf die Friedensbildung erfolglos.

Auch flüchtlingspolitisch handelte es sich um eine Zäsur. Seit man überhaupt von einer eidgenössischen Ausländer- und Asylpolitik sprechen konnte, war eine derart vorbehaltlose Öffnung gegenüber zivilen Flüchtlingen nicht vorgekommen. Die Stellungnahme in Asylfragen war die konsequente Umsetzung der neutralitätspolitischen Neupositionierung, welche die Schweiz seit dem Zweiten Weltkrieg vollzogen hatte. Sie entsprach der Maxime von Solidarität und humanitärer Sendung und konkretisierte diese zugleich in der Konstellation des Kalten Kriegs.

Angedeutet hatte sich die Entwicklung bereits in den ersten Nachkriegsjahren: Als die Vereinten Nationen 1947 die Internationale Flüchtlingsorganisation (IRO) gründeten, waren die Spannungen, die fortan die Welt in eine östliche und eine westliche Hemisphäre aufteilen sollten, deutlich spürbar. Während die Sowjetunion den Beitritt ablehnte, legte die Satzung der IRO fest, dass Dissidenten und Flüchtlinge aus kommunistischen Ländern Schutz und Hilfeleistung erhalten sollten. Die Schweiz schlug sich mit dem Beitritt zur IRO auf die Seite der Westmächte und betrat den Pfad der westlichen Integration, dem sie auch mit ihrem Beitrag zum Marshallplan folgte. Die flüchtlingspolitischen Entscheidungen der 1950er-Jahre und darüber hinaus waren damit präfiguriert: Die Alpenrepublik öffnete Flüchtlingen aus dem Einflussbereich des Kommunismus im Namen der «freien Welt» ihre Tore. Neutral und doch dem Westen zugewandt, befand sich die Confoederatio Helvetica mitten im Kalten Krieg.

Der von westlichen Intellektuellen, Journalisten und politischen Strategen seit Ende der 1940er-Jahre popularisierte Ausdruck «Kalter Krieg» bezeichnet allgemein die weltpolitische Konfiguration von der Verkündung der Truman-Doktrin bis zum Zerfall der Sowjetunion 1989/90. In einer folgenschweren Rede vor dem amerikanischen Kongress erklärte der amerikanische Präsident Harry S. Truman am 12. März 1947 die neue politische Leitlinie der USA. Demnach waren die Vereinigten Staaten bereit, anderen «freien» Völkern auf deren Ersuchen hin militärische und wirtschaftliche Hilfe zukommen zu lassen, wobei kein Zweifel daran bestand, dass die Bedrohung vom Kommunismus ausging.

Die Truman-Doktrin markierte den Beginn der Spannungen zwischen Ost und West. In den folgenden Jahren entwickelten sich Bündnissysteme westlich und östlich des «Eisernen Vorhangs», ein Begriff, den der britische Premier Churchill bereits 1945 in einem Telegramm an Truman geprägt hatte. Er habe sich «stets um die Freundschaft der Russen bemüht», doch beunruhige ihn der «überwältigende Einfluss» und «die Verkoppelung ihrer Macht mit der Besetzung und Kontrolle so ungeheurer und weiter Gebiete. [...]. Ein eiserner Vorgang ist vor ihrer Front niedergegangen. Was dahinter vorgeht, wissen wir nicht.»[400]

Gegen die sowjetische Expansion in Ost- und Mitteleuropa und die von Moskau initiierten Staatsverträge, die den Einflussbereich des Kommunismus vergrössern sollten, setzten die Vereinigten Staaten ihre eigene Bündnispolitik, Wirtschaftshilfe und militärische Unterstützung antikommunistischer Kräfte. Das im Juni 1947 angekündigte European Recovery Program (ERP), auch Marshallplan genannt, sollte die Industrienationen

Westeuropas stärken und sie ideologisch, wirtschaftlich und politisch an die USA binden. Grossbritannien, Frankreich, die Beneluxstaaten, Italien, Westdeutschland, Österreich, Griechenland und einige andere Länder nahmen die Wirtschaftshilfe in Anspruch. Die Schweiz, die ebenfalls das Abkommen über die europäische wirtschaftliche Zusammenarbeit unterzeichnete, nahm keine Unterstützung in Anspruch. Sie profitierte aber von den entstehenden transatlantischen und binneneuropäischen Handelsbeziehungen.

... zum Kalten Krieg im Alpenland

Der Kalte Krieg stellte eine Machtprobe zwischen den Supermächten dar. Sie wurde durch die gegenseitige Androhung eines nuklearen Schlags in Schach gehalten. Die Spannungen entluden sich jedoch in einer Reihe von Stellvertreterkriegen im Fernen Osten, darunter Korea und Vietnam, sowie im globalen Süden, insbesondere im Kongo. Für die Schweiz war aber nicht nur das aussenpolitische Bedrohungsszenario bedeutsam. Der «Feind» lauerte auch im Innern. Thomas Buomberger schildert in seiner Studie «Die Schweiz im Kalten Krieg» das Schicksal zahlreicher Frauen und Männer, die aufgrund ihres Interesses für die Sowjetunion und ihrer vermeintlichen «kommunistischen Gesinnung» die Grundlagen ihrer Existenz – Leumund, Beruf, freundschaftliche Bindungen – verloren. Ein regelrechtes Kesseltreiben wurde gegen die Schriftstellerin, Frauen- und Friedensaktivistin Helene Fausch-Bossert veranstaltet, die 1953 eine Bildungsreise in die Sowjetunion unternommen hatte. Das Gleiche galt für den marxistischen Intellektuellen Konrad Farner, der für viele den Kommunismus verkörperte.

Ein vergleichbares Klima prägte die Haltung gegenüber Ausländern. Das Begriffsarsenal der Geistigen Landesverteidigung existierte bereits in der Ära des Nationalsozialismus. Bis zum Ende des Zweiten Weltkriegs bedienten sich daraus jene, die die Schweiz gegen Frontismus und Faschismus verteidigen wollten, häufig mit recht unterschiedlichen Auffassungen über das, was es zu verteidigen galt. In der Konstellation des Kalten Kriegs griff man wieder auf das Vokabular der Geistigen Landesverteidigung zurück, das Begriffe wie «feindliche Ausländer» oder «fünfte Kolonne» umfasste. Auf diese Weise konnte man Ängste schüren vor heimlichen subversiven Kräften, vielfach Migranten, die im Namen des Kommunismus, so wurde suggeriert, die Gesellschaft unterwanderten und einen gewaltsamen Umsturz vorbereiteten.

Die reaktivierte Geistige Landesverteidigung der 1950er- und 1960er-Jahre verband die Skepsis gegenüber Fremden mit einem zutiefst antikommunistischen Ressentiment. Die Schweiz war in dieser Hinsicht nicht allein. In der McCarthy-Ära wurden in den Vereinigten Staaten

«Verdächtige» überwacht und diskriminiert, darunter deutsche Exilantinnen und Exilanten auf der Flucht vor dem Nationalsozialismus, die sich in den USA niedergelassen hatten. Unter den prominentesten waren Thomas und Heinrich Mann oder Bertolt Brecht. Aber auch die Regierungen europäischer Länder bespitzelten In- und Ausländer auf der Grundlage von weitreichend ausgelegten Gesetzen «gegen staatsgefährdende Umtriebe». In der Schweiz umfasste die Kartei der politischen Polizei am Ende des Kalten Kriegs fast eine Million Fichen, Zeugnisse der staatlichen Überwachung von zahllosen Frauen und Männern, die man im Namen des «Staatsschutzes» des Kommunismus oder anderer «schädlicher» Aktivitäten bezichtigte.

Unter besonderem Verdacht der kommunistischen Unterwanderung standen italienische Arbeitsmigranten, Frauen und Männer, die bald nach dem Krieg ins Land geholt worden waren, um den Arbeitskräftemangel in einer boomenden Konjunkturlage aufzufangen. Da die Kommunistische Partei in Italien traditionell hohe Gewinne verzeichnete, fürchteten die Schweizer Behörden, dass kommunistisches Gedankengut, Mobilisierungsstrategien und Aktionsformen für den Arbeitskampf durch die Saisonniers eingeschleppt würden. Diverse Behörden- und Spitzelberichte belegen eine engmaschige Überwachung der italienischen Migrantenorganisationen und Strukturen der italienischen Kommunistischen Partei in der Schweiz. Deutlich wird an diesem Beispiel, wie sehr die Prozesse, die das europäische Migrationsgeschehen in den vier Jahrzehnten nach dem Zweiten Weltkrieg bestimmten, miteinander verflochten waren. Wenn die italienischen Arbeiter in der Schweiz der kommunistischen Agitation verdächtigt wurden, wie ging man dann mit den Flüchtlingen aus dem Ostblock um, die im gleichen Zeitraum in mehreren Wellen in den Westen strömten?

Ost-West-Migrationen: Europa und die Schweiz

Ost-West-Migrationen zählen im Kontext des modernen Europa zu den bedeutendsten Bevölkerungsbewegungen. Während bis in die 1880er-Jahre zahllose Menschen den europäischen Kontinent Richtung Westen verliessen, um sich in der Neuen Welt ein Leben aufzubauen, zogen wenig später angesichts von Industrialisierung und Arbeitskräftemangel in der Landwirtschaft Arbeiterinnen und Arbeiter aus dem Osten und auch aus dem Süden in die industrialisierten Regionen des Westens. Von Ost nach West führte an der Wende zum 20. Jahrhundert auch die Flucht Hunderttausender osteuropäischer Juden, die in ihrer Heimat Pogromen und Diskriminierungen ausgesetzt waren. Kaum eine der in den westlichen Metropolen entstandenen Diasporagemeinden überlebte allerdings die rassistischen «Säuberungen» der Nationalsozialisten; nur wenige Frauen und Männer konnten sich durch transatlantische Migration retten. Das Exil aus Osteuropa im Kalten Krieg stellte vor diesem Hintergrund lediglich eine weitere Etappe der säkularen Ost-West-Bewegung dar.

Zahlenmässig überwogen die binneneuropäischen Ost-West-Migrationen der unmittelbaren Nachkriegsjahre (1945–1950) bei Weitem die der folgenden, durch den Kalten Krieg geprägten Dekaden. Geht man für die direkten Kriegsfolgemigrationen von etwa zwanzig Millionen Deplatzierungen aus, beläuft sich die Zahl der dokumentierten Migrationen aus der östlichen in die westliche Hemisphäre für den gesamten Zeitraum von 1950 bis zum Zusammenbruch des Kommunismus auf etwas mehr als 14 Millionen. Nahezu drei Viertel dieser Migrationen gingen auf das Konto von ethnisch-religiösen oder familiären Zusammenführungen. Dazu zählen zum Beispiel Übersiedlungen aus der sowjetisch besetzten Zone beziehungsweise der DDR nach Westdeutschland, aber auch Repatriierungen der als «Aussiedler» bezeichneten deutschen Minderheiten in Polen, Rumänien oder in der Sowjetunion. Die Betroffenen der politischen Umwälzungen in Ungarn, der Tschechoslowakei und Polen bildeten in der Ära des Kalten Krieges der Jahre 1945 bis 1992 auf europäischer Ebene lediglich etwa zehn Prozent des gesamten Ost-West-Migrationsaufkommens.[401]

Dennoch hatten die Flüchtlinge aus den Ostblockstaaten international grosses Gewicht. Mit der Ungarnkrise und der Aufnahme der Flüchtlinge wurden wichtige Schritte in Richtung eines internationalen Dialogs in Flüchtlingsfragen unternommen. Der moderne Flüchtling, so Peter Gatrell, wurde als Problem konstruiert, das durch internationales Handeln grundsätzlich lösbar war.[402] Nach den Anfängen einer solchen internationalen Regulierung durch den Völkerbund nach dem Ersten Weltkrieg und nach der Verabschiedung der Genfer Flüchtlingskonvention 1951 stellten die Ereignisse in Ungarn die erste Herausforderung eines solchen internationalen Flüchtlingsregimes dar. Von der UN-Vollversammlung beauftragt, Nothilfe für Ungarn zu organisieren, sorgte der Hochkommissar der Vereinten Nationen für schnelle und koordinierte Hilfe vor Ort. Die Hilfe reichte von der provisorischen Unterbringung bis zur Verteilung der Flüchtlinge. 35 Länder erklärten sich bereit, Flüchtlinge aus Ungarn aufzunehmen.

Die Schweiz engagierte sich im internationalen Vergleich erheblich für Zufluchtsuchende aus der kommunistischen Welt. Nach einer Erhebung der Vereinten Nationen hatte das Land während der Ungarnkrise bis April 1957 bereits 10 334 Flüchtlinge aufgenommen.[403] Nachdem die tibetische Protestbewegung gegen die Annektierung durch das kommunistische China 1959 brutal niedergeschlagen worden war, erklärte sich die Schweiz bereit, Zufluchtsort für insgesamt 1700 Flüchtlinge zu sein. Sie beherbergte damit die grösste tibetische Exilkolonie Europas. Von den etwa 170 000 Frauen und Männern, die nach der Niederlage des Prager Frühlings in den Westen flohen, kamen an die 12 000 in der Schweiz unter.

Offene Arme und Missverständnisse

Die Aufnahme der ungarischen Flüchtlinge durch die schweizerische Regierung sowie durch Behörden, Bevölkerung und Hilfsorganisationen ist von allen Flüchtlingswellen des Kalten Krieges am besten untersucht. Bereits der Ludwig-Bericht enthielt in seiner dem Parlament vorgelegten Fassung von 1957 einen ausführlichen Anhang, in dem die Aufnahmebedingungen der ungarischen Flüchtlinge skizziert wurden: «Die aufgenommenen ungarischen Flüchtlinge», hiess es dort, «können so lange in der Schweiz bleiben, als sie es wünschen, immer unter der Voraussetzung, dass sie sich korrekt verhalten. Es soll auf sie kein Druck ausgeübt werden, weder zur Weiterreise noch zur Heimkehr.»[404]

Rechtlich unterstanden die Zufluchtsuchenden den Bestimmungen der UN-Flüchtlingskonvention, die eine Einzelfallprüfung für das Recht auf Asyl vorsah. De facto anerkannte die Schweiz die Flüchtlinge aber kollektiv und folgte dabei der Praxis anderer Unterzeichnerländer der Genfer Flüchtlingskonvention. Mit der grosszügigen Aufnahme wollte die Schweizer Regierung, das zeigt nicht zuletzt die Abhandlung des Themas im Rahmen des Ludwig-Berichts, dazu beitragen, einen Kontrapunkt zur Flüchtlingspolitik des Zweiten Weltkriegs zu setzen. Anders als damals versuchten die Behörden auch nicht, die Kosten auf die Gruppe der Betroffenen abzuwälzen.

So tief der Schock über den militärischen Aufmarsch in Ungarn im November 1956 in der Schweiz – wie auch im Rest der westlichen Welt – sass, so euphorisch war der Empfang der ersten Flüchtlinge. Solidarität bekundete die schweizerische Bevölkerung durch Demonstrationen, Spenden und die Gründung von Ungarnkomitees. An dem Tag, an dem sowjetische Panzer auf Budapest zurollten, beteten die Gläubigen für das ungarische Volk. Am 20. November 1956 ertönten in allen Kirchen des Landes die Glocken. Für die Länder der «freien Welt» hatte die Öffnung für die Flüchtlinge des verhassten Kommunismus Priorität. Das galt besonders für die Alpenrepublik, in der der Antikommunismus als «Kitt» für eine verunsicherte Nachkriegsgesellschaft wirkte.

Elisabeth Kopp, 1984 zur ersten Frau im Schweizer Bundesrat gewählt, erinnert sich an die Ungarnhilfe, die sie mit ihren Kommilitoninnen und Kommilitonen an der Universität Zürich organisierte. Sie deutet auch kulturelle Missverständnisse an, die sich trotz der vermeintlichen Nähe zu den «Freiheitskämpfern» unmittelbar einstellten: «Ich übernahm das Kochen. Unvergessen bleibt mir die erste Mahlzeit, die ich zubereitete. Es waren Fischfilets an einer Weissweinsauce, ein Gericht, das mir zu Hause immer viel Lob eintrug [...], doch zu meiner grossen Enttäuschung liessen die Ungarn viel davon mit leicht angewiderter Miene stehen. [...] Am nächsten Tag gab es Gulasch.»[405]

Demonstration gegen den sowjetischen Einmarsch in Ungarn, November 1956. Getragen von einem parteiübergreifenden Antikommunismus, identifizierte sich ein grosser Teil der Schweizer Bevölkerung mit den Ungarn. Auch die Schweizer Regierung verschloss sich den Hilferufen aus Ungarn nicht. Bereits am 6. November 1956 stellte der Bundesrat den Antrag, 2000 ungarische Flüchtlinge aufzunehmen.

Für Andreas Herczog und seine Mutter war die Ankunft in einer Liestaler Kaserne eine glückliche Fügung. Frau Herczog fand Arbeit bei der Wäschefirma Hanro, während der Sohn spontan durch eine einheimische Familie betreut wurde, die sie dort zufällig kennengelernt hatten. «Dies sei ihr Beitrag», erklärte die Gastfamilie.[406] Auch Andreas Herczog, dem sich damit gute Bedingungen für eine rasche Eingliederung in die neue Umgebung boten, schildert ein Gefühl der Befremdung, das die ungarischen Flüchtlinge – bei aller Dankbarkeit – ab und zu überkam. Er erinnert zum Beispiel, dass viele der Flüchtlinge in Panik gerieten, als zu einer festlichen Gelegenheit Feuerwerk und Schiessübungen veranstaltet wurden. «Einige glaubten, die Russen seien auch hier angelangt. Doch stellte sich heraus, dass es sich nur um eine Hochzeit handelte.»

Derartige auf kulturellen Differenzen beruhende Missverständnisse gab es viele. Gut gemeinte Spenden stellten sich als Kränkung heraus, wie der Topf Schweineschmalz, den eine Schweizer Hausfrau einer Ungarin brachte, weil sie glaubte, «Zigeuner» ässen nur Fett vom Schwein. Von den Migranten der Mangelwirtschaft lang gehegte und endlich erfüllte Konsumwünsche wie der Kauf eines kleinen Gebrauchtwagens erzeugten «böses Blut», weil der Chef mit dem Fahrrad zur Arbeit kam, während «so eine arme ungarische Flüchtling[sfrau], für die man noch sammeln musste», mit dem Auto vorfuhr.[407]

Günstiger Arbeitsmarkt und politischer Wille

Trotz solcher – für beide Seiten oft belastenden – Verständnisschwierigkeiten gelang die Integration der Ungarnflüchtlinge, ebenso wie die der Tschechen und Slowaken Ende der 1960er-Jahre. Grund dafür war nicht zuletzt die Arbeitsmarktlage in der Zeit der Hochkonjunktur. So fanden die meisten Ungarn innerhalb weniger Wochen eine Arbeitsstelle, gerade auch, weil sie überwiegend jung, männlich, weiss und über jeden Kommunismusverdacht erhaben waren, also den «idealen» Arbeitnehmer für eine westlich orientierte, florierende Industrienation darstellten. Der Bildungsgrad der Tschechen und Slowaken war zudem überdurchschnittlich hoch. Der Jahresbericht der Schweizer Caritas 1971 hielt fest: «Wenn man bedenkt, was die Berufsausbildung eines Facharbeiters oder Akademikers kostet, bedeutet die berufliche Qualifikation eines überwiegenden Teils der Flüchtlingsbevölkerung für das Asylland ein Kapital.»[408]

Jedoch zeigte sich auch, dass die Bedürfnisse des Arbeitsmarkts mit den Qualifikationen und Aspirationen der Neuankömmlinge nicht immer übereinstimmten. Dort, wo man Landarbeiter, Servicepersonal oder Hausangestellte suchte, konnte man mit Hochschulabgängern wenig anfangen, zumal, wenn ihre landessprachlichen Kenntnisse gering waren. Der

Schweizer Botschafter in Wien informierte die Fremdenpolizei in Bern Mitte September 1968, er habe beobachtet, wie ein österreichischer Helfer für einen tschechischen Flüchtling auf einem Visaformular zunächst «Dr. iur.» eingetragen, den Eintrag dann aber durch «Spengler» ersetzt und dazu bemerkt habe, so könne der Tscheche besser in der Schweiz arbeiten.[409]

Die Aufnahme und Integration der Flüchtlinge aus dem Ostblock hing somit massgeblich vom politischen Willen ab, Teil einer internationalen, an westlichen Werten orientierten Solidargemeinschaft zu sein. Es war für die Schweiz in erster Linie eine Frage der aussenpolitischen Glaubwürdigkeit, dem Aufruf des UNHCR zu folgen und die Menschen, die Ungarn angesichts der politischen Ereignisse überstürzt verliessen, als Flüchtlinge zu behandeln. Ähnliches galt später für Tschechen und Slowaken.

Erwägungen dieser Art standen auch hinter der Aufnahme von Flüchtlingen aus Tibet. Zehntausende des sechs Millionen Menschen zählenden zentralasiatischen Volkes waren nach dem unterdrückten Aufstand gegen die Besatzungspolitik der kommunistischen Regierung Chinas im Frühling 1958 dem Dalai Lama ins Exil gefolgt. Schweizer Hilfsorganisationen begannen sich für die in den umliegenden Ländern versprengten, unter prekären Bedingungen lebenden Menschen einzusetzen. Die Identifikation mit dem kleinen Bergvolk, das sich gegen einen übermächtigen Gegner nicht wehren konnte, spielte hier zusätzlich eine Rolle. Die Schweizer Regierung genehmigte ein Kontingent von Flüchtlingen und ermöglichte damit unter anderem die Einrichtung eines tibetischen Hauses im Kinderdorf Pestalozzi in Trogen im Kanton Appenzell Ausserrhoden.

Die Solidarität mit Flüchtlingen kannte aber auch Grenzen. Die grosszügige Aufnahme von Tausenden Ungarinnen und Ungarn hielt noch an, als die Regierung 200 sephardischen Juden Asyl verweigerte, die in der Suez-Krise 1957 aus Ägypten kommend in der Schweiz Schutz suchten. Wie Patrick Kury und Daniel Gerson am Fall des Kaufmanns Moise Haroun aus Alexandria nachvollzogen haben, legte die Fremdenpolizei bei diesen Flüchtlingen Kriterien an, welche die Flüchtlingspolitik der 1930er- und 1940er-Jahre gekennzeichnet hatten, das Argument der «Überfremdung» inbegriffen.[410] Skeptisch zeigte man sich ebenfalls gegenüber Chilenen, die 1973 nach dem Sturz Salvatore Allendes um Asyl baten. Erst der Druck der Zivilgesellschaft brachte die Regierung dazu, das Kontingent von den geplanten 200 auf schliesslich 1600 Personen zu erhöhen. Die schweizerische Flüchtlingspolitik in der Ära des Kalten Krieges stand zwar im Zeichen des Humanitarismus. Dieser verlief jedoch entlang der Grenzen des westlichen Antikommunismus und verlor – jedenfalls bis Mitte der 1950er-Jahre – die antijüdische Fixierung nicht, die seit der Zwischenkriegszeit dominierte.

Tibeter auf dem Rütli am Vierwaldstättersee, 1964. Am 29. März 1963 hatte der Bundesrat die Aufnahme von tausend tibetischen Flüchtlingen bewilligt, die nach der gewaltsamen Niederschlagung des Volksaufstands gegen die chinesische Unterdrückung 1959 nach Indien und Nepal geflüchtet waren. Die tibetische Diaspora wuchs bis 1984 auf 1700 Personen an. Die Identifikation der Schweizer mit dem «kleinen Bergvolk», das sich dem kommunistisch regierten China widersetzte, war gross, entsprechend herzlich gestaltete sich der Empfang der Tibeter in der Schweiz.

Existenz im Schatten des Bruchs

Ungarn, Tibeter, Tschechen, Slowaken, später auch Polen und vietnamesische Boat-People hoben sich von anderen Migrantinnen und Migranten ihrer Zeit durch die Tatsache ab, dass sie weder den Zeitpunkt noch die Dauer ihrer Abwesenheit vom Heimatland selbst bestimmen konnten. Als Exilantinnen und Exilanten lebten sie eine Existenz im Schatten des Bruchs. Viele blieben in der Schweiz. Zahlreiche Beispiele zeigen, dass sie ihrem Herkunftsland dennoch verbunden blieben.

Ganden Tethong zum Beispiel, Tochter der ersten Hauseltern und Erzieher im tibetischen Haus des Trogener Pestalozzidorfes, engagiert sich bis heute als Anwältin für die tibetische Exilgemeinde in der Schweiz. Sie amtete als Präsidentin und Vorstandsmitglied des Vereins Tibeter Jugend in Europa, trat der Gesellschaft Schweizerisch-Tibetische Freundschaft sowie dem Tibet Justice Center bei, in dem Juristen aus aller Welt sich für Tibet einsetzen. Ihr Bruder, ebenfalls in Trogen aufgewachsen, engagiert sich bei Greenpeace, den Grünen und für die weltweite tibetische Diaspora.

Andreas Herzcog verband seine beruflichen Aspirationen als Raum- und Verkehrsplaner mit einem politischen Engagement zunächst bei den Progressiven Organisationen der Schweiz (POCH), dann bei der Sozialdemokratischen Partei (SP). Er verfolgte die Ereignisse in Ungarn nach dem Zusammenbruch des Sozialismus von fern und betonte seine Distanz zur alten Heimat. «Als Politiker mit Schweizer Wurzeln konnte ich nicht sagen, ich sei eidgenössischer Parlamentarier, aber eigentlich doch eher Ungar.» Dennoch: «Gefühlsmässig blieb der Bezug zu Ungarn, zur Sprache, Literatur, Kultur und zu Budapest» stark.[411]

Thiêng Ly-Dinh, Ende der 1970er-Jahre aus Südvietnam geflohen, hielt sich und die Familie mit Aushilfsarbeiten über Wasser, bis sie Anfang 1992 eine Anstellung beim Schweizerischen Roten Kreuz bekam. Dort betreute sie Flüchtlinge und kümmerte sich besonders um Menschen südostasiatischer Herkunft. Berufsbegleitend studierte sie Sozialarbeit an der Fachhochschule. Ihre Kinder sprechen, obwohl in der Schweiz aufgewachsen und zur Schule gegangen, auch vietnamesisch.

Die Flüchtlinge der Nachkriegsjahrzehnte, dies machen die Beispiele deutlich, bewegten sich und bewegen sich bis heute in transnationalen Räumen. Sie haben ihre Heimat nicht vollständig zurückgelassen, sondern kulturelle, ökonomische, politische und manchmal persönliche Bindungen aufrechterhalten. Entsprechend gestalteten sie ihr soziales Umfeld und ihre beruflichen Aspirationen, ihre kulturellen Neigungen und religiösen Praktiken.

Für Thiêng Ly-Dinh stellte die doppelte Zugehörigkeit zu Herkunfts- und Ankunftsgesellschaft eine Ressource dar: «Ich bin heute gemäss meinen Papieren Schweizer Bürgerin. In Wirklichkeit bin ich weder ganz

Schweizerin noch ganz Vietnamesin. Ich entwickelte mich in beiden Kulturen ein Gutteil meines Lebens und fühle mich in beiden verwurzelt.»[412] Kirchenrätin der vietnamesischen Pfarrei in Bern zu sein und gleichzeitig im schweizerischen katholischen Kirchenchor zu singen, stellte für sie keinen Widerspruch dar. Ihr gelang es auch, den Bruch in ihrer Biografie in Bildungskapital zu verwandeln. Ihre Diplomarbeit an der Fachhochschule in Aarau handelte von der Integration vietnamesischer Migrantinnen in der Schweiz. Beruflich und privat engagierte sie sich im Flüchtlings-, Jugend- und Bildungssektor und konnte dabei ihre interkulturelle Kompetenz geltend machen.

Nicht allen Flüchtlingen der Ära des Kalten Kriegs gelang das. Die Geschichten der geglückten Integration sind besser dokumentiert als die des Scheiterns. So oder so, in ihrer «alltäglichen Lebenswelt»[413] – und manche, wie der Stadtplaner Andreas Herczog, der die Hardstrasse in Zürich mitgestaltete, auch darüber hinaus – haben diese Menschen das Land geprägt. Wie andere Schweizerinnen und Schweizer auch.

16 «Trente Glorieuses»? Hochkonjunktur und Überfremdungsängste

Die Süd-Nord-Migrationen der Wirtschaftswunderjahre 309
Man hat Arbeitskräfte gerufen... 310
... und es kamen Menschen 316
Deutungen in Wissenschaft und Populärkultur 318
Überfremdungsängste 320
Selbstorganisation 323
«Integration» als «Assimilation» 325
«Trente Glorieuses»? 327

Der Begriff der «Trente Glorieuses» umschreibt eine für die Zeitgenossinnen und Zeitgenossen beispiellose konjunkturelle Entwicklung Westeuropas nach dem Zweiten Weltkrieg und bis zur Weltwirtschaftskrise Mitte der 1970er-Jahre. Das Wirtschaftswachstum zog eine Nachfrage nach Arbeitskräften nach sich, die in vielen Ländern durch Männer und Frauen aus dem Ausland gedeckt wurde. Der «Gastarbeiter» – prototypisch als junger, männlicher Südländer – geriet zum Politikum, zum Untersuchungsgegenstand der Wirtschafts- und Gesellschaftswissenschaften, zum Objekt von Solidarisierungs- und Ausgrenzungskampagnen, er wurde in der Populärkultur besungen, beschrieben und im Film und auf der Bühne in Szene gesetzt.

Die Mobilität von Arbeitskräften in diesem Zeitraum lässt sich durch die günstige Wirtschaftskonjunktur allein nicht erklären. Arbeitsmigrationen folgten einerseits der Logik verflochtener und expandierender Märkte. Andererseits regulierten staatliche Rahmenbedingungen Arbeitsmigrationen wie nie zuvor. Diese waren von aussen- und innenpolitischen Interessen gelenkt, in die allmählich auch humanitäre und sozialpolitische Erwägungen einflossen. In dieser Hinsicht wich die Schweiz, deren Wirtschaft 1945 unter anderen Bedingungen gestartet war als die der kriegsversehrten Nachbarländer, erstaunlich wenig von gesamteuropäischen Entwicklungen ab.

Die Süd-Nord-Migrationen der Wirtschaftswunderjahre

Die Bevölkerung Westeuropas war in den meisten Ländern durch den Krieg stark dezimiert. Zudem verliessen auch nach dem Abflauen der kriegsbedingten Um- und Rücksiedlungen viele Menschen Europa, sodass die Wanderungsbilanz erst in den 1960er-Jahren ausgeglichen war. Wurde Europa in der folgenden Dekade de facto zu einem Anziehungspunkt globaler Wanderungen, überwog in den Wirtschaftswunderjahren der 1950er- und 1960er-Jahre die innereuropäische Migration. Auf etwa 15 Millionen wird der Umfang dieser Bewegungen für Anfang der 1970er-Jahre geschätzt.[414]

Einen starken Einfluss hatte auch der sich zuspitzende Ost-West-Konflikt. Das europäische Arbeitskräftepotenzial für die boomenden Nationalökonomien des Nordens und Westens reduzierte sich angesichts der Blockpolitik auf die Mittelmeerländer. Es entwickelte sich ein europäisches Wanderungssystem von Süd nach Nord. Frauen und Männer aus Italien, Portugal und Spanien, Griechenland und der Türkei migrierten nach Nordwesteuropa, um dort für kürzere oder längere Zeit zu arbeiten. Während die ehemaligen Kolonialmächte, allen voran Grossbritannien, aber auch Belgien, die Niederlande und Frankreich, den Arbeitskräftebedarf zum Teil aus den früheren Kolonien deckten, bezog die Schweiz das Gros der so genannten Gastarbeiter aus Italien.

Das politische Instrument der Gastarbeitermigration nach 1945 waren zwischenstaatliche, bilaterale Anwerbevereinbarungen. In den Wirtschaftswunderjahren war diese Art von Staatsverträgen in ganz Europa sehr erfolgreich. Sie kamen Steuerungs- und Kontrollinteressen der beteiligten Staaten entgegen. Die Ausgangsländer waren darauf bedacht, die strukturellen Bedingungen einer Arbeitsemigration auf Zeit zu verbessern. Sie hatten Interesse an starken Bindungen der Migranten zum Herkunftsland, um den Rückfluss von Ressourcen in Form von Geld und Bildung zu sichern. Die Empfängerländer zielten auf die Rekrutierung von Arbeitskräften mit befristeten Verträgen in Perioden der wirtschaftlichen Hausse. Sie konnten in Phasen der Stagnation wieder zurückgeschickt werden, um so den Arbeitsmarkt zu entlasten.

Für die Empfängerländer war es daher entscheidend, die Kontrolle über die Anzahl, Qualifikation und Aufenthaltsdauer der ausländischen Arbeitnehmerschaft zu behalten. Deshalb unterschieden sie strikt zwischen einer gewünschten, aber befristeten ökonomischen und einer aus so genannten Überfremdungsgründen als problematisch angesehenen politischen und sozialen Integration. Die Schweiz war hier paradigmatisch: Stand Ende des 19. Jahrhunderts – in der Ära der proletarischen Massenwanderungen – noch die Einbürgerung als Instrument gegen eine befürchtete «Überfremdung» zur Debatte, verschärfte der Kleinstaat nach dem Zweiten Weltkrieg parallel zur Etablierung des Gastarbeitermodells die Kriterien für Niederlassung und Einbürgerung.

Das Ende der Hochkonjunktur war für die europäische Migrationsgeschichte ein Einschnitt. Die Ölkrise von 1973 führte weltweit zur Rezession, die von Massenentlassungen und steigender Arbeitslosigkeit begleitet war. Als «Konjunkturpuffer» eingesetzt, betraf der Arbeitskräfteabbau die ausländischen Arbeitskräfte als Erste. Die Arbeitslosigkeit wurde in die Länder des europäischen Südens zurückexportiert. Ende der 1980er-Jahre verlor das skizzierte binneneuropäische Wanderungssystem vollends an Bedeutung. Grund dafür waren das Ende des Kalten Krieges und die Öffnung nach Ost- und Mitteleuropa, mit der sich nicht nur neue Absatzmärkte für Waren, sondern auch neue Rekrutierungsfelder für billige Arbeitskräfte auftaten. Die globale Mobilität von Menschen, Waren und Wissen nahm zu, ebenfalls die Zahl der Flucht- und irregulären Migrationen aus verschiedenen Teilen der Welt.

Man hat Arbeitskräfte gerufen ...

Die Vorhersagen zur Entwicklung der schweizerischen Nachkriegswirtschaft waren zunächst pessimistisch. Gestützt auf Berichte der Bundesbehörden, besonders des Bundesamts für Industrie, Gewerbe und Arbeit

Italienische Arbeiterinnen bei der Einreise in Chiasso, um 1950. Die Migros hatte bereits 1946 alleinstehende junge Frauen aus Italien für eine Saison angeworben. Im Juni 1948 folgte angesichts des Arbeitskräftemangels das Abkommen mit Italien. Kernelement des sich etablierenden Gastarbeitermodells war das Saisonnierstatut, das ausländischen Arbeitskräften lediglich temporäre Aufenthalte erlaubte.

(BIGA), befürchtete der Bundesrat nach Kriegsende eine Wiederholung des Krisenszenarios, das sich am Ende des Ersten Weltkriegs abgespielt hatte. Doch erwiesen sich solche Befürchtungen als unbegründet. Unternehmen in den Leitsektoren der Wirtschaft sagten schon bald einen Arbeitskräftemangel voraus. Denn die Schweiz hatte ihre industriellen Infrastrukturen nur langsam erneuert und automatisiert und war daher noch verhältnismässig lange auf viele Arbeitskräfte angewiesen, um das Produktionsniveau zu halten oder sogar zu steigern. Entschieden, im Inneren am bürgerlichen Familienmodell und der darin angelegten Arbeitsteilung zwischen Männern und Frauen nicht zu rütteln, begaben sich Politik und Wirtschaft auf die Suche nach geeigneten Arbeitskräften im Ausland. Als der Versuch scheiterte, entsprechende Abkommen mit den Besatzungsmächten im westlichen Deutschland und mit Österreich abzuschliessen, konzentrierten sich die Bemühungen der Schweiz auf Italien.

Innenpolitisch galt es zunächst, die gesetzlichen Grundlagen zur Regulierung der Anwesenheit von Ausländern anzupassen, in erster Linie das Bundesgesetz über Aufenthalt und Niederlassung der Ausländer (ANAG) von 1931. Es basierte auf der deutlichen Unterscheidung zwischen zwei Bewilligungskategorien, jener des befristeten Aufenthalts und jener der Niederlassung. Den Kantonen wurden angesichts des sich abzeichnenden Arbeitskräftemangels mit der Teilrevision des ANAG vom Oktober 1948 Kompetenzen in der Erteilung von temporären Aufenthaltsgenehmigungen für ausländische Arbeitskräfte zugesprochen. Eine dauerhafte Niederlassung sollte dagegen, so die gebetsmühlenartig wiederholte Formulierung, aus Überfremdungsgründen die Ausnahme bleiben. Für sie blieben die eidgenössischen Behörden zuständig.

Unter den Bedingungen dieser Neuverteilung von Aufgaben zwischen Bund und Kantonen bildete sich das so genannte Gastarbeitermodell heraus. Kernelement war das Saisonnierstatut, das Arbeiterinnen und Arbeiter aus dem Ausland zwang, nach Ablauf des Arbeitsvertrags – am Ende der Saison – wieder auszureisen. Das System erlaubte es, dem ausgetrockneten Arbeitsmarkt Temporärkräfte zuzuführen, ohne sich um einen dauerhaften Verbleib dieser Menschen sorgen zu müssen.

Eine erste Konkretisierung erfuhr die Arbeitsmarkt- und Migrationspolitik durch ein Abkommen mit Italien, das im Juni 1948 abgeschlossen wurde, nachdem Schweizer Unternehmer bereits unmittelbar nach dem Krieg begonnen hatten, ungelernte Arbeitskräfte zu rekrutieren, zum Beispiel im agrarisch geprägten Trentino. Hier startete die Migros 1946 eine Anwerbekampagne, die so genannte Trentiner Aktion. Alleinstehende junge Frauen sollten für eine Saison in der Schweiz als Dienstmädchen arbeiten und auf diese Weise die Schweizer Hausfrauen entlasten und gleichzeitig ihre eigenen Familien unterstützen. 1962 erfolgte ein Abkommen mit Spanien, mit dem die Schweiz ihre Abhängigkeit von Italien verringern wollte, aus dem über längere Zeiträume mehr als die Hälfte der ausländischen Erwerbstätigen in der Schweiz stammte. Mit der Zeit differenzierte sich die ausländische Community aus. Das zeigt ein Blick auf die Herkunftsstruktur der niedergelassenen ausländischen Bevölkerung: Befanden sich 1950 in nennenswerter Anzahl nur Menschen aus Italien (49 Prozent), Deutschland (20 Prozent), Frankreich (10 Prozent) und Österreich im Land, stellten 1980 Spanien (11 Prozent), die Türkei (4 Prozent) und Jugoslawien (6 Prozent) weitere Kontingente.[415]

Das auf temporäre Anwesenheit ausländischer Arbeitskräfte angelegte Modell der Migrationsregulierung kam den Arbeitgebern zunächst entgegen. Sie hatten ein Interesse daran, ausländische Arbeitskräfte – Männer wie Frauen – gezielt zu rekrutieren und nach den Bedingungen und Bedürfnissen des Schweizer Arbeitsmarkts zu beschäftigen. Das Unternehmen Tissot etwa passte die Zahl der ausländischen Beschäftigten von Jahr zu Jahr an die Bedürfnisstruktur der Branche an. Weiblichen Arbeitskräften kam punktuell eine enorme Bedeutung zu, etwa als es Mitte der 1950er-Jahre darum ging, nach der Einführung von halb automatischen Produktionsmaschinen die qualifizierten Arbeiter durch billigere Hilfsarbeiterinnen zu ersetzen. Ebenso kurzfristig wurde auch entlassen, wenn die Produktionsraten sanken. Viele Arbeitsmigrantinnen der Uhrenindustrie wechselten mehrfach den Arbeitgeber.

In den 1960er-Jahren erwies sich das auf kurzfristige Anwerbung und Rückkehr ausgelegte Rekrutierungssystem als nicht mehr zielführend. Die Unternehmen beklagten die Reibungsverluste, die dadurch entstanden, dass Saisonniers immer wieder neu mit den Gegebenheiten vor Ort und den betrieblichen Abläufen bekannt gemacht werden mussten. Auch verlor die Schweiz mit dem Aufschwung in den umliegenden Ländern als attraktiver Arbeitsmarkt an Bedeutung. Unter dem Druck der Entstehung der Europäischen Wirtschaftsgemeinschaft (EWG) und der damit etablierten Arbeitnehmerfreizügigkeit unterzeichnete die Schweiz 1964 ein revidiertes Anwerbeabkommen mit Italien. Jetzt verbesserten sich die Aufenthaltsbedingungen von Arbeitsmigranten markant. Fortan war es möglich, nach mehreren aufeinanderfolgenden Jahren als Saisonarbeiter einen Status als Jahresaufenthalter zu erlangen. Nach fünfjähriger Anwesenheit als Jahresaufenthalter hatten Zuwanderer schliesslich Anrecht auf eine unbefristete Niederlassungsbewilligung. Eingeschlagen wurde damit eine Politik der Stabilisierung des Arbeitsaufenthalts mit der Perspektive, Ausländerinnen und Ausländer längerfristig zu integrieren

Die quantitative Dimension der Immigrationen in der Hochkonjunktur war enorm. Betrug der Ausländeranteil 1950 noch kaum mehr als 6 Prozent der Wohnbevölkerung, stieg er 1960 bereits auf über 10 und 1970 auf über 17 Prozent, bevor die Zahlen, bedingt durch die Weltwirtschaftskrise und so genannte plafondierende Massnahmen, wieder sanken.[416] Aus

DER VORSTEHER
DES
EIDGENÖSSISCHEN
VOLKSWIRTSCHAFTSDEPARTEMENTS

Bern, den 13. August 1964

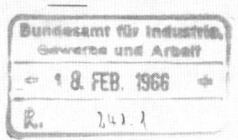

Herrn
Prof. Dr. M. Holzer
Direktor des BIGA

<u>Dringend</u>

B e r n

Herr Direktor,

 Das Emigrationsabkommen mit Italien wird, bevor es überhaupt nur publiziert worden ist, nach Strich und Faden heruntergemacht. Haupttenor : der nach kürzerer Zeit mögliche Nachzug der Familien widerspricht der Konjunkturpolitik! Sogar die Schweiz. Handelszeitung, die doch noch einen Funken ökonomischer Kenntnis haben sollte, aber auch die Kreise um das Gewerbe, sogar der sozialdemokratische bundesstädtische Pressedienst, aber auch die Solothurner Zeitung, usw., haben sehr wenig wählerisch dieses Abkommen attackiert.

 Ich glaube, dass es notwendig ist, eine sorgfältig vorbereitete und mit einem Rohstoff begleitete Pressekonferenz durch Sie und Herrn Dr. Mäder durchzuführen. Die Schweizer machen sich eben kolossale Illusionen, wenn sie glauben, wir könnten auf die Dauer nur die aktive, im Berufsleben stehende Bevölkerung des Nachbarstaates hereinnehmen, die Familien, Frauen, Kinder und Betagte, aber im Absenderstaat der an und für sich willkommenen Arbeitskräfte zurücklassen. Wir haben ohnehin ein vollständig falsches Bild der sogenannten schweizerischen Bevölkerungspyramide. Der Anteil der im aktiven Berufsleben Stehenden, Steuer- und Abgabenleistenden ist im Verhältnis zu der passiven oder nicht mehr aktiven Bevölkerung, Kinder, Betagte, Hausfrauen, ohnehin viel zu günstig. Wir machen uns auch in dieser Hinsicht grosse Illusionen.

 Das Abkommen mit Italien kann gut verteidigt werden. Man muss einmal deutlich sagen, dass man auf die Dauer den Fremdarbeitern nicht das Zölibat zumuten kann, dass die Trennung von der Familie auf die Dauer keine Lösung ist, dass wir deshalb sicher zu viele und nicht zu wenig Fremdarbeiter hereingenommen

Brief von Bundesrat Hans Schaffner an Max Holzer, Direktor des Bundesamtes für Industrie, Gewerbe und Arbeit, 13. August 1964. Am 10. August 1964 hatten Italien und die Schweiz das seit 1948 geltende Vertragswerk durch ein neues Abkommen ersetzt, das die soziale Absicherung der ausländischen Arbeitskräfte in der Schweiz verbesserte und

haben, und dass auch auf dem Gebiete der fremden Arbeitskräfte einmal "l'heure de la vérité" kommt.

Dabei sind die Konzessionen, die die Schweiz gemacht hat, m.E. relativ bescheiden. Sie unterschreiten jedenfalls alle italienischen Postulate und Wünsche. Sie stehen auch in keinem Verhältnis zu den Möglichkeiten, die die Konkurrenz in der EWG, die sich um die fremden Arbeitskräfte bewirbt, zu offerieren in der Lage ist.

Ob es auf die Dauer klug sein wird, so viele Fremdarbeiter in der Schweiz zu haben, damit sie den ganzen Samstag die Zähne an der Sonne trocknen können, ohne einen Streich zu arbeiten, währenddem sie in Italien sogar am Samstagnachmittag Bauleistungen vollbringen, ist eine Frage für sich. Wir sind eben insgesamt widerspruchsvoll und unvernünftig. Verstand und Vernunft sind bei uns rare Artikel geworden!

Mit freundlichen Grüssen

dem Rotationsprinzip ein weitgehendes Ende setzte. Es sah auch den Familiennachzug unter bestimmten Bedingungen vor. In der schweizerischen Öffentlichkeit war das Abkommen umstritten. Vollständiges Dokument: Diplomatische Dokumente der Schweiz, dodis.ch/30798.

manchen Branchen waren die ausländischen Arbeitskräfte nicht wegzudenken. Im Baugewerbe etwa lag der Anteil 1960 bei fünfzig Prozent.[417] Die Erwerbsquote der Migranten lag weit über derjenigen der Einheimischen, was unter den Bedingungen eines restriktiven Familiennachzugs nicht zuletzt mit der höheren Erwerbsquote ausländischer Frauen zusammenhing.[418] Frauen stellten in den ersten Jahren der Hochkonjunktur – entgegen dem männlich konnotierten Bild des Gastarbeiters – rund die Hälfte der ausländischen Bevölkerung. Die relativ gut untersuchte italienische Arbeitsmigration zählte zu einem Drittel Frauen. Sie arbeiteten überwiegend in der Textil-, Uhren- und Lederindustrie, in Pflege- und Reinigungsberufen sowie im Gastronomiebereich und in der Hotellerie.

... und es kamen Menschen

An der Frage der Geschlechter- und Familienbeziehungen unter den Bedingungen von Migration entzündeten sich auch Debatten über die Menschen(un)würdigkeit einer schweizerischen Migrationspolitik, die bis Mitte der 1960er-Jahre auf der kurzzeitigen Anwesenheit ständig wechselnder Arbeitskräfte aufbaute. Das Saisonnierstatut sah eine begrenzte Aufenthaltsdauer für Arbeitsmigranten vor, die nach Ablauf einer in der Regel neunmonatigen «Saison» wieder ausreisen mussten, ohne zu wissen, ob sie im kommenden Jahr wieder angestellt würden. Die ständige Auswechslung der Arbeitskräfte, auch «Rotationspolitik» genannt, sollte den temporären Charakter des Arbeitsaufenthalts in der Schweiz unterstreichen und verhindern, dass die Migranten hier Wurzeln schlugen.

Ex-Saisonnier Bruno Cannellotto, der 1957 als junger Mann aus einem Dorf in der Nähe von Triest in die Schweiz kam, berichtet in einem Interview über die periodisch wiederkehrende Rückkehr nach Italien. Er habe «immer alles eingepackt», als er abreiste. «Erst etwa drei Wochen vor der nächsten Saison hast du den neuen Vertrag bekommen. Und wenn nicht ...»[419] Die sozialen Kosten einer solchen Politik waren für die Betroffenen hoch. Die meisten Arbeiter lebten in Barackendörfern, teilten sich winzige und überteuerte Unterkünfte mit anderen Gastarbeitern, immer in prekären hygienischen Verhältnissen und isoliert von der schweizerischen Gesellschaft. «Viele aus meiner Generation», so erzählt Cannellotto, «können alles, was es auf dem Bau gibt, perfekt auf Deutsch benennen. Aber in der Apotheke, oder wenn sie ihre Kinder in die Schule begleiten mussten, fehlten ihnen die Worte.»

Für Saisonniers galt das Verbot des Familiennachzugs. Nichterwerbstätige Ehefrauen sollten in der Heimat bleiben. Die oft monatelange Trennung war für beide Seiten qualvoll und konnte nur durch teure und strapaziöse Heimatbesuche hin und wieder aufgebrochen werden. Die

«Voglio restare con il mio Papà!», Filmstill aus «Lo stagionale» von Alvaro Bizzarri, 1972. Die Szene, eine Demonstration für die Abschaffung des Saisonnierstatuts, thematisiert die schwierige Situation, die das Verbot des Familiennachzugs für Saisonniers schuf. Die Zahl der damals illegal in der Schweiz lebenden Kinder wird auf 15 000 geschätzt.

Schweizerischen Bundesbahnen liessen zu Weihnachten Sonderzüge über Mailand nach Süditalien rollen. In bestimmten Situationen war eine erwerbsbedingte Trennung keine Option: Wenn man sich keine zweite Wohnung leisten konnte, wenn der zurückgebliebene Partner krank oder im Heimatdorf ausgegrenzt wurde, wenn beide eine Arbeit in der Fremde annehmen mussten, wenn die Beziehung einer dauerhaften Trennung nicht standhielt. Was blieb, war der irreguläre Aufenthalt in der Schweiz.

Das Problem verschärfte sich, wenn Kinder im Spiel waren. Auf 15 000 schätzte die italienische Soziologin Delia Castelnuovo Frigessi in einer 1977 veröffentlichten Studie die Zahl der illegal in der Schweiz lebenden Kinder von Saisonniers.[420] Dazu kamen zahllose auseinandergerissene Familien, deren Kinder bei Verwandten oder Bekannten aufwuchsen oder in italienischen Internaten in Grenznähe untergebracht wurden. Die quantitativen Dimensionen dieser auf Trennung oder Verstecken basierenden Existenzen lassen sich kaum präzise erfassen. Die psychischen und sozialen Folgen einer Kindheit in der Illegalität sind jedoch unbestreitbar.[421] Sie wurden seit den 1970er-Jahren problematisiert. Franco Brusatis Spielfilm «Pane e cioccolata», der 1974 auf die Leinwand kam und an der Berlinale ausgezeichnet wurde, griff das Thema am Beispiel eines kleinen Jungen auf. Als Sohn einer griechischen Exilantin musste dieser tagsüber in der Wohnung bleiben und sich, sobald es an der Tür klingelte, im Schrank verstecken.

Italienische Beratungsstellen in der Schweiz machten sich zum Anwalt der so bezeichneten versteckten oder verbotenen Kinder. Auch verschiedene karitative und Kinderschutzorganisationen und schliesslich das Schweizerische Komitee für UNICEF machten auf die Situation aufmerksam. Gemeinsam mit Pro Juventute, Pro Familia und dem Kinderschutzbund gab man 1992 eine umfassende Broschüre zum Thema heraus.[422] Gelöst wurde das Problem jedoch erst durch die Abschaffung des Saisonnierstatuts 1999 im Rahmen der bilateralen Verträge.

Deutungen in Wissenschaft und Populärkultur

Die zeitgenössischen Gesellschaftswissenschaften boten Rationalisierungen an, um die sich rasch verändernde Zusammensetzung der Bevölkerung, insbesondere in städtisch-industriellen Ballungszentren, zu beschreiben und zu erklären. Sie zirkulierten international und flossen in migrationspolitische Überlegungen ein. Eine der einflussreichsten Theorien der Zeit war das Push-and-Pull-Modell der Migration. Das Modell wurde herbeigezogen, um Migrationen aus wirtschaftswissenschaftlicher Sicht zu erklären. Der massgebliche Text, «A Theory of Migration», stammte von Everett S. Lee und erschien 1966 in der amerikanischen Fachzeitschrift «Demography».[423] Lee ging davon aus, dass der Mensch als Wirtschaftssubjekt bei jeder

Entscheidung rational auf Nutzenmaximierung aus sei. Das Migrationsgeschehen wurde auf individuelle Optimierungsentscheidungen zurückgeführt: Menschen, so die Annahme, migrieren, weil sie sich ein besseres Auskommen erhoffen. Auch der Schweizer Ökonom und Migrationsforscher Thomas Straubhaar, der seit 1992 in Hamburg lehrte, vertrat einen Ansatz, der auf die rationale Entscheidung des Individuums abhob.[424] Als Push-Faktoren der Migration galten Bedingungen im Herkunftsland wie Arbeitsmarkt-, Sicherheits- und Bedrohungssituationen, Mangel an Lebensqualität und anderes mehr. Pull-Faktoren waren Bedingungen im Ankunftsland, die eine Verbesserung der Einkommens- und Lebenssituation versprachen. Aus der Makroperspektive der Ökonomen der Zeit stellte sich Migration als ein quasi-natürlicher Ausgleichsprozess dar, von dem die Abgangs- und Aufenthaltsländer in jeweils anderer Weise profitierten.

International einflussreich waren auch Forschungen des amerikanischen Soziologen Paul Siu aus den 1950er-Jahren.[425] Als Sohn chinesischer Einwanderer in die Vereinigten Staaten beschrieb Siu die soziale Realität seiner Familie und Herkunftsgemeinschaft und generierte daraus den Typus des «sojourner» (deutsch: Gastarbeiter). Der Wäschereibetrieb seines Vaters in Chicago, geführt von Chinesen in einem chinesischen Viertel und überwiegend benutzt von Chinesen, wurde in Sius Studie zum Paradigma einer nach innen homogenen und nach aussen isolierten Gastarbeiter-Lebenswelt. Hier herrschte ein spezifisches Verhältnis zur Arbeit vor, in dem es darum ging, die Aufgaben möglichst gut und schnell zu erledigen, um rasch und erfolgreich nach Hause zurückkehren zu können. Der Gastarbeiter bleibt in Sius Darstellung isoliert und pflegt auch im Ankunftsland hauptsächlich Kontakte zu Landsleuten.

Nicht nur in das sozialwissenschaftliche Denken, sondern auch in die Populärkultur der Zeit floss der skizzierte Typus des Gastarbeiters ein. Im Schlager «Griechischer Wein» versetzt sich der 2014 im Thurgau verstorbene Sänger Udo Jürgens in einen griechischen Arbeitsmigranten. Das Lied wurde 1975 im deutschsprachigen Raum zur am häufigsten verkauften Single. Es legte dem Gastarbeiter die Worte in den Mund: «[...] und wenn ich dann traurig werde, liegt es daran, dass ich immer träume von daheim.» Der Song fährt fort: «Irgendwann geht er zurück / und das Ersparte genügt zu Hause für ein kleines Glück / und bald denkt keiner mehr daran, wie es hier war.» Die Arbeiter Südeuropas, so die zugrunde liegende Vorstellung, waren «Gäste» auf Zeit. Ihr Referenzpunkt war die «alte» Heimat, den Einheimischen blieben sie fremd.

Der jüdische Philosoph und Kommunikationswissenschaftler Vilém Flusser (1920–1991), der einen grossen Teil seines Lebens im Exil verbrachte, schrieb Anfang der 1970er-Jahre einen kleinen Text mit dem Titel «Vom Gast zum Gastarbeiter». Darin argumentiert er, dass die moderne Gesellschaft den «Gast», der in traditionalen Gesellschaften das

Ungewöhnliche, Fremde, Überraschende, Gottesähnliche repräsentierte, zugunsten des «Gastarbeiters» abgeschafft habe. Flusser rückt den Gastarbeiter in die Nähe des Sklaven. Zwar gehe er «den Vertrag frei ein und [...] nach Ablauf des Vertrages ist er frei, mit seinen Ersparnissen heimzukehren».[426] Aber der Vertrag verschweige, «dass die Wohnverhältnisse, durch Vorurteile begrenzt und durch Spekulationen hochgetrieben, einen grossen Teil des Lohnes verschlingen. Dass die Lebenskosten des Gastlandes ein Vielfaches dessen sind, was sich der Gast vorstellt; [...] dass, selbst wenn unter Aufopferung von einigen Lebensjahren doch etwas erspart wird, diese Ersparnis auf Kosten der Entfremdung des Zurückkehrenden in der Heimat erkauft» werde.

Auch in der Schweiz solidarisierten sich kritische Zeitgeister mit den «Gastarbeitern» und kritisierten ihre Aufenthaltsbedingungen. Max Frisch zum Beispiel eröffnete 1965 die Interviewsammlung «Siamo Italiani» mit dem vielfach zitierten Satz «Man hat Arbeitskräfte gerufen, und es kommen Menschen».[427] Franz Hohler stellte in seinem Text «Feindesland» noch vor wenigen Jahren einen Zusammenhang zwischen den versteckten Kindern «des sonnigen Südens» und gegenwärtigen Tendenzen der Illegalisierung der Kinder von Flüchtlingen und Sans-Papiers her: «Was für ein Leben im Schatten / für die Kinder des sonnigen Südens. / Vergeblich / versuchten sie zu verstehen / warum es sie gar nicht geben durfte. / ... / Die nächsten verbotenen Kinder / sind schon unterwegs / oder sind bereits da / mit falschen Papieren / und richtigen Herzen.»[428] Trotz dieser intellektuellen Interventionen fürchteten sich viele Menschen vor den Folgen der Massenzuwanderung. Sie waren empfänglich für Argumente, die kulturelle «Überfremdung», Konkurrenz auf dem Arbeitsmarkt, Überbevölkerung und ökologische Katastrophe anmahnten.

Überfremdungsängste

Überfremdungsängste waren in der Schweiz nicht neu. Sie erhielten allerdings in den Jahren der Hochkonjunktur neuen Aufwind angesichts der raschen Zuwachsraten und der zunehmenden Diversität der ausländischen Bevölkerung, die im Vergleich zu den ehedem überwiegend deutschsprachigen oder norditalienischen Zuwanderern nun erst recht fremd erschien. In gewerkschaftlichen Kreisen wuchs die Angst vor Lohndumping. Schweizer Patrioten warnten in fremdenfeindlichen Hetzkampagnen vor «kultureller Überfremdung», vor allem durch «Südländer», mit denen man pauschal korruptes und gewaltbereites Verhalten, sexuelle Eskapaden und Vetternwirtschaft assoziierte. Während die offizielle Regierungspolitik sich seit Mitte der 1960er-Jahre dem Druck der internationalen Entwicklungen und den Imperativen der Wirtschaft beugte und sich um eine dauerhafte Integration

Abstimmungsplakat für die so genannte Schwarzenbach-Initiative, 1970. Die Initiative der Nationalen Aktion mit James Schwarzenbach als Protagonisten wollte die Ausländerquote auf zehn Prozent beschränken und hätte zur Ausweisung von Hunderttausenden Menschen geführt. Die Vorlage wurde 1970 mit 54 Prozent Nein-Stimmen verworfen. Das Wort «Überfremdung» blieb in den politischen Kampagnen weiter präsent.

der Ausländer bemühte, mahnten die Wortführer der Überfremdungsbewegung die «Grenzen der Assimilationskraft der Schweiz» an und deuteten wirtschafts- und konjunkturpolitische Massnahmen im Lichte existenzieller identitärer Fragen.[429]

Zunehmend nutzten die Überfremdungsgegner politische Kanäle, um ihre Forderungen durchzusetzen.[430] 1961 gründete der Zürcher Fritz Meier in Winterthur die Nationale Aktion gegen die Überfremdung von Volk und Heimat (NA), 1963 folgte die Partei gegen die Überfremdung durch Südländer. Damit entstanden Kristallisationspunkte für Mobilisierungskräfte von rechts, die gegen die Einwanderung Front machten. Europaweit wurde die Schweiz zu einem «Vorreiter einer politisch organisierten Xenophobie».[431] 1967 gelang es James Schwarzenbach, Sohn einer Industriellenfamilie aus Zürich und vehementer Verfechter einer unabhängigen und eigenständigen Schweiz, in den Nationalrat gewählt zu werden. Er stiess die so genannte zweite Überfremdungsinitiative an – die erste, von den Zürcher Demokraten eingereichte, war im März 1968 zurückgezogen worden –, deren Abstimmungskampf im Frühjahr 1970 die Wählerschaft zutiefst polarisierte. Ein solches Klima ermöglichte auch handfeste rassistische Gewalt: Am 20. März 1970 wurde der italienische Dachdecker Alfredo Zardini in Zürich in einem Restaurant zu Tode geprügelt, keiner der Anwesenden kam ihm zu Hilfe. Der Täter war ein Aktivist der Bewegung gegen die «Überfremdung».[432]

Rechte Sammelbewegungen wie die NA, die Zürcher Demokraten und die Republikanische Bewegung riefen zwischen 1965 und 1974 insgesamt fünf Volksbegehren ins Leben, die eine radikale Reduzierung und Plafonierung der Zuwanderung, eine Beschneidung der Rechte von Ausländern und einen Inländervorrang einforderten. Vier der Vorlagen kamen zur Abstimmung, alle wurden abgelehnt, manche allerdings nur knapp. Vor allem die Schwarzenbach-Initiative mobilisierte die Befürworter einer strikten Zuwanderungsbegrenzung. Drei Viertel aller Stimmberechtigten – damals wählten und stimmten die Frauen noch nicht mit – gingen am 7. Juni 1970 an die Urne: eine Rekordbeteiligung, die auf einen emotional geführten Abstimmungskampf reagierte, an dem sich aufseiten der Gegner Gewerkschaften, Parteien, Kirchen und Medien beteiligten. Mit einer nicht eben komfortablen Mehrheit von 54 Prozent fiel die Vorlage durch.

Die Regierung reagierte jedoch bereits während der Kampagne auf die Forderungen der Überfremdungsbewegung. Im März 1970 beschloss sie eine generelle Begrenzung bei der erwerbsbedingten Neuzuwanderung.[433] 1986 trat dann die «Verordnung über die Begrenzung der Zahl der Ausländer» (BVO) in Kraft, die eine Globalplafonierung der Aufenthaltsbewilligungen festlegte und dem Bund gegenüber den Kantonen und gegenüber den Arbeitgebern grössere Steuerungsmöglichkeiten an die Hand gab. Die interventionistische Arbeitsmarktpolitik ab den 1970er-Jahren, gemeinsam mit der konjunkturellen Baisse in Zeiten der Ölkrise, hatte einen Abbau der ausländischen Arbeitskräfte zur Folge, der die «Ausländerfrage» vorübergehend in den Hintergrund der Problemwahrnehmung rücken liess, bevor sie in den 1980er-Jahren in anderer Gestalt wiederauftauchte.[434]

Selbstorganisation

Die Lebensbedingungen von Migrantinnen und Migranten der Hochkonjunktur waren schwierig, besonders für jene, die als Saisonniers kamen. Die Situation verbesserte sich nur allmählich und unter dem wachsenden Druck der Kritik im In- und Ausland. Die Betroffenen erduldeten die Diskriminierungen nicht ohne Widerspruch. Migrantinnen und Migranten traten für ihre Interessen ein und bildeten Kollektive. Wie schon früher im 20. Jahrhundert geschah dies entlang nationaler Zugehörigkeiten. Migrantische Organisationen begannen sich aber auch untereinander zu vernetzen und bildeten Allianzen mit anderen gesellschaftlichen Gruppierungen, mit progressiven Teilen der Gewerkschaften etwa, mit Kinderschutzorganisationen und mit Selbsthilfeeinrichtungen der Neuen Frauenbewegung.

Die 1943 gegründete Federazione delle Colonie Libere Italiane in Svizzera (FCLIS) ermöglichte eine lockere Kooperation von Vereinen und Institutionen, die sich während des Kriegs politisch engagierten, nach dem Ende der faschistischen Ära dann aber verstärkt soziale und kulturelle Funktionen für die italienische Migranten-Community übernahmen. Die FCLIS organisierte 1970 in Luzern gemeinsam mit dem linkskatholischen Bund christlicher Gastarbeitervereine einen Kongress, bei dem es unter anderem um die Rechte und die Verbesserung der Lebens- und Arbeitsbedingungen der Italienerinnen und Italiener in der Schweiz ging. Italienervereinigungen mit rund 100 000 Mitgliedern waren hier durch Delegierte vertreten.[435]

Zu einem Vermittlungsort kultureller und kulinarischer Italianità wurde die bis heute existierende Società Cooperativa di Zurigo, genannt Coopi, die in der Zeit des Faschismus ein Zentrum der politischen Emigration aus Italien gewesen war. Auch die Casa d'Italia di Berna, 1937 mit Unterstützung des faschistischen italienischen Staats gegründet, wurde nach dem Krieg zu einem Treffpunkt für italienische Arbeiterinnen und Arbeiter. Sie bot neben erschwinglichem Essen die Möglichkeit für Versammlungen, Sprachunterricht und Beratung. Schliesslich war auch die Katholische Kirche wichtig für Migrantinnen und Migranten, besonders aus den katholischen Gegenden Südeuropas. Die Missione Cattolica Italiana war in vielen grösseren und kleineren Städten eine Anlaufstelle.

Sarah Baumann hat anhand der italienischen Zuwanderung in der Nachkriegszeit die Rolle von Frauen in migrantischen Organisationen untersucht. Baumann korrigiert dabei die verbreitete Vorstellung der

Sondernummer der «Emigrazione italiana/Quaderni Emigrazione», 1970. Die Broschüre der Federazione delle Colonie Italiane in Svizzera (FCLIS) klärte auf: «Die Saisonniers – wer sie sind, wo sie arbeiten, wie sie leben». Zu diesem Zeitpunkt machten die Arbeitskräfte aus Italien in der Schweiz neunzig Prozent der Saisonniers aus.

Gastarbeitermigration als einer Wanderung von jungen, ledigen Männern, und sie fordert zugleich das ebenso verbreitete Bild der Migrantin als der passiv mitreisenden und in erster Linie für die Familie zuständigen Ehefrau heraus. In der Schweizer Sektion der Unione Donne Italiane (UDI) engagierten sich bereits seit 1945 Frauen für die «Interessen der Frau in der Arbeit, in der Gesellschaft und in der Familie».[436]

Nachdem die UDI, die der Kommunistischen Partei Italiens nahestand, durch äusseren Druck und innere Konflikte zerrieben worden war, wurde die FCLIS zum Kristallisationskern der gesellschaftspolitischen Aktivitäten von Arbeitsmigrantinnen. Konfrontiert mit der ausgesprochen prekären Situation der Rechtlosigkeit und materiellen Unsicherheit ausländischer Arbeitskräfte, die mit dem Rotationsmodell einherging, versuchten sie Gehör zu finden für die Probleme, auf die Männer und Frauen bei ihrer Ankunft in der Schweiz unweigerlich stiessen: die Frage des Familiennachzugs, das damit verbundene Problem der «verbotenen Kinder», den Wohnungsmarkt. Als sich in den 1960er-Jahren die Bedingungen für eine dauerhafte Niederlassung und den Nachzug der Familien verbesserten, kam es vielen migrantischen Organisationen zu, durch Beratung und Information zu vermitteln zwischen den Bedürfnissen der Neuankömmlinge und den Anpassungserwartungen der Ankunftsgesellschaft, die nun umso mehr gestellt wurden.

Die Selbstorganisation von migrantischen Frauen bezog sich aber nicht nur auf Fragen, die mit ihrer Funktion als sorgende Hausfrauen, unterstützende Ehegattinnen und erziehende Mütter einhergingen. Hinzu kamen gesellschafts- und frauenpolitische Gesichtspunkte wie das Recht auf Bildung, die Vereinbarkeit von Beruf und Familie durch den Ausbau des Betreuungsangebots für Kinder, Mutterschutz und Lohngleichheit. In diesen Punkten trafen sich die Anliegen der Migrantinnenorganisationen mit denen der Anfang der 1970er-Jahre entstandenen Neuen Frauenbewegung. Eine punktuelle Zusammenarbeit ergab sich, ohne dass die Interessen vollständig in Einklang zu bringen waren. Innerhalb der Neuen Frauenbewegung blieben die spezifischen Anliegen von Migrantinnen lange marginal. Erst die theoretische Auseinandersetzung mit der Verschränkung unterschiedlicher Diskriminierungskategorien wie soziale Herkunft, Geschlecht und Ethnie (class, gender, race), unter dem Stichwort «Intersektionalität» diskutiert, eröffnete Feministinnen die Möglichkeit, die Interessen von Migrantinnen mit Gleichheitsforderungen von Frauen systematisch zu verknüpfen.

«Integration» als «Assimilation»

Migrantische Selbstorganisation stellte – und stellt bis heute – eine Herausforderung für die schweizerische Gesellschaft dar. Die Organisationen von Zuwanderern – Frauen und Männern – stärkten die migrantische Community, indem sie ihr Ressourcen zur Verfügung stellten: Räumlichkeiten, Wissen oder materielle Unterstützung. Sie boten Neuankömmlingen eine Anlaufstelle und banden sie in bestehende Netzwerke ein, die sich mit Stolpersteinen der Migration befassten und entsprechende Angebote machten. Den Behörden kamen solche Problemlösungen entgegen. Gleichzeitig jedoch warnten sie vor Tendenzen der ethnischen Segregierung. Eine durch gesetzliche Verfügungen vielerorts begünstigte Absonderung und Verdichtung bestimmter ethnischer Gruppierungen, die in den grossen Städten Nordamerikas in Gestalt von Little Italy oder China Town schon im ausgehenden 19. Jahrhundert zum Stadtbild gehörte, war für die Migrationspolitik der Schweiz zu keinem Zeitpunkt ein denkbares Modell.

Das schon in der ersten Jahrhunderthälfte diskutierte Konzept der Assimilation gewann in den 1960er-Jahren erneut an Bedeutung. Dies geschah zu dem Zeitpunkt, als sich mit der Abschaffung des Rotationssystems endgültig die Erkenntnis durchgesetzt hatte, dass die ausländischen Arbeiterinnen und Arbeiter keine «Gäste auf Zeit» waren, sondern zu einem Teil der Schweizer Gesellschaft wurden.[437] Der Vorsteher der Berner Fremdenpolizei, Marc Virot, veröffentlichte vor diesem Hintergrund 1968 den viel gelesenen Leitfaden «Vom Anderssein zur Assimilation. Merkmale zur Beurteilung der Assimilationsreife der Ausländer». Der Leitfaden sollte den Zuwanderungsbehörden ermöglichen, zwischen «assimilationsbejahenden» und «assimilationsverneinenden» Kriterien zu unterscheiden und Niederlassung und Einbürgerung davon abhängig zu machen. Gefragt wurde beispielsweise, ob «der Ausländer» die Lokalsprache benutze, Kontakt mit Schweizern habe oder das Klima vertrage. Negativ wurde vermerkt, wenn er «die Festtage in seiner Heimat verbringt», «vor allem heimatliche Ware kauft» oder wenn er «in seiner Heimat beerdigt zu werden» wünscht.[438] Damit erhielt das Konzept der Assimilation eine auf den Lebensstil und das Verhalten der Ausländer gerichtete Ausdeutung.[439]

Unter Assimilation sei, so hielt die vom Bund einberufene Studienkommission für das Problem der ausländischen Arbeitskräfte bereits 1964 fest, die «allmähliche Annäherung und Angleichung der Träger einer fremden Kultur an die Kultur der ansässigen Bevölkerung» zu verstehen.[440] Die neue Maxime der offiziellen Migrationspolitik hiess nun nicht mehr Nichtintegration durch Rotation, sondern «Assimilation derjenigen Ausländer, die sich seit längerem bei uns bewährt haben und auf die unsere Wirtschaft langfristig angewiesen ist».[441] Hatte man jahrzehntelang auf eine Beschränkung der Aufenthaltsdauer der Ausländer zur Abwehr der «Überfremdung» gesetzt, schien nun für ausgewählte Gruppen – bei allgemein reduziertem Ausländerbestand – eine dauerhafte Eingliederung erwünscht. Allerdings sah sich der Bund zu diesem Zeitpunkt noch nicht als aktiver Träger einer so verstandenen Integrationspolitik. «Diese Aufgabe», so der

Bundesrat 1967, müsse «vielmehr – neben der Schule – auch der privaten Initiative zufallen.»[442] Er setzte auf die Kommunen, Unternehmen, Kulturinstitutionen, Presse, Vereine, auf nachbarschaftliche Bindungen und, wie angedeutet, die Migrantenorganisationen.

Die Maxime der Integration als Assimilation wurde mit diesem Vorgehen gesellschaftlich breit verankert. Der Zürcher Professor Hans-Joachim Hoffmann-Nowotny lieferte in seiner «Soziologie des Fremdarbeiterproblems» Anfang der 1970er-Jahre zudem eine wissenschaftliche Untermauerung für die Forderung nach einer kompletten Assimilation.[443] Dieser Ansatz, der die Migrationssoziologie in der Schweiz nachhaltig beeinflusste und Eingang in die Politikberatung fand, war nicht ohne Kritiker. Anhängerinnen und Anhänger eines migrationsbezogenen Multikulturalismus verteidigten das Recht von Migranten auf ein autonomes Leben.

Die Auseinandersetzungen wurden in den 1990er-Jahren komplexer, als mit der Ankunft grösserer Menschengruppen von ausserhalb Europas auch die Zuwanderung an sich vielschichtiger wurde. Das Modell der kulturellen Distanz, das auf der Beurteilung von «Assimilationsfähigkeit» von Migranten beruhte, wurde durch das Konzept kultureller Diversität herausgefordert. Es handelte sich nicht allein um eine akademische Debatte. Der Film «Der Schweizermacher» des Cineasten Rolf Lyssy, erfolgreichster Film der Schweizer Kinogeschichte überhaupt, griff bereits 1978 den Integrationsimperativ seiner Zeit in satirisch-spielerischer Weise auf, etwa wenn eine Empfehlung der Einbürgerungsbeamten davon abhing, ob die Kandidatin an ihrem Küchenfenster Vorhänge angebracht hatte, ob die Zubereitung eines Käsefondues gelang oder ob der Kleinwagen ordnungsgemäss geparkt wurde.

«Trente Glorieuses»?

Im Nachgang der Abstimmung über die Schwarzenbach-Initiative gab die Regierung einen Bericht über das «Überfremdungsproblem» in Auftrag. Noch im Jahr 1970 hatte er die Ernennung einer «Konsultativkommission zur Behandlung des Überfremdungsproblems» zur Folge. Die Kommission, die sich ab 1980 Eidgenössische Ausländerkommission (EKA) nannte und heute unter dem Namen Eidgenössische Migrationskommission (EKM) Bundesrat und Verwaltung in Migrationsfragen berät, setzte sich aus Vertretern der Gewerkschaften, kirchlicher Gruppen, der Arbeitgeber, des Verbandes der Bürgergemeinden und der Neuen Helvetischen Gesellschaft (NHG) zusammen, bezog Migrantenorganisationen jedoch anfänglich nicht mit ein.

Aufgabe der Kommission war es, die Problempunkte der Anwesenheit von Ausländern zu benennen, zu analysieren und Empfehlungen für eine Ausländerpolitik zu erarbeiten, die künftig humane und soziale Gesichtspunkte miteinbeziehen sollte. Die Arbeit, in die auch Impulse aus der Zivilgesellschaft einflossen, mündete in einen Gesetzesentwurf, mit dem das ANAG im Sinne eines liberalen Ausländergesetzes revidiert werden sollte. Die Revision scheiterte allerdings nach einer von der Nationalen Aktion angeführten Gegenkampagne 1982 an der Urne. Erst 2005, 74 Jahre nach der Schaffung der gesetzlichen Grundlagen von 1931, erhielt die Schweiz ein neues Ausländergesetz, das 2008 in Kraft trat.

Aus der Sicht der beinahe ungebrochenen Hochkonjunktur waren die drei Jahrzehnte nach dem Zweiten Weltkrieg eine glorreiche Zeit. Die zahlenmässige Präsenz von ausländischen Arbeitskräften spiegelt die günstige Arbeitsmarktlage und den Arbeitskräftebedarf wider, der mit einem hohen Produktionsniveau einherging. Nimmt man aber die Frage von politischer und sozialer Teilhabe und gesellschaftlicher Anerkennung zum Massstab, relativiert sich das Bild einer stetigen und unumkehrbaren Aufwärtsentwicklung stark. Die Strategien der Abwehr von befürchteter «Überfremdung» wandelten sich zwar im Verlauf der Zeit und unterschieden sich von Akteur zu Akteur. Die Regulierung der Präsenz von Ausländerinnen und Ausländern erfolgte aber über den gesamten Zeitraum aus der Defensive.

Die Frage, inwieweit die Grundrechte, die die demokratische Schweiz ihren Bürgern einräumte – etwa das Recht auf Niederlassung oder Bildung – auch für Ausländer gültig sein sollten, beschäftigte nicht die Schweiz allein. Sie zielt auf ein generelles Problem moderner demokratischer Gesellschaften, das der Aushandlung zwischen Partikular- und Universalinteressen. Für wen galten die Errungenschaften einer auf Freiheit und Gleichheit aufbauenden Gesellschaft? Sollten die Versprechen der Wohlstandsgesellschaft auch für diejenigen gelten, die als Gastarbeiter am Aufbau von deren Infrastruktur massgeblich beteiligt waren? Dieser Gesichtspunkt schien am Ende der Hochjunktur nicht weniger problembeladen als in früheren Phasen der Schweizer Migrationsgeschichte. Die aus dieser Sicht etwas weniger glorios erscheinende Ära des Wirtschaftswunders hinterliess den Jahren «nach dem Boom» kein Patentrezept.

17 Die Schweiz und die Globalisierung der Arbeitskraft

Vom liberalen zum restriktiven Asylgesetz 332
«Die offene, die solidarische Schweiz» 335
Die Schweiz im Zeichen der europäischen
Integration 338
Globalisierung der Arbeitskraft 340
Fördern und Fordern: Neue Wege in der
Integrationspolitik 343
Später Triumph der Überfremdungsgegner 344

Viele Gewissheiten, die bis Mitte der 1970er-Jahre gegolten und den Umgang mit Migration in den westlichen Industriestaaten Europas bestimmt hatten, schwanden in den darauffolgenden Jahrzehnten: die Annahme eines wirtschaftlichen Dauerwachstums, die einigende Klammer des Antikommunismus, der Glaube an die Steuerbarkeit von Migration. 1972 veröffentlichte der Club of Rome den alarmierenden Bericht «Die Grenzen des Wachstums», der mit der These von der Begrenztheit lebenswichtiger Ressourcen weltweit die politische Klasse und die breite Öffentlichkeit erschütterte. Die Ölkrise des folgenden Jahres und die globale Rezession trugen zur allgemeinen Verunsicherung bei.

Dann kamen die turbulenten Umbruchzeiten von 1989/90. Was viele nie für möglich gehalten hätten, geschah innerhalb weniger Monate: die Öffnung des Eisernen Vorhangs, die deutsch-deutsche Vereinigung, der Kollaps der Sowjetunion, die Auflösung des Warschauer Pakts. Arbeits- und andere Märkte expandierten, friedliche Revolutionen gingen in blutige Auseinandersetzungen über, Bruderkämpfe um nationale Identität, Territorien und natürliche Produktionsmittel entbrannten, nicht nur in den ehemaligen Satellitenstaaten der Sowjetunion, sondern auch – als spätes Erbe der kolonialen Unterdrückung – in der südlichen Hemisphäre: auf dem afrikanischen Kontinent und in Lateinamerika.

Diese politischen Entwicklungen hatten weltweit einen enormen Einfluss auf das Wanderungsverhalten von Menschen und auf die Regulationsanstrengungen von Staaten. Seit 1990 beschleunigte sich in den Hochlohnländern USA, Kanada, Australien und in Europa die Zuwanderung aus ärmeren Gegenden der Welt, und dies trotz der politischen Anstrengungen vieler Regierungen, die Zahl der Ausländerinnen und Ausländer zu reduzieren. Der Ausländeranteil kletterte bis 2015 auf 12 Prozent in Frankreich, 15 Prozent in Deutschland und 17 Prozent in Österreich. Aufgrund der spezifischen Branchenausrichtung und der begrenzten territorialen Ausdehnung stieg der Anteil in Kleinststaaten wie der Schweiz (29 Prozent) und Luxembourg (45 Prozent) noch stärker.[444]

Zudem änderte sich die Zusammensetzung der zugewanderten Bevölkerung. Die Entwicklung in der Schweiz veranschaulicht dies sehr deutlich: 1970 stammten hier noch über 90 Prozent der Ausländer aus den umliegenden Ländern (EWG/EFTA). Der Ausländerzuwachs ging seit 1975 hauptsächlich auf das Konto europäischer Binnenwanderung. Im Jahr 2000 dagegen betrug der Anteil der aus den Ländern der Europäischen Union stammenden Ausländer in der Schweiz noch 55 Prozent (vgl. Tabelle «Wichtigste Herkunftsländer der ausländischen Bevölkerung der Schweiz, 1880–2010», Seite 220/221). Nun nahm die Zahl von Immigranten aus der «zweiten Welt», also aus den an der Schwelle zu Modernisierung und Industrialisierung stehenden Ländern Südamerikas, Osteuropas und Asiens, stark zu. Arbeitsmigration aus Drittweltländern dagegen blieb, entgegen landläufigen

Befürchtungen, sekundär. Für die an Bildung und Einkommen Ärmsten der Armen war der Preis, in die Ferne zu ziehen, angesichts der geringen Erfolgschancen zu hoch. Anders gesagt, so zeigen aktuelle Daten zur weltweiten Migrationsentwicklung,[445] nehmen tendenziell besser ausgebildete Menschen die Risiken einer Auswanderung auf sich, weil eine Verbesserung der Lebensbedingungen für sie wahrscheinlicher ist. Opfern politischer Verfolgung oder kriegerischer Auseinandersetzungen bleibt dagegen kaum die Wahl. Auch dies zeigt die Migrationsentwicklung seit den 1990er-Jahren eindrucksvoll.

Die Migrationsgeschichte der Schweiz seit Ende der 1970er-Jahre agierte in und reagierte auf die geschilderten globalen Zusammenhänge. Dabei rückte zunächst die Asylgewährung ins Zentrum der gesellschaftlichen Problemwahrnehmung und des politischen Reformwillens, während das Arbeitsmigrationsregime, wie es im Zeichen der Wirtschaftskrise mit Plafonierungen und Kontingenten etabliert worden war, sich erst Anfang der 2000er-Jahre wieder grundsätzlich wandelte.

Vom liberalen zum restriktiven Asylgesetz

Am 5. Oktober 1979 erhielt die Schweiz erstmals ein Asylgesetz. Als Flüchtlinge wurden darin «Ausländer» gefasst, «die in ihrem Heimatstaat oder im Land, wo sie zuletzt wohnten, wegen ihrer Rasse, Religion, Nationalität, Zugehörigkeit zu einer bestimmten sozialen Gruppe oder wegen ihrer politischen Anschauungen ernsthaften Nachteilen ausgesetzt sind oder begründete Furcht haben, solchen Nachteilen ausgesetzt zu werden».[446] Das Asylgesetz legte den Rechtsstatus der Flüchtlinge und die Grundlagen des Verfahrens fest. Nachdem die flüchtlingspolitische Praxis sich seit der Neupositionierung in den 1950er-Jahren auf das Bundesgesetz über Aufenthalt und Niederlassung der Ausländer bezogen hatte, lag nun ein Gesetzestext vor, der spezifisch den Umgang mit Zufluchtsuchenden regulierte, bei der Umsetzung den Kantonen allerdings Spielraum liess.

Das Regelwerk stiess bis weit in die asylpolitisch engagierte Zivilgesellschaft hinein auf Akzeptanz, nicht zuletzt, weil es der Entscheidungshoheit des Bundesrats, die in den 1950er- und 1960er-Jahren kaum hinterfragt worden war, Grenzen setzte. Ausserdem bezeugte es den Willen des Gesetzgebers, am in der frühen Nachkriegszeit gefassten Grundsatz des humanitären Engagements der Schweiz festzuhalten. Das Asylgesetz, das am 1. Januar 1981 in Kraft trat, sah neben einer weitherzigen Definition des Flüchtlings auch die Familienvereinigung, das Botschaftsasyl und die Ausstellung einer Arbeitserlaubnis bereits für die Phase der Prüfung des Asylantrags vor. Bezugspunkte waren die Genfer Flüchtlingskonvention von 1951 sowie die Europäische Menschenrechtskonvention von 1950, die 1974 in der

Anzahl Asylgesuche 1979–2014

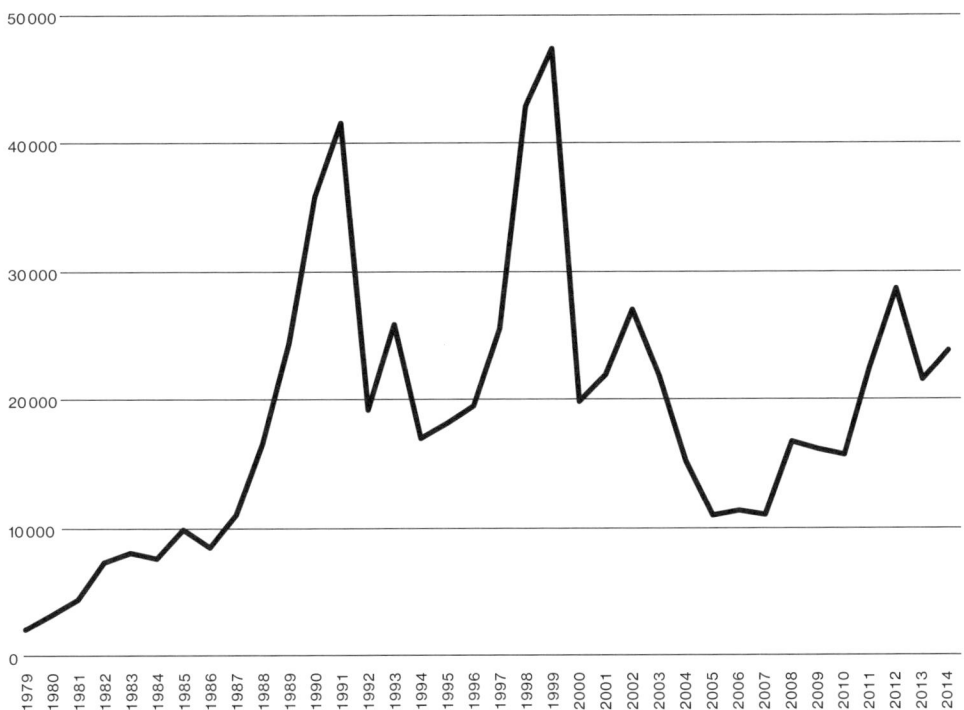

Quelle: Staatssekretariat für Migration SEM, Asylstatistik, Übersichten: www.sem.admin.ch.

Schweiz in Kraft trat. Die beiden Vertragswerke gingen zwar nicht explizit auf Asylgewährung ein, schrieben aber Hilfeleistung bei der Verletzung von Menschenrechten sowie ein Rückschiebeverbot völkerrechtlich vor.[447]

Das neue Asylgesetz war kaum in Kraft, als seine liberalen Grundlagen bereits infrage gestellt wurden. In rascher Folge erfolgten in den 1980er- und 1990er-Jahren Teilrevisionen, die die Kriterien der Zuerkennung des Asylstatus und die rechtliche, soziale und materielle Situation von Asylsuchenden und anerkannten Flüchtlingen verschärften. Der Gesetzgeber schränkte das Recht auf Arbeit ein und erklärte die Ausschaffungshaft für zulässig. Auch Zwangsmassnahmen gegen straffällige Asylsuchende wurden erlassen. 1990 beschloss die Schweiz als erstes Land Europas, auf Asylgesuche aus einem als sicher geltenden Land grundsätzlich nicht mehr einzugehen.

1998 kam es zur Totalrevision des Asylgesetzes. Im Zentrum stand die Verhinderung des «Asylmissbrauchs»; den Begriff hatten verschiedene Kreise aus dem Umfeld der Schweizerischen Volkspartei (SVP) immer wieder ins Feld geführt, um weitere Restriktionen zu legitimieren. In der Referendumsabstimmung vom 13. Juni 1999 stimmte das Wahlvolk der restriktiven Neufassung des Gesetzes und den Missbrauchsbestimmungen mit überwältigender Mehrheit zu. Es befürwortete damit allerdings auch den die Situation von Frauen verbessernden Zusatz, dass «den frauenspezifischen Fluchtgründen» Rechnung zu tragen sei.[448] Weitere Teilrevisionen folgten ab den 2000er-Jahren. Sie beschleunigten das Asylverfahren, erhöhten die Hürden beim Antrag auf Asyl und reduzierten die anerkannten Asylgründe; das Widerspruchsrecht wurde beschränkt und die Kostenreduktion durchgesetzt. Verschärfende Massnahmen stehen bis heute immer wieder zur Debatte.

Die strengere Handhabung im Asylbereich war nicht aus der Luft gegriffen. Der Gesetzgeber reagierte damit auf steigende Gesuchszahlen seit den 1980er-Jahren. Wurden in den 1970er-Jahren selten mehr als 2000 Asylgesuche im Jahr gestellt, waren es zehn Jahre später über 19 000. In den Nullerjahren überschritt die Anzahl erstmals 20 000, fiel aber in manchen Jahren auch wieder darunter.[449] Global gesehen gab es keinen Zweifel: Die Zahl der Flüchtlinge nahm rasant zu. 65,6 Millionen Menschen waren gemäss UNO-Flüchtlingshilfe 2017 weltweit auf der Flucht. Noch 2006 waren es weniger als die Hälfte.[450] Die Schweiz war als Zufluchtsort gefordert.

Die immer restriktiver werdende Asylpolitik war ebenfalls eine Folge der Diversifizierung der Herkunftsländer der Flüchtlinge. Viele der Krisengebiete, die Flüchtlinge hervorbrachten, lagen nun im globalen Süden, in Sri Lanka (Tamilen), im Libanon, in Pakistan und in den von Bürgerkriegen geschüttelten Ländern Afrikas. Umfasste die Liste der Asylherkunftsländer von 1979, als das Asylgesetz beschlossen wurde, 21 Länder, so waren es zwei Jahrzehnte später über 80. 2014 gab es über 190 völkerrechtlich anerkannte

Staaten auf der Welt. 123 dieser Staaten wurden als Asylherkunftsländer in der amtlichen Statistik angeführt, für 34 Länder verbuchte diese mehr als hundert Asylgesuche. Parallel zur Verschärfung des Asylrechts sanken die Anerkennungsquoten stetig. In der Zeit vor dem Asylgesetz lagen sie bei über 90 Prozent. 1983 hatte man den Wert bereits halbiert, 1984 wurde nur noch ein Gesuch von vieren positiv beschieden. Seitdem bewegten sich die Quoten im Bereich von 15 bis 20 Prozent.

Politisch getragen wurden die beschriebenen Verschärfungen im Asylbereich seit Mitte der 1980er-Jahre von neuen Akteuren am rechten Rand des politischen Spektrums. Die SVP entdeckte den Kampf gegen «Scheinasylanten», «Asylmissbrauch» und «Ausländerkriminalität» für sich. Gestützt auf eine bereits von James Schwarzenbach erprobte und nun vom Industriellen Christoph Blocher durchgesetzte Strategie des «permanenten Wahlkampfs»,[451] erlebte sie in den 1990er-Jahren den Aufstieg von einer randständigen rechtskonservativen Bauernpartei zu einer rechtspopulistischen Kraft und zugleich zur wählerstärksten Partei des Landes.

«Die offene, die solidarische Schweiz»

Das Asylgesetz von 1979 entstand vor dem Hintergrund von Reibungsflächen, die bei der Aufnahme von Flüchtlingen aus Chile nach dem Militärputsch vom Herbst 1973 und aus dem kommunistischen Vietnam nach 1975 zutage getreten waren. In beiden Fällen hatte es sich als Problem erwiesen, dass die Zuständigkeiten nicht verbindlich geregelt waren, etwa beim Zusammenspiel von Bund und Kantonen. Zudem hatte die beharrliche Weigerung des Bundesrats, ein grösseres Kontingent von Flüchtlingen aus Chile aufzunehmen, die Zivilgesellschaft mobilisiert wie selten zuvor.

Das Jahr 1973 bildete den Ausgangspunkt einer Vernetzung, die sich in den 1980er- und 1990er-Jahren als Bewegung der Solidarität mit Flüchtlingen etablierte. Die Bewegung formulierte einen deutlich wahrgenommenen Kontrapunkt zur Politik der Abschottung; aus ihr gingen bis heute aktive Akteure im Bereich der humanitären Hilfe und Flüchtlingsberatung hervor. Zur dem Selbstverständnis nach «offenen, solidarischen Schweiz»[452] zählten national koordinierte Organisationen, aber auch lokale Anlaufstellen, zum Beispiel der CaBi Antirassismus Treff St. Gallen.[453]

Den Auftakt bildeten Gruppierungen, die im Herbst 1973 im Tessin und nördlich der Alpen entstanden waren, öffentlich zur Solidarität mit den chilenischen Flüchtlingen aufriefen und die Engherzigkeit der Regierung anprangerten. Die Schweizer Presse berichtete laufend und legte die Dimensionen des Rechtsverlusts und die kriminellen und gewaltsamen Methoden der Putschisten offen. Grosse Solidaritätskundgebungen fanden in Paris und Rom statt, eine Reihe von Demonstrationen in der Bundesrepublik und in Grossbritannien. «Unsere Regierung hat ihre Mitschuld bewiesen, indem sie die Zahl der aufzunehmenden Flüchtlinge aus Chile auf lächerliche 200 beschränkte», kritisierte das Komitee zur Unterstützung des chilenischen Widerstands auf einem Flugblatt.[454] Als «beschämend klein» bezeichnete die Redaktion der religiös-sozialistischen Zeitschrift «Neue Wege» das Kontingent für Flüchtlinge aus Chile.

Für den Empfang der 200 Kontingentflüchtlinge stellten sich traditionelle Trägerorganisationen der humanitären Hilfe zur Verfügung, wie die bereits 1936 gegründete Zentralstelle für Flüchtlingshilfe (SZF), christlich-karitative Organisationen sowie das Rote Kreuz. Darüber hinaus aber engagierten sich auch Teile der Bevölkerung im Umfeld von Kirchengemeinden, gewerkschaftlichen und ausser- und innerparlamentarischen politischen Organisationen, im alternativen und künstlerisch-intellektuellen Milieu. Die Freiplatzaktion für Chileflüchtlinge entstand mit Lokalkomitees in der gesamten Schweiz. Zweieinhalbtausend Angebote für Unterkünfte gingen ein.[455] Man begann, über die Südgrenze der Schweiz klandestine Einreisen zu organisieren. Der Bundesrat sah seine Autorität unterwandert. Im Februar 1974 verhängte er die Visumspflicht für Chileninnen und Chilenen, eine Massnahme, die kritische Geister an die Einführung des so genannten Judenstempels im Jahre 1938 gemahnte. Demonstrationen und Petitionen wurden organisiert. Bis Ende 1975 konnten 288 chilenische Flüchtlinge in der Schweiz einen Antrag auf Asyl stellen. Insgesamt gingen in den Jahren 1973 bis 1990, der Zeit von Pinochets Militärdiktatur, über 5812 Asylgesuche ein, knapp 1500 wurden positiv beschieden.

In der Auseinandersetzung zwischen Behörden und Zivilgesellschaft um die Flüchtlinge aus Chile waren viele Faktoren im Spiel: die von der Regierung vermutete politisch-ideologische Ausrichtung der Flüchtlinge – sie waren keine Opfer der kommunistischen Herrschaft, sondern einer von den USA unterstützten Militärdiktatur; die nahende Abstimmung über das Volksbegehren «gegen die Überfremdung und Überbevölkerung», die im Herbst 1974 anstand; und schliesslich auch die nichteuropäische Herkunft der Flüchtlinge, die in den Aktennotizen wiederholt als «Fremde», «Leute aus fernen Staaten» oder «fremden Ländern» bezeichnet wurden.

Mitte der 1980er-Jahre kam es zu einer Revitalisierung der im Rahmen der Chileaktion geknüpften Kontakte zwischen engagierten Einzelpersonen, informellen Netzwerken und Hilfskomitees. Die Dynamik entstand im Zusammenhang mit den geplanten Revisionen des Asylgesetzes sowie mit dem Vorhaben der Behörden, bestimmten Flüchtlingsgruppen den Asylstatus wieder zu entziehen und sie in ihre Herkunftsländer auszufliegen. Anni Lanz, eine Schlüsselfigur der Bewegung und Mitgründerin von Solidarité sans frontières, berichtet in der Jubiläumsschrift der Organisation von einer Atmosphäre des Aufruhrs und der Solidarität im Herbst 1986: *gegen* die harte offizielle Linie in der Asylpolitik und *mit* den Flüchtlingen, die sich vor

Demonstration für chilenische Flüchtlinge beim Volkshaus Zürich, 18. Juni 1983. Im Unterschied zur Praxis gegenüber ungarischen und tibetischen Flüchtlingen war die Schweizer Regierung bei der Aufnahme von Oppositionellen der Militärdiktatur Pinochets sehr zurückhaltend. Erst der Druck der Zivilgesellschaft brachte die Regierung dazu, das Kontingent von 200 Personen zu erhöhen.

immer neue Hürden bei der Gewährung von Asyl und bei der Eingliederung in die Gesellschaft gestellt sahen. Die Gemeindesäle waren gefüllt, landesweit wurden Patenschaftsgruppen gegründet, die Kirchen öffneten sich für Flüchtlinge, Menschen leisteten spontan – und illegal – Hilfe für untergetauchte Flüchtlinge. Intellektuelle und Experten meldeten sich zu Wort, darunter auch Max Frisch und Alfred A. Häsler, dessen Buch «Das Boot ist voll» 1968 die Debatte über die Flüchtlingspolitik der Schweiz im Zweiten Weltkrieg ins Rollen gebracht hatte. «Wer wie ich die damalige Aufbruchsstimmung der Asylbewegung miterlebte, weiss auch von der bestärkenden Überzeugung, dass wir mit vereinten Kräften etwas bewirken könnten. [...] Es herrschte [...] das beflügelnde Gefühl, wir könnten Berge versetzen.»[456]

Die Asylbewegung war gesellschaftlich breit verankert. Dazu trugen auch kirchliche Trägergruppen bei. Bereits 1981 hatte die Genfer Paroisse des Eaux-Vives Kurden Kirchenasyl gewährt. Im Zeichen des Referendumskampfs gegen die Verschärfung des Asylgesetzes rückten die Gruppierungen näher zusammen: die Asylbrücke Zug, Coordination génévoise pour le droit d'asile, die Aktion für abgewiesene Asylsuchende (AAA), das Europäische Komitee zur Unterstützung der Flüchtlinge und Gastarbeiter, Sektionen der Liga für Menschenrechte, die Freiplatzaktion Zürich, die Bewegung für eine offene, demokratische und solidarische Schweiz (BODS) und viele mehr. Ab Herbst 1986 fanden die lokalen Initiativen in der Asylkoordination Schweiz (AKS) eine nationale Anlaufstelle. Im Jahr 2000 entstand aus dem Zusammenschluss von BODS und AKS die Vereinigung Solidarité sans frontières, die sich bis heute als unabhängige Koordinations- und Kontaktstelle für Migrantenorganisationen versteht.

Wie in anderen sozialen Bewegungen, so setzte auch in der Asylbewegung eine Ausdifferenzierung und Professionalisierung ein. Herausforderungen gab es genug, von der Begleitung und Beratung von Asylsuchenden und anerkannten Flüchtlingen über die Referendumskampagne für das Antirassismusgesetz und diverse Revisionen des Asylgesetzes bis zu Solidaritätsaktionen mit Sans-Papiers. Politisch im engeren Sinne war die Asylbewegung nur in wenigen Fällen erfolgreich: etwa beim Antirassismusgesetz (1995), der Ablehnung der Volksinitiative «gegen illegale Einwanderung» (1996) und der kürzlich erfolgten Legalisierung von Sans-Papiers im Kanton Genf. Aus der migrationspolitischen Landschaft der Schweiz ist sie dennoch heute nicht mehr wegzudenken.

Die Schweiz im Zeichen der europäischen Integration

Die Entwicklungen im Asylbereich geschahen nicht im luftleeren Raum. Parallel dazu veränderten sich die politischen und ökonomischen Strukturen Europas nachhaltig. Zwischen dem Anspruch auf Souveränität und dem

Wissen um die Notwendigkeit, sich zu integrieren, galt es für die Schweiz, ihr Verhältnis zum Ausland neu auszurichten. Migrationsfragen spielten dabei eine zentrale Rolle.

Die Verhandlungen, die 1993 mit dem Maastricht-Vertrag die Europäische Union (EU) konstituieren sollten, waren schon in vollem Gang, als in der Schweiz eine Abstimmung zur Debatte stand, die bis heute in der Erinnerung vieler als Moment des Aufwachens und des Zweifelns gilt: die Abstimmung über den Beitritt der Schweiz zum Europäischen Wirtschaftsraum (EWR). 50,3 Prozent der Stimmberechtigten und 16 von 23 Ständen legten am 6. Dezember 1992 ein Nein in die Urne. Die Regierung war blamiert, sie hatte bereits ein Beitrittsgesuch in Brüssel gestellt, die Zustimmung des Souveräns schien nur eine Formsache. Doch der SVP und der Aktion für eine unabhängige und neutrale Schweiz (AUNS) gelang es mit einer an den Nationalstolz und den Mythos des starken, unabhängigen Alpenlandes appellierenden Kampagne, die Stimmung in der Bevölkerung zu kippen.[457]

In den folgenden Jahren begab sich die Politik auf den Weg der bilateralen Verhandlungen. 1999 erzielte man mit sieben sektorialen Abkommen zwischen der Schweiz und der EU einen Durchbruch. Sie traten 2002 als so genannte Bilaterale I in Kraft. Neben Kooperationen auf sozialem, wirtschaftlichem und technischem Gebiet sahen sie vor, die in den EU-Staaten gültige Personenfreizügigkeit auf die Schweiz auszudehnen. Damit wandelte sich das seit dem Ende der Hochkonjunktur etablierte Schweizer Arbeitsmigrationsregime grundsätzlich. Inländervorrang, Quotierungen in verschiedenen Branchen und Plafonierungen fielen sukzessive.

Mit den Bilateralen II, 2005 vom Volk bestätigt, wurde die Schweiz Teil des Schengen-Raums. Das Schengener Abkommen vereinfachte die Mobilität innerhalb Europas durch die Aufhebung systematischer Grenzkontrollen, verstärkte die Kontrolle an den Aussengrenzen und verlagerte dabei die nationalstaatliche Kompetenz auf die Ebene der EU. Regulär aus Ländern einzuwandern, die nicht zur EU oder zum Schengen-Raum gehören, war nun fast nicht mehr möglich. Zugleich unterlag die Schweiz jetzt den Bestimmungen von Dublin, die europaweit klare Zuständigkeiten und Verfahrensweisen im Bereich des Asylwesens definierten. Was mit dem Asylgesetz von 1979 angestrebt worden war, nämlich eine klare Aufgaben- und Kompetenzzuweisung zwischen Bund und Kantonen, wurde nun um die europäische Ebene erweitert. Bei den künftigen Revisionen des Asylgesetzes war die Schweiz zwar nach wie vor souverän, unabhängig von den europäischen Entwicklungen war sie dagegen nicht mehr.

Wie sich die Personenfreizügigkeit und die weltpolitischen Veränderungen nach dem Fall der Berliner Mauer auf die Lebenswege von Menschen auswirkten, zeigt der Fall eines thüringischen Bergmanns. Thomas S. wuchs in einer Bergarbeiterfamilie auf und war in den DDR-Jahren als Fachkraft für Bergbautechnologie bei der Wismut AG beschäftigt. Nach der

Wende verlor er seinen Arbeitsplatz und stand von heute auf morgen auf der Strasse. Im Jahr 2000, ein Jahr nach dem offiziellen Baubeginn des Gotthardbasistunnels, heuerte der Tunnelbauer bei einem Unternehmen an, das am Ausbau der Alpentransversale beteiligt war. Zwischen Thüringen und der NEAT-Baustelle lagen acht Stunden Fahrt. In den zweitägigen Pausen zwischen Früh- und Spätschicht lohnte es nicht, nach Hause zu fahren. Dieser Unterschied zwischen Tunnel- und Bergbau veränderte das Familienleben von Grund auf: «Man ist relativ weit weg von zu Hause. Das war früher nicht der Fall, das war im Bergbau eben nicht der Fall. Da war der Schacht, und da bin ich dreissig Kilometer hingefahren – jeden Tag, auch keine Wochenendarbeit. Das ist erst jetzt.»[458]

Solche Formen der Pendelmigration in die Schweiz wurden in den 2000er-Jahren für viele Menschen zur Normalität. Die Lebenssituation verlangte von ihnen, dass sie ihr soziales Netz über Ländergrenzen hinweg an mehreren Orten aufspannten. Ganz in die Schweiz überzusiedeln, konnten sich nicht alle vorstellen. «Ich finde die Schweiz positiv», so der Thüringer, dessen Frau und Kind im Eigenheim in der Nähe von Gera geblieben sind, «aber hier meinen Lebensabend verbring ich nicht!» Unter den Bedingungen von befristeten Verträgen, Arbeitsdruck und ständig wechselnden Standorten war an eine Eingliederung in die Schweizer Gesellschaft für den Tunnelbauer nicht zu denken. «Arbeit, und wenn die Arbeit zu Ende ist, geht's nur noch nach Hause. So lange wie möglich wird hier gearbeitet. Und dann geht's wieder nach Hause.» Acht Stunden Fahrt, vierzig Stunden daheim, acht Stunden Fahrt, einmal im Jahr Urlaub mit der Familie – mehr gab ein solches Arbeitsverhältnis nicht her.

Globalisierung der Arbeitskraft

Die geopolitischen Umwälzungen nach dem Fall des Eisernen Vorhangs dynamisierten auf globaler Ebene die Wege und Frequenzen der Migration. Im Schengen-Raum konnte man seit den 1990er-Jahren passlos die Staatsgrenzen überqueren. Nach den Osterweiterungen 2004, 2007 und 2013 umfasste die EU 28 Mitgliedstaaten. Dazu kamen technische Entwicklungen im Bereich von Kommunikation und Transport. Noch nie war Reisen für so viele Menschen so einfach und so erschwinglich. 1991 führte Ryanair das Modell der Low-Cost-Flüge in Europa ein. Die Sparte boomte. War Migration schon in früheren Zeiten nicht ausschliesslich eine One-Way-Bewegung, so gehörten Pendelmigrationen nach dem Ende des Kalten Krieges zum Lebensalltag vieler Menschen, sowohl aus dem europäischen Osten als auch aus dem globalen Süden.

In der Migrationssoziologie begann man in dieser Zeit von zirkulärer oder Transmigration zu sprechen, einer, wie der Schweizer Migrationssoziologe Hans-Joachim Hoffmann-Nowotny 1999 anlässlich des Luzerner Symposiums «Das Fremde in der Schweiz» formulierte, «anscheinend zunehmenden Zirkulation von Migranten sowohl zwischen Einwanderungsgesellschaften als auch im Sinne eines verstärkten Pendelns zwischen Aus- und Einwanderungsländern».[459] Ob solche Formen der Migration gänzlich neu waren oder ob sie schon frühere Wellen der Ein- und Auswanderung geprägt hatten, beschäftigte die soziologische und die historische Zunft in den folgenden Jahren stark. An der quantitativen Zunahme von auf Pendelmigration basierenden Lebenssituationen zweifelte jedoch niemand, ebenso wenig wie an den zwiespältigen Folgen für die Betroffenen. Sie traten die Reise aus freien Stücken an, aber doch unter den Bedingungen grosser Perspektivlosigkeit im Herkunftsland und schwieriger Verhältnisse im Ankunftsland. Der Bereich der so genannten Care-Arbeit ist dafür exemplarisch.

«Care» – im Englischen «Sorge» und «Fürsorge» – steht für haushaltsorientierte reproduktive Tätigkeiten wie Waschen oder Kochen, für die Pflege abhängiger Menschen und für emotionale Zuwendung. Die Frage, wer diese Care-Arbeit in den reichen Industriegesellschaften des globalen Nordens übernehmen sollte, stellte sich mit der gesteigerten qualifizierten Erwerbstätigkeit von Frauen, mit der gestiegenen Lebenserwartung und mit der fortschreitenden Rationalisierung staatlicher Versorgungssysteme vehement. Das Pflegepotenzial der Familien stiess an Grenzen. In immer mehr Haushalten übernahmen Haushaltsfremde diese Tätigkeiten, und der Trend hält an. Das Caritas-Positionspapier zur Care-Migration in der Schweiz diskutiert für das Jahr 2013 die Zahl von 30 000 Care-Arbeitenden, fast ausschliesslich Frauen, nicht ohne darauf hinzuweisen, dass zahllose informelle Arbeitsverhältnisse eine präzise Schätzung kaum erlauben.[460]

Care-Arbeiterinnen spielen in der hiesigen Ökonomie seit Jahren eine bedeutende Rolle. Trotzdem geraten jene, die von ausserhalb Europas stammen, aus Thailand oder Mexiko zum Beispiel, früher oder später in eine Situation der Rechtlosigkeit. Auch Migrantinnen aus den neu zur EU gehörenden Staaten wie Polen, Litauen oder der Slowakei finden sich in prekären Verhältnissen wieder, als «Live-ins» etwa, die über Monate Tag und Nacht bei einer betreuungsbedürftigen Person leben, bevor sie für einige Zeit zu ihrer Familie zurückkehren und die dort anfallende Betreuungsarbeit verrichten.

Claire Z. liess sich im Rahmen einer 2012 erschienenen Studie zur Care-Arbeit im Kanton Zürich interviewen. Die Brasilianerin kam mit einem Touristenvisum 13 Jahre zuvor in die Schweiz und lebt irregulär im Land, seit die Aufenthaltsfrist abgelaufen ist. Ihre Familie zu verlassen, war eine bewusste Entscheidung. Gefallen war sie aber unter dem Druck existenzieller Fragen: «Mit der Zeit habe ich gesehen, dass es keine Zukunft gab für mich in Brasilien. So dachte ich: Na ja, ich kann ja versuchen eine bessere Zukunft zu haben. Deshalb bin ich hier. [...] Also es ist eine Entscheidung,

«Keine Hausarbeiterin ist illegal»: beschürzte Statue in Zürich, 2013. Anlässlich des Internationalen Tages der Migrantinnen und Migranten vom 18. Dezember 2013 machten Aktivistinnen auf die Situation von Care-Arbeiterinnen aufmerksam. Obwohl die Industriegesellschaften des globalen Nordens auf sie angewiesen sind, leben viele Care-Migrantinnen in prekären Verhältnissen.

aber nicht nur, weil wir es so wollten. Man verlässt doch nicht einfach so Familie und Heimatland, nur weil man hier schwarzarbeiten will.»[461]

Die zum Zeitpunkt des Interviews 38-Jährige war vor ihrer Migration Kunsthandwerkerin und hatte eine Sekundarschule abgeschlossen. Viele Care-Arbeiterinnen verfügen sogar über einen Fachhochschul- oder Universitätsabschluss in ihrem Land.[462] Mit der Tätigkeit in der Schweiz haben diese Qualifikationen wenig zu tun: «Egal, ob ich das mag oder nicht, ich muss putzen. Und das ist ja so eine Arbeit, die ich in Brasilien nicht gemacht habe, aber hier muss ich es tun.» Es sei ein «harter Job». «Wenn jemand hierherkommt mit einem Uni-Diplom in der Hand, aber keine Bewilligung hat, wird sie auch nur einen solchen Job finden. Das ist alles, was wir tun können.»

Global unterwegs ist in solchen Pflegearrangements nicht nur die Care-Migrantin selbst. Die Ethnisierung des privaten Pflegebereichs zieht die Entstehung weltweiter Betreuungsketten nach sich.[463] Während Frauen aus ärmeren Ländern die Versorgung von Bedürftigen in den reichen Staaten des globalen Nordens übernehmen, werden ihre eigenen Kinder oder betreuungsbedürftigen Eltern von noch schlechter gestellten Familienangehörigen oder Haushaltsfremden versorgt, die wiederum ihre Kinder fremdbetreuen lassen. Pendelmigrationen über den ganzen Erdball hinweg sind die Folge solcher Betreuungsarrangements, die in der Schweiz einen deregulierten, vergeschlechtlichten und ethnisierten Arbeitsmarkt entstehen lassen. Aus dem Arbeitsmarktsegment der Pflege und Betreuung sind Migrantinnen heute nicht mehr wegzudenken.

Fördern und Fordern: Neue Wege in der Integrationspolitik

Auf dem Höhepunkt der Wirtschaftskrise der 1990er-Jahre lag die Arbeitslosenquote der Schweizer Arbeitnehmenden bei unter vier Prozent, während sie in der niedergelassenen ausländischen Erwerbsbevölkerung über zehn Prozent betrug.[464] Vor diesem Hintergrund wurde deutlicher denn je, dass eine Politik der Integration wenig zielführend war, solange sie allein als Assimilationsanstrengung der Ausländer oder als reine Arbeitsmarktintegration aufgefasst wurde. Entsprechend gewann das Thema Integration, nun verstanden als Teil einer Gesellschaftspolitik, um die Jahrtausendwende an Gewicht.

Wie Esteban Piñeiro in einer «Genealogie der schweizerischen Ausländerintegration» herausgearbeitet hat, erfolgte die Steuerung der ausländischen Bevölkerung um die Wende zum 21. Jahrhundert «nicht mehr im Namen der Überfremdung, sondern im Zeichen des Zusammenlebens der einheimischen und der fremden Bevölkerung».[465] Im Zuge der Neuverhandlung des Bundesgesetzes über Aufenthalt und Niederlassung der Ausländer wurde die Auffassung politisch salonfähig, dass die erfolgreiche Integration von Ausländerinnen und Ausländern nicht allein von deren Assimilationsleistung abhängen, sondern zur «staatspolitischen Aufgabe»[466] werden solle. Das revidierte Gesetz, 1998 vom Parlament beschlossen, erhielt einen Integrationsartikel, der vorsah, dass der Bund Massnahmen zur «sozialen Integration von Ausländern» finanziell förderte, wenn auch in der Regel nur, «wenn sich die Kantone, Gemeinden oder Dritte angemessen an den Kosten beteiligen».[467]

Das Bundesgesetz über die Ausländerinnen und Ausländer (AuG), das 2005 vom Parlament verabschiedet wurde und am 1. Januar 2008 in Kraft trat, formulierte das neue Integrationsverständnis als beidseitigen Prozess von ausländischer Bevölkerung *und* Aufnahmegesellschaft. Artikel 4 hält prominent fest: «(1) Ziel der Integration ist das Zusammenleben der einheimischen und ausländischen Wohnbevölkerung auf der Grundlage der Bundesverfassung und gegenseitiger Achtung und Toleranz. [...]. (3) Die Integration setzt sowohl den entsprechenden Willen der Ausländerinnen und Ausländer als auch die Offenheit der schweizerischen Bevölkerung voraus.»[468] Das so genannte Basler Integrationsmodell war für die neue Richtung vorbildlich. Ende der 1990er-Jahre von der Ethnologin Rebekka Ehret entwickelt, stand es unter dem Grundsatz «Fördern und Fordern – vom ersten Tag an, verbindlich». Es verwandelte einen auf die Defizite von Ausländern gerichteten Ansatz zu einem, der ihre Potenziale förderte. Das Modell wurde vom Integrationsbeauftragten des Kantons Basel-Stadt in vielfältigen Projekten umgesetzt und seitdem mehrfach angepasst und weiterentwickelt.[469]

Auch die Einbürgerungspolitik folgte auf Bundesebene dem Trend, Assimilation durch Integration, verstanden als «Teilhabe an den Strukturen der Aufnahmegesellschaft», zu ersetzen. Assimilation wurde im revidierten Bundesgesetz über den Erwerb und Verlust des Schweizer Bürgerrechts von 1990 nicht mehr zur Voraussetzung für die Einbürgerung erklärt. Man könne, so der Bundesrat im Vorfeld der Gesetzesänderung, vom Einbürgerungskandidaten nicht verlangen, «dass er seine bisherige Identität ablegt und ‹in eine andere Haut schlüpft›».[470]

Später Triumph der Überfremdungsgegner

Die neueren Entwicklungen behagten nicht jedem. Die ehedem aufgesplitterte radikale Rechte wurde im Sammelbecken einer von Christoph Blocher geleiteten SVP zu einem starken politischen Faktor. Seit 1995 vereinte sie in nationalen Wahlen konstant mehr als ein Fünftel der Wählerstimmen auf sich, mit einem Höhepunkt im Jahr 2007, wo sie 29 Prozent der Stimmen gewann. Die Partei besetzte das Thema Asyl- und Ausländerpolitik erfolgreich. Die eidgenössische Volksinitiative «Gegen den Bau von Minaretten»,

Abstimmungsplakate gegen und für die Volksinitiative «Zur Durchsetzung der Ausschaffung krimineller Ausländer» (Durchsetzungsinitiative) im Hauptbahnhof Zürich.

Am 28. Februar 2016 lehnten 58,9 Prozent der Schweizer Stimmbürgerinnen und Stimmbürger die Initiative der SVP ab.

lanciert von der SVP und der Eidgenössisch-Demokratischen Union (EDU), wurde 2009 gegen die Empfehlung des Bundesrats, der übrigen grossen Parteien sowie der Vertreterinnen und Vertreter von kirchlichen, Migranten- und Menschenrechtsorganisationen mit 57,5 Prozent Ja-Stimmen angenommen. Der Ausgang der Kampagne liess die Schweiz in der internationalen Gemeinschaft als Einzelfall dastehen. Juristische Kreise zogen die völkerrechtliche Legitimität des Minarettverbots in Zweifel.

Wenn der Ausgang der Minarett-Initiative für viele einen Schock bedeutete, die sich ausländerpolitisch auf den Weg der Integration begeben hatten, so löste der Ausgang der so genannten Masseneinwanderungsinitiative im Februar 2014 ein politisches Erdbeben aus: 50,3 Prozent der Stimmberechtigten – bei einer Stimmbeteiligung von 56 Prozent – sprachen sich für eine Beschränkung der Zuwanderung aus. Das Ergebnis stellte die integrationspolitische Linie der Bundes- und vieler Kantonsregierungen infrage, aber vielmehr noch den europapolitischen Kurs der Eidgenossenschaft. Die Einschränkung von Zuwanderung durch Quotierung und Kontingente war mit der Personenfreizügigkeit, die mit der Europäischen Union vereinbart worden war, nicht kompatibel. Sie gefährdete damit das komplexe Vertragswerk der Bilateralen. Damit wäre das Verhältnis zu Europa nachhaltig gestört worden und der für die schweizerische Wirtschaft vitale Zustrom von hoch qualifizierten Arbeitskräften aus dem Ausland abgerissen. 59 Prozent der in der Schweiz beschäftigten hoch qualifizierten Migrantinnen und Migranten stammten in den Jahren 2003 bis 2009 aus dem EU-/EFTA-Raum.[471]

Den Spielraum des Kleinstaats galt es im Rahmen der Verhandlungen über die Umsetzung der Initiative auszuloten. Mit dem so genannten «Inländervorrang light» einigten sich die beiden Parlamentskammern auf ein Umsetzungsgesetz zur Verfassungsänderung, das nicht gegen die Personenfreizügigkeit mit EU-/EFTA-Ländern verstiess. Aus europapolitischer Perspektive war die Kuh damit vorerst vom Eis. Innenpolitisch dagegen wurde die Diskussion im Zeichen der Frage nach nationaler Selbstbestimmung weitergeführt. Es ging um nicht weniger als um die Frage nach der «Geltungskraft der Menschenrechte und um die Deutungshoheit über Rolle und Selbstverständnis eines Nationalstaates»[472] in einer Zeit, in der weder die Europäisierung noch die Globalisierung umkehrbar, die Spielregeln ihrer Umsetzung aber ebenso verhandelbar wie diskussionswürdig waren.

Migration – eine historische Normalität: Einsichten und Ausblicke

Aus der Perspektive von Migrationen stellt sich die Lage der Schweiz zu Beginn des 21. Jahrhunderts als Puzzlespiel dar, dessen einzelne Teile nicht recht zusammenpassen wollen. Das Bewusstsein, aus der historischen Konstellation des Kolonialismus und der Weltkriege begünstigt hervorgegangen zu sein, prägte das Selbstverständnis als relativ offenes Flucht- und Asylland in der zweiten Hälfte des 20. Jahrhunderts. Mit der humanitären und solidarischen Haltung gegenüber Opfern – insbesondere kommunistischer – Verfolgung und Unterdrückung wuchs allerdings auch das Unbehagen gegenüber Landesfremden. Das galt vor allem dann, wenn es um die Regulierung ihrer dauerhaften Anwesenheit ging und die Frage sich stellte, mit welchen Pflichten, aber auch mit welchen Rechten ihre Anwesenheit verknüpft sein sollte.

Tendenziell verschärften sich im letzten Drittel des 20. Jahrhunderts die Zugangs- und Aufenthaltsbedingungen für Ausländerinnen und Ausländer, von der bislang seit anderthalb Dekaden anhaltenden innereuropäischen Personenfreizügigkeit abgesehen. Davon unbeeindruckt steigen die Zahl der Zuwanderer – Männer wie Frauen – und die Diversität ihrer Herkunftsländer weiterhin. Nach Zahlen aus dem Jahr 2016 hat jede dritte hier niedergelassene Person ausländische Wurzeln. Von knapp 7 Millionen Erwachsenen in der Schweiz sind knapp 4,4 Millionen ohne Migrationshintergrund.[473] Diese Entwicklungen befinden sich augenblicklich im Zentrum der gesellschaftlichen Problemwahrnehmung. Lösungsvorschläge werden auf unterschiedlichen Ebenen verhandelt und reichen von der Abschottung bis zur totalen Öffnung der Grenzen.

Die mit der vorliegenden Studie eingeschlagene historische Perspektive vermag es, die akuten Probleme der Zuwanderung in eine Reihe von ähnlichen Konstellationen zu stellen, die für die Entstehung und die Entwicklung der Schweiz prägend waren. Es wird offensichtlich, dass Migration, so sehr sie immer wieder als störend für das Selbstbild homogener Gemeinschaften empfunden wird, konstitutiv für die Schweizer Geschichte war. Letzteres gilt, so zeigen die Ausführungen im ersten Teil dieses Buchs, auch für die Migrationsgeschichte der Vormoderne. Von der letzten Eiszeit bis ins Frühmittelalter haben Wanderungsbewegungen die Besiedelung und die kulturelle Prägung des schweizerischen Raums bestimmt. Die Eingliederung ins Römische Reich eröffnete diesem Raum den Zugang zur Urbanität, zur lateinischen Schriftkultur und zum Christentum. Migrationsbewegungen legten aber auch auf lange Sicht das Fundament für die Multikulturalität und Mehrsprachigkeit der Schweiz. Seit dem 19. Jahrhundert gelten diese als herausragendes Kennzeichen der Schweizer Nationalität, die Angehörige verschiedener Sprach- und Kulturgemeinschaften zu einer politischen Nation jenseits des Ethno-, Sprach- und Kulturnationalismus zu integrieren vermag.

«Was ist Migrationsgeschichte?», fragen Christiane Harzig und Dirk Hoerder in ihrer Einführung zum Thema.[474] Titel und Buch zeigen auf, dass sich die Migrationsgeschichte inzwischen zu einem internationalen

Forschungsfeld entwickelt hat. Ferner zeigt sich, dass über die Erkenntnisinteressen, Methoden und ersten Meilensteine der Erforschung von Migration bereits so viel Konsens herrscht, dass es gelingt, zentrale Punkte in kondensierter Form als State of the Art darzustellen. Trotz dieser Syntheseleistung offenbaren Autorin und Autoren jedoch, dass das Feld und die behandelten Fragen ausgesprochen vielfältig und komplex sind.

Migrationsgeschichte ist durch einen Gegenstandsbereich definiert. Es handelt sich um die Geschichte des Umgangs mit Menschen, die Grenzen überschreiten. Dieser Gegenstand fordert aber zugleich eine spezifische Untersuchungsperspektive ein, die Verknüpfungen jenseits spezifischer Räume – seien es Nationalstaaten, regionale oder auch lokale Einheiten – und über deren Grenzen hinweg in den Mittelpunkt rückt. Insofern ist auch eine Migrationsgeschichte der Schweiz immer schon eine Verflechtungsgeschichte. Eine der Grundprämissen der Verflechtungsgeschichte lautet, dass bestimmte Ereignisse und Entwicklungen in regionalen, nationalen oder imperialen Räumen sich nicht internalistisch, also von innen heraus, erklären lassen. Betrachtet man, wie hier geschehen, die Geschichte der Schweiz aus der Perspektive von Migrationen, wird deutlich, wie grundsätzlich zentrale gesellschaftliche Bereiche wie Arbeitsmarkt, Bildung, Demografie, Urbanisierung und die Herausbildung politischer Strukturen durch Bewegungen von Menschen bestimmt waren, die Räume und Grenzen transzendierten, welche sie zugleich zu wichtigen Bezugspunkten machten.

Die eingangs vorgeschlagene allgemeine Definition von Migration als längerfristig angelegte Verlagerung des Lebensmittelpunkts ist für eine ganze Reihe von möglichen Untersuchungsfeldern anschlussfähig, die von den Akteurinnen und Akteuren der Migration und Migrationsregulierung über Transferprozesse bis hin zu einer breiten Kontextualisierung reichen. Für die vorliegende Schweizer Geschichte von Migrationen haben Autorin und Autoren sich entschieden, von den Hauptprotagonisten auszugehen: Frauen und Männern, die sich auf den Weg gemacht haben, um anderswo wirtschaftliche und kulturelle Chancen wahrzunehmen, um Perspektivlosigkeit, Verfolgung und Unterdrückung hinter sich zu lassen, um ein anderes und, wie sie hofften, besseres Leben zu beginnen. Der heute so eindrücklich durch mediale Bilder verstärkten Wahrnehmung von Migrationen als «Strömen», «Wellen» oder «Fluten» stellt das Buch Geschichten von Individuen, Gruppen oder Gegenden an die Seite, von Passagen, Kontaktzonen, Wanderungsmotiven und der Erfahrung von Integration, selbst dort, wo sie verhindert werden soll.

Je weiter der Blick zurückgeht, desto rarer allerdings werden die Zeugnisse, die solche Wanderungen detailliert nachvollziehbar machen. Migrationen haben selten Eingang in die Erinnerungskulturen moderner europäischer Gesellschaften gefunden. Eine Ausnahme stellt die militärische Arbeitsmigration dar, die die Historiker seit dem 18. Jahrhundert vor allem aus einer militär- und kriegsgeschichtlichen Perspektive fasziniert und die immer neue Geschichten von männlicher Tapferkeit, militärischem Heldentum und getreuer Pflichterfüllung hervorgebracht hat. Obwohl die militärische Arbeitsmigration die Verhältnisse in der Eidgenossenschaft stark prägte und die Fremden Dienste – so gesehen – alles andere als fremde Dienste waren, blieben die politischen, gesellschaftlichen und wirtschaftlich-unternehmerischen Aspekte des Solddienstes lange ausgeblendet. Spuren hinterliessen aber nicht nur die militärischen Migrationen, sondern auch zivile Migrationen, die dem Raum der heutigen Schweiz ihre Gestalt gegeben haben: Orte und ihre Namen, Sprache und Schrift, religiöse Überzeugungen und Praktiken, Erzählungen, Ursprungsmythen und vieles mehr. Welche Beobachtungen sind am Ende einer um Migrationen kreisenden Zeitreise, die bei der Eiszeit einsetzt und in der Gegenwart endet, festzuhalten?

Erstens hat Migration eine Geschichte, die weiter zurückreicht als bis in die Zeit der Industrialisierung. Das Bild einer «sesshaften» Vormoderne gegenüber einem mobilen industriellen Zeitalter wird hier anschaulich widerlegt. Die verzerrte Wahrnehmung von Mobilität und Migration in den Gesellschaften der Vormoderne hat wesentlich mit der einseitigen Eigenwahrnehmung der Moderne selbst zu tun, die sich Merkmale wie Dynamik, Beschleunigung und Mobilität zuschreibt. In dieser modernisierungstheoretischen Sicht gilt das 19. Jahrhundert als Epoche, in der sich die Mobilitätsmuster grundlegend verändert haben (Mobility Transition Theory). Die Entstehung der Fabrikindustrie, die Mechanisierung der Produktion und der Ausbau der Eisenbahn hätten eine spektakuläre quantitative Zunahme der geografischen Mobilität in Europa zur Folge gehabt. Weil diese Auffassung einen engen, kausalen Zusammenhang zwischen Industrialisierung, Dynamisierung der Mobilität und Modernisierung herstellte, erschienen die Gesellschaften der vorindustriellen Epoche vergleichsweise statisch, sesshaft und immobil. Diese schiefe Vorstellung wurde nicht zuletzt auch durch die so genannte Ständelehre des Mittelalters gestützt, die als ideale Selbstbeschreibung die drei Stände Klerus, Adel und dritten Stand mit jeweils spezifischen Funktionen und Rollenzuschreibungen in eine ständische Gesellschaft einfügte, die ihrem Ideal zufolge als eine von Gott gestiftete, stabile und harmonische Ordnung gedacht war. Räumliche und mehr noch soziale Mobilität waren in diesem Modell unerwünschte Fremdkörper und Störfaktoren.

Im Anschluss an die jüngere historische Migrationsforschung streicht die vorliegende Darstellung dagegen heraus, dass schon die frühen Besiedlungen des Raums der heutigen Schweiz das Ergebnis von Wanderungen waren. Das mit Stadtgründungen und Landesausbau im Hoch- und Spätmittelalter einhergehende Wanderungsverhalten sowie die sich allmählich entfaltenden Migrationsmuster im Kontext ziviler oder militärischer Karrieren rücken in den Blick, sobald man eine flexible Definition von Migration zugrunde legt, die auch das – mitunter zeitlich befristete – Überschreiten kleinerer geografischer Räume einzubeziehen vermag: Land-Stadt-Migrationen etwa, saisonale Migrationen, Heirats- und Erbfolgemigrationen, das Söldnerwesen, Wanderungen infolge von Missernten und solche, mit denen Frauen und Männer auf die Anziehungskraft der protoindustriellen Manufakturen reagierten. Weder die Vorstellung zivilisatorischen Fortschritts durch Sesshaftigkeit noch die einer Mobilitätsrevolution durch das moderne Transport- und Kommunikationswesen des 19. oder gar des späten 20. Jahrhunderts lassen sich halten. Migrationen stellen keinen punktuellen Unterbruch der «normalen» Ordnung dar, sondern sie sind eine historische Normalität und Konstante der älteren und neueren Schweizer Geschichte.

Zweitens war die Schweiz zu allen Zeiten beteiligt an bedeutsamen europäischen und globalen Wanderungssystemen. Über Migrationen war die Schweiz beziehungsweise der Raum, in dem sie entstanden ist, mit dem Rest der Welt aufs Engste verflochten. Sie war in der vor- und frühgeschichtlichen Zeit einbezogen in die von Ostafrika ausgehende Migration des Homo sapiens in alle Weltregionen. Sie war Ziel und Ausgangspunkt von Siedlungsmigrationen in der Ära der ersten Agrarrevolution, in der die gegenseitige Bedingtheit von Sesshaftigkeit und Migration zutage trat. Migrationen begleiteten die Entstehung komplexer Vielvölkerreiche wie des Römischen Reichs, in das der schweizerische Raum einbezogen war. Die Durchsetzung der christlichen Vorherrschaft in Europa brachte, häufig in Gestalt religiöser Verfolgungen, Migrationen hervor, die auch den Raum der heutigen Schweiz betrafen. Aus diesem Raum stammten seit dem 16. Jahrhundert Kaufleute und Händler als Träger der europäischen Expansion nach Übersee, während Orte wie Zürich, Bern, Genf oder Basel im gleichen Zeitraum zum Anziehungspunkt binneneuropäischer Arbeitswanderungen und alpine Täler zum Siedlungsraum etwa der Walser wurden.

Seit etwa 1815 expandierte dann auf europäischer Ebene das transatlantische Wanderungssystem, mit dem verarmte Angehörige der Unterschichten nach Übersee gelangten, um dort die Chancen und Risiken des Neuanfangs herauszufordern. Mit dem Bau der Eisenbahn und der Entwicklung der Dampfschifffahrt in der zweiten Hälfte des 19. Jahrhunderts waren die Voraussetzungen für eine massenhafte Auswanderung über weite Distanzen geschaffen. Die Dienstleistungen professioneller Auswanderungsagenturen und technische Errungenschaften im Bereich der Kommunikation erleichterten den Schritt zur Auswanderung zusätzlich. Auch innereuropäisch war der Binnenstaat im 19. Jahrhundert aus migrationsgeschichtlicher Perspektive zentral. Die grossen Infrastrukturbauten des Verkehrs- und Transportwesens zogen im 19. Jahrhundert Arbeitskräfte aus ganz Europa an. Zusätzlich sorgte die industrielle Massenproduktion für eine transnationale Mobilisierung von Arbeitskräften. Schliesslich war das Land seit Mitte der 1950er-Jahre einbezogen in ein Süd-Nord-System von Arbeitsmigrationen aus dem Mittelmeerraum. Über solche Wanderungssysteme – konstant «bewanderte» und durch steten Informationsfluss geprägte Verbindungen zwischen Regionen – war das Gebiet der heutigen Schweiz mit entfernten geografischen Räumen dauerhaft und strukturiert verbunden.

Drittens waren die Migrationsregime, die den Umgang mit Wanderungen massgeblich bestimmt haben, durch Kontinuitäten und Wandel geprägt. Konstanz lässt sich bei den Motiven, Normen und Prinzipien der Regulation von Migration feststellen. Über lange Phasen der Geschichte der alten und neuen Eidgenossenschaft überwogen Migrationsregime, die von Nützlichkeitserwägungen gesteuert waren. Die Kommunen in der alten Schweiz praktizierten kein freiheitlich-liberales Migrationsregime. Dies unterscheidet sie von den Niederlanden und Venedig, den beiden anderen grossen Republiken der Vormoderne. Als dynamische, urbanisierte Wirtschaftsstandorte legten diese der Zuwanderung nur geringe Hindernisse in den Weg und nahmen nicht nur Angehörige anderer christlicher Konfessionen, sondern auch Juden und bisweilen Muslime auf. Demgegenüber machten Orte und Gemeinden der alten Schweiz ihre Bereitschaft zur Integration von Zuzüglerinnen und Zuzüglern stets von zu erwartenden Gewinnen (durch Steuereinnahmen, Gewerbe oder Fachwissen) oder Verlusten (durch Unterstützungspflicht gegenüber Verarmten, Konkurrenz auf dem lokalen Arbeitsmarkt und bei der Nutzung der kommunalen Ressourcen) abhängig. «Kollektivegoistisches»[475] Nützlichkeitsdenken integrierte nicht nur den nützlichen Fremden und hielt die «bouches inutiles» von der Gemeinde fern, sondern schloss auch Untertanen aus, die aufgrund ihrer Armut, vagierenden Lebensweise oder ihres religiösen Nonkonformismus als schädlich betrachtet wurden.[476] Solche Abwägungen liegen auch in der modernen Schweiz und bis in die Gegenwart Vorstellungen von «guter» und «schlechter» Zuwanderung zugrunde.

Weniger Beständigkeit weisen die für die rechtliche Normierung von Migration zuständigen Instanzen im Verlauf der hier betrachteten Jahrhunderte auf. Bevor die Eidgenossenschaft zu einem Nationalstaat mit einer klaren Grenze zwischen Inland und Ausland wurde, waren Migrationsfragen lokal engmaschig reguliert. Im Hochmittelalter wurden die Städte zu wichtigen Anziehungspunkten für Migrantinnen und Migranten. Diese sicherten das demografische Überleben der Städte und deckten den Bedarf an Fachkräften, sodass die Städte in der Regel Interesse hatten, den Zuzug im Rahmen lokaler Bedürfnisse generös zu handhaben. Migrations- und die damit verbundenen Einbürgerungsfragen waren im 19. Jahrhundert zentral für die Herausbildung bundesstaatlicher Autorität und Kompetenz und nach 1848 Gegenstand eines steten Tauziehens zwischen Bund und Kantonen.

Vor diesem Hintergrund lassen sich für die moderne Schweiz Perioden verschiedener Migrationsregime unterscheiden. Nach der Gründung des Bundesstaats blieben die Kantone zunächst souverän bei der

Regulierung von Ab- und Zuwanderung. Auf Bundesebene war man bis in die 1870er-Jahre in erster Linie mit der rechtlichen Gleichstellung der Schweizer beschäftigt und konzentrierte sich auf die Binnenmigration. Erst die Bundesverfassung von 1874 und das entsprechende Bundesgesetz von 1876 schafften eine gesetzliche Grundlage, die Schweizerinnen und Schweizern die Niederlassungsfreiheit innerhalb der Landesgrenzen grundsätzlich einräumte. Auch kam dem Bund erst 1874 das Recht zu, Auswärtigen die Staatsbürgerschaft zuzuerkennen. Insofern lässt sich für die Zeit von der Bundesstaatsgründung bis in die 1870er-Jahre von einer Phase kantonaler Migrationsregime sprechen. In den letzten Dekaden des 19. Jahrhunderts setzte sich eine liberale Laissez-faire-Haltung in Bezug auf Reise- und Niederlassungsfreiheit durch, die auch die europäischen Grossreiche kennzeichnete. Sie war stets von kritischen Stimmen begleitet, die auf die Kosten und Gefahren der Entwicklung hinwiesen und einschränkende Massnahmen forderten.

Der Erste Weltkrieg war eine offensichtliche Zäsur für die Migrationsgeschichte. Er leitete eine restriktive Ausländerpolitik ein, die erst mit dem Ende des Zweiten Weltkriegs enden sollte. Mit der Einrichtung der Eidgenössischen Fremdenpolizei 1917 verschoben sich die Kompetenzen in Migrationsfragen weiter in Richtung Bundesbehörden. Auf die Ära der Weltkriege folgte eine Periode der Neuorientierung, in der übernationalen Akteuren, besonders in Gestalt der UNO und ihren Unterorganisationen, eine wachsende Bedeutung zukam. Die Genfer Flüchtlingskonvention von 1951 setzte neue, international anerkannte Massstäbe im Umgang mit Flüchtlingen. Die Schweiz konnte sich, obwohl sie auf dem neutralen Standpunkt beharrte, diesen Entwicklungen nicht verwehren. Zunehmend war sie bei der Regulierung von Migration mit einer europäischen und einer internationalen Ebene verflochten. Die Neuorientierung mündete in eine Phase der selektiven Liberalisierung der Zuwanderungspolitik, die die Jahre der Hochkonjunktur und des Kalten Krieges prägen sollte. Mit dem Asylgesetz von 1981 wurde die humanitäre Tradition der Schweiz verrechtlicht, aber anschliessend gleich wieder herausgefordert. Auf die Globalisierung von Arbeitsmärkten und Fluchtmigrationen an der Jahrtausendwende reagierte die Schweiz mit einem Mix aus repressiven und offenen Massnahmen. Das aktuelle Regime unterscheidet sich in zentralen Aspekten vom repressiven Regime in der ersten Hälfte des 20. Jahrhunderts. Zu nennen sind hier insbesondere die nach dem Zweiten Weltkrieg etablierten völkerrechtlichen Verpflichtungen und die seit 2002 geltende binneneuropäische Personenfreizügigkeit. Die Schweiz blieb in der Gestaltung ihres Migrationsregimes zwar eigenständig, unabhängig von den europäischen und globalen Entwicklungen war sie aber nicht.

Viertens kann man nicht deutlich genug akzentuieren, dass die Schweiz nicht immer das prosperierende und durch Wohlstand und soziale

Sicherungssysteme geprägte attraktive Zuwanderungsland war, als das sie heute gilt. Armen- und erbrechtliche Regelungen, klimatische und ökonomische Gegebenheiten drängten Menschen immer wieder dazu, den Raum der heutigen Schweiz zu verlassen, um in der Fremde ein Auskommen und eine Perspektive zu finden. Man braucht nur an die Kaminfegerbuben aus den verarmten Tessiner Tälern zu denken, denen die deutsche Exilantin Lisa Tetzner und ihr Lebenspartner Kurt Kläber mit dem Jugendroman «Die schwarzen Brüder» 1940 ein Denkmal setzten. Schweizerinnen und Schweizer sind auch zu Beginn des 21. Jahrhunderts aus verschiedensten Gründen unterwegs, sei es aufgrund von Arbeits-, Bildungs- und Karriereemigrationen, sei es – häufig im fortgeschrittenen Alter –, weil Pflegeleistungen im Ausland bezahlbarer sind als in der Schweiz.

Auch andersherum gilt: Ohne die Investitionen – in Bildung, Kapital, Einfallsreichtum und soziale Bindungen – von Zugewanderten wären viele Entwicklungen, die das Land zu einem der wohlhabendsten Länder der Welt gemacht haben, kaum denkbar. Selbst als «urschweizerisch» angesehene Produkte und Praktiken – etwa das von Norwegern erfundene und von Engländern in den Schweizer Alpen forcierte Skifahren – entpuppen sich bei genauerem Hinsehen als Resultat der Verflochtenheit der Schweiz mit der Welt. Ovomaltine, die heute wie kein anderes Lebensmittel für die typisch schweizerische Mischung aus Ausdauer, Wohlbefinden und Genuss steht, wurde von einem aus Rheinhessen stammenden Chemiker beziehungsweise seinem in Bern aufwachsenden Sohn, Albert Wander, erfunden. Es wurde zum Schweizer Nationalgetränk.

Fünftens erweist sich die in der klassischen Migrationsgeschichte lange vorherrschende – und inzwischen mehrfach revidierte – Konzeptualisierung von Migration als One-Way-Bewegung von A nach B in Gestalt von Ein- oder Auswanderung als unzureichend, um die vielfältigen Wanderungen im Schweizer Raum zu fassen. Diese an der Massenauswanderung des 19. Jahrhunderts geformte Vorstellung wird den Migrationsverhältnissen in der vorindustriellen Gesellschaft nicht gerecht. Sie verstellt den Blick auf die Vielfalt und die Verbreitung der befristeten Wanderungen im Spätmittelalter und in der frühen Neuzeit, allem voran im Bereich der zivilen und militärischen Karriere- und Arbeitsmigration. Für gewisse Gegenden und Wirtschaftssektoren waren Wanderungen geradezu ein strukturbildender Faktor. Das galt für die transatlantische Seefahrt, die qualifiziertes Personal benötigte, und für Regionen mit einer hoch spezialisierten, arbeitsintensiven Landwirtschaft, die nicht hinreichend auf Kleinbauern und Angehörige der unterbäuerlichen Schicht zurückgreifen konnten. Sie bewältigten saisonale Arbeitsspitzen, beispielsweise Ernten, nur mit Hilfe von zuwandernden Landarbeitern. Der Kleinhandel ausserhalb der fest etablierten Märkte basierte zu einem erheblichen Teil auf Hausierern. Adelige, der Klerus, Bürger und Bauern waren auf zugewanderte Mägde und

Knechte angewiesen, die die zeitaufwendigen und anstrengenden Arbeiten auf dem Hof und im Haushalt erledigten. Arbeits- und Karrieremigrationen waren gerade in den alpinen Gebieten zentral und besonders stark in generationenübergreifende Muster und Traditionen überregionaler Migration eingebunden. Die Migrantinnen und Migranten waren dabei, so wird heute entgegen älteren Auffassungen argumentiert, durchaus eigenständige Akteure, die ihre unternehmerischen Interessen in weitverzweigten Migrationsräumen zur Geltung brachten.[477] Schliesslich war auch die Kriegsführung der grossen Kriegsherren vor der Errichtung von nationalen Volksarmeen ohne den Zulauf von Reisläufern und Söldnern als bezahlte Krieger auf Zeit undenkbar.

Die Vorstellung von Migration als einmaliger Verlagerung des Lebensmittelpunktes lässt sich aber auch mit vielen im 19., 20. und 21. Jahrhundert vorherrschenden Migrationsmustern nur bedingt in Einklang bringen. Binnen-, Mehrfach-, Pendel- und Rückkehrmigrationen mit ihren je spezifischen Erfahrungswelten kennzeichnen die migrantische Praxis bis in die Gegenwart.[478] Nicht erst im Zeitalter von Easyjet, Skype und Instagram hat Migration plurilokale Lebensformen begründet. Menschen bewahren und gestalten familiäre und nachbarschaftliche Kontakte in der alten Heimat und in den Ankunftsgesellschaften. Sie sind an mehreren Orten zu Hause, was sie ebenso wie ihre nicht wandernden Familienangehörigen mit der Herausforderung konfrontiert, die räumliche Aufspaltung ihrer Lebens- und Berufswelten kommunikativ und organisatorisch zu bewältigen.[479]

Sechstens bleiben geschlechtsspezifische Aspekte von Migration nach wie vor unterbeleuchtet. Das gilt umso mehr, je weiter man in der Geschichte zurückgeht. Für die Karriere- und Arbeitsmigrationen der Vormoderne gilt, dass sie vielfach eine Angelegenheit von Männern waren, die als gefragte Spezialisten ihre Expertise und ihr Innovationspotenzial in der Ferne einzusetzen wussten. Männer verfügten in der ständischen Gesellschaft über wesentlich mehr Möglichkeiten zu einer eigenständigen Arbeit und beruflichen Tätigkeit als Frauen. Allerdings werden dabei zwei Aspekte übersehen. Zum einen kam Frauen im System der temporären Arbeitsmigration eine zentrale Funktion zu, wenn sie während der Abwesenheit der Männer die Haus- und Familienökonomie führten und damit in einer geschlechterspezifischen Rollenteilung massgeblich zur Subsistenz der Familie beitrugen. Zum anderen gab es auch immer wieder Frauen, die, sei es durch Eheschliessung, sei es, um die Geschäfte ihrer verstorbenen Ehepartner selbstständig weiterzuführen, weite Distanzen zurücklegten und ihren Lebensmittelpunkt mehrfach verlagerten. Eine solch herausragende Persönlichkeit war die jüdische Händlerin Glückel von Hameln (1645–1724). Als junge Witwe führte die Hamburgerin das Familiengeschäft weiter, das sie durch ganz Mitteleuropa reisen liess. Gegen Ende ihres Lebens ehelichte sie einen Bankier aus Metz und starb schliesslich auch dort, nicht ohne ihre über mehr als zwanzig Jahre geführten Memoiren zu hinterlassen[480] – ein seltener Glücksfall historischer Überlieferung.

Schlechter dokumentiert, aber nicht weniger bedeutend war die Funktion, die Frauen in den verschiedenen Phasen der Siedlungswanderung in und aus dem Raum der Schweiz zukam. Sie rückte spätestens gegen Ende des 18. Jahrhunderts aus dem Blick, als die bürgerliche Welt die Vorstellung einer strikten Trennung weiblicher (Privatheit) und männlicher (Öffentlichkeit) Verantwortungsbereiche allmählich zur gesellschaftlichen Norm machte. Die Leistungen der Frauen im so genannt privaten Bereich gingen nicht mehr in die Rentabilitätsrechnungen der Haushalte ein und gerieten darum gerade für den Zeitraum, in dem männliche Arbeits- und Karrieremigrationen breiter durch Quellen belegt sind, aus dem Blick.[481] In der Migrationsgeschichte des 19. Jahrhunderts haben Migrantinnen dann doch ihren Platz gefunden, als Arbeiterinnen, Studentinnen oder auch politische Exilantinnen. Wenig später setzte die als «Welschlandjahr» bekannte weibliche Binnenmigration «auf Zeit» ein, der grosse Bedeutung für die nationale Kohäsion zugewiesen wurde, auch wenn vermutlich gerade der Welschlandaufenthalt religiöse, kulturelle und soziale Unterschiede innerhalb der Schweiz besonders sicht- und spürbar machte. Für die zweite Hälfte des 20. Jahrhunderts beziffert die Migrationsgeschichte den Anteil von Frauen an den Arbeitsmigranten auf mitunter mehr als die Hälfte – und widerspricht so dem Bild des männlichen, alleinstehenden Gastarbeiters. Nahezu alle ausländischen Personen, die gegenwärtig Care-Arbeiten in Schweizer Haushalten erledigen, sind Frauen. Der historischen Migrationsforschung wird der Stoff, aus dem Geschichte gemacht ist, noch lange nicht ausgehen.

Siebtens zieht sich die Rede über die so genannte «Überfremdung» durch das gesamte 20. Jahrhundert und hat auch im ausländerpolitischen Diskurs des 21. Jahrhunderts an Prägekraft kaum eingebüsst, auch wenn der Begriff selbst eher gemieden wird. Der Kampf gegen «Überfremdung» hat vielfältige Gestalt angenommen: Bewegungen, Parteien, Initiativen, Kampagnen, behördliche und legislative Massnahmen und vieles mehr. In der historischen Migrationsforschung hat sich ein eigenes Subfeld herauskristallisiert, das man als «Überfremdungsforschung» bezeichnen könnte. Sie hat sich bisher im Wesentlichen mit zwei Momenten der Schweizer Migrationsgeschichte befasst, die auch im vorliegenden Buch hervorgehoben wurden: der Genese der so genannten Überfremdungsfrage an der Wende zum 20. Jahrhundert, als der Zürcher Armensekretär Carl Alfred Schmid das Thema in seiner Broschüre zur «Schicksalsfrage der Nation» erklärte, sowie den xenophoben Kampagnen selbst ernannter Überfremdungsgegner in den ausgehenden 1960er-Jahren und in den nachfolgenden Dekaden. Analysen grösserer Zeiträume vermögen zudem, Kontinuitäten von Deutungs- und Argumentationsmustern im Umgang mit Migration auch über einzelne Migrationsregime hinaus aufzuzeigen. Dazu gehören antijüdische Ressentiments, die bereits die Einbürgerungspolitik der spätmittelalterlichen Städte kennzeichneten und erneut von den 1880er-Jahren an bis Ende der 1950er-Jahre die behördlichen Reaktionen auf Flüchtlinge prägten. Wenn es, wie hier plausibel gemacht wurde, stimmt, dass «niemand schon immer da war» und dass Einwanderung wie auch Abwanderung zu den historischen Grunderfahrungen gehört, die Menschen im Schweizer Raum stets aufs Neue gemacht haben: Was kann eine Migrationsgeschichte einer Migrationsgegenwart auf den Weg geben?

Zum einen die Erkenntnis, dass sämtliche Formen von Migration die schweizerische Geschichte mitgeprägt haben und dass Gesellschaft und Politik gelernt haben, Migration zu nutzen und mit entsprechenden Herausforderungen umzugehen. Es ist angesichts der zunehmenden nicht nur ökonomischen, sondern auch politischen Verflechtung der Welt wenig wahrscheinlich, dass souveräne Einzelstaaten allein dauerhaft praktikable und zielführende Lösungen für die anstehenden globalen Probleme finden werden. Das gilt in besonderer Weise für die Flüchtlingsproblematik. Die Vergangenheit führt gelungene Versuche internationaler Absprache bei Flüchtlingskatastrophen vor Augen – zum Beispiel die Einrichtung des «Nansen-Passes» durch ein Gremium des Völkerbunds in der Zwischenkriegszeit, aber auch die Genfer Indochinakonferenzen von 1979 und 1989. Es gab aber auch misslungene Versuche, zum Beispiel die Konferenz von Evian 1938. Es ist zu erwarten, dass das Wissen um Dynamiken, Positionsbezüge, Ergebnisse und Wirkungen solcher historischer Schlüsselmomente das Potenzial und die Fallstricke einer Flüchtlingspolitik auf internationaler Ebene fundierter ans Licht bringen als eine rein am Tagesgeschehen und am Stimmungsbarometer der jeweiligen Wählerschaft orientierte Politik einzelner Nationalstaaten.

Zum anderen wurde an mehreren Stellen des Buchs herausgearbeitet, dass das Kosten-Nutzen-Kalkül für die Regulierung von Migration in der Schweizer Geschichte eine überragende Rolle spielte. Es spricht nichts dagegen, moralischen Nutzen mit in die Rechnung einzubeziehen. Die Diskussionen, die zur flüchtlingspolitischen Neuorientierung der Eidgenossenschaft in den 1950er-Jahren geführt haben, zeigen, dass es sich als durchaus lohnenswert erweisen kann, humanitäre Verantwortung und Solidarität in Zusammenhang mit Fragen der ökonomischen und politischen Integration in eine internationale Wertegemeinschaft zu denken, mit der man sich identifiziert und von der man auch profitiert. Mitsprache aber bei der Definition der Werte und Spielregeln, die diese Gemeinschaft ausmachen, setzt die Bereitschaft voraus, auch die Risiken zu tragen. Über diese Bereitschaft wird sich die Eidgenossenschaft auch künftig Gedanken machen müssen.

Schliesslich macht der Blick auf mehrere Jahrhunderte Migrationsgeschichte deutlich, dass Multikulturalität im Raum der Schweiz Realität war, lange bevor das Stichwort Gegner und Befürworter auf den Plan brachte. Die über hundert Jahre alte Rede über die Schwierigkeiten der Integration und die Angst vor «Überfremdung» sind zwar als individuell empfundene Zumutungen nachvollziehbar, vor dem Hintergrund kollektiver Erfahrungen auf der Ebene der «longue durée» aber unverhältnismässig. So ist etwa Ostjuden oder Süditalienern in der Vergangenheit vorgehalten worden, sie seien aufgrund ihrer Herkunft per se nichtassimilierbar, wogegen heute ihre Integration als besonders erfolgreich gesehen wird. Eine Nation, die derart auf der Integration verschiedener Kulturgemeinschaften basiert, dass sie Mehrsprachigkeit und Kulturkontakt zu ihrer Raison d'Être und zu einem konstitutiven Element ihrer Identitätsvorstellung erklärt hat, sollte den Herausforderungen der Migrationsgesellschaft relativ selbstbewusst und gelassen entgegensehen.

Anhang

Literaturnachweise zu den einzelnen Kapiteln

1 Am Anfang waren Einwanderer:
Frei-Stolba 2011; Kaenel 2008; R. Kaiser 2002; Leuzinger 2016; Marchal 1976; Paunier 2006; Schneider 2010; Stöckli 1995; Stöckli 2016; R. Windler 2014; R. Windler 2016.

2 Stadtgründungen und Landesausbau im Hoch- und Spätmittelalter:
Ammann 1997; Auf der Maur 1996; Basselet de la Rosée 2011; Bundi 1982; Cerri/Zanni 2009; Gerber 2001; Gerber 2002; Gilomen 1998; Koch 2002a; Koch 2002b; Rizzi 1993; Ronco 1997; Schwinges 2000; Schwinges 2002; Spiess 1983; Viazzo 1998; Waibel 2014; Zinsli 2002.

3 Die militärische Arbeitsmigration ab dem 15. Jahrhundert:
Broillet 2014; Bührer 1977; Bundi 1972; Büsser 2007; Büsser 2012; Czouz-Tornare 2007; Disch 2011; Disch 2012; Esch 1998a; Esch 1998b; Eyer 2008; Gally-de Riedmatten 2014; Head 1979; Head 1990; Head-König 2001; Head-König 2002b; B. Hitz 2015; Höchner 2014; Kälin 1991; Kälin 1996; Kälin 1997; Koch 1996; Meier 1981; Peyer 1982; Peyer 1992; W. Pfister 1980–84; W. Pfister 1983; Rogger/Hitz 2014; Rogger 2015; Rogger 2017; Romer 1995; Romer 1997; Steffen 1975; Steffen 1988; Steffen 2006; Steinauer 1997; Steinauer 2000; Suter 1971; C. Windler 2005.

4 Die zivile Arbeitsmigration in der frühen Neuzeit:
Auf der Maur 1996; Ballmer-Tschudin 1992; Bandelier 2007; Benedict 2008; Berger 2000; Bianchi 2013; Bianchi 2015a; Bianchi 2015b; Bianchi 2018; Bianconi 1992; Boerlin-Brodbeck 2017; Broillet 2014; Broillet 2015; L. Bühler 1975; L. Bühler 1994; R. Bühler 1985; R. Bühler 1991; R. Bühler 1992; R. Bühler 2003b; Carrino 2017; Ceschi 1991; Ceschi 1993; Ceschi 1994; Ceschi 2000; Chiesi Ermotti 2019; Col bastone 1991; Damiani-Cabrini 2000; Denzel 2014; Dubler 1991; Fontaine 1992; Fontaine 1999; Fontaine 2002; Fontaine 2005; Fontaine/Singh 2011; Gugerli 1988; Head 1979; Head-König 2001; Head-König 2002a; Head-König 2002b; Hibbard 1971; D. Kaiser 1988; D. Kaiser 1994; Kühlenthal 1997; Lopez 1987; Lorenzetti 2001; Lorenzetti 2005; Lorenzetti 2007; Lorenzetti 2008; Lorenzetti/Granet-Abisset 2009; Lorenzetti 2014; Lüthy 1943; Lüthy 1959/1961; Maeder 1993; Maeder/Niederhäuser 2009; Mathieu 1994; Mathieu 1998; Mathieu 1999; Mathieu 2002; Maurer/Schindling 2010; Merzario 2012; Michael-Caflisch 2007; Monter 1967; Mumenthaler 1996; Navone 2004; Navone 2007; Orelli 2000; M. Pfister 1993; U. Pfister 2002; Radeff 1996; Radeff 1998a; Radeff 1998b; Radeff 1999; Radeff 2007a; Reves 2012; Rogger 2017; Röthlin 2000; Schluchter 1988b; Schluchter 1991; Schneider 1994; Schnyder 2014; Schnyder 2015; Schnyder 2017; Schöpfer 2014; Schulz 2002; Seglias 2004; Sigerist 2015; Smith 2004; Steidl 2009; Steinke 2008; Stettler/Haenger/Labhardt 2004; Stuber/Hächler 2000; Stuber/Hächler/Lienhard 2005; Tosato-Rigo/Moret Petrini 2017; Veyrassat 1982; Veyrassat 1994; Veyrassat 2014; Viazzo 1998; Vogler 1994; Walz 2007; Zurbuchen 2003.

5 Flucht- und Zwangsmigration im 16. bis 18. Jahrhundert:
Altorfer-Ong 2008; Andrey 1972; Andrey 1990; Andrey 2008; von Arx 1939; Bächtold 2006; Barbarti 1957; Benedict 2008; Bodmer 1946; Burckhardt 1908; Canevascini/Bianconi 2005; Cavin 1972; Ducommun 1989; Ducommun 1990; Ducommun/Quadroni 1991; Dupont 1984; Fässler 2019; Foerster 1999; Foerster 2008; Grandjean 1989; Holtz 1985; Jecker 1998; Küng 1993; Maag 1957; Magdelaine 1999; Mahlmann-Bauer 2006; Monter 1967; Mottu-Weber 1985; Mottu-Weber 1987; Mottu-Weber 1994; Mottu-Weber 2000; Musée historique 1985; Perrenoud 1979; Pestel 2013; Pestel 2015; R. Pfister 1955; U. Pfister 1992; Röthlin 2000; Sautier 1985; Schilling 2002.

6 Die permanente Auswanderung ab Ende des Dreissigjährigen Krieges:
Asche 2006; Asche 2007; Asche 2011; Ballmer-Tschudin 1992; Bigler 2009; Bodmer 1930; Bolzern 1992; R. Bühler 1985; L. Bühler 1992; R. Bühler 2003b; Head-König 2002c; Maeder/Niederhäuser 2009; H.-U. Pfister 1987; H.-U. Pfister 1992; H.-U. Pfister 2001; Rauber 1985; Schelbert 1976; Schelbert 1980; Schelbert/Rappolt 2009; Steiner 2009; Tschudin 1990.

7 Unterwegs in der Eidgenossenschaft der frühen Neuzeit:
Berner 1994; Bock 2009; Burri 1975; Christ 1991; Dubler 2005a; Dubler 2005b; Dubler 2012; Flückiger 2002; Flückiger 2003; Froidevaux 1999; Gschwind 1977; Head-König 2002b; Head-König 2003a; Head-König 2003c; Hubler 1997; Landolt 2002; Richner 2017; Rippmann 2001; Schär 2014; Schluchter 1988a; Simon-Muscheid 2011; Wolfensberger 2007; Zaugg 2012.

8 Inländer und Ausländer im modernen Staat des 19. Jahrhunderts:
Affolter 1911; Argast 2007; Argast 2018; Bericht über den Entwurf 1848; Bickel 1947; Bochsler/Gisiger 1989; Brubaker 1994; Egger 1982; Fritzsche/Lemmenmeier 1994; Galle 2016; Gasser 1998; Gilomen/Head-König 2000; Head-König 2000a; Höpflinger 1986; Huonker 2000; Kury 2003; Kury 2009; Lampert 1996; Leimgruber 1998; Lorenceau 2000; Lorenzetti 2000; Mattioli 1998; Meier/Wolfensberger 1998; Mooser 1998; Peseriti 1988; B. Pfister 2014; Ritzmann-Blickenstorfer 1997; Ritzmann-Blickenstorfer 2000; Sarasin 2014; Vuilleumier 2002; Wecker 1996; Wecker 1999.

9 Freiheit und Bildung im jungen Bundesstaat:
Behend 2014; Berg 2008; Brügger 1997; Busset 1994; Cusinay 1994; Dean 1994; Debrunner 1997; Degen 2004; Diner 2015; Gast 1997; Genoud 2001; Gilbert 2010; Goehrke 1994; Gruner 1988; Haumann 1989; Haumann 1999; Hettling 1998; Huser 1998; Hutter/Grob 1994; Jansen 2007; Kamis-Müller 1990; Keller 1928; Kolbe 1994; Kury 1998a; Kury 1998b; Kury 2005; Leuenberger 2014; Lewinsky/Mayoraz 2013; Loosli 2008; Mahrer 2013; Masé 2013; Masé 2017; Maurer 1986; Neumann 1987; Picard 1994; Portmann-Tinguely/von Cranach 2005; Rapaport 1916/17; Rettenmund/Voirol 2000; Rischik 1996; Rogger/Bankowski 2010; Rogger 2011; Thiele 1994; Urner 1976; Vuilleumier 1989; Wecker 1990; Zweidler 1994.

10 Im «wilden» Westen und Osten: Auswanderung als Massenphänomen:
Abegg/Lüthi 2006; Anderegg 1992; Arlettaz 1979; Bade 2000; Bättig 2016; Ballmer-Tschudin 1992; Baumer 1998; Bickel 1947; Bosshard-Kälin/Schelbert 2014; R. Bühler 1992; R. Bühler 2003b; Burgermeister 2009; Caratsch 2009; Cheda 1992; Cheda 2005; Cunha 2003; Davatz 2003; David/Etemad/Schaufelbuehl 2005; Di Costanzo 2001; Dietrich 2003; Fosanelli 2001; Franc 2008; Goehrke 1998; Goehrke 2001; Hauser 2007; Hurni 1988; Karrer 1886; Kury 2006; Lüthi 2006; Maeder 2009a; Maeder 2009b; Mattioli 2017; Menrath 2016; Nicoulin 1973; Nicoulin 1975; Oltmer 2017; Peter-Kubli 2004; Purtschert/Lüthi/Falk 2012b; Rauber 1985; Reichesberg 1903; Rettenmund 2007; Ritzmann 1992; Ritzmann 2006; Ritzmann-Blickenstorfer 1997; Romer 2002; Rossfeld 2003; Rothenbühler 2013; Schär 2015; Schelbert 1976; Schelbert 2004; Schelbert/Rappolt 2009; Shulman Spaar 2013; Sigerist 2001; Stettler/Haenger/Labhardt 2004; Studer 2015; Veyrassat 1994; Wecker 2014; Wegmann 1988; Weizinger 2005; Wellgraf 2019; Zangger 2011; Zangger 2013; Ziegler 1985; Ziegler 2003; Ziegler Witschi 1992.

11 1888 – Die Schweiz wird zum Einwanderungsland:
Argast 2007; Arlettaz 1985; Arlettaz 1991; Bade 2000; Bickel 1947; Bloch 1997; Braun 1970; Brubaker 2001; Budminger 2010; Caestecker 2000; Degen 2010; Garrido 1987; Gilomen/Head-König 2000; Göttisheim 1910; Gruner 1987/88; Halter 2003; Herbert 2001; Hobsbawm 1989; Hoffmann-Nowotny 1973; Kästli 2003; Knöpfli 2003; König 1998; Kreis 2014a; Kulczycki 1994; Lafranchi 2001; Maiolino 2011; Menolfi 2003; Meyer Sabino 2003; Oltmer 2017; Panayi 1994; Pezzatti 2011; Pometta 1906; Rathgeb 1977; Reinecke 2010; Sarasin 2014; Sassen 1996; Schlaepfer 1969; Schmid 1900; Schmid 2011; Schönwälder 2001; Simmel 1968; Skinner 2000; Stiftung von Schnyder 1904; Tanner 1998; Tissot 2012; Urner 1976; Vuilleumier 1989; Wecker 2014; Wottreng 2000.

12 Wendepunkt Erster Weltkrieg: Das Fremde wird zur Bedrohung:
Argast 2007; Arlettaz 1998; Bickel 1947; Bürgisser 2014; Bundesratsbeschluss über Einreise 1919; Clavien 2014; Cotter 2014; Delaquis 1921; Deutsche Internierten-Zeitung; Durrer 1994; Ebel 1983; Ehrenzeller 1917; Garrido 1990; Gast 1997; Gorelik 1919; Hobsbawm 1995; Huber 2018; Kreis 2014b; Kulischer 1932; Kury 2003; Kury 2014; Manz 2003; Ochsner 2002; Oltmer 2012; Osterhammel 2010; Osterhammel 2014; Rauchfleisch 1994; Reinecke 2010; Richers 2015; Rossfeld 2014; Roth 1995; Rothmund 1924; Sassen 1996; Wettstein 1924; Zweig 1929.

13 Asylland im Zeitalter der Weltkriege:
Achermann 2015/16; Arlettaz 1996; Arlettaz/Arlettaz 2003; Bade 2000; Best 1976; Businger 2015; Cerutti 1988; Cerutti 2003; Claudius 1968; Erlanger 2006; Frank 1952; Gast 1997; Goldschmidt 1997; Heiniger 2010; Hesse 1977; Hörschelmann 1998; Humm 1944; Imhoff/Ettinger/Boller 2001; Keller 1993; Kritzer 1979; Kury 2003; Lasserre 1995; Lätt 2003; Lowe 2014; Ludwig 1966; Marrus 1985; Picard 1994; Prezioso 2006; Rusterholz 2015; Schulz 2006; Schulz 2010; Schulz 2015; Skenderovic 2014; Tanner 2015; Tschuy 1995; UEK

2001; Unabhängige Expertenkommission 2002; Wichers 1994; Wichers 1998; Zala/Perrenoud 2013.

14 Neutralität und humanitäre Sendung: Neufindung in der Nachkriegszeit:
Cohen 2011; Gatrell 2013; Haunfelder 2008; Jacobmeyer 1992; Lerf 2010; Lienert 2013; Lowe 2014; Möckli 2000; Parsanoglou/Tourgeli 2017; Petitpierre 1980; Salomon 1991; Schweizer Spende 1945; Sutro 1952; Taylor 2010; Trachsler 2011; Weidmann 1999; Yammine 2004.

15 «Freie Welt» im Kalten Krieg:
Banki/Späti 1994; Bott/Hanhimäki/Schaufelbuehl/Wyss 2016; Buettner 2016; Buomberger 2017; Etemad 1998; Fassmann/Munz 1994; Fois 2018; Gatrell 2013; Gerson 2007; Kopp 2006; Kury 2011; Lautemann/Schlenke 1975; Liehr 2014; Ludwig 1966; Panayi 2011; Purtschert/Lüthi/Falk 2012a; Robert 2017; Schindler 1985; Schütz 1979/1984; Smith 2009; Stähéli 2006; UNHCR 2009; Wehner 1992; Zabratzky 2006.

16 Trente Glorieuses? Hochkonjunktur und Überfremdungsängste:
Argast 2010; Bade 2000; Baumann 2014; BIGA 1964; Buomberger 2004; Buomberger/Kury 2005; Burki/Ebel 2008; D'Amato 2008; D'Amato 2010; D'Amato/Skenderovic 2008; Espahangizi 2019; Fischer/Martin/Straubhaar 1997; Flusser 1994; Frigerio 2004; Frigerio 2014; Frigerio/Merhar 2004; Castelnuovo Frigessi 1977; Garufo 2015; Gerber 2003; Gerber/Skenderovic 2011; Hochschild 2001; Hoffmann-Nowotny 1973; Knortz 2016; Lee 1966; Lüthi/Zeugin/David 2005; Müller 1992; Niederberger 2004; Piguet 2005; Piguet 2006; Rass 2010; Seiler 1965; Senn 2017; Siu 1952/53; Skenderovic/D'Amato 2008; Tanner 2015; Unia work 2014; Virot 1968; Vuilleumier 2010.

17 Die Schweiz und die Globalisierung der Arbeitskraft:
Argast 2010; Bundesamt für Statistik 2008; Buomberger/Kury 2005; Caritas Schweiz 2013; Hochschild 2001; Hoffmann-Nowotny 2001; Hoerder 2002; Huber 2016; Kälin 1984; Knoll/Schilliger/Schwager 2012; Lanz/Züfle 2006; Pärli 2015; Peri 2015; Piñiero 2015; Präsidialdepartement des Kantons Basel-Stadt 2012; Rhamel/Sheldon 2012; Rossi 2008; Schilliger 2012; Schmid 2017; Tanner 2015; Zimmermann 2009; Zurbriggen 2005.

Bibliografie

Allgemein sei auf die für die Migrationsgeschichte der Schweiz relevanten Artikel im «Historischen Lexikon der Schweiz» (www.hls.ch) verwiesen. Einschlägig sind insbesondere die *Länder-* und *Ortsartikel* wie Argentinien, Aussersihl, Baden-Württemberg, Basel, Brasilien, Burgund, Deutscher Bund, Frankreich, Freigrafschaft Burgund, Genf, Glarus, Israel, Italien, Luxemburg, Monte Verità, Palästina, Preussen, Russland, Savoyen, Spanien, St. Gallen, Tschechoslowakei, Ungarn, Vereinigte Staaten von Amerika, Zürich etc., die *biografischen* Artikel wie Bakunin, Balabanoff, Bally, Blocher, Borromini, Boveri, Brown, Büchner, Ciani, Davatz, Delaquis, Dembo, Einstein, Fick, Fontana, de Gabrieli, Gachet, Göttisheim, Greulich, Guggenheim, Haller, Herwegh, Kägi-(Fuchsmann), Kocher, Kropotkin, Lenin, Loosli, Luccheni, Luxemburg, Maderni, Maggi, Malatesta, Mazzini, Mommsen, Nestlé, Netschajew, Platten, Rossi, Rothmund, Ruth, Sarasin, Semper, Snell, Stein, Suslowa, Sutro, Trezzini, Tumarkin, Turrettini, Wassilieff, Weitling, Weizmann etc. sowie die *Sachartikel* wie Alemannen, Alpen, Arbeiter, Arbeiterbewegung, Arbeitskonflikte, Arbeiterschutz, Architektur, Asyl, Ausländer, Auswanderung, Bevölkerung, Binnenwanderung, Bourbakiarmee, Bürgerrecht, Bundesanwaltschaft, Cafés, Caronesi, Christianisierung, Conradi-Affäre, Dada, Deutsch, Deutsche Arbeitervereine, Emigrés, Eisenbahnen, Fahrende, Flüchtlinge, Französisch, Frauenerwerbsarbeit, Fremde, Fremde Dienste, Fremdenfeindlichkeit, Fremdenlegion, Galloromanen, Gesellen, Gesinde, Gotthardbahn, Grande Boutique, Grenze, Grenzgänger, Handel, Handwerk, Hausierer, Heimatlose, Helvetier, Industrialisierung, Industriesektor, Infanterie, Internierungen, Italienerkrawall, Italienisch, Jenische, Judentum, Junges Europa, Käfigturmkrawall, Kalter Krieg, Kelten, Klima, Kolonialismus, Kriegführung, Küherwesen, Landesausbau, Maestranze, Mehrsprachigkeit, Militärunternehmer, Missionen, Mobilität, Neolithikum, Neue Helvetische Gesellschaft, Niederlassungsfreiheit, Orts- und Flurnamen, Pauperismus, Pfalz, Presse- und Fremdenpolizei, Protestantische Glaubensflüchtlinge, Reisen, Reisläufer, Römisches Reich, Romanisierung, Rotes Kreuz, Saisonarbeit, Schweizer Kolonien, Schweizerreisen, Sesshaftigkeit, Stadt, Stadt-Land-Beziehungen, Städtegründung, Störarbeit, Studenten, Täufer, Tourismus, Tunnel, Universität, Völkerwanderung, Waldenser, Walser, Wanderarbeit, Weltkrieg, Wohlgemuth-Affäre, Zensur, Zionismus u.a.m.

Abegg, Bruno/Lüthi, Barbara (Hg.): Small Number – Big Impact. Schweizer Einwanderer in den USA. Zürich 2006.

Achermann, Alberto: «Flüchtlingskrisen» – ein Essay. In: Jahrbuch für Migrationsrecht (2015/16). Seiten 59–80.

Affolter, A[lbert]: Die individuellen Rechte nach der bundesgerichtlichen Praxis. Nachtrag zu den Grundzügen des Schweizerischen Staatsrechts. Zürich 1911.

Altorfer-Ong, Stefan: Exporting Mercenaries, Money and Mennonites. A Swiss Diplomatic Mission to The Hague. In: Holenstein, André et al. (Hg.): The Republican Alternative. The Netherlands and Switzerland Compared. Amsterdam 2008. Seiten 237–257.

Ammann, Hans-Robert: L'émigration proche dans les Alpes valaisannes au XVe siècle. L'exemple de Zermatt. In: Vallesia 46 (1992). Seiten 251–287.

Anderegg, Klaus: Abgrenzung und Anpassung in der Oberwalliser Kolonie San Jeronimo in der argentinischen Pampa. In: Mesmer, Beatrix (Hg.): Der Weg in die Fremde. Itinera 11. Basel 1992. Seiten 99–131.

Andreánszky, Arpad Stephan: Sebastian Hofmeister. In: Historisches Lexikon der Schweiz. Band 6. Basel 2007. Seite 422.

Andrey, Georges: Les émigrés français dans le canton de Fribourg (1789-1815). Neuenburg 1972.

Andrey, Georges: Les émigrés français en Suisse (1789-1815). In: Dabezies, André (Hg.): La Révolution française vue des deux côtés du Rhin. Aix-en-Provence 1990. Seiten 205-225.

Andrey, Georges: Chenaux-Handel. In: Historisches Lexikon der Schweiz. Band 3. Basel 2004. Seite 329.

Andrey, Georges: Les «émigrés» français en Suisse 1789-1797. In: Cherrier, Emmanuel/Zieger, Karl (Hg.): Une Suisse, des exils. Valenciennes 2008. Seiten 47–52.

Arend, Sabine: Zwischen Bischof und Gemeinde. Pfarrbenefizien im Bistum Konstanz vor der Reformation. Leinfelden-Echterdingen 2003.

Argast, Regula: Staatsbürgerschaft und Nation. Ausschliessung und Integration in der Schweiz 1848 bis 1933. Göttingen 2007.

Argast, Regula: «Wenn er aber Vogelfallen aufstellt, so bleibt er ein Fremder». Kategorien von Ungleichheit und Gleichheit im schweizerischen Assimilationsdiskurs 1919–2000. In: David, Thomas et al. (Hg.): Die Produktion von Ungleichheiten. Zürich 2010. Seiten 183–194.

Argast, Regula: Power and Weakness of Civic Nationalism in Switzerland, 1848-2014. In: Trautsch, Jasper (Hg.): Civic Nationalism in Global Perspective. Im Druck, erscheint 2018 (Routledge, London).

Arlettaz, Gérald: Emigration et colonisation suisses en Amérique, 1815-1918. In: Studien und Quellen 5 (1979).

Arlettaz, Gérald: Démographie et identité nationale (1850-1914). La Suisse et la question des étrangers. In: Studien und Quellen 11 (1985). Seiten 83–176.

Arlettaz, Gérald: Aux origines de la question des étrangers en Suisse. In: Prongué, Bernard et al. (Hg.): Passé pluriel. Mélanges en l'honneur du professeur Roland Ruffieux. Fribourg 1991. Seiten 179–189.

Arlettaz, Gérald: Die Schweiz und die Flüchtlinge 1933-1945. Bern 1996.

Arlettaz, Gérald/Arlettaz, Silvia: Die schweizerische Ausländergesetzgebung und die politischen Parteien 1917-1931. In: Mattioli, Aram (Hg.): Antisemitismus in der Schweiz. Zürich 1998. Seiten 327–356.

Arlettaz, Gérard/Arlettaz, Silvia: Italien im Brennpunkt der schweizerischen Immigrationspolitik 1918-1933. In: Halter, Ernst (Hg): Das Jahrhundert der Italiener in der Schweiz. Zürich 2003. Seiten 75–109.

Arlettaz, Silvia: Citoyens et étrangers sous la République Helvétique 1798-1803. Genf 2005.

Arlettaz, Silvia: Immigration et présence etrangère en Suisse. Un champ historique en développement. In: Traverse 18/1 (2011). Seiten 193–216.

Arx, Ferdinand von: Die französischen Emigranten in Solothurn 1789-1798. In: Bilder aus der Solothurner Geschichte 2 (1939). Seiten 9–37.

Asche, Matthias: Neusiedler im verheerten Land. Kriegsfolgenbewältigung, Migrationssteuerung und Konfessionspolitik im Zeichen des Landeswiederaufbaus. Die Mark Brandenburg nach den Kriegen des 17. Jahrhunderts. Münster 2006.

Asche, Matthias: Schweizer Protestanten aus ländlichen Regionen im Elsass, in Südwestdeutschland und in Brandenburg-Preussen seit der Mitte des 17. Jahrhunderts. In: Bade, Klaus J. et al. (Hg.): Enzyklopädie Migration in Europa. Vom 17. Jahrhundert bis zur Gegenwart. Zürich 2007. Seiten 969–973.

Asche, Matthias: Christliche Caritas, konfessionelles Kalkül und politische Propaganda. Emigrantennetzwerke, Flüchtlingskommissare und ihre Bedeutung für Logistik und Raumordnung in Alteuropa und im Alten Reich des ausgehenden 17. Jahrhunderts – ein Problemaufriss. In: Bahlke, Joachim et al. (Hg.): Migration als soziale Herausforderung. Stuttgart 2011. Seiten 201–232.

Auf der Maur, Jürg: Von der Tuchhandlung Castell zur Weinhandlung Schuler. Ursprung, Struktur und Bedeutung eines Schwyzer Handelshauses (17.–19. Jahrhundert). Zürich 1996.

Bächtold, Hans Ulrich: Ein Volk auf der Flucht. Die Schweiz als Refugium der Waldenser. In: Jahrbuch für europäische Geschichte 7 (2006). Seiten 23–42.

Bade, Klaus J.: Europa in Bewegung. Migration vom späten 18. Jahrhundert bis zur Gegenwart. München 2000.

Bade, Klaus J. et al. (Hg.): Enzyklopädie Migration in Europa. Vom 17. Jahrhundert bis zur Gegenwart. 3. Auflage. Paderborn 2010.

Bade, Klaus J./Oltmer, Jochen: Mitteleuropa. Deutschland. In: Bade, Klaus J. et al. (Hg.): Enzyklopädie Migration in Europa. Vom 17. Jahrhundert bis zur Gegenwart. 3. Auflage. Paderborn 2010. Seiten 142–145.

Ballmer-Tschudin, Gisela: Die Schweizer Auswanderer nach Russland von Peter dem Grossen bis zur Oktoberrevolution. In: Mesmer, Beatrix (Hg.): Der Weg in die Fremde. Itinera 11. Basel 1992. Seiten 47–58.

Bandelier, André: Des Suisses dans la République des Lettres. Un réseau savant au temps de Frédéric le Grand. Genf 2007.

Banki, Christine/Späti, Christoph: Ungaren, Tibeter, Tschechen und Slowaken. Bedingungen ihrer Akzeptanz in der Schweiz der Nachkriegszeit. In: Goehrke, Carsten/Zimmermann, Werner G. (Hg.): «Zuflucht Schweiz». Der Umgang mit Asylproblemen im 19. und 20. Jahrhundert. Zürich 1994. Seiten 369–415.

Barbatti, Bruno: Das «Refuge» in Zürich. Ein Beitrag zur Geschichte der Hugenotten- und Waldenserflüchtlinge nach der Aufhebung des Edikts von Nantes und zur Geschichte der Stadt Zürich. Affoltern am Albis 1957.

Basselet de la Rosée, Silke: Die Rechte der Walser in den ennetbirgischen Siedlungsgebieten in ihrer rechtshistorischen Relevanz. Brig 2011.

Battel, Franco: «Wo es hell ist, dort ist die Schweiz». Flüchtlinge und Flüchtlingshilfe an der Schaffhauser Grenze zur Zeit des Nationalsozialismus. Zürich 2001.

Bättig, Nicole/Blatter, Michael: Sursee Ein- und Auswanderungsgeschichten. Vortrag am 1. März 2016 im Rahmen der Historischen Vortragsreihe 2016 im Rathaus Sursee: Ein Volk von Migranten. Lokale und nationale Migrationsgeschichten aus der Schweiz. Unveröffentlichtes Typoskript. Sursee 2016.

Baudouï, Rémi/Charrier, Landry/Nicklas, Thomas (Hg.): L'émigration en Suisse au XXe siècle (1930–1990). Pratiques, réseaux, résonances. Condé sur Noireau 2017.

Baumann, Sarah: … und es kamen auch Frauen. Engagement italienischer Migrantinnen in Politik und Gesellschaft der Nachkriegsschweiz. Zürich 2014.

Baumer, Helen: One Way Ticket to New Zealand. Swiss Immigration After the Second World War. Auckland 1998.

Behend, Angela: Verbürgerlichung und Konfessionalisierung. Jüdische Lebenswelten in der Gründerzeit. In: Bloch, René/Picard, Jacques (Hg.): Wie über Wolken. Jüdische Lebens- und Denkwelten in Stadt und Region Bern, 1200–2000. Zürich 2014. Seiten 105–173.

Benedict, Philip: Calvin et la transformation de Genève. In: Hirzel, Martin Ernst/Sallmann, Martin (Hg.): Calvin et le Calvinisme. Cinq siècles d'influences sur l'Eglise et la Société. Genf 2008. Seiten 15–32.

Berg, Nicolas: Luftmenschen. Zur Geschichte einer Metapher. Göttingen 2008.

Berger, Heinrich: Kaminfeger aus der Mesolcina in der Grossstadt Wien. In: Gilomen, Hans-Jörg/Head-König, Anne-Lise/Radeff, Anne (Hg.): Migration in die Städte. Ausschluss – Assimilation – Integration – Multikulturalität. Zürich 2000. Seiten 125–137.

Bergier, Jean-François: Wirtschaftsgeschichte der Schweiz. Von den Anfängen bis zur Gegenwart. 2. Auflage. Zürich 1990.

Bericht über den Entwurf einer Bundesverfassung, vom 8. April 1848, erstattet von der am 16. August 1847 von der Tagsatzung ernannten Revisionskommission. Ohne Ort 1848.

Berlowitz, Shelley/Joris, Elisabeth/Meierhofer-Mangeli, Zeedah (Hg.): Terra Incognita? Der Treffpunkt Schwarzer Frauen in Zürich. Zürich 2013.

Berner, Hans: Gemeinden und Obrigkeit im fürstbischöflichen Birseck. Herrschaftsverhältnisse zwischen Konflikt und Konsens. Liestal 1994.

Best, Otto F.: Leonhard Frank. In: Spalek, John M./Strelka, Joseph (Hg.): Deutsche Exilliteratur seit 1933. Band 1: Kalifornien. Bern 1976. Seiten 371–382.

Bianchi, Stefania: I cantieri dei Cantoni. Relazioni, opere, vicissitudini di una famiglia della Svizzera italiana in Liguria (secoli XVI-XVIII). Genua 2013.

Bianchi, Stefania: Cittadini attivi assenti, assenti perché attivi. La mobilità delle genti luganesi nel 1798. In: xviii.ch. Jahrbuch der Schweizerischen Gesellschaft für die Erforschung des 18. Jahrhunderts 6 (2015). Seiten 77–94. (2015a)

Bianchi, Stefania: La «patria» altrove. Quartieri, confraternite e corporazioni per salvaguardare l'identità (Ticino e città d'Italia, secoli XVI-XVIII). In: Studer, Brigitte et al. (Hg.): Die Schweiz anderswo. AuslandschweizerInnen – SchweizerInnen im Ausland. Zürich 2015. Seiten 67–82. (2015b)

Bianchi, Stefania: Uomini che partono. Scorci di storia della Svizzera italiana tra migrazione e vita quotidiana (secoli XVI–XIX). Bellinzona 2018.

Bianconi, Sandro: «In Roma v'è della gran gente». Domestici verzaschi a Roma nella seconda metà del '700. In: Archivio Storico Ticinese 111 (1992). Seiten 1–27.

Bickel, August: Städtegründung. In: Historisches Lexikon der Schweiz. Band 11. Basel 2012. Seiten 770–772.

Bickel, Hans/Schläpfer, Robert (Hg.): Die viersprachige Schweiz. 2. Aufl. Aarau 2000.

Bickel, W[ilhelm]: Bevölkerungsgeschichte und Bevölkerungspolitik der Schweiz seit dem Ausgang des Mittelalters. Zürich 1947.

BIGA, Bundesamt für Industrie, Gewerbe und Arbeit (Hg.): Bericht der Studienkommission für das Problem der ausländischen Arbeitskräfte. Bern 1964.

Bigler, Manuel: 300 Jahre New Bern. In: BEZG 71 (2009). Seiten 1–27.

Bloch, Urs: «Die Braunen Söhne des Südens». Die Einwanderung italienischer Arbeiter in die Schweiz vor dem Ersten Weltkrieg am Beispiel des Barackendorfes Tripolis bei Olten. Unveröffentlichte Lizentiatsarbeit an der Universität Basel. Basel 1997.

Bochsler, Regula/Gisiger, Sabine: Dienen in der Fremde. Dienstmädchen und ihre Herrschaften in der Schweiz des 20. Jahrhunderts. Zürich 1989.

Bock, Heike: Konversionen in der frühneuzeitlichen Eidgenossenschaft. Zürich und Luzern im konfessionellen Vergleich. Epfendorf/Neckar 2009.

Bodmer, Walter: L'immigration suisse dans le comté de Hanau-Lichtenberg au dix-septième siècle. Strassburg 1930.

Bodmer, Walter: Der Einfluss der Refugianteneinwanderung von 1550–1700 auf die schweizerische Wirtschaft. Zürich 1946.

Boerlin-Brodbeck, Yvonne: Künstler, Landschaften, Netzwerke. Kunstproduktion in der Schweiz zwischen Barock und Romantik. Baden 2017.

Bolzern, Rudolf: Massenwanderung zur Zeit aufgeklärter Peuplierungspolitik. Die Auswanderung von Schwyzern nach Andalusien 1767–1769 als Migrationsphänomen des 18. Jahrhunderts. In: Mesmer, Beatrix (Hg.): Der Weg in die Fremde. Basel 1992. Seiten 17–32.

Böning, Holger: Der Traum von Freiheit und Gleichheit. Helvetische Revolution und Republik (1798–1803). Zürich 1998.

Bosshard-Kälin, Susann/Schelbert, Leo: Nach Amerika. Lebensberichte von Schweizer Auswanderern. Zürich 2014.

Bott, Sandra/Hanhimäki, Jussi M./Schaufelbuehl, Janick/Wyss, Marco (Hg.): Neutrality and Neutralism in the Global Cold War. Between or Within the Blocs? London/New York 2016.

Braun, Rudolf: Sozio-kulturelle Probleme der Eingliederung italienischer Arbeitskräfte in der Schweiz. Erlenbach 1970.

Braun, Rudolf: Die Schweiz im ausgehenden Ancien Régime. Zürich 1984.

Broillet, Leonardo: A cavallo delle Alpi. Ascese, declini e collaborazioni dei ceti dirigenti tra Ticino e Svizzera centrale (1400–1600). Mailand 2014.

Broillet, Leonardo: Comme un air d'Italie. In: Annales fribourgeoises 81 (2019). Seiten 23–34.

Brubaker, Rogers: Staats-Bürger. Frankreich und Deutschland im historischen Vergleich. Hamburg 1994.

Brubaker, Rogers: The Return of Assimilation? Changing Perspectives on Immigration and its Sequels in France, Germany and the United States. In: Ethnic and Racial Studies 24 (2001). Seiten 531–548.

Brügger, Liliane: Russische Studentinnen in Zürich. In: Brank, Peter/Goehrke, Carsten et al. (Hg.): Bild und Begegnung. Kulturelle Wechselseitigkeit zwischen der Schweiz und Osteuropa im Wandel der Zeit. Basel 1996. Seiten 465–508.

Bruhin, Herbert: Thomas A. Bruhin 1835–1895. Biographie eines Theologen aus Pflicht und Botanikers aus Leidenschaft. Schwyz 2001.

Brunko-Méautis, Ariane: Club helvétique. In: Historisches Lexikon der Schweiz. Band 3. Basel 2004. Seite 419.

Brüschweiler, Carl: Bevölkerungspolitik. In: Schweizerische Gesellschaft für Statistik und Volkswirtschaft (Hg.): Handbuch der schweizerischen Volkswirtschaft. Bern 1939. Seiten 294–298.

Bucher Silvio: Bevölkerung und Wirtschaft des Amtes Entlebuch im 18. Jahrhundert. Basel 1974.

Budminger, Samuel: Die «Italienerfrage» um 1893. Analyse der zeitgenössischen Diskussion über die italienischen Arbeitskräfte in der Schweiz im Anschluss an den Käfigturmkrawall von Bern 1893. Unveröffentlichte Lizentiatsarbeit Universität Bern. Bern 2010.

Bühler, Linus: Die Geschichte der Bündner Schwabengängerei. In: Bündner Monatsblatt 5/6 (1975). Seiten 105–140.

Bühler, Linus: Von Schustern, Kaminfegern und Bauleuten. Zur gewerblichen Emigration aus Graubünden bis zum ersten Weltkrieg. In: Gewerbliche Migration im Alpenraum. Redaktion von Ursus Brunold. Bozen 1994. Seiten 483–495.

Bühler, Roman et al. (Hg.): Schweizer im Zarenreich. Zürich 1985.

Bühler, Roman: Bündner im Russischen Reich, 18. Jahrhundert – Erster Weltkrieg. Disentis 1991.

Bühler, Roman: Die Auswanderung aus Graubünden. In: Mesmer, Beatrix (Hg.): Der Weg in die Fremde. Itinera 11. Basel 1992. Seiten 132–180.

Bühler, Roman: Tobias Branger. In: Historisches Lexikon der Schweiz. Band 2. Basel 2003. Seite 655. (2003a)

Bühler, Roman: Bündner im Russischen Reich, 18. Jahrhundert – Erster Weltkrieg. Ein Beitrag zur Wanderungsgeschichte Graubündens. Disentis/Mustér 2003. (2003b)

Bührer, Walter: Der Zürcher Solddienst des 18. Jahrhunderts. Sozial- und wirtschaftsgeschichtliche Aspekte. Bern/Frankfurt am Main 1977.

Bundesamt für Flüchtlinge, Abteilung Medien und Kommunikation: Prominente Flüchtlinge im Schweizer Exil. Bern 2003.

Bundesamt für Statistik: Ausländerinnen und Ausländer in der Schweiz. Bericht 2008. Neuenburg 2008.

Bundesratsbeschluss über Einreise, Aufenthalt, Niederlassung und Ausweisung von Ausländern. Mit einer Einführung von Dr. Hans Frey, Chef der Fremdenpolizei des Kantons Zürich. Zürich 1919.

Bundi, Martin: Bündner Kriegsdienste in Holland um 1700. Eine Studie zu den Beziehungen zwischen Holland und Graubünden von 1693 bis 1730. Chur 1972.

Bundi, Martin: Zur Besiedlungs- und Wirtschaftsgeschichte Graubündens im Mittelalter. Chur 1982.

Buomberger, Thomas: Kampf gegen unerwünschte Fremde. Von James Schwarzenbach bis Christoph Blocher. Zürich 2004.

Buomberger, Thomas: Die Schweiz im Kalten Krieg 1945–1990. Baden 2017.

Buomberger, Thomas/Kury, Patrick: Behördliche Überfremdungsbekämpfung und Überfremdungsbewegung. Zürcher Spuren eines wirkungsmächtigen Diskurses. In: Niederhäuser, Peter/Ulrich, Anita: Fremd in der Schweiz – fremdes Zürich? Zürich 2005. Seiten 177–196.

Burckhardt, Felix: Die schweizerische Emigration 1798–1801. Basel 1908.

Burgermeister, Rolf: Aus dem Leben von Schweizer Auswanderern nach Chile 1870–1900. Bolligen 2009.

Bürgisser, Thomas: Menschlichkeit aus Staatsräson. Die Internierung ausländischer Kriegsgefangener in der Schweiz im Ersten Weltkrieg. In: Rossfeld, Roman/Buomberger, Thomas/Kury, Patrick (Hg.): 14/18 – Die Schweiz und der Grosse Krieg. Baden 2014. Seiten 266–289.

Burki, Aline/Ebel, Leana: «A l'heure des petites mains ...» L'embauche d'ouvrières italiennes. Enjeux d'une politique d'emploi dexuée dans l'horlogerie, 1946-1962. Neuenburg 2008.

Burri, Hans-Rudolf: Die Bevölkerung Luzern im 18. und frühen 19. Jahrhundert. Luzern 1975.

Businger, Susanne: Stille Hilfe und tatkräftige Mitarbeit. Schweizer Frauen und die Unterstützung jüdischer Flüchtlinge, 1938–1947. Zürich 2015.

Büsser, Nathalie: Die «Frau Hauptmannin» als Schaltstelle für Rekrutenwerbungen, Geldtransfer und Informationsaustausch. Geschäftliche Tätigkeiten von weiblichen Angehörigen der Zuger Zurlauben im familieneigenen Solddienstunternehmen um 1700. In: Gilomen, Hans-Jörg/Müller, Margrit/Tissot, Laurent (Hg.): Dienstleistungen. Expansion und Transformation des «dritten Sektors» (15.-20. Jahrhundert). Zürich 2007. Seiten 143–153.

Büsser, Nathalie: Militärunternehmertum, Aussenbeziehungen und fremdes Geld. In: Geschichte des Kantons Schwyz. Band 3. Zürich 2012. Seiten 69–127.

Busset, Thomas: «Va-t'en!». Accueil de réfugiés et naissance du mythe de la «terre d'asile» en Suisse. Lausanne 1994.

Buettner, Elizabeth: Europe after Empire. Decolonization, Society, and Culture. Cambridge 2016.

Caestecker, Frank: Alien Policy in Belgium 1840-1940. The Creation of Guest Workers, Refugees and Illegal Aliens. New York/Oxford 2000.

Caglioti, Daniela Luigia/Rovinello, Marco/Zaugg, Roberto: Ein einzig Volk? Schweizer Migranten in Neapel (18.–20. Jahrhundert). In: Studer, Brigitte et al. (Hg.): Die Schweiz anderswo. AuslandschweizerInnen – SchweizerInnen im Ausland. Zürich 2015. Seiten 103–125.

Candaux, Jean-Daniel: Paris. In: Historisches Lexikon der Schweiz. Band 9. Basel 2010. Seite 544f.

Canevascini, Simona/Bianconi, Piero: L'esilio dei protestanti Locarnesi. Locarno 2005.

Caratsch, Annetta: Moritz Conradi. Fabrikantensohn und Attentäter. In: Maeder, Eva/Niederhäuser, Peter (Hg.): Käser, Künstler, Kommunisten. Vierzig russisch-schweizerische Lebensgeschichten aus vier Jahrhunderten. Zürich 2009. Seiten 119–123.

Caritas Schweiz: Care-Migration braucht faire Rahmenbedingungen. Die Positionierung der Caritas zu Pendelmigration und Altenbetreuung in der Schweiz. Luzern, April 2013 (Positionspapier auf www.caritas.ch, abgerufen 8. 11. 2017).

Carrino, Annastella: Être étranger à Marseille à l'époque moderne. Les Sollicoffre de Saint-Gall. In: SZG 67 (2017). Seiten 139–163.

Casagrande, Giovanni/Schaer, Martine: Migration und ethnische Minderheiten in der Schweiz. Auswahlbibliographie 1945-1999. Neuenburg 2001.

Castelnuovo Frigessi, Delia: Elvezia, il tuo governo. Operai italiani emigrati in Svizzera. Turin 1977.

Cattacin, Sandro/La Barba, Morena/Oris, Michel/Stohr, Christian (Hg.): La migration italienne dans la Suisse d'après-guerre. Lausanne 2013.

Cavaciocchi, Simonetta (Hg.): Le migrazioni in Europa, sec. XIII-XVIII. Florenz 1994.

Cavin, Jean-Paul: L'émigration française du Pays de Vaud au début de la Révolution (1789-1793), d'après les Actes et les Manuaux du Conseil Secret de Berne. In: Revue Historique Vaudoise 80 (1972). Seiten 49–101.

Cerri, Riccardo/Zanni, Alessandro: Mobilità intra-alpina nell'area del Monte Rosa. Evidenze settecentesche in valle Anzasca (Ossola). In: Viazzo, Pier Paolo/Cerri, Riccardo (Hg.): Da montagna a montagna. Mobilità e migrazioni interne nelle Alpi italiane (secoli XVII-XIX). Mailand 2009. Seiten 85–129.

Cerutti, Mauro: Le Tessin, la Suisse et l'Italie de Mussolini. Fascisme et antifascisme 1921-1935. Lausanne 1988.

Cerutti, Mauro: Die Schweiz und Italien in der Periode des Faschismus und im Zweiten Weltkrieg. Das Problem der politischen Flüchtlinge. In: Halter, Ernst (Hg.): Das Jahrhundert der Italiener in der Schweiz. Zürich 2003. Seiten 83–91.

Ceschi, Raffaello: Bleniesi milanesi. Note sull'emigrazione di mestieri dalla Svizzera italiana. In: Col bastone e la bisaccia per le strade d'Europa. Migrazioni stagionali di mestiere dall'arco alpino nei secoli XVI-XVIII. Bellinzona 1991. Seiten 49–72.

Ceschi, Raffaello: Artigiani migranti della Svizzera italiana. In: Itinera 14 (1993), Seiten 21–31.

Ceschi, Raffaello: Migration von Berggebiet zu Berggebiet. In: Gewerbliche Migration im Alpenraum. Redaktion Ursus Brunold. Bozen 1994. Seiten 47–82.

Ceschi, Raffaello (Hg.): Storia della Svizzera italiana. Dal Cinquecento al Settecento. Bellinzona 2000.

Cheda, Giorgio: L'émigration tessinoise en Australie et en Californie. In: Mesmer, Beatrix (Hg.): Der Weg in die Fremde. Itinera 11. Basel 1992. Seiten 71–78.

Cheda Giorgio: L'emigrazione ticinese in California. Band 1: I ranceri. Lugano 2005.

Chiesi Ermotti, Francesca: Le Alpi in movimento. Vicende del casato dei mercanti Pedrazzini di Campo Vallemaggia (XVIII s.). Bellinzona 2019.

Chimienti, Milena: Prostitution et migration. La dynamique de l'agir faible. Zürich 2009.

Christ, Thierry: La présence étrangère dans la Principauté de Neuchâtel vers 1790. In: Musée neuchâtelois 1991. Seiten 69–109.

Claudius, Eduard: Ruhelose Jahre. Erinnerungen. Halle/Saale 1968.

Clavien, Alain: Schweizer Intellektuelle und der Grosse Krieg. Ein wortgewaltiges Engagement. In: Rossfeld, Roman/Buomberger, Thomas/Kury, Patrick (Hg.): 14/18 – Die Schweiz und der Grosse Krieg. Baden 2014. Seiten 102–123.

Cohen, Daniel: In War's Wake. Europe's Displaced Persons in the Postwar Order. Oxford 2011.

Col bastone e la bisaccia per le strade d'Europa. Migrazioni stagionali di mestiere dall'arco alpino nei secoli XVI-XVIII. Bellinzona 1991.

Cotter, Cédric/Hermann, Irène: Hilfe zum Selbstschutz. Die Schweiz und ihre humanitären Werke. In: Rossfeld, Roman/Buomberger, Thomas/Kury, Patrick (Hg.): 14/18 – Die Schweiz und der Grosse Krieg. Baden 2014. Seiten 240–265.

Cunha, Dilney/Fehr, Hans-Jürg: Das Paradies in den Sümpfen. Eine Schweizer Auswanderungsgeschichte nach Brasilien im 19. Jahrhundert. Zürich 2003.

Cusinay, Daniel/Hauser, Thomas/Schwank, Matthias: Deutsche Sozialdemokraten in der Schweiz nach dem Erlass des Sozialistengesetzes (1878–1980). In: Goehrke, Carsten/Zimmermann, Werner G. (Hg.): «Zuflucht Schweiz». Der Umgang mit Asylproblemen im 19. und 20. Jahrhundert. Zürich 1994. Seiten 121–172.

Czouz-Tornare, Alain-Jacques: Schweizer Söldner in Europa vom 17. bis zum 19. Jahrhundert (Beispiel Frankreich). In: Bade, Klaus J. et al. (Hg.): Enzyklopädie Migration in Europa. Vom 17. Jahrhundert bis zur Gegenwart. Zürich 2007. Seiten 973–975.

D'Amato, Gianni: Vom Ausländer zum Bürger. Der Streit um die politische Integration von Einwanderern in Deutschland, Frankreich und der Schweiz. Münster 2005.

D'Amato, Gianni: Historische und soziologische Übersicht über die Migration in der Schweiz. In: Schweizerisches Jahrbuch für Entwicklungspolitik 27 (2008). Seiten 177–195.

D'Amato, Gianni: Switzerland. A Multicultural Country without Multicultural Policies? In: Vertovec, Steven/Wessendorf, Susanne (Hg.): The Multiculturalism Backlash. European Discourses, Policies and Practices. London/New York 2010. Seiten 130–151.

Damiani-Cabrini, Laura: Le migrazioni d'arte. In: Ceschi, Raffaello (Hg.): Storia della Svizzera italiana. Dal Cinquecento al Settecento. Bellinzona 2000. Seiten 289–312.

Däpp, Heinz/Karlen, Rudolf (Hg.): Asylpolitik gegen Flüchtlinge. Basel 1984.

Davatz, Sylvester: Thomas Davatz. Bitterer Kaffee – ein Bündner Lehrer in Brasilien. In: Dietrich, Eva/Rossfeld, Roman et al. (Hg.): Der Traum vom Glück. Schweizer Auswanderung auf brasilianische Kaffeeplantagen, 1852–1888. Baden 2003. Seiten 22–40.

David, Thomas/Etemad, Bouda/Schaufelbuehl Janick Marina: Schwarze Geschäfte. Die Beteiligung von Schweizern an Sklaverei und Sklavenhandel im 18. und 19. Jahrhundert. Zürich 2005.

Davis, Natalie Zemon: Mit Gott rechten. Das Leben der Glickl bas Judah Leib, genannt Glückl von Hameln. Berlin 2003.

Dean, Karin/Widmer, Markus: Flüchtlinge und Flüchtlingspolitik in der Schweiz 1848/49. In: Goehrke, Carsten/Zimmermann, Werner G. (Hg.): «Zuflucht Schweiz». Der Umgang mit Asylproblemen im 19. und 20. Jahrhundert. Zürich 1994. Seiten 39–64.

Debrunner, Albert M.: «Hochschule heisst beim Volk der Hirten jetzt bald Judenschule». Die antisemitische Polemik der Basler Zeitschrift «Der Samstag» gegen jüdische Bildungs-

eliten. In: Graetz, Michael/Mattioli, Aram (Hg.): Krisenwahrnehmungen im Fin de siècle. Jüdische und katholische Bildungseliten in Deutschland und der Schweiz. Zürich 1997. Seiten 341–361.

Degen, Bernard: Asylpolitik zwischen «humanitärer Tradition» und politischer Opportunität. In: Kanyar, Helena (Hg.): Die Humanitäre Schweiz 1933–1945. Kinder auf der Flucht. Basel/Bern 2004. Seiten 112–121.

Degen, Bernard: Einbürgerung mit Hindernissen. Nikolai Wassiljewitsch Wassiljew, Muri bei Bern 1888. In: Traverse 17/3 (2010). Seiten 153–168.

Dejung, Christof: Die Fäden des globalen Marktes. Eine Sozial- und Kulturgeschichte des Welthandels am Beispiel der Handelsfirma Gebrüder Volkart, 1851–1999. Köln 2013.

Delaquis, Ernst: Im Kampf gegen die Überfremdung (Die Neuorientierung der Niederlassungspolitik). Vortrag, gehalten im Bernischen Juristenverein am 10. Januar 1921. In: Zeitschrift des Bernischen Juristenvereins 57/2 (1921). Seiten 49–69.

Denzel, Markus A.: Unternehmen, Handelshäuser und Wirtschaftsmigration im neuzeitlichen Alpenraum. Einführung, Forschungsaufriss und konzeptionelle Überlegungen. In: Schöpfer, Marie-Claude/Stoffel, Markus/Vannotti, Françoise (Hg.): Unternehmen, Handelshäuser und Wirtschaftsmigration im neuzeitlichen Alpenraum. Brig 2014. Seiten 1–24.

Deutsche Internierten-Zeitung.

Di Costanzo, Jean-Maurice: Allemands et suisses en Algérie 1830–1918. Nizza 2001.

Dietrich, Eva: Bilder und Briefe aus Brasilien. William Michaud (1829–1902). In: Dietrich, Eva/Rossfeld, Roman/Ziegler, Beatrice (Hg.): Der Traum vom Glück. Schweizer Auswanderung auf brasilianische Kaffeeplantagen, 1852–1888. Baden 2003. Seiten 74–83.

Dietrich, Eva/Rossfeld, Roman/Ziegler, Beatrice (Hg.): Der Traum vom Glück. Schweizer Auswanderung auf brasilianische Kaffeeplantagen, 1852–1888. Baden 2003.

Diner, Dan: Enzyklopädie jüdischer Geschichte und Kultur. Herausgegeben im Auftrag der Sächsischen Akademie der Wissenschaften zu Leipzig. Band 4. Stuttgart/Weimar 2015. Seiten 459–464.

Disch, Nicolas: Die Solddienste in der Herrschaft Engelberg. In: Histoire des Alpes 16 (2011). Seiten 223–239.

Disch, Nicolas: Hausen im wilden Tal. Alpine Lebenswelt am Beispiel der Herrschaft Egelberg (1600–1800). Wien 2012.

Drews, Isabel: «Schweizer erwache!». Der Rechtspopulist James Schwarzenbach (1967–1978). Frauenfeld 2005.

Dubler, Anne-Marie: Fremde Handwerksgesellen in der Stadt Luzern des 15. Jahrhunderts. In: Jahrbuch der Historischen Gesellschaft Luzern 9 (1991). Seiten 41–76.

Dubler, Anne-Marie: Fahrende. In: Historisches Lexikon der Schweiz. Band 4. Basel 2005. Seiten 377–379. (2005a)

Dubler, Anne-Marie: Fremde. In: Historisches Lexikon der Schweiz. Band 4. Basel 2005. Seiten 788f. (2005b)

Dubler, Anne-Marie: Henzi-Verschwörung. In: Historisches Lexikon der Schweiz. Band 6. Basel 2007. Seiten 286f.

Dubler, Anne-Marie: Küherwesen. In: Historisches Lexikon der Schweiz. Band 7. Basel 2008. Seite 478.

Dubler, Anne-Marie: Sesshaftigkeit. In: Historisches Lexikon der Schweiz. Band 11. Basel 2012. Seiten 456f.

Ducommun, Marie-Jeanne: Sociologie et géographie du Refuge Huguenot à Genève. In: Bulletin de l'Association suisse pour l'histoire du Refuge Huguenot 7/8 (1989). Seiten 17–19.

Ducommun, Marie-Jeanne: Sociologie et chronologie du passage des réfugiés français à Genève de 1687 à 1689. In: SZG 40 (1990). Seiten 153–180.

Ducommun, Marie-Jeanne/Quadroni, Dominique: Le Refuge protestant dans le Pays de Vaud. Genf 1991.

Dupont, Michèle: Les Ecclésiastiques français et savoyards réfugiés en Valais pendant la Révolution, 1792–1798. Ohne Ort 1984.

Durrer, Bettina: Auf der Flucht vor dem Kriegsdienst. Deserteure und Refraktäre in der Schweiz während des Ersten Weltkrieges. In: Goehrke, Carsten/Zimmermann, Werner G. (Hg.): «Zuflucht Schweiz». Der Umgang mit Asylproblemen im 19. und 20. Jahrhundert. Zürich 1994. Seiten 197–216.

Ebel, Marianne: Fiala, Pierre, Sous le consensus. La Xénophobie, paroles arguments, contextes (1961–1981). Lausanne 1983.

Egger, Franz: Der Bundesstaat und die fremden Zigeuner in der Zeit von 1848 bis 1914. In: Studien und Quellen 8 (1982). Seiten 49–73.

Egloff, Gregor: Oswald Myconius. In: Historisches Lexikon der Schweiz. Band 9. Basel 2010, Seite 53.

Ehrenzeller, W[ilhelm]: Die geistige Überfremdung der Schweiz. Untersuchung zum schweizerischen Geistesleben unserer Zeit. Zürich 1917.

Erlanger, Simon: «Nur ein Durchgangsland». Arbeitslager und Internierungsheime für Flüchtlinge und Emigranten in der Schweiz 1940–1949. Zürich 2006.

Esch, Arnold: Mit Schweizer Söldnern auf dem Marsch nach Italien. Das Erlebnis der Mailänderkriege 1510–1515 nach bernischen Akten. In: Esch, Arnold: Alltag der Entscheidung. Beiträge zur Geschichte der Schweiz an der Wende vom Mittelalter zur Neuzeit. Festgabe zum 60. Geburtstag von Arnold Esch. Bern/Stuttgart/Wien 1998. Seiten 249–328. (1998a)

Esch, Arnold: Lebensverhältnisse von Reisläufern im spätmittelalterlichen Thun. Ein Beschlagnahme-Inventar von 1495. In: Esch, Arnold: Alltag der Entscheidung. Beiträge zur Geschichte der Schweiz an der Wende vom Mittelalter zur Neuzeit. Festgabe zum 60. Geburtstag von Arnold Esch. Bern/Stuttgart/Wien 1998. Seiten 161–172. (1998b)

Espahangizi, Kijan: The ‹Sociologic› of Postmigration. A Study in the Early History of Social Research on Migration and Integration in Switzerland, 1960–1973. In: Lüthi, Barbara/Skenderovic, Damir (Hg.): Switzerland and Migration. Historical and Current Perspectives on a Changing Landscape. New York 2019. Seiten 33–60.

Etemad, Bouda: Europe and Migration after Decolonization. In: Journal of European Economic History 27/3 (1998). Seiten 457–470.

Eyer, Robert-Peter: Die Schweizer Regimenter in Neapel im 18. Jahrhundert (1734–1789). Bern 2008.

Fabre, Gérard/Béguin, Albert: Le Québec et le Canada. La confrontation d'un intellectuel helvétique à une autre confédération. In: Hauser, Claude/Milani, Pauline/Pâquet, Martin/Skenderovic, Damir (Hg.): Sociétés de migrations en débat. Québec – Canada – Suisse. Québec 2013. Seiten 213–226.

Falk, Francesca: Marignano da, Migration dort, Südafrika nirgends. Über eine gewollte Entkoppelung von Diskursen. In: Traverse 22/3 (2015). Seiten 155–166.

Fässler, Thomas: Aufbruch und Widerstand. Das Kloster Einsiedeln im Spannungsfeld von Barock, Aufklärung und Revolution. Egg bei Einsiedeln 2019.

Fassmann, Heinz/Munz, Rainer: European East-West Migration, 1945–1992. In: The International Migration Review 28/3 (1994). Seiten 520–538.

Fayard Duchêne, Janine: La pérennité des courants migratoires dans une «petite ville». Le cas de Sion du XVIe au XIXe siècle. In: Gilomen, Hans-Jörg/Head-König, Anne-Lise/Radeff, Anne (Hg.): Migration in die Städte. Ausschluss – Assimilierung – Integration – Multikulturalität. Zürich 2000. Seiten 139–156.

Fenner, Martin: Val d'Anniviers. Tradition und Wandel. Sierre 2015.

Ferdmann, Jules: Neues über den Erbauer des «Brangerschen Schlösschens» und seine Mitarbeiter in Petersburg. In: Davoser Revue 31/8–9 (1956). Seiten 176–179.

Feuz, Patrick: Zwischen uns ein Ozean. Die Geschichte des Wirtschaftsflüchtlings Friedrich Mürset. Oberhofen am Thunersee 2009.

Fischer, Peter/Martin, Rainer/Straubhaar, Thomas: Should I Stay or Should I Go? In: Hammar, Thomas/Tamas, Christof/Faist, Thomas: International Migration, Immobility and Development. Oxford 1997. Seiten 49–90.

Flückiger Strebel, Erika: Zwischen Wohlfahrt und Staatsökonomie. Armenfürsorge auf der bernischen Landschaft im 18. Jahrhundert. Zürich 2002.

Flückiger, Erika: Bettelwesen. In: Historisches Lexikon der Schweiz. Band 2. Basel 2003. Seiten 358f.

Flusser, Vilèm: Von der Freiheit des Migranten. Einsprüche gegen den Nationalismus. Düsseldorf 1994.

Fois, Marisa: L'Association des Suisses spoliés d'Algérie ou d'outre-mer (ASSAOM). Un héritage colonial? In: SZG 68 (2018), Seiten 64–84.

Fontaine, Laurence: Les Alpes dans le commerce européen (XVIe–XVIIIe siècles). In: Bergier, Jean-François/Guzzi, Sandro (Hg.): La découverte des Alpes. Basel 1992. Seiten 130–152.

Fontaine, Laurence: Confiance et communauté. La réussite des réseaux de migrants dans l'Europe moderne. In: SZG 49 (1999). Seiten 4–15.

Fontaine, Laurence: Structure sociale et économie régionale de trois régions alpins au XVIIIe siècle. In: Pfister, Ulrich (Hg.): Regional Development and Commercial Infrastructure in the Alps. Basel 2002. Seiten 57–72.

Fontaine, Laurence: Montagnes et migrations de travail. Un essai de comparaison globale (XVe–XXe siècles). In: Revue d'Histoire Moderne et Contemporaine 52/2 (2005). Seiten 26–48.

Fontaine, Laurence/Singh, Chetan: Migration and Trade in Mountain Societies. A Comparative Study of Historical Processes in Upper Dauphine (Alps) and Kulu-Kinnaur (Himalaya). In: Histoires des Alpes 16 (2011). Seiten 261–277.

Fornara, Livio/Musée d'Art et d'Histoire Genève: Révolutions genevoises 1782–1798. Genf 1989.

Foerster, Hubert: Schwyz 1799: für Gott und Vaterland. Ein Beitrag zum militärischen Widerstand, zur Flucht und Emigration. In: Mitteilungen des Historischen Vereins des Kantons Schwyz 91 (1999). Seiten 133–217.

Foerster, Hubert: Les émigrés politiques suisses pendant la République helvétique (1798–1803). In: Cherrier, Emmanuel/Zieger, Karl (Hg.): Une Suisse, des exils. Valenciennes 2008. Seiten 53–76.

Fosanelli, Ivano/Isenburg, Teresa: Verso l'Argentina. Emigrazione, insediamento, identità tra otto e novecento. Locarno 2001.

Franc, Andrea: Wie die Schweiz zur Schokolade kam. Der Kakaohandel der Basler Handelsgesellschaft mit der Kolonie Goldküste (1893–1960). Basel 2008.

Frank, Leonhard: Links, wo das Herz ist. München 1952.

Frei-Stolba, Regula: Römisches Reich. In: Historisches Lexikon der Schweiz. Band 10. Basel 2011. Seiten 430–433.

Frigerio, Marina: Verbotene Kinder. Die Kinder der italienischen Saisonniers erzählen von Trennung und Illegalität. Zürich 2014.

Frigerio, Marina/Merhar, Susanne: «...und es kamen Menschen». Die Schweiz der Italiener. Zürich 2004.

Frisch, Max: Vorwort. In: Seiler Alexander J.: Siamo Italiani/Die Italiener. Gespräche mit italienischen Arbeitern in der Schweiz. Zürich 1965. Seiten 7–10.

Fritzsche, Bruno/Lemmenmeier, Max: Auf dem Weg zu einer städtischen Industriegesellschaft 1870–1918. In: Stiftung «Neue Zürcher Kantonsgeschichte» (Hg.): Geschichte des Kantons Zürich. Band 3: 19. und 20. Jahrhundert. Zürich 1994. Seiten 158–242.

Froidevaux, Yves: Mobilité spatiale, immigration et croissance démographique. Le Pays de Neuchâtel, 1750–1914. In: SZG 49 (1999). Seiten 64–86.

Furrer, Norbert: Die vierzigsprachige Schweiz. Sprachkontakte und Mehrsprachigkeit in der vorindustriellen Gesellschaft (15.–19. Jahrhundert). 2 Bände. Zürich 2002.

Furter, Reto/Head-König, Anne-Lise/Lorenzetti, Luigi (Red.): Rückwanderungen. Zürich 2009.

Galle, Sara: Kindswegnahmen. Das «Hilfswerk für die Kinder der Landstrasse» der Stiftung Pro Juventute im Kontext der schweizerischen Jugendfürsorge. Zürich 2016.

Gally-de Riedmatten, Louiselle: Du sang contre de l'or. Le service étranger en Valais sous l'Ancien Régime. Dissertation Universität Bern. Bern 2014 [Ms.].

Garrido, Angela: Le début de la politique fédérale à l'égard des étrangers. Histoire et Société Contemporaines 7. Lausanne 1987.

Garrido, Angela: Les années vingt et la première initiative xénophobe en Suisse. In: Racisme et Xénophobies. Colloque à l'Université de Lausanne, 24–25 novembre 1988, groupe regards critiques, sous la direction du H. U. Jost. Histoire et Société Contemporaines 10. Lausanne 1990. Seiten 37–45.

Garufo, Francesco: L'emploi du temps. L'industrie horlogère suisse et l'immigration (1930–1980). Lausanne 2015.

Gasser, Martin et al. (Hg.): Wider das Leugnen und Verstellen. Carl Durheims Fahndungsfotografien von Heimatlosen 1852/53. Winterthur 1998.

Gast, Uriel: Von der Kontrolle zur Abwehr. Die eidgenössische Fremdenpolizei im Spannungsfeld von Politik und Wirtschaft 1915–1933. Zürich 1997.

Gatrell, Peter: The Making of the Modern Refugee. Oxford 2013.

Gatrell, Peter: The Unsettling of Europe: How Migration Reshaped the Continent. New York 2019.

Genoud, François: Presse- und Fremdenkonklusum. In: Historisches Lexikon der Schweiz. Band 9. Basel 2010. Seite 862.

Gerber, Brigitta: Die antirassistische Bewegung in der

Schweiz. Organisation, Netzwerke und Aktionen. Zürich 2003.

Gerber, Brigitta/Skenderovic, Damir (Hg.): Wider die Ausgrenzung – Für eine offene Schweiz. Beiträge aus historischer, sozial- und rechtswissenschaftlicher Sicht. 3 Bände. Zürich 2011.

Gerber, Roland: Gott ist Burger zu Bern. Eine spätmittelalterliche Stadtgesellschaft zwischen Herrschaftsbildung und sozialem Ausgleich. Weimar 2001.

Gerber, Roland: Die Einbürgerungsfrequenzen spätmittelalterlicher Städte im regionalen Vergleich. In: Schwinges, Rainer Christoph (Hg.): Neubürger im späten Mittelalter. Migration und Austausch in der Städtelandschaft des alten Reiches (1250–1550). Berlin 2002. Seiten 251–288.

Gern, Philippe: Frankreich (Neuzeit, wirtschaftliche Beziehungen). In: Historisches Lexikon der Schweiz. Band 4. Basel 2005. Seiten 656f.

Gerson, Daniel: «... die Grundsätze der Menschlichkeit für alle Flüchtlinge Wirklichkeit werden lassen». Der «Fall Haroun» – Juden aus Ägypten als Prüfstein der schweizerischen Flüchtlingspolitik in der Nachkriegszeit. In: Kanyar Becker, Helena (Hg.): Verdrängung, Verklärung, Verantwortung. Schweizerische Flüchtlingspolitik in der Kriegs- und Nachkriegszeit, 1940–2007. Basel/Zürich 2007. Seiten 99–107.

Gilbert, Martin: Jewish History Atlas. 6. Auflage. London 2010.

Gilomen, Hans-Jörg: Stadt-Land-Beziehungen in der Schweiz des Spätmittelalters. In: Pfister, Ulrich (Hg.): Stadt und Land in der Schweizer Geschichte. Abhängigkeiten – Spannungen – Komplementaritäten. Basel 1998. Seiten 10–48.

Gilomen, Hans-Jörg/Head-König, Anne-Lise et al. (Hg.): Migration in die Städte. Ausschluss – Assimilierung – Integration – Multikulturalität. Zürich 2000.

Gisel-Pfankuch, Susanne/Lüthi, Barbara: Gezeichnet. Wladimir Sagal, 1898–1969. Flüchtling und Künstler. Zürich 2005.

Glick Schiller, Nina/Basch, Linda/Blanc-Szanton, Cristina: Towards a Transnational Perspective on Migration. Race, Class, Ethnicity, and Nationalism Reconsidered. New York 1992.

Goehrke, Carsten: Schweizer in Russland. Zur Geschichte einer Kontinentalwanderung. Einleitende Vorbemerkungen. In: SZG 48/3 (1998). Seiten 289–290.

Goehrke, Carsten: Auswandern – Einwandern – Rückwandern. Schweizer in Russland und Russen in der Schweiz vom 17. Jahrhundert bis heute. In: Maeder, Eva/Niederhäuser, Peter (Hg.): Käser, Künstler, Kommunisten. Vierzig russisch-schweizerische Lebensgeschichten aus vier Jahrhunderten. Zürich 2009. Seiten 15–28.

Goehrke, Carsten/Zimmermann, Werner G. (Hg.): «Zuflucht Schweiz». Der Umgang mit Asylproblemen im 19. und 20. Jahrhundert. Zürich 1994.

Golay, Eric: Quand le peuple devint roi. Mouvement populaire, politique et révolution à Genève de 1789 à 1794. Genf 2001.

Goldschmidt, Gerson: Am seidenen Faden. Zürich 1997.

Gorelik, S[chemarya]: Fünf Jahre im Lande Neutralien. Schweizer Kriegserlebnisse eines jüdischen Schriftstellers. Berlin 1919.

Göttisheim, Emil: Das Ausländerproblem, eine nationale Frage. Referat gehalten an der Jahresversammlung der Schweizerischen Gemeinnützigen Gesellschaft am 20. September im Rathaus zu Zürich. In: Schweizerische Zeitschrift für Gemeinnützigkeit 49 (1910). Seiten 327–351.

Grandjean, Michel: Les Vaudois en Suisse. Des réfugiés récalcitrants. In: Jean-Daniel Candaux (Hg.): « La glorieuse rentrée » 1689–1989. Nyon 1989. Seiten 55–79.

Green, Nancy L./Waldinger, Roger (Hg.)/A Century of Transnationalism. Migrants and Their Homeland Connections. Urbana 2016.

Grimm, Paul Eugen: Sent. Geographie – Geschichte – Menschen. 2015.

Gruner, Erich. Arbeiterschaft und Wirtschaft in der Schweiz 1880–1914. Soziale Lage, Organisation und Kämpfe von Arbeitern und Unternehmern, politische Organisation und Sozialpolitik. 3 Bände. Zürich 1987/88.

Gschwind, Franz: Bevölkerungsentwicklung und Wirtschaftsstruktur der Landschaft Basel im 18. Jahrhundert. Liestal 1977.

Gugerli, David: Zwischen Pfrund und Predigt. Die protestantische Pfarrfamilie auf der Zürcher Landschaft im ausgehenden 18. Jahrhundert. Zürich 1988.

Guyer, Paul: Verfassungszustände der Stadt Zürich im 16., 17. und 18. Jahrhundert. Zürich 1943.

Guyer, Paul: Die soziale Schichtung der Bürgerschaft Zürichs. Vom Ausgang des Mittelalters bis 1798. In: SZG 2 (1952). Seiten 569–598.

Hafner, Urs: Auf der Suche nach der Bürgertugend. Die Verfassheit der Republik Bern in der Sicht der Opposition von 1749. In: Böhler, Michael et al. (Hg.): Republikanische Tugend. Genf 2000. Seiten 283–299.

Hafner, Urs: Subversion im Satz. Die turbulenten Anfänge der Neuen Zürcher Zeitung (1780–1798). Zürich 2015.

Haldimann, Peter: Die Gletscher auf dem Rückzug. In: Mathieu, Jon et al. (Hg.): Geschichte der Landschaft in der Schweiz. Von der Eiszeit bis zur Gegenwart. Zürich 2016. Seiten 25–44.

Halter Ernst (Hg.): Das Jahrhundert der Italiener in der Schweiz. Zürich 2003.

Hartmann, Anja Victorine: Reflexive Politik im sozialen Raum. Politische Eliten in Genf zwischen 1760 und 1841. Mainz 2003.

Harzig, Christiane/Hoerder, Dirk: What is Migration History? Cambridge 2009.

Haug, Werner: Asylpolitik im historischen Rückblick. In: Däpp, Heinz/Karlen, Rudolf (Hg.): Asylpolitik gegen Flüchtlinge. Zürich 1984. Seite 127–177.

Haumann, Heiko: Wandlungen in den ökonomischen Funktionen der Juden in Kongresspolen zwischen 1863 und 1914. In: Rhode, Gotthold (Hg.): Juden in Ostmitteleuropa von der Emanzipation bis zum Ersten Weltkrieg. Historische und Landeskundliche Ostmitteleuropa-Studien 3. Marburg 1989. Seiten 163–179.

Haumann, Heiko: Geschichte der Ostjuden. 5. Auflage. München 1999.

Haunfelder, Bernd: Not und Hoffnung. Deutsche Kinder und die Schweiz 1946–1956. Berichte und Bilder. Münster 2008.

Hausen, Karin: Die Polarisierung der «Geschlechtscharaktere». Eine Spiegelung der Dissoziation von Erwerbs- und Familienleben. In: Conze, Werner (Hg.): Sozialgeschichte der Familie in der Neuzeit Europas. Stuttgart 1976. Seiten 363–393.

Hauser, Claude: Les réfugiés aux frontières jurassiens (1940–1945). Accueil et refoulement, internement. Saint Imier 1999.

Hauser, Walter: Bitterkeit und Tränen. Szenen der Auswanderung aus dem Tal Linth und die Ausschaffung des heimatlosen Samuel Fässler nach Amerika. Zürich 2002.

Hauss, Gisela/Maurer, Susanne (Hg.): Migration, Flucht und Exil im Spiegel der Sozialen Arbeit. Bern 2010.

Head, Anne-Lise: Quelques remarques sur l'émigration des régions préalpines. Le cas glaronnais – une première approche. In: SZG 29 (1979). Seiten 181–193.

Head, Anne-Lise: Intégration ou exclusion. Le dilemme des soldats suisses au service de France. In: Bairoch, Paul/Körner, Martin (Hg.): Die Schweiz in der Weltwirtschaft. Zürich 1990. Seiten 37–55.

Head-König, Anne-Lise: Les émigrations suisses à longue distance et les facteurs démographiques (XVIIe–XIXe siècles). In: Mesmer, Beatrix (Hg.): Der Weg in die Fremde. Basel 1992. Seiten 181–194.

Head-König, Anne-Lise: Hommes et femmes dans la migration. La mobilité des Suisses dans leur pays et en Europe (1600–1900). In: Eiras Roel, Antonio/Rey Castelao, Ofelia (Hg.): Les migrations internes et à moyenne distance en Europe, 1500–1900. Band 1. Santiago de Compostela 1994. Seiten 225–245.

Head-König, Anne-Lise: Les apports d'une immigration féminine traditionnelle à la croissance des villes de la Suisse. Le personnel de maison féminin (XVIIIe–début XXe siècle). In: SZG 49 (1999). Seiten 47–63.

Head-König, Anne-Lise: Introduction. Les migrations vers les villes aux XIXe et XXe siècles. In: Gilomen, Hans-Jörg/Head-König, Anne-Lise (Hg.): Migration in die Städte. Ausschluss – Assimilierung – Integration – Multikulturalität. Zürich 2000. Seiten 187–194. (2000a)

Head-König, Anne-Lise: Frontières culturelles et régime démographique catholique et protestant dans la vallée de la Linth (canton de Glaris) en Suisse aux XVIIIe et XIXe siècles. In: Régimes démographiques et territoires. Les frontières en question. Colloque international de La Rochelle, 22–26 septembre 1998. Paris 2000. Seiten 215–224. (2000b)

Head-König, Anne-Lise: Réseaux familiaux, clientélisme, patronage et confession en pays de montagne (le pays de Glaris, XVIe–XVIIIe siècles). In: Head-König, Anne-Lise et al. (Hg.): Famille, parenté et réseaux en Occident. Genf 2001. Seiten 181–194.

Head-König, Anne-Lise: Typologie et fonctionnement des entreprises commerciales dans le monde préalpin. Les spécialisations glaronaises, le rôle des réseaux sociaux et familiaux, du clientélisme et du patronage (XVIe-XVIIIe siècles). In: Pfister, Ulrich (Hg.): Regional Development and Commercial Infrastructure in the Alps. Basel 2002. Seiten 73–94. (2002a)

Head-König, Anne-Lise: Les migrations traditionnelles des Suisses. Migrations de masse et migrations des élites (XVIIe–milieu du XIXe siècle). In: Eiras Roel, Antonio/González Lopo, Domingo L. (Hg.): Mobilité et migrations internes de l'Europe latine. Santiago de Compostela 2002. Seiten 39–53. (2002b)

Head-König, Anne-Lise: Auswanderung. In: Historisches Lexikon der Schweiz. Band 1. Basel 2002. Seiten 607–611. (2002c)

Head-König, Anne-Lise: Stratégies de migrations intérieures dans une région d'accès inégalitaire au foncier. Le cas de l'Emmental du XVIIIe au milieu du XIXe siècle. In: Dessureault, Christophe et al. (Hg.): Familles et marchés, XVIe-XXe siècles. Sillery 2003. Seiten 285–298. (2003a)

Head-König, Anne-Lise: Bevölkerung. In: Historisches Lexikon der Schweiz. Band 2. Basel 2003. Seiten 365–370. (2003b)

Head-König, Anne-Lise: Binnenwanderung. In: Historisches Lexikon der Schweiz. Band 2. Basel 2003. Seiten 439f. (2003c)

Head-König, Anne-Lise/Mottu-Weber, Liliane: Femmes et discriminations en Suisse. Le poids de l'histoire, XVIe–début XXe siècle (droit, éducation, économie, justice). Genève 1999.

Heiniger, Alix: Exil antifasciste et politique fédérale du refuge. Le camp de Bassecourt (1944–1945). Neuenburg 2010.

Henry, Philippe: Neuenburg (Kanton; Gesellschaft, Wirtschaft und Kultur vom Mittelalter bis 1848). In: Historisches Lexikon der Schweiz. Band 9. Basel 2010. Seiten 172–174.

Herbert, Ulrich: Geschichte der Ausländerpolitik in Deutschland. Saisonarbeiter, Zwangsarbeiter, Gastarbeiter, Flüchtlinge. München 2001.

Hesse, Hermann/Humm, Rudolf Jakob: Briefwechsel. Frankfurt 1977.

Hettling, Manfred: Einleitung oder: Anleitung, die Schweiz zu bereisen. In: Hettling, Manfred/König, Mario et al. (Hg.): Eine kleine Geschichte der Schweiz. Der Bundesstaat und seine Traditionen. Frankfurt am Main 1998. Seiten 7–21.

Hibbard, Howard: Carlo Maderno and Roman Architecture 1580–1630. London 1971.

Hilfiker, Max: Handwerk und Gewerbe, Verkehr und Handel. In: Handbuch der Bündner Geschichte. Band 2. Chur 2000. Seiten 55–83.

Hitz, Benjamin: Kämpfen um Sold. Eine Alltags- und Sozialgeschichte schweizerischer Söldner in der Frühen Neuzeit. Köln 2015.

Hitz, Florian: Alpen (Wirtschaftsgeschichte, Landwirtschaft im Mittelalter). In: Historisches Lexikon der Schweiz. Band 1. Basel 2002. Seiten 218–220.

Hobsbawm, Eric J.: Das imperiale Zeitalter 1875–1914. Frankfurt am Main/New York 1989.

Hobsbawm, Eric J.: Das Zeitalter der Extreme. Weltgeschichte des 20. Jahrhunderts. München, Wien 1995.

Höchner, Marc: Das Söldnerwesen in der Zentralschweiz 1500–1800 als Migrationsbewegung. In: Der Geschichtsfreund 167 (2014). Seiten 11–29.

Hochschild, Arlie Russel: Global Care Chains and Emotional Surplus Value. In: Hutten, Will/Giddens, Anthony (Hg.): On the Edge. Living with Global Capitalism. London 2001. Seiten 130–146.

Hoffmann-Nowotny, Hans-Joachim: Soziologie des Fremdarbeiterproblems. Stuttgart 1973.

Hoffmann-Nowotny, Hans-Joachim: Internationale Migration und das Fremde in der Schweiz. In: Hoffmann-Nowotny, Hans-Joachim (Hg.): Das Fremde in der Schweiz. Zürich 2001. Seiten 11–30.

Holenstein, André: Reformatorischer Auftrag und Tagespolitik bei Heinrich Bullinger. In: Campi, Emidio/Opitz, Peter (Hg.): Heinrich Bullinger. Life – Thought – Influence. Band 1. Zürich 2007. Seiten 177–232.

Holenstein, André: Mitten in Europa. Verflechtung und Abgrenzung in der Schweizer Geschichte. 2. Auflage. Baden 2015.

Holtz, Cécile: La bourse française de Genève et le refuge de 1684 à 1686. In: Sautier, Jérôme (Hg.): Genève au temps de la révocation de l'edit de Nantes 1680–1705. Genf/Paris 1985. Seiten 439–500.

Höpflinger, François: Bevölkerungswandel in der Schweiz. Zur Entwicklung von Heiraten, Geburten, Wanderungen und Sterblichkeit. Grüsch 1986.

Hoerder, Dirk: Cultures in Contact. World Migrations in the Second Millennium. Durham/London 2002.

Hoerder, Dirk/Lucassen, Jan/Lucassen, Leo: Terminologien und Konzepte in der Migrationsforschung. In: Bade, Klaus J. et al. (Hg.): Enzyklopädie Migration in Europa. Vom 17. Jahrhundert bis zur Gegenwart. 3. Auflage. Paderborn 2010. Seiten 28–54.

Hoerder, Dirk: Migration und Zugehörigkeiten. In: Iriye, Akira/Osterhammel, Jürgen (Hg.): Geschichte der Welt. Band 5: 1870–1945. Weltmärkte und Weltkriege. München 2012. Seiten 433–588.

Hörschelmann, Claudia: Exilland Schweiz. Lebensbedingungen und Schicksale österreichischer Flüchtlinge 1938–45. Innsbruck 1998.

Huber, Anja: Fremdsein im Krieg. Die Schweiz als Ausgangs- und Zielort von Migration, 1914–1918. Unveröffentlichtes Dissertationsmanuskript 2017 (erscheint 2018).

Huber, Christian: Solidarität statt Abwehr. Das Asylkomitee und die CaBi Antirassismus-Treff im Zeichen der Flüchtlingshilfe. In: Historischer Verein St. Gallen (Hg.): Neue soziale Bewegungen in der Ostschweiz. Neujahrsblatt 156. St. Gallen 2016. Seiten 124–130.

Huber, Rodolfo: Intragna. In: Historisches Lexikon der Schweiz. Band 6. Basel 2007. Seite 668.

Hubler, Lucienne: Emigration civile et émigration militaire à travers le recensement bernois de 1764. In: Furrer, Norbert et al. (Hg.): Gente ferocissima. Mercenariat et société en Suisse – Solddienst und Gesellschaft in der Schweiz (15.-19. Jahrhundert). Festschrift für Alain Dubois. Zürich 1997. Seiten 233–252.

Humm, Rudolf Jakob: Carolin. Zwei Geschichten aus seinem Leben. Zürich 1944.

Huonker, Thomas/Ludi, Regula: Roma, Sinti und Jenische. Schweizerische Zigeunerpolitik zur Zeit des Nationalsozialismus. Beiheft zum Bericht: Die Schweiz und die Flüchtlinge zur Zeit des Nationalsozialismus. Bern 2000.

Hürlimann, Katja: Agrarintensivierung – aus Wald wird Feld und Wiese. In: Mathieu, Jon et al. (Hg.): Geschichte der Landschaft in der Schweiz. Von der Eiszeit bis zur Gegenwart. Zürich 2016. Seite 78–90.

Hurni, Peter (Hg.): Dokumente zur bernischen Auswanderungspolitik im 19. Jahrhundert. In: Berner Zeitschrift für Geschichte und Heimatkunde 50 (1988), Seiten 65–143.

Huser Bugmann, Karin: Schtetl an der Sihl. Einwanderung, Leben und Alltag der Ostjuden in Zürich 1880–1939. Zürich 1998.

Hutter, Iris/Grob, Stefan: Die Schweiz und die anarchistische Bewegung, dargestellt am Wirken von Michael Bakunin, Sergei Netschajew und Errico Malatesta. In: Goehrke, Carsten/Zimmermann, Werner G. (Hg.): «Zuflucht Schweiz». Der Umgang mit Asylproblemen im 19. und 20. Jahrhundert. Zürich 1994. Seiten 81–120.

Illi, Martin: Brun'sche Zunftrevolution. In: Historisches Lexikon der Schweiz. Band 2. Basel 2003. Seite 760.

Imhof, Kurt/Ettinger, Patrick/Boller, Boris: Die Flüchtlings- und Aussenwirtschaftspolitik der Schweiz im Kontext der öffentlichen politischen Kommunikation 1938–1950. Veröffentlichungen der Unabhängigen Expertenkommission Schweiz – Zweiter Weltkrieg. Band 8. Zürich 2001.

Isenmann, Eberhard: Die deutsche Stadt im Spätmittelalter. Stuttgart 1988.

Jacobi, Verena: Bern und Zürich und die Vertreibung der Evangelischen aus Locarno. Zürich 1967.

Jacobmeyer, Wolfgang: Ortlos am Ende des Grauens. «Displaced Persons» in der Nachkriegszeit. In: Bade, Klaus J. (Hg.): Deutsche im Ausland – Fremde in Deutschland. Migration in Geschichte und Gegenwart. Frankfurt 1992. Seiten 367–373.

Jansen, Christian/Borggräfe, Henning: Nation, Nationalität, Nationalismus. Frankfurt am Main 2007.

Jecker, Hanspeter: Ketzer – Rebellen – Heilige. Das Basler Täufertum von 1580–1700. Liestal 1998.

Kahn, Benjamin: Bibliographie Schweiz-Migration 1848–1989. Erstellt im Rahmen einer Hilfsassistenz. Gefördert durch die Historische Fakultät der Universität Bern (Kommission für Forschungs- und Nachwuchsförderung). Bern 2016.

Kaiser, Dolf: Fast ein Volk von Zuckerbäckern? Bündner Konditoren, Cafetiers und Hoteliers in europäischen Ländern bis zum ersten Weltkrieg. 2. Auflage. Zürich 1988.

Kaiser, Dolf: Bündner Zuckerbäcker in den Nachbarländern vom Spätmittelalter bis ins 20. Jahrhundert. In: Gewerbliche Migration im Alpenraum. Red. von Ursus Brunold. Bozen 1994. Seiten 511–525.

Kaiser, Reinhold: Alemannen. In: Historisches Lexikon der Schweiz. Band 1. Basel 2002. Seiten 175–179.

Kälin, Urs: Die Urner Magistratenfamilien. Herrschaft, ökonomische Lage und Lebensstil einer ländlichen Oberschicht, 1700–1850. Zürich 1991.

Kälin, Urs: Salz, Sold und Pensionen. Zum Einfluss Frankreichs auf die politische Struktur der innerschweizerischen Landsgemeindedemokratien im 18. Jahrhundert. In: Der Geschichtsfreund 149 (1996). Seiten 105–124.

Kälin, Urs: Die fremden Dienste in gesellschaftsgeschichtlicher Perspektive. Das Innerschweizer Militärunternehmertum im 18. Jahrhundert. In: Furrer, Norbert et al. (Hg.): Gente ferocissima. Mercenariat et société en Suisse – Solddienst und Gesellschaft in der Schweiz (15.-19. Jahrhundert). Zürich 1997. Seiten 279–287.

Kälin, Urs: Beroldingen. In: Historisches Lexikon der Schweiz. Band 2. Basel 2003. Seite 318.

Kälin, Walter: Asylrecht im Völkerrecht. In: Däpp, Heinz/Karlen, Rudolf (Hg.): Asylpolitik gegen Flüchtlinge. Basel 1984.

Kamis-Müller, Aron: Antisemitismus in der Schweiz 1900–1930. Zürich 1990.

Kaenel, Gilbert: Kelten. In: Historisches Lexikon der Schweiz. Band 7. Basel 2008. Seiten 171–177.

Kanyar Becker, Helena (Hg.): Verdrängung, Verklärung, Verantwortung. Schweizerische Flüchtlingspolitik in der Kriegs- und Nachkriegszeit, 1940–2007. Basel/Zürich 2007.

Karrer, L[udwig]: Das schweizerische Auswanderungswesen und die Revision und Vollziehung des Bundesgesetzes betreffend den Geschäftsbetrieb von Auswanderungsagenturen. Bericht im Auftrage des schweizerischen Handelsund Landwirtschaftsdepartements. Bern 1886.

Kästli, Tobias: Die Arbeits- und Lebensbedingungen der italienischen Tunnelarbeiter am Gotthard 1872–1882. In: Halter, Ernst (Hg.): Das Jahrhundert der Italiener in der Schweiz. Zürich 2003. Seiten 27–34.

Keller, Conrad: Lebenserinnerungen eines schweizerischen Naturforschers. Zürich/Leipzig 1928.

Keller, Stefan: Grüningers Fall. Geschichten von Flucht und Hilfe. Zürich 1993.

Kingdon, Robert M.: Geneva and the Coming of the Wars of Religion in France 1555-1563. Genf 1956.

Knoch-Mund, Gaby: Judentum (Die Juden in den mittelalterlichen Städten). In: Historisches Lexikon der Schweiz. Band 6. Basel 2007. Seiten 828f.

Knoll, Alex/Schilliger, Sarah/Schwager, Bea: Wisch und weg! Sans-Papiers-Hausarbeiterinnen zwischen Prekarität und Selbstbestimmung. Zürich 2012.

Knöpfli, Adrian: Vom Pflasterbuben zum Bauunternehmer. In: Halter, Ernst (Hg.): Das Jahrhundert der Italiener in der Schweiz. Zürich 2003. Seiten 41–50.

Knortz, Heike: Gastarbeiter für Europa. Die Wirtschaftsgeschichte der frühen europäischen Migration und Integration. Köln 2016.

Koch, Bruno: Kronenfresser und deutsche Franzosen. Zur Sozialgeschichte der Reisläuferei aus Bern, Solothurn und Biel zur Zeit der Mailänderkriege. In: SZG 46 (1996). Seiten 151–184.

Koch, Bruno: Neubürger in Zürich. Migration und Integration im Spätmittelalter. Weimar 2002. (2002a)

Koch, Bruno: Quare magnus artificius est. Migrierende Berufsleute als Innovationsträger im späten Mittelalter. In: Schwinges, Rainer Christoph (Hg.): Neubürger im späten Mittelalter. Migration und Austausch in der Städtelandschaft des alten Reiches (1250–1550). Berlin 2002. Seiten 409–443. (2002b)

Kocher, Hermann: «Rationierte Menschlichkeit». Schweizerischer Protestantismus im Spannungsfeld von Flüchtlingsnot und öffentlicher Flüchtlingspolitik in der Schweiz. Zürich 1996.

Kolbe, Christian: Asylanten und Agitatoren in der Schweiz. Die Aktivitäten polnischer Flüchtlinge anlässlich der Aufstände von 1830/31 und 1863/64 und der Aufenthalt des italienischen Revolutionärs Guiseppe Mazzini in der Schweiz. In: Goehrke, Carsten/Zimmermann, Werner G. (Hg.): «Zuflucht Schweiz». Der Umgang mit Asylproblemen im 19. und 20. Jahrhundert. Zürich 1994. Seiten 17–38.

König, Mario: Politik und Gesellschaft im 20. Jahrhundert. Krisen, Konflikte, Reformen. In: Hettling, Manfred et al. (Hg.): Eine kleine Geschichte der Schweiz. Frankfurt am Main 1998. Seiten 21–90.

Kopp, Elisabeth: «Die ungarischen Flüchtlinge in meinem Leben». In: Zabratzky, George (Hg.): Flucht in die Schweiz. Ungarische Flüchtlinge in der Schweiz 2006. Seiten 30–41.

Kopp, Peter F.: Emigrés. In: Historisches Lexikon der Schweiz. Band 4. Basel 2005. Seite 190.

Körner, Martin: Banken (Die Entstehung der öffentlichen Banken im 15. Jahrhundert). In: Historisches Lexikon der Schweiz. Band 1. Basel 2002. Seite 703.

Krähenbühl, Hans: Die Migration von Bergbaufachleuten im Alpenraum unter besonderer Berücksichtigung Graubündens. In: Gewerbliche Migration im Alpenraum. Red. von Ursus Brunold. Bozen 1994. Seiten 547–556.

Kreis, Georg: Die Schweizer Flüchtlingspolitik der Jahre 1933–1945. Basel 1997.

Kreis, Georg (Hg.): Die Geschichte der Schweiz. Basel 2014. (2014a)

Kreis, Georg: Insel der unsicheren Geborgenheit. Die Schweiz in den Kriegsjahren 1914–1918. Zürich 2014. (2014b)

Kreis, Georg: Geschichtswissenschaft und Migration. In: Haug, Werner/Kreis, Georg (Hg.): Zukunft der Migration. Reflexion über Wissenschaft und Politik. Zürich 2017. Seiten 23–30. (2017a)

Kreis, Georg: Zur politischen Emigration aus Deutschland in den Jahren 1933-1945. In: Baudouï, Rémi/Charrier, Landry/Nicklas, Thomas (Hg.): L'émigration en Suisse au XXe siècle (1930–1990). Pratiques, réseaux, résonances. Condé sur Noireau 2017. Seiten 21–38. (2017b)

Kritzer, Peter: Wilhelm Hoegner. Politische Biographie eines bayrischen Sozialdemokraten. München 1979.

Kühlenthal, Michael (Hg.): Graubündner Baumeister und Stukkateure. Locarno 1997.

Kulczycki, John J.: The Foreign Worker and the German Labour Movement. Xenophobia and Solidarity in the Coal Fields of the Ruhr 1871-1914. Oxford/Providence 1994.

Kulischer, Eugen/Kulischer, Alexander: Kriegs- und Wanderzüge. Weltgeschichte als Bevölkerungsbewegung. Berlin/Leipzig, 1932.

Küng, Markus: Die bernische Asyl- und Flüchtlingspolitik am Ende des 17. Jahrhunderts. Genf 1993.

Kury, Patrick: «Man akzeptierte uns nicht, man tolerierte uns!». Ostjudenmigration nach Basel 1890-1930. Umfang, Wahrnehmungen, Erfahrungen. Basel 1998. (1998a)

Kury, Patrick: «... die Stilverderber, die Juden aus Galizien, Polen, Ungarn und Russland ... überhaupt die Juden». Ostjudenfeindschaft und die Erstarkung des Antisemitismus. In: Mattioli, Aram (Hg.): Antisemitismus in der Schweiz 1848-1998. Zürich 1998. Seiten 423–443. (1998b)

Kury, Patrick: Über Fremde reden. Überfremdungsdiskurs und Ausgrenzung in der Schweiz 1900–1945. Zürich 2003.

Kury, Patrick: «Ein endloser Strom jüdischer Auswanderer». Emigrations- und Flüchtlingshilfe nach 1900. In: Haumann, Heiko (Hg.): Acht Jahrhunderte Juden in Basel. 200 Jahre Israelitische Gemeinde Basel. Basel 2005. Seiten 165–169.

Kury, Patrick: Die Gründung des Grenzsanitätsdienstes im Jahr 1920 und die Pathologisierung des «Ostens». In: Opitz, Claudia/Studer, Brigitte et al. (Hg.): Kriminalisieren, Entkriminalisieren, Normalisieren. Zürich 2006. Seiten 243–260.

Kury, Patrick: Gründerzeit, 1866-1918. In: Schweizerischer Israelitischer Gemeindebund (Hg.): Factsheets 2009 (www.swissjews.ch, abgerufen 23. 8. 2017).

Kury, Patrick: 1956, die grosse Zäsur? Die «humanitäre Tradition» der Schweiz im Spiegel von Ungarnkrise und Suezkrise. Unveröffentlichter Vortrag vor dem Kollegium der Historisch-Philosophischen Fakultät der Universität Bern im Herbst 2011.

Kury, Patrick: Der Erste Weltkrieg als Wendepunkt in der Ausländerpolitik. Von der Freizügigkeit zu Kontrolle und Abwehr. In: Rossfeld, Roman/Buomberger, Thomas/Kury, Patrick (Hg.): 14/18 – Die Schweiz und der Grosse Krieg. Baden 2014. Seiten 290–313.

Lafranchi, Claudia/Schwab, Andreas (Hg.): Sinnsuche und Sonnenbad. Zürich 2001.

Lampert, Regina: Die Schwabengängerin. Erinnerungen einer jungen Magd aus Vorarlberg 1864–1874. Herausgegeben von Bernhard Tschofen. Zürich 1996.

Landesmuseum Zürich: Geschichte Schweiz. Katalog der Dauerausstellung im Landesmuseum Zürich. Zürich 2009.

Landolt, Oliver: «... ich acht, das kaum ein ort sei, do die armen mehr nit liden dann im Schwitzer land ...». Zur Ausgrenzung mobiler Armut in der spätmittelalterlichen Eidgenossenschaft.

In: Gilomen, Hans-Jörg et al. (Hg.): Von der Barmherzigkeit zur Sozialversicherung. Zürich 2002. Seiten 127–138.
Landolt, Oliver: Die Einwanderung im Gebiet des heutigen Kantons Schwyz im Spätmittelalter und in der Frühen Neuzeit. In: Horat, Erwin et al. (Hg.): Schwyzer Auswanderergeschichte. «Auf und davon – und manchmal auch zurück». Schwyz 2012. Seiten 75–82.
Lanz, Anni/Züfle, Manfred: Die Fremdmacher. Widerstand gegen die Schweizerische Asyl- und Migrationspolitik. Zum Jubiläum von Solidarité sans frontières (Sosf). Zürich 2006.
Lasserre, André: Frontières et camps. Le refuge en Suisse de 1933 à 1945. Lausanne 1995.
Lasserre, André/Droz, Laurent/Gardiol, Nathalie (Hg.): La politique vaudoise envers les réfugiés victimes du nazisme, 1933 à 1945. Lausanne 2000.
Lassner, Martin: Hans Waldmann. In: Historisches Lexikon der Schweiz. Band 13. Basel 2014. Seite 182.
Lätt, Jeanne: Refuge et écriture. Les écrivains allemands réfugiés en Suisse 1933–1945. Neuchâtel 2003.
Lautemann, Wolfgang/Schlenke, Manfred (Hg.): Weltkriege und Revolutionen 1914–1945. Geschichte in Quellen 6. München 1975.
Lee, Everett S.: A Theory of Migration. In: Demography 3 (1966). Seiten 47–57.
Leimgruber, Walter/Meier, Thomas/Sablonier, Roger: Das Hilfswerk für die Kinder der Landstrasse. Historische Studie im Auftrag der Stiftung Pro Juventute im Schweizerischen Bundesarchiv. Bern 1998.
Lerf, Madlaina: «Buchenwaldkinder» – eine Schweizer Hilfsaktion. Humanitäres Engagement, politisches Kalkül und individuelle Erfahrung. Zürich 2010.
Leu, Urs B.: The Hollis-Collections in Switzerland. An Attempt to Disseminate Political and Religious Freedom Through Books in the 18th Century. In: Zwingliana 38 (2011). Seiten 153–173.
Leuenberger, Stefanie: «Eine Stadt wie ein ewiger Schrein». Else Lasker-Schüler, Ludwig Stein, Jonas Fränkel. In: Bloch, René/Picard, Jacques (Hg.): Wie über Wolken. Jüdische Lebens- und Denkwelten in Stadt und Region Bern, 1200–2000. Zürich 2014. Seiten 257–268.
Leuzinger, Urs: Ausdehnung der Wälder und frühne Besiedlung. In: Mathieu, Jon et al. (Hg.): Geschichte der Landschaft in der Schweiz. Von der Eiszeit bis zur Gegenwart. Zürich 2016. Seiten 45–57.
Lewinsky, Tamar/Mayoraz, Sandrine (Hg.): East European Jews in Switzerland. Berlin 2013.
Liehr, Dorothee: Skandal und Nation. Politische Deutungskämpfe in der Schweiz 1988–1991. Marburg 2014.
Lienert, Salome: «Wir wollen helfen, da wo Not ist». Das Schweizer Hilfswerk für Emigrantenkinder 1933–1947. Zürich 2013.
Loosli, Carl Albert: Die schlimmen Juden. In: Loosli, Carl Albert: Werke. Herausgeben von Fredi Lerch und Erwin Marti. Zürich 2008 (erstmals Bern 1927). Seiten 21–208.
Lopez, Renée: Les Suisses à Marseille. Une immigration de longue durée. In: Revue européenne des migrations internationales 3 (1987). Seiten 149–173.
Lorenceau, René: Nombre et durée des séjours de deux groupes de migrants a Bâle. Comparaison entre les arrivants de l'année 1870 et ceux de l'année 1900. In: Gilomen, Hans-Jörg/Head-König, Anne-Lise et al. (Hg.): Migration in die Städte. Ausschluss – Assimilierung – Integration – Multikulturalität. Zürich 2000. Seiten 213–224.
Lorenzetti, Luigi: Migration, stratégies économiques et réseaux dans une valleé alpine. Le Val de Blenio et ses migrants (XIXe–début XXe siècle). In: SZG 49 (1999). Seiten 87–104.
Lorenzetti, Luigi: Immigration et mariage à Genève. Aspects de l'insertion urbaine à la fin du XIX siècle. In: Gilomen, Hans-Jörg/Head-König, Anne-Lise et al. (Hg.): Migration in die Städte. Ausschluss – Assimilierung – Integration – Multikulturalität. Zürich 2000. Seiten 225–238.
Lorenzetti, Luigi: Les élites «tessinoises» du XVIIe au XIXe siècles. Alliances et réseaux familiaux. In: Head-König, Anne-Lise et al. (Hg.): Famille, parenté et réseaux en Occident. Genf 2001. Seiten 207–226.
Lorenzetti, Luigi: Economic Opening and Society Endogamy. Migratory and Reproduction Login in the Insubric Mountains (18th and 19th centuries). In: History of the Family 8 (2003). Seiten 297–316.
Lorenzetti, Luigi: Emigrazione, imprenditorialità e rischi. I cioccolatai blenesi (XVIII–XIX secc.). In: Chiapparino, Francesco/Romano, Roberto (Hg.): Il cioccolato. Industria, mercato e società in Italia e Svizzera (XVIII–XX sec.). Mailand 2007. Seiten 39–52.
Lorenzetti, Luigi: Razionalità, cooperazione, conflitti. Gli emigranti delle Alpi italiane (1600–1850). In: Arru, Angiolina et al. (Hg.): Donne e uomini migranti. Storie e geografie tra breve e lunga distanza. Rom 2008. Seiten 181–209.
Lorenzetti, Luigi: Mobilità trasversali e mercati lavorativi nelle Alpi dal Seicento all'inizio del Novecento. In: Viazzo, Pier Paolo/Cerri, Riccardo (Hg.): Da montagna a montagna. Mobilità e migrazioni interne nelle Alpi italiane (secoli XVII–XIX). Mailand 2009. Seiten 153–176.
Lorenzetti, Luigi: Trafics marchands et mobilités transalpines. Le parcours d'une entreprise de transport dans les bailliages sudalpins, XVIIe–XVIIIe siècles. In: Schöpfer, Marie-Claude/Stoffel, Markus/Vannotti, François e (Hg.): Unternehmen, Handelshäuser und Wirtschaftsmigration im neuzeitlichen Alpenraum. Brig 2014. Seiten 79–97.
Lorenzetti, Luigi/Granet-Abisset, Anne-Marie: Les migrations de retour. Jalons d'un chapitre méconnu de l'histoire alpine. In: Histoire des Alpes 14 (2009). Seiten 13–24.
Lorenzetti, Luigi/Merzario, Raul: Il fuoco acceso. Famiglie e migrazioni alpine nell'Italia d'età moderna. Rom 2005.
Lowe, Keith: Der wilde Kontinent. Europa in den Jahren der Anarchie 1943–1950. Stuttgart 2014.
Lucassen, Jan/Lucassen, Leo: Mobilität. In: Enzyklopädie der Neuzeit. Band 8. Stuttgart/Weimar 2008, Spalten 624–644.
Ludwig, Carl: Die Flüchtlingspolitik der Schweiz seit 1933 bis zu Gegenwart. Bern 1966.
Luft, Stefan: Die Flüchtlingskrise. Ursachen, Konflikte, Folgen. München 2016.
Lupp, Björn-Erik: Von der Klassensolidarität zur humanitären Hilfe. Die Flüchtlingspolitik der politischen Linken 1930–1950. Zürich 2006.
Lüthi, Barbara: Geschichten, die Geschichte schrieben. In: Abegg, Bruno/Lüthi, Barbara: Small Number – Big Impact. Schweizer Einwanderer in den USA. Zürich 2006. Seiten 17–29.
Lüthi, Barbara/Zeugin, Bettina/David, Thomas: Transnationalismus – eine Herausforderung für nationalstaatliche Perspektiven in den Kulturwissenschaften? In: Traverse 12 (2005). Seiten 7–12.
Lüthy, Herbert: Die Tätigkeit der Schweizer Kaufleute und Gewerbetreibenden in Frankreich unter Ludwig XIV. und der Regentschaft. Aarau 1943.
Lüthy, Herbert: La banque protestante en France de la révocation de l'édit de Nantes à la révolution. 2 Bände. Paris 1959/1961.
Lüthy, Herbert: Vom Geist und Ungeist des Föderalismus. Erstmals erschienen 1964. Neu abgedruckt in: Lüthy, Herbert: Gesammelte Werke. Band 4. Zürich 2004. Seiten 82–102.
Lutz, Helma: The New Maids. Transnational Women and the Care Economy. New York/London 2011.
Lyon, Christine: Le clergé vaudois au moment de la réforme. Tentative de recensement, d'identification et destinée. In: Revue historique vaudoise 119 (2011). Seiten 75–87.
Maag, Albert: Die Republik Bern als Beschützerin englischer Flüchtlinge während und nach der Englischen Revolution. Erstmals erschienen 1888. Neu abgedruckt in: Berner Zeitschrift für Geschichte und Heimatkunde 19 (1957). Seiten 93–118.
MacCulloch, Diarmaid: Heinrich Bullinger and the English Speaking World. In: Campi, Emidio/Opitz, Peter (Hg.): Heinrich Bullinger. Life – Thought – Influence. Band 2. Zürich 2007. Seiten 891–934.
Mächler, Stefan: Hilfe und Ohnmacht. Der Schweizerische Israelitische Gemeindebund und die nationalsozialistische Verfolgung 1933-1945. Zürich 2005.
Maeder, Alain: Gouvernantes et précepteurs neuchâtelois dans l'empire russe (1800–1890). Neuenburg 1993.
Maeder, Eva: Olympe Rittener. Hauslehrerin in Sibirien. In: Maeder, Eva/Niederhäuser, Peter (Hg.): Käser, Künstler, Kommunisten. Vierzig russisch-schweizerische Lebensgeschichten aus vier Jahrhunderten. Zürich 2009. Seiten 84–88. (2009a)
Maeder, Eva/François Birbaum. «Künstlerischer Leiter» bei Fabergé. In: Maeder, Eva/Niederhäuser, Peter (Hg.): Käser, Künstler, Kommunisten. Vierzig russisch-schweizerische Lebensgeschichten aus vier Jahrhunderten. Zürich 2009. Seiten 89–94. (2009b)
Maeder, Eva/Niederhäuser, Peter (Hg.): Käser, Künstler, Kommunisten. Vierzig russisch-schweizerische Lebensgeschichten aus

vier Jahrhunderten. Zürich 2009.
Magdelaine, Michelle: Exil et voyage. Le refuge huguenot et l'errance. In: SZG 49 (1999). Seiten 105-114.
Magnani, Franca: Eine italienische Familie. Köln 1990.
Mahlmann-Bauer, Barbara: Protestantische Glaubensflüchtlinge in der Schweiz (1540-1580). In: Laufhütte, Hartmut/Titzmann, Michael (Hg.): Heterodoxie in der Frühen Neuzeit. Tübingen 2006. Seiten 118-160.
Mahnig, Hans (Hg.): Histoire de la politique de migration, d'asile et d'intégration en Suisse depuis 1948. Zürich 2005.
Mahrer, Stefanie: Les Russes – The Image of East European Jews in La Chaux de Fonds and Zurich. In: Lewinsky, Tamar/Mayoraz, Sandrine (Hg.): East European Jews in Switzerland. Berlin 2013. Seiten 13-34.
Maiolino, Angelo: Als die Italiener noch Tschinggen waren. Der Widerstand gegen die Schwarzenbach-Initiative. Zürich 2011.
Maissen, Thomas: Geschichte der Schweiz. Baden 2010.
Manz, Peter: Basel, August 1914: die Zweihunderttausend. Anmerkungen zu einer Geschichte der Sensibilitäten. In: Halter, Ernst (Hg.): Das Jahrhundert der Italiener in der Schweiz. Zürich 2003. Seiten 59-71.
Marchal, Guy P.: Die frommen Schweden in Schwyz. Das «Herkommen der Schwyzer und Oberhasler» als Quelle zum schwyzerischen Selbstverständnis im 15. und 16. Jahrhundert. Basel/Stuttgart 1976.
Marrus, Michael Robert: The Unwanted. European Refugees in the Twentieth Century. New York 1985.
Masé, Aline: Student Migration of Jews from Tsarist Russia to the Universities of Bern and Zürich 1865-1914. In: Lewinsky, Tamar/Mayoraz, Sandrine (Hg.): East European Jews in Switzerland. Berlin 2013. Seiten 100-124.
Masé, Aline: Naum Reichesberg – Migrant, Jude – Wissenschaftler. Unveröffentlichte Dissertation, Universität Bern, 2017.
Masé, Aline: Naum Reichesberg 1867-1928. Sozialwissenschaftler im Dienst der Arbeiterklasse. Zürich 2019.
Mathieu, Jon: Eine Agrargeschichte der inneren Alpen. Zürich 1992.
Mathieu, Jon: Migration im mittleren Alpenraum. In: Bündner Monatsblatt 1994/5. Seiten 347-362.
Mathieu, Jon: Geschichte der Alpen 1500-1900. Wien 1998.
Mathieu, Jon: Bevölkerungsdichte, Städtedichte und Migration. Die «fabrique d'hommes» neu besichtigt. In: SZG 49 (1999). Seiten 126-131.
Mathieu, Jon: Migrationen im mittleren Alpenraum, 15.-19. Jahrhundert. In: Pfister, Ulrich (Hg.): Regional Development and Commercial Infrastructure in the Alps. Basel 2002. Seiten 95-110.
Mathis, Franz: Mobilität in der Geschichte der Alpen. In: Histoire des Alpes 3 (1998). Seiten 15-23.
Mattioli, Aram: Die Schweiz und die jüdische Emanzipation. In: Mattioli, Aram: Antisemitismus in der Schweiz 1848-1960. Zürich 1998. Seiten 61-82.
Mattioli, Aram: Verlorene Welten. Eine Geschichte der Indianer Nordamerikas. Stuttgart 2017.
Mattmüller, Markus: Bevölkerungsgeschichte der Schweiz. Band 1. Basel/Frankfurt am Main 1987.
Maurer, Michael M./Schindling, Anton: Italienische, Graubündner, Tessiner und Vorarlberger Baumeister und bildende Künstler im barocken Europa. In: Bade, Klaus J. et al. (Hg.): Enzyklopädie Migration in Europa. Vom 17. Jahrhundert bis zur Gegenwart. 3. Auflage. Paderborn 2010. Seiten 683-689.
Maurer, Trude: Ostjuden in Deutschland 1918-1933. Hamburg 1986.
Meier, Kurt-Werner: Die Zurlaubiana. Werden – Besitzer – Analysen. Aarau 1981.
Meier, Thomas Dominik/Wolfensberger, Rolf: Eine Heimat und doch keine. Heimatlose und Nicht-Sesshafte in der Schweiz, 16.-19. Jahrhundert. Zürich 1998.
Menolfi, Ernesto: Die italienische Einwanderung im 19. und 20. Jahrhundert. In: Amt für Kultur des Kantons St. Gallen (Hg.): Sankt-Galler Geschichte 2003. Band 7: Die Zeit des Kantons 1914-1945. St. Gallen 2003. Seiten 119-140.
Menrath, Manuel: Mission Sitting Bull. Die Geschichte der katholischen Sioux. Paderborn 2016.
Merzario, Raul: Adamocrazia. Famiglie di emigranti in una regione alpina (Svizzera italiana, XVIII secolo). Bologna 2000.
Mesmer, Beatrix: Ausgeklammert – eingeklammert. Frauen und Frauenorganisationen in der Schweiz des 19. Jahrhunderts. Basel 1988.
Mesmer, Béatrix (Hg.): Der Weg in die Fremde. Basel 1992.
Meyer Sabino, Giovanna: Süditalien. Agrarfrage und Emigration. In: Halter, Ernst (Hg.): Das Jahrhundert der Italiener in der Schweiz. Zürich 2003. Seiten 13-22.
Michael-Caflisch, Peter: «Wer leben kann wie ein Hund, erspart». Zur Geschichte der Bündner Zuckerbäcker in der Fremde. In: Furter, Reto et al. (Hg.): Tradition und Modernität. Zürich 2007. Seiten 273-289.
Moch Page, Leslie: Dividing Time. An Analytical Framework for Migration History Periodization. In: Lucassen, Jan/Lucassen, Leo (Hg.): Migration, Migration History, History. Old Paradigms and New Perpectives. Bern 1997. Seiten 41-56.
Möckli, Daniel: Neutralität, Solidarität, Sonderfall. Die Konzeptualisierung der schweizerischen Aussenpolitik der Nachkriegszeit, 1943-1947. Zürich 2000.
Monter, William E.: Calvin's Geneva. New York 1967.
Mooser, Josef: Eine neue Ordnung für die Schweiz. Die Bundesverfassung von 1848. In: Studer, Brigitte (Hg.): Etappen des Bundesstaates. Staats- und Nationsbildung der Schweiz, 1848-1998. Zürich 1998. Seiten 45-61.
Morenzoni, Franco: Lombarden. In: Historisches Lexikon der Schweiz. Band 8. Basel 2009. Seite 35.
Mottu-Weber, Liliane: Marchands et artisans du second refuge à Genève. In: Genève au temps de la révocation de l'édit de Nantes, 1680-1705. Genf/Paris 1985. Seiten 313-397.
Mottu-Weber, Liliane: Economie et refuge à Genève au siècle de la réforme. La draperie et la soierie (1540-1630). Genf 1987.
Mottu-Weber, Liliane: Genève et ses réfugiés «minorités». L'apport des rèfugiés réformés français et italiens. In: Cavaciocchi, Simonetta (Hg.): Le migrazioni in Europa, sec. XIII-XVIII. Florenz 1994. Seiten 423-433.
Mottu-Weber, Liliane: Genève et ses réfugiés. Politiques des autorités et intégration de la population (XVIe-XVIIe siècles). In: Gilomen, Hans-Jörg/Head-König, Anne-Lise/Radeff, Anne (Hg.): Migration in die Städte. Ausschluss – Assimilierung – Integration – Multikulturalität. Zürich 2000. Seiten 157-170.
Mottu-Weber, Liliane: Grande Boutique. In: Historisches Lexikon der Schweiz. Band 5. Basel 2006. Seiten 597f.
Müller, Elsbeth: Versteckt und alleingelassen. Über die Situation von Kindern ohne legalen Aufenthaltsstatus in der Schweiz. Zürich 1992.
Mumenthaler, Rudolf: Im Paradies der Gelehrten. Wissenschaftler im Zarenreich. Zürich 1996.
Münkler, Herfried: Über Migration und Migranten. In: Neue Zürcher Zeitung, 5. September 2015. Seite 47.
Musée historique de l'Ancien-Evêché Lausanne: Le refuge huguenot en Suisse – Die Hugenotten in der Schweiz. Lausanne 1985.
Navone, Nicola (Hg.): Dal mito al progetto. La cultura architettonica dei maestri italiani e ticinesi nella Russia neoclassica. 2 Bände. Mendrisio 2004.
Navone, Nicola: Bâtir pour les tsars. Architectes tessinois en Russie 1700-1850. Lausanne 2007.
Neumann, Daniela: Studentinnen aus dem russischen Reich in der Schweiz (1867-1914). Zürich 1987.
Nicoulin, Martin: La genèse de Nova Friburgo. Emigration et colonisation suisse au Brésil 1817-1827. Fribourg 1973.
Nicoulin, Martin: Emigration suisse en Amérique latine (1815-1939). Essai bibliographique. Berne 1975.
Niederberger, Josef Martin: Ausgrenzen, Assimilieren, Integrieren. Die Entwicklung einer schweizerischen Integrationspolitik. Zürich 2004.
Niederhäuser, Peter/Ulrich, Anita (Hg.): Fremd in Zürich – fremdes Zürich? Migration, Kultur und Identität im 19. und 20. Jahrhundert. Zürich 2005.
Niggemann, Ulrich: Migration in der Frühen Neuzeit. In: Zeitschrift für Historische Forschung 43 (2016). Seiten 293-321.
Ochsner, Gertrud: Krankgestempelt. Auf den Spuren des eidgenössischen Grenzsanitätsdienstes der 1910er- bis 1960er-Jahre. Unveröffentlichte Seminararbeit an der Universität Zürich. Zürich 2002.
Oltmer, Jochen: Einführung. Europäische Migrationsverhältnisse und Migrationsregime in der Neuzeit. In: Geschichte und Gesellschaft 35/1 (2009). Seiten 5-27.
Oltmer, Jochen: Globale Migration. Geschichte und Gegenwart. München 2012.
Oltmer, Jochen (Hg.): Handbuch Staat und Migration in Deutschland seit dem 17. Jahrhundert. Berlin 2016.
Oltmer, Jochen: Migration. Geschichte und Zukunft der Gegenwart. Darmstadt 2017.
Oltmer, Jochen/Kreienbrink, Axel/San Diaz, Carlos: Das «Gastarbeiter»-System. Arbeitsmigrationen und ihre Folgen in der Bundesrepublik Deutschland

und Westeuropa. München 2012.
Orelli, Chiara: I migranti nelle città d'Italia. In: Ceschi, Raffaello (Hg.): Storia della Svizzera italiana. Dal Cinquecento al Settecento. Bellinzona 2000. Seiten 257–288.
Osterhammel, Jürgen: Die Verwandlung der Welt. Eine Geschichte des 19. Jahrhunderts. 5. Auflage. München 2010.
Osterhammel, Jürgen/Petersson Niels P.: Geschichte der Globalisierung. Dimensionen, Prozesse, Epochen. München 2012.
Page Moch, Leslie: Frankreich. In: Bade, Klaus J. et al. (Hg.): Enzyklopädie Migration in Europa. Vom 17. Jahrhundert bis zur Gegenwart. 3. Auflage. Paderborn 2010. Seiten 122–140.
Panayi, Panikos: Immigration, Ethnicity and Racism in Britain 1815-1945. Manchester 1994.
Panayi, Panikos/Virdee, Pippa: Refugees and the End of Empire. Imperial Collapse and Forced Migration in the Twentieth Century. New York 2011.
Pärli, Jonathan: Die Welt ist unser Boot – 30 Jahre FPA Zürich. In: Freiplatzaktion Zürich (Hg.): Die Welt ist unser Boot. 30 Jahre Freiplatzaktion Zürich. Zur Geschichte der Asylbewegung und der schweizerischen Migrationspolitik 1985-2015. Zürich 2015.
Parsanoglou, Dimitris/Tourgeli, Giota: The Intergovernmental Committee for European Migration (ICEM) as part of the post-WWII «world-making». In: Calandri, Elena/Paoli, Simone/Vaesori, Antonio (Hg.): People and Borders. Seventy Years of Migration in Europe, from Europe, to Europe (1945–2010). Special Issue Journal of European Integration History. Baden-Baden 2017. Seiten 37–55.
Pauli Falconi, Daniela: Carlo Gatti. In: Historisches Lexikon der Schweiz. Band 5. Basel 2006. Seite 119.
Paunier, Daniel: Galloromanen. In: Historisches Lexikon der Schweiz. Band 5. Basel 2006. Seiten 78f.
Pelizzari, Alessandro: Suisse. Les consequences du vote anti-immigration sur les relations du travail. In: Chronique internationale de l'IRES 147 (2014). Seiten 82–95.
Peri, Giovanni: Immigrants, Productivity, and Labor Markets. In: The Journal of Economic Perspectives 30/4 (2016). Seiten 3–30.
Perrenoud, Alfred: La population de Genève du seizième au début du dix-neuvième siècle. Etude démographique. Genève 1979.
Perret, Maurice Edmond/Cheda, Giorgio: Le colonie ticinesi in California. Locarno 2015.
Pesenti, Yvonne: Beruf: Arbeiterin. Soziale Lage und gewerkschaftliche Organisation der erwerbstätigen Frauen aus der Unterschicht in der Schweiz 1890-1910. Zürich 1988.
Pestel, Friedemann: Les monarchiens – acteurs français et européens. Aspects transnationaux de l'émigration française après 1789. In: Charrier, Landry et al. (Hg.): Circulations et réseaux transnationaux en Europe (XVIIe-XXe siècles). Bern 2013. Seiten 31–44.
Pestel, Friedemann: Kosmopoliten wider Willen. Die «monarchiens» als Revolutionsemigranten. Berlin/Boston 2015.
Peter-Kubli, Susanne: Die Auswanderung aus Elm nach den USA von 1845 bis 1914. In: Jahrbuch des Historischen Vereins des Kantons Glarus 84 (2004). Seiten 11–188.
Petitpierre, Max: Seize ans de neutralité. Aspects de la politique étrangère de la Suisse (1945-1961). Neuenburg 1980.
Peyer, Hans Conrad: Die wirtschaftliche Bedeutung der fremden Dienste für die Schweiz vom 15. bis zum 18. Jahrhundert. In: Peyer, Hans Conrad: Könige, Stadt und Kapital. Aufsätze zur Wirtschafts- und Sozialgeschichte des Mittelalters. Zürich 1982. Seiten 219–231.
Peyer, Hans Conrad: Schweizer in fremden Diensten – Ein Überblick. In: Schweizer Soldat 67 (1992). Seiten 4–8.
Pezzatti, Tobia: Die Tunnelarbeiter am Gotthard 1872-1882. Opfer und Leiden der italienischen Arbeiter. Maturaarbeit Liceo Cantonale Mendrisio. Mendrisio 2014.
Pfister, Benedikt: Die Katholiken entdecken Basel. Der Weg aus dem Milieu in die Gesellschaft. Basel 2014.
Pfister, Hans-Ulrich: Die Auswanderung aus dem Knonauer Amt, 1648-1750. Ihr Ausmass, ihre Strukturen und ihre Bedingungen. Zürich 1987.
Pfister, Hans-Ulrich: Die Zielwahl der Zürcher Auswanderer 1648 und 1750. In: Mesmer, Beatrix (Hg.): Der Weg in die Fremde. Basel 1992. Seiten 33–46.
Pfister, Hans-Ulrich: Fremdes Brot in deutschen Landen. Wanderungsbeziehungen zwischen dem Kanton Zürich und Deutschland 1648-1800. Zürich 2001.
Pfister, Max: Baumeister aus Graubünden – Wegbereiter des Barock. Die auswärtige Tätigkeit der Bündner Baumeister und Stukkateure in Süddeutschland, Österreich und Polen vom 16. bis zum 18. Jahrhundert. Chur 1993.
Pfister, Rudolf: Um des Glaubens willen. Die evangelischen Flüchtlinge von Locarno und ihre Aufnahme in Zürich im Jahre 1555. Zollikon/Zürich 1955.
Pfister, Ulrich: Die Zürcher Fabriques. Protoindustrielles Wachstum vom 16. bis 18. Jahrhundert. Zürich 1992.
Pfister, Ulrich: Regionale Spezialisierung und Handelsinfrastruktur im Alpenraum, 15.-18. Jahrhundert. In: Pfister, Ulrich (Hg.): Regional Development and Commercial Infrastructure in the Alps. Basel 2002. Seiten 153–178.
Pfister, Willy: Aargauer in fremden Kriegsdiensten. 2 Bände. Aarau 1980-1984.
Pfister, Willy: Die bernischen Soldregimenter im 18. Jahrhundert. In: BEZG 45 (1983). Seiten 1–72.
Picard, Jacques: Die Schweiz und die Juden 1933-1945. Schweizerischer Antisemitismus, jüdische Abwehr und internationale Migrations- und Flüchtlingspolitik. Zürich 1994.
Piguet, Etienne: L'immigration en Suisse depuis 1948. Contexte et consequences des politiques d'immigration, d'intégration et d'asile. In: Mahnig, Hans (Hg.): Histoire de la politique de migration, d'asile et d'intégration en Suisse depuis 1948. Zürich 2005. Seiten 37–63.
Piguet, Etienne: Einwanderungsland Schweiz. Fünf Jahrzehnte halb geöffnete Grenzen. Bern 2006.
Piñero, Esteban: Integration und Abwehr. Genealogie der schweizerischen Ausländerintegration. Zürich 2015.
Piuz, Anne-Marie/Mottu-Weber, Liliane: L'économie genevoise de la réforme à la fin de l'ancien régime, XVIe-XVIIIe siècles. Genf 1990.
Pometta, Daniele: Sanitäre Einrichtungen und ärztliche Erfahrungen beim Bau des Simplontunnels 1898-1906, Nordseite Brig. Dissertation. Lausanne/Winterthur 1906.
Portmann-Tinguely, Albert/Cranach, Philipp von: Flüchtlinge. In: Historisches Lexikon der Schweiz. Band 4. Basel 2005. Seite 565.
Präsidialdepartment des Kantons Basel-Stadt: Migration bringt Vielfalt – Vielfalt schafft Stärke. Ergänzung 2012 zum «Leitbild und Handlungskonzept des Regierungsrates zur Integrationspolitik des Kantons Basel-Stadt von 1999». Basel 2012 (www.entwicklung.bs.ch).
Prezioso, Stéfanie: Les exilés antifascistes et leur impact sur la culture des pays d'accueil. Réflexions autour de l'immigration italienne. In: Clavien, Alain/Valsangiacomo, Nelly (Hg.): Les intellectuels antifascistes dans la Suisse de l'entre-deux-guerres. Lausanne 2006. Seiten 111–124.
Pries, Ludger: Internationale Migration. Bielefeld 2001.
Purtschert, Patricia/Lüthi, Barbara/Falk, Francesca (Hg.): Postkoloniale Schweiz. Formen und Folgen eines Kolonialismus ohne Kolonien. Bielefeld 2012. (2012a)
Purtschert, Patricia/Lüthi, Barbara/Falk Francesca: Eine Bestandsaufnahme der postkolonialen Schweiz. In: Purtschert, Patricia/Lüthi, Barbara/Falk Francesca (Hg.): Postkoloniale Schweiz. Formen und Folgen eines Kolonialismus ohne Kolonien. Bielefeld 2012. Seiten 13–64. (2012b)
Quadroni, Dominique: Genfer Revolutionen. In: Historisches Lexikon der Schweiz. Band 5. Basel 2006. Seite 272.
Radeff, Anne: Du café dans le chaudron. Économie globale d'Ancien Régime. Lausanne 1996.
Radeff, Anne: De Gênes à Amsterdam. Voyage et consommation à l'époque de la République helvétique. In: Tanner Jakob et al. (Hg.): Geschichte der Konsumgesellschaft. Märkte, Kultur und Identität (15.-20. Jahrhundert). Zürich 1998. Seiten 85-100. (1998a)
Radeff, Anne: Über die Grenzen hinweg. Reisen und Wandern in Ancien Régime. In: Scripta Mercaturae 32 (1998). Seiten 24-43. (1998b)
Radeff, Anne: Loin des centres. Consommation et mobilités du XVIIIe au XIXe siècle. In: SZG 49 (1999). Seiten 115-125.
Radeff, Anne: Centres et périphéries ou centralités et décentralités? In: Torre, Angelo (Hg.): Per vie di terra. Movimenti di uomini e di cose nella società di antico regime. Mailand 2007. Seiten 21-32. (2007a)
Radeff, Anne: Handel (Frühe Neuzeit). In: Historisches Lexikon der Schweiz. Band

6. Basel 2007. Seiten 81–84. (2007b)
Radeff, Anne: Hausierer. In: Historisches Lexikon der Schweiz. Band 6. Basel 2007. Seiten 155f. (2007c)
Rapaport, M[ordché] W.: Ostjudentum – Westjudentum. In: Jüdisches Jahrbuch für die Schweiz 1 (1916/17). Seiten 76–85.
Rass, Christoph: Institutionalisierungsprozesse auf einem internationalen Arbeitsmarkt. Bilaterale Wanderungsverträge in Europa zwischen 1919 und 1974. Paderborn 2010.
Rathgeb, Heinz: Der Ordnungseinsatz der Schweizer Armee anlässlich des Italiener-Krawalls im Jahre 1896 in Zürich. Bern/Zürich 1977.
Rauber, Urs: Schweizer Industrie in Russland. Ein Beitrag zur Geschichte der industriellen Emigration, des Kapitalexportes und des Handels der Schweiz mit dem Zarenreich (1760–1917). Zürich 1985.
Rauchfleisch, Udo (Hg.): Fremd im Paradies. Migration und Rassismus. Basel 1994.
Reichesberg, N[aum] (Hg.): Auswanderung. In: Reichesberg, N[aum] (Hg.): Handwörterbuch der Schweizerischen Volkswirtschaft. Sozialpolitik und Verwaltung. Band 1. Bern 1903. Seiten 382–389.
Reinecke, Christiane: Grenzen der Freizügigkeit. Migrationskontrolle in Grossbritannien und Deutschland 1880–1930. München 2010.
Reith, Reinhold: Gesellenwanderung. In: Enzyklopädie der Neuzeit. Band 4. Stuttgart/Weimar 2006, Spalten 668–674.
Rettenmund, Barbara: Diskriminierung und Durchbruch. Gugenheim und Co. In: Abegg, Bruno/Lüthi, Barbara (Hg.): Small Number – Big Impact. Schweizer Einwanderer in den USA. Zürich 2006. Seiten 59–64.
Rettenmund, Barbara/Voirol, Jeannette: Emma Herwegh. Die grösste und beste Heldin der Liebe. Zürich 2000.
Reves, Christiane: Vom Pomeranzengängler zum Grosshändler? Netzwerke und Migrationsverhalten der Brentano-Familien im 17. und 18. Jahrhundert. Paderborn 2012.
Rhamel, Nathalie/Sheldon, George: Fiskalbilanz der Neuen Immigration in die Schweiz. Basel 2012 (www.sem.admin.ch).
Ricciardi, Toni: Mattmark, 30. August 1965: die Katastrophe. Zürich 2015.
Richers, Julia: Osteuropäische Revolutionärinnen und Revolutionäre im Schweizer Exil. In: Degen, Bernard/Richers, Julia (Hg.): Zimmerwald und Kiental. Weltgeschichte auf dem Dorfe. 2. Auflage. Zürich 2015. Seiten 43–60.
Richner, Raoul: Sich niederlassen in der Eidgenossenschaft. Der Berner Unteraargau als Fallstudie (16.–18. Jahrhundert). Dissertation Universität Basel 2017 (masch.).
Rindlisbacher, Sarah: Zur Verteidigung des «Protestant Cause». Die konfessionelle Diplomatie Englands und der eidgenössischen Orte Zürich und Bern 1655/56. In: Zwingliana 43 (2016). Seiten 193–334.
Rippmann, Dorothee: Typen kleinräumiger Migration. In: Gilomen, Hans-Jörg/Stercken, Martina (Hg.): Zentren. Ausstrahlung, Einzugsbereich und Anziehungskraft von Städten und Siedlungen zwischen Rhein und Alpen. Zürich 2001. Seiten 41–63.
Rischik, Josef: Gottesdienste im «National» und im grossen Alhambra-Saal. In: Jüdische Gemeinde Bern. Forum. 59 (1996). Seiten 21–23.
Ritzmann, Heiner: Eine quantitative Interpretation der schweizerischen Übersee-Emigration im 19. und frühen 20. Jahrhundert. Kurvenverlauf und regionale Konzentration als Gegenstand von Regressionsanalysen. In: Mesmer, Beatrix (Hg.): Der Weg in die Fremde. Itinera 11. Basel 1992. Seiten 195–250.
Ritzmann, Heiner: Amerika, Amerika! Schweizer Auswanderung in die Vereinigten Staaten. In: Abegg, Bruno/Lüthi, Barbara (Hg.): Small Number – Big Impact. Schweizer Einwanderer in den USA. Zürich 2006. Seiten 151–162.
Ritzmann-Blickenstorfer, Heiner: 150 Jahre schweizerischer Bundesstaat im Lichte der Statistik. In: Bundesamt für Statistik: Statistisches Jahrbuch der Schweiz 1998. Zürich 1997. Seiten 15–24.
Ritzmann-Blickenstorfer, Heiner: Der Beitrag der Migrationen zum Städtewachstum 1850–1990. In: Gilomen, Hans-Jörg/Head-König, Anne-Lise et al. (Hg.): Migration in die Städte. Ausschluss – Assimilierung – Integration – Multikulturalität. Zürich 2000. Seiten 239–252.
Ritzmann-Blickenstorfer, Heiner/Siegenthaler, Hansjörg: Alternative Neue Welt. Die Ursachen der schweizerischen Überseeauswanderung im 19. und frühen 20. Jahrhundert. Zürich 1997.
Rizzi, Enrico: Geschichte der Walser. Anzola d'Ossola 1993.
Robert, Tiphaine: Le retour de réfugié-e-s hongrois-e-s de Suisse après 1956. In: Robert, Tiphaine/Gillabert, Matthieu (Hg.): Zuflucht suchen. Phasen des Exils. Itinera 42 (2017). Seiten 147–168.
Rogger Franziska: Universität Bern. In: Martig, Peter et al. (Hg.): Berns moderne Zeit. Das 19. und 20. Jahrhundert neu entdeckt. Bern 2011. Seiten 447–455.
Rogger, Franziska/Bankowski, Monika: Ganz Europa blickt auf uns! Das schweizerische Frauenstudium und seine russischen Pionierinnen. Baden 2010.
Rogger, Philippe: Geld, Krieg und Macht. Pensionsherren, Söldner und eidgenössische Politik in den Mailänderkriegen 1494–1516. Baden 2015.
Rogger, Philippe: Transnationale und transregionale Elitefamilien. Grenzüberschreitende Biographien, Beziehungen und Loyalitäten des Luzerner Patriziats am Beispiel der Pfyffer in der frühen Neuzeit. In: Der Geschichtsfreund 170 (2017). Seiten 63–79.
Rogger, Philippe/Hitz, Benjamin (Hg.): Söldnerlandschaften. Frühneuzeitliche Gewaltmärkte im Vergleich. Berlin 2014.
Romano, Gaetano (Hg.): Die Überfremdungsbewegung als «Neue soziale Bewegung». Zur Kommerzialisierung, Oralisierung und Personalisierung massenmedialer Kommunikation in den 60er Jahren. In: König, Mario/Kreis, Georg/Meister, Franziska/Romano, Gaetano (Hg.): Dynamisierung und Umbau. Die Schweiz in den 60er und 70er Jahren. Die Schweiz 1789–1998. Staat – Gesellschaft – Politik. Band 4. Zürich 1998. Seiten 143–159.
Romer, Hermann: Herrschaft, Reislauf und Verbotspolitik. Beobachtungen zum rechtlichen Alltag der Zürcher Solddienstbekämpfung im 16. Jahrhundert. Zürich 1995.
Romer, Hermann: Reisläufer vor Gericht. Soziale und wirtschaftliche Hintergründe der zürcherischen Solddienstbekämpfung im 16. Jahrhundert. In: Zürcher Taschenbuch 117 (1997). Seiten 23–50.
Romer, Sandra: Eine neue Heimat in Südwestafrika? Die Schweizer Auswanderung nach Namibia, 1870–1946. Basel 2002.
Ronco, Elena: Die Prismeller Baumeister und die Spätgotik in der Schweiz (1490–1699). Mailand 1997.
Rosenke, Stefan: Kaffeehaus. In: Enzyklopädie der Neuzeit. Band 6. Stuttgart/Weimar 2007, Spalten 250–253.
Rösli, Josef: Die Bestrafung der Berner Bauern im Bauernkrieg 1653. Bern 1933.
Rossfeld, Roman: Brot, Kartoffeln und Kaffee. Zur Ernährungsgrundlage schweizerischer Auswanderinnen und Auswanderer am Vorabend der industriellen Revolution. In: Dietrich, Eva/Rossfeld, Roman et al. (Hg.): Der Traum vom Glück. Schweizer Auswanderung auf brasilianische Kaffeeplantagen, 1852–1888. Baden 2003. Seiten 14–21.
Rossfeld, Roman: «Rechte hat nur, wer Kraft hat». Anmerkungen zur Schweizer Wirtschaft im Ersten Weltkrieg. In: Rossfeld, Roman/Buomberger, Thomas/Kury, Patrick (Hg.): 14/18 – Die Schweiz und der Grosse Krieg. Baden 2014. Seiten 144–171.
Rossi, Maurizio: Solidarité d'en bas et raison d'etat. Le conseil fédéral et les réfugiés du Chili. Neuenburg 2008.
Roth, Joseph: Die Büste des Kaisers. In: Meistererzählungen, ausgewählt von Daniel Keel, mit einem Nachwort von Stefan Zweig. Zürich 1995.
Rothenbühler, Anne: Les Suissesses à Paris. Itinéraires migratoires et professionnels, 1880–1914. Ohne Ort 2013.
Röthlin, Niklaus: Einblicke in die Migration einer grossen Schweizer Stadt am Beispiel Basels (16.–18. Jahrhundert). In: Gilomen, Hans-Jörg/Head-König, Anne-Lise/Radeff, Anne (Hg.): Migration in die Städte. Ausschluss – Assimilierung – Integration – Multikulturalität. Zürich 2000. Seiten 171–184.
Rothmund, Heinrich: Die berufliche Überfremdung und Vorschläge zu ihrer Abhilfe. In: Schweizerische Zeitschrift für Gemeinnützigkeit 64 (1924). Seiten 327–354.
Rusterholz, Heinrich: «... als ob unser Nachbars Haus nicht in Flammen stünde». Paul Vogt, Karl Barth und das Schweizerische Evangelische Hilfswerk für die Bekennende Kirche in Deutschland 1937–1947. Zürich 2015.
Salomon, Kim: Refugees in the Cold War. Towards a New International Refugee Regime in the Early Postwar Era. Lund 1991.
Sarasin, Philipp: Stadtgeschichte der modernen Schweiz. In: Kreis, Georg: Die Ge-

schichte der Schweiz. Basel 2014. Seiten 611–613.
Sassen, Saskia: Migranten, Siedler, Flüchtlinge. Von der Massenauswanderung zur Festung Europa. Frankfurt am Main 1996.
Sautier, Jérôme: Politique et refuge. Genève face à la révocation de l'édit de Nantes. In: Sautier, Jérôme (Hg.): Genève au temps de la révocation de l'édit de Nantes, 1680-1705. Genf/Paris 1985. Seiten 5-159.
Scaramellini, Guglielmo: Der «Pündtner London». Commercio, finanza e manifattura nel borgo e nel contado di Chiavenna nei secoli XVI-XIX. In: Fontana, G. et al. (Hg.): Mobilità imprenditoriale e del lavoro nelle Alpi in età moderna e contemporanea. Mailand 1998. Seiten 239-268.
Schär, Bernhard C.: Zigeuner. In: Historisches Lexikon der Schweiz. Band 13. Basel 2014. Seiten 711f.
Schär, Bernhard C.: Tropenliebe. Schweizer Naturforscher und niederländischer Imperialismus in Südostasien um 1900. Frankfurt am Main 2015.
Schelbert, Leo: Einführung in die schweizerische Auswanderungsgeschichte der Neuzeit. Zürich 1976.
Schelbert, Leo: Swiss Migration to America. The Swiss Mennonites. New York 1980.
Schelbert, Leo: America Experienced. Eighteenth and nineteenth Century Accounts of Swiss Immigrants to the United States. Rockport Me 2004.
Schelbert, Leo: Von den historischen Ursachen der schweizerischen Auswanderung. Vier Deutungsmodelle. In: Schweizerisches Archiv für Volkskunde 104 (2008). Seiten 163–182.
Schelbert, Leo/Rappolt, Hedwig (Hg.): «Alles ist ganz anders hier». Schweizer Auswandererberichte des 18. und 19. Jahrhunderts aus dem Gebiet der heutigen Vereinigten Staaten. Zürich 2009.
Schilliger, Sarah: Die Situation in der Schweiz. Globalisierung des Arbeitsmarktes im Privathaushalt von Pflegebedürftigen. In: Hitzemann, Andrea et al. (Hg.): Pflege und Migration in Europa. Transnationale Perspektiven aus der Praxis. Freiburg 2012. Seiten 119-130.
Schilling, Heinz: Die frühneuzeitliche Konfessionsmigration. In: IMIS-Beiträge 20 (2002). Seiten 67-89.
Schindler, Dietrich (Hg.): Dokumente zur schweizerischen Neutralität seit 1945. Berichte und Stellungnahmen der schweizerischen Bundesbehörden zu Fragen der Neutralität 1945-1983. Bern/Stuttgart 1985.
Schlaepfer, Rudolf: Die Ausländerfrage in der Schweiz vor dem Ersten Weltkrieg. Zürich 1969.
Schluchter, André: Die ländliche Gesellschaft und die Randgruppen im Ancien Régime. In: Jahrbuch für Solothurnische Geschichte 61 (1988). Seiten 169-188. (1988a)
Schluchter, André: Die «nie genug zu verwünschende Wuth in fremde Länder zu gehen». Notizen zur Emigration der Tessiner in der frühen Neuzeit. In: Jaritz, Gerhard/Müller, Albert (Hg.): Migration in der Feudalgesellschaft. Frankfurt/New York 1988. Seiten 239-262. (1988b)
Schluchter, André: Demografia e emigrazione nel Ticino in epoca moderna (secoli XVI-XIX). In: Col bastone e la bisaccia per le strade d'Europa. Migrazioni stagionali di mestiere dall'arco alpino nei secoli XVI-XVIII. Bellinzona 1991. Seiten 21-48.
Schmid, Carl Alfred: Unsere Fremdenfrage. Separatabdruck aus der Zürcher Post. Zürich 1900.
Schmid, C[arl] A[lfred]: Die Schweiz im Jahre 2000. In: Schweizerische Zeitschrift für Gemeinnützigkeit 51 (1912).
Schmid, Leoni: Die Aufrechterhaltung des humanitären Selbstbildes. Eine Auseinandersetzung mit der Schweizer Asylpraxis der 1970er-Jahre, anhand der Aufnahme chilenischer und südvietnamesischer Flüchtlinge. Unveröffentlichte Masterarbeit Universität Bern. Bern 2017.
Schneider, Harry: Schweizer Theologen im Zarenreich (1700-1917). Zürich 1994.
Schneider, Thomas Franz: Orts- und Flurnamen. In: Historisches Lexikon der Schweiz. Band 9. Basel 2010. Seiten 472-474.
Schnyder, Marco: Famiglie e potere. Il ceto dirigente di Lugano e Mendrisio tra Sei e Settecento. Bellinzona 2011.
Schnyder, Marco: Charges publiques, soierie et service postal. Diego Maderni (1606-1810), un magistrat et entrepreneur controversée entre nord et sud des Alpes. In: Schöpfer, Marie-Claude/Stoffel, Markus/Vannotti, Françoise (Hg.): Unternehmen, Handelshäuser und Wirtschaftsmigration im neuzeitlichen Alpenraum. Brig 2014. Seiten 231-256.
Schnyder, Marco: La Suisse faite par l'étranger. Les migrants suisses et la défense de leurs intérêts dans les Etats savoyards et dans la République de Venise (XVIIe-XVIIIe siècles). In: Studer, Brigitte et al. (Hg.): Die Schweiz anderswo. AuslandschweizerInnen – SchweizerInnen im Ausland. Zürich 2015, Seiten 83-102.
Schnyder, Marco: Une nation sans consul. La défense des intérêts marchands suisses à Lyon aux XVIIe et XVIIIe siècles. In: Bartolomei, Arnaud et al. (Hg.): De l'utilité commerciale des consuls. Madrid/Rom 2017. Seiten 331–344.
Schönpflug, Daniel: Französische Revolutionsflüchtlinge in Europa nach 1789 (Beispiel Deutschland). In: Bade, Klaus J. et al. (Hg.): Enzyklopädie Migration in Europa. Vom 17. Jahrhundert bis zur Gegenwart. 3. Auflage. Paderborn 2010. Seiten 587–591.
Schönwalder, Karen/Sturm-Martin, Imke (Hg.): Die britische Gesellschaft zwischen Offenheit und Abgrenzung. Einwanderung und Integration vom 18. bis zum 20. Jahrhundert. Berlin 2001.
Schöpfer, Marie-Claude: Wirtschaftsmigration als Movens alpinen Unternehmertums. Die italienischsprachige Handelsdiaspora zwischen Mailand und Martigny um 1800. In: Schöpfer, Marie-Claude/Stoffel, Markus/Vannotti, Françoise (Hg.): Unternehmen, Handelshäuser und Wirtschaftsmigration im neuzeitlichen Alpenraum. Brig 2014. Seiten 145-178.
Schöpfer, Marie-Claude/Stoffel, Markus/Vannotti, Françoise (Hg.): Unternehmen, Handelshäuser und Wirtschaftsmigration im neuzeitlichen Alpenraum. Brig 2014.
Schöpfer Pfaffen, Marie-Claude: Verkehrspolitik im Mittelalter. Bernische und Walliser Akteure, Netzwerke und Strategien. Ostfildern 2011.
Schuler, Martin/Dessemontet, Pierre/Jemelin, Christophe et al. (Hg.): Atlas des räumlichen Wandels der Schweiz. Zürich 2007.
Schulz, Knut: Handwerkerwanderungen und Neubürger im Spätmittelalter. In: Schwinges, Rainer Christoph (Hg.): Neubürger im späten Mittelalter. Migration und Austausch in der Städtelandschaft des alten Reiches (1250-1550). Berlin 2002. Seiten 445-477.
Schulz, Knut: Solidarität im Handwerk? Anwerbung oder Abgrenzung, Integration oder Sonderstatus der wandernden Gesellen vom Hochmittelalter bis zum Dreissigjährigen Krieg. In: Bahlke, Joachim et al. (Hg.): Migration als soziale Herausforderung. Stuttgart 2011. Seiten 161–182.
Schulz, Kristina: « ... da namentlich nach der Vorakte über den Ehemann eine gewisse Vorsicht geboten scheint». Literatur, Exil und Geschlecht in der Schweiz 1933-1945. In: Häntzschel, Hiltrud/Hansen Schaberg, Inge (Hg.): Politik – Parteiarbeit – Pazifismus in der Emigration. Frauen handeln. München 2010. Seiten 78–97.
Schulz, Kristina: Die Schweiz und die literarischen Flüchtlinge (1933-1945). Berlin 2012.
Schulz, Kristina: Die Schweiz der Anderen. Plädoyer für eine zeitgeschichtliche Betrachtung des politischen Asyls. In: SZG 64/3 (2014). Seiten 385-405.
Schulz, Kristina: Erika Mann im Schweizer Exil. Die «Pfeffermüllerin» und das intellektuelle Unternehmen. In: Gilcher-Holtey, Ingrid (Hg.): Eingreifende Denkerinnen. Weibliche Intellektuelle in 20. und 21. Jahrhundert. Tübingen 2015. Seiten 37-46.
Schulz, Kristina: Exilforschung und Migrationsgeschichte. Berührungspunkte und Perspektiven. In: Gilabert, Matthieu/Robert, Tiphaine (Hg.): Zuflucht suchen. Phasen des Exils aus Osteuropa im Kalten Krieg. Itinera 42 (2017). Seiten 21-47.
Schütz, Alfred: Strukturen der Lebenswelt. 2 Bände. Frankfurt a. Main 1979/1984.
Schweizer Spende: Schweizer Spende an die Kriegsgeschädigten. Ohne Ort 1945.
Schweizerisches Bundesarchiv (Hg.): Flüchtlingsakten 1930-1950. Thematische Übersicht zu Beständen im Schweizerischen Bundesarchiv. Bern 1999.
Schweizerisches Bundesarchiv/Verein Schweizerischer Archivarinnen und Archivare (Hg.): Flüchtlingsakten 1930-1950 II. Bern 2001.
Schwinges, Rainer Christoph: Bürgermigration im Alten Reich des 14. bis 16. Jahrhunderts. In: Gilomen, Hans-Jörg/Head-König, Anne-Lise/Radeff, Anne (Hg.): Migration in die Städte. Ausschluss – Assimilation – Integration – Multikulturalität. Zürich 2000. Seiten 17-37.
Schwinges, Rainer Christoph: Die Herkunft der Neubürger. Migrationsräume im Reich des späten Mittelalters. In: Schwinges, Rainer Christoph (Hg.): Neubür-

ger im späten Mittelalter. Migration und Austausch in der Städtelandschaft des alten Reiches (1250–1550). Berlin 2002. Seiten 371–408.

Seglias, Loretta: Die Schwabengänger aus Graubünden. Saisonale Kindermigration nach Oberschwaben. Chur 2004.

Seiler, Alexander J.: Siamo italiani/Die Italiener. Gespräche mit italienischen Arbeitern in der Schweiz. Zürich 1965.

Senn, Hans: Kriegführung. In: Historisches Lexikon der Schweiz. Band 7. Basel 2008. Seiten 446–449.

Senn, Tobias: Hochkonjunktur, «Überfremdung» und Föderalismus. Kantonalisierte Schweizer Arbeitsmarktpolitik am Beispiel Basel-Landschaft 1945–1975. Zürich 2017.

Shulman Spaar, Ilona/Sutherland, Julie: Swiss Immigration to Canada. Achievements, Testimonies, Relations. Vancouver BC 2013.

Sigerist, Stefan: Schweizer in Asien. Präsenz der Schweiz bis 1914. Schaffhausen 2001.

Sigerist, Stefan: Schweizer in europäischen Seehäfen und im spanischen Binnenland. Biographische Skizzen zu Emigration und Remigration seit der frühen Neuzeit. Bochum 2015.

Simmel, Georg: Der Fremde. In: Simmel, Georg: Das individuelle Gesetz. Philosophische Exkurse. Herausgegeben von Michael Landman. Frankfurt am Main 1968. Seiten 63–70.

Simon-Muscheid, Katharina: Die Stadt als temporärer Zufluchtsort. Flüchtlinge und Flüchtlingspolitik im 15. Jahrhundert. In: Gilomen, Hans-Jörg et al. (Hg.): Migration in die Städte. Zürich 2000. Seiten 57–76.

Simon-Muscheid, Katharina: Randgruppen (Mittelalter und frühe Neuzeit). In: Historisches Lexikon der Schweiz. Band 10. Basel 2011. Seiten 88f.

Siu, Paul: The Sojourner. In: American Journal of Sociology 58 (1952/53). Seiten 34–44.

Skenderovic, Damir: Formen und Folgen transnationalen politischen Engagements. Italienische Antifaschisten in der Schweiz der Zwischenkriegszeit. In: Haupt, Sabine (Hg.): Tertium datur! Formen und Facetten interkultureller Hybridität. Wien/Berlin/Zürich 2014. Seiten 135–149.

Skenderovic, Damir: Vom Gegenstand zum Akteur. Perspektivenwechsel in der Migrationsgeschichte der Schweiz. In: SZG 65/1 (2015). Seiten 1–14.

Skenderovic, Damir/D'Amato, Gianni: Mit dem Fremden politisieren. Rechtspopulismus und Migrationspolitik in der Schweiz seit den 1960er Jahren. Zürich 2008.

Skinner, Barnaby: «Die Italienerfrage» in der Schweiz. Ursachen und Folgen der Ausschreitungen gegen italienische Arbeitsmigranten vor dem Ersten Weltkrieg. Unveröffentlichte Lizentiatsarbeit an der Universität Basel. Basel 2000.

Smith, Andrea: Coerced or Free? Considering Post-Colonial Returns. In: Bessel, Richard/Haake, Claudia B. (Hg.): Removing Peoples. Forced Removal in the Modern World. Oxford 2009. Seiten 394–417.

Smith, Roger: The Swiss Connection. International Networks in Some Eighteenth-Century Luxury Trades. In: Journal of Design History 17 (2004). Seiten 123–139.

Solidarnetz Ostschweiz und Beobachtungsstelle für Asyl- und Ausländerrecht Ostschweiz (Hg): «Das hier ... ist mein ganzes Leben.» Abgewiesene Asylsuchende mit Nothilfe in der Schweiz. 13 Porträts und Gespräche. Zürich 2012.

Sonderegger, Stefan/Müller, Wulf: Ortsnamen und Sprachzeugnisse. In: Windler, Renata et al. (Hg.): Frühmittelalter (Die Schweiz vom Paläolithikum bis zum frühen Mittelalter VI). Basel 2005. Seiten 63–81.

Spiess, Karl-Heinz: Zur Landflucht im Mittelalter. In: Patze, Hans (Hg.): Die Grundherrschaft im späten Mittelalter. Band 1. Sigmaringen 1983. Seiten 157–204.

Stadelmann, Jürg: Umgang mit Fremden in bedrängter Zeit. Schweizerische Flüchtlingspolitik 1940–1945 und ihre Rezeption bis heute. Zürich 1998.

Stäheli, Urban: «Zu Hause, aber nicht daheim». Akkulturationsverläufe bei Immigranten aus Ungarn in der Schweiz. Zürich 2006.

Staehelin, Felix: Der jüngere Stuartprätendent und sein Aufenthalt in Basel 1754–1756. Basel 1949.

Steffen, Hans: Die Kompanie Kaspar Jodok Stockalpers. Beispiel eines Solderunternehmens im 17. Jahrhundert. Brig 1975.

Steffen, Hans: Die soziale und wirtschaftliche Bedeutung der stockalperschen Solddienste. In: Carlen, Louis/Imboden, Gabriel (Hg.): Wirtschaft des alpinen Raums im 17. Jahrhundert. Vorträge eines internationalen Symposiums. Brig 1988. Seiten 179–203.

Steffen, Hans: Kaspar Jodok von Stockalper und sein Soldunternehmen. In: Fuhrer, Hans Rudolf/Eyer, Robert-Peter (Hg.): Schweizer in «Fremden Diensten». Verherrlicht und verurteilt. 2. Auflage. Zürich 2006. Seiten 157–172.

Steidl, Annemarie: Rege Kommunikation zwischen den Alpen und Wien. Die regionale Mobilität Wiener Rauchfangkehrer. In: Furter, Reto/Head-König, Anne-Lise/Lorenzetti, Luigi (Red.): Rückwanderungen. Zürich 2009. Seiten 25–40.

Steinauer, Jean: Des migrants avec des fusils. Le service étranger dans le cycle de vie. In: Furrer, Norbert et al. (Hg.): Gente ferocissima. Mercenariat et société en Suisse – Solddienst und Gesellschaft in der Schweiz (15.–19. Jahrhundert). Zürich 1997. Seiten 117–125.

Steinauer, Jean: Patriciens, fromagers, mercenaires. L'émigration fribourgeoise sous l'Ancien Régime. Lausanne 2000.

Steiner, Dorothea: «Dem fremden kleinen Gast ein Plätzlein decken». Julie Birkle und die Beherbergung deutscher Kinder in der Schweiz, 1919–1924. Zürich 2016.

Steiner, Peter: Aargauer in der Pfalz. Die Auswanderung aus dem Berner Aargau nach dem Dreissigjährigen Krieg. Baden 2009.

Steinke, Hubert/Boschung, Urs/Pross, Wolfgang (Hg.): Albrecht von Haller. Leben – Werk – Epoche. Göttingen 2008.

Stettler, Bernhard: Mordnächte. In: Historisches Lexikon der Schweiz. Band 8. Basel 2009. Seiten 716f.

Stettler, Niklaus/Haenger, Peter/Labhardt, Robert: Baumwolle, Sklaven und Kredite. Die Basler Welthandelsfirma Christoph Burckhardt & Cie. in revolutionärer Zeit (1789–1815). Basel 2004.

Stiftung von Schnyder v. Wartensee (verwaltet von der Stadtbibliothek Zürich): Bericht über die Jahre 1894 bis 1903. Zürich 1904.

Stöckli, Werner E.: Geschichte des Neolithikums in der Schweiz. In: Stöckli, Werner E. et al. (Hg.): Neolithikum (Die Schweiz vom Paläolithikum bis zum frühen Mittelalter II). Basel 1995. Seiten 19–52.

Stöckli, Werner E.: Urgeschichte der Schweiz im Überblick (15 000 v. Chr. – Christi Geburt). Die Konstruktion einer Urgeschichte. Basel 2016.

Strittmatter, Robert: Die Stadt Basel während des Dreissigjährigen Krieges. Bern 1977.

Stuber, Martin/Hächler, Stefan: Ancien Régime vernetzt. Albrecht von Hallers bernische Korrespondenz. In: BEZG 62 (2000). Seiten 125–190.

Stuber, Martin/Hächler, Stefan/Lienhard, Luc (Hg.): Hallers Netz. Ein europäischer Gelehrtenbriefwechsel zur Zeit der Aufklärung. Basel 2005.

Studer, Brigitte: Einleitung. In: Studer, Brigitte/Arni, Caroline et al (Hg.): Die Schweiz anderswo. AuslandschweizerInnen – SchweizerInnen im Ausland. Zürich 2015. Seiten 7–16.

Studer, Brigitte/Arlettaz, Gérald/Argast, Regula: Das Schweizer Bürgerrecht. Erwerb, Verlust, Entzug von 1848 bis zur Gegenwart. Zürich 2008.

Styger, Dominik: Die Beisassen des alten Landes Schwyz. Schwyz 1914.

Suter, Andreas: Bauernkrieg (1653). In: Historisches Lexikon der Schweiz. Band 2. Basel 2003. Seiten 90–93.

Suter, Hermann: Innerschweizerisches Militär-Unternehmertum im 18. Jahrhundert. Zürich 1971.

Sutro, Nettie: Jugend auf der Flucht 1933–1948. Zürich 1952.

Tanner, Jakob: Die Geschichte der Schweiz im 20. Jahrhundert. München 2015.

Tanner, Jakob: Nationalstaaten und Migrationsbewegungen. Das Beispiel der Schweiz. In: Gemeinnützige Gesellschaft des Kantons St. Gallen (Hg.): Forum. Migration – Integration – Identität. St. Gallen 2016.

Taylor, Lynne: «Please Report Only True Nationalities». The Classification of Displaced Persons and its Implications. In: Cesarani, David et al. (Hg.): Survivors of Nazi Persecution in Europe after Second World War. Landscapes after Battle. Band 1. London 2010. Seiten 35–53.

Théry-Lopez, Renée: Une immigration de longue durée. Les Suisses à Marseille. Dissertation Universität Aix-Marseille. Ohne Ort 1986.

Thiele, Oliver: Communards von 1871 in der Schweiz. In: Goehrke, Carsten/Zimmermann, Werner G. (Hg.): «Zuflucht Schweiz». Der Umgang mit Asylproblemen im 19. und 20. Jahrhundert. Zürich 1994. Seiten 65–80.

Tissot, Laurent: Alpen, Tourismus, Fremdenverkehr. In: Kreis, Georg (Hg) Die Geschichte der Schweiz. Basel 2014. Seiten 483-485.

Tosato-Rigo, Danièle: Protestantische Glaubensflüchtlinge. In: Historisches Lexikon der Schweiz. Band 10. Basel 2011. Seiten 11-13.

Tosato-Rigo, Danièle/Moret Petrini, Sylvie: L'appel de l'est. Précepteurs et gouvernantes suisses à la Cour de Russie (1760-1820). Lausanne 2017.

Trachsler, Daniel: Bundesrat Max Petitpierre. Schweizerische Aussenpolitik im Kalten Krieg 1945-1961. Zürich 2011.

Tschudin, Gisela: Schweizer Käser im Zarenreich. Zur Mentalität und Wirtschaft ausgewanderter Bauernsöhne und Bauerntöchter. Zürich 1990.

Tschuy, Theo: Carl Lutz und die Juden von Budapest. Zürich 1995.

UEK, Unabhängige Expertenkommission Schweiz – Zweiter Weltkrieg: Die Schweiz und die Flüchtlinge zur Zeit des Nationalsozialismus. Zürich 2001.

UEK, Unabhängige Expertenkommission Schweiz – Zweiter Weltkrieg: Die Schweiz, der Nationalsozialismus und der Zweite Weltkrieg. Zürich 2002.

UNHCR: Sie waren einst Flüchtlinge. Neun Lebensgeschichten aufgezeichnet von Michael Walther. Zürich 2009.

Unia work: Baracken, Fremdenhass und versteckte Kinder. Darum darf es in der Schweiz kein neues Saisonnierstatut geben. Bern 2014.

Urner, Klaus: Die Deutschen in der Schweiz. Von den Anfängen der Kolonienbildung bis zum Ausbruch des Ersten Weltkrieges. Frauenfeld 1976.

Utz, Hans: Die Hollis-Sammlung in Bern. Bern 1959.

Veyrassat, Béatrice: Négociants et fabricants dans l'industrie cotonnière suisse (1760-1840). Lausanne 1982.

Veyrassat, Béatrice: Réseaux d'affaires internationaux, émigrations et exportations en Amérique latine au XIXe siècle. Le commerce suisse aux Amériques. Genf 1994.

Veyrassat, Béatrice: Sortir des montagnes horlogères. Les faiseurs de globalisation (1750-années 1830/1840). In: Schöpfer, Marie-Claude/Stoffel, Markus/Vannotti, Françoise (Hg.): Unternehmen, Handelshäuser und Wirtschaftsmigration im neuzeitlichen Alpenraum. Brig 2014. Seiten 257-279.

Viazzo, Pier Paolo: La mobilità del lavoro nelle Alpi nell'età moderna e contemporanea. Nuove prospettive di ricerca tra storia e antropologia. In: Fontana, G. et al. (Hg.): Mobilità imprenditoriale e del lavoro nelle Alpi in età moderna e contemporanea. Mailand 1998. Seiten 17-29.

Vogler, Werner: Auswärtige Architekten und Baumeister in der Ostschweiz des 17. und 18. Jahrhunderts. In: Gewerbliche Migration im Alpenraum. Red. von Ursus Brunold. Bozen 1994. Seiten 457-470.

Vuilleumier, Marc: Flüchtlinge und Immigranten in der Schweiz. Ein historischer Überblick. Zürich 1989.

Vuilleumier, Marc: Ausländer. In: Historisches Lexikon der Schweiz. Band 1. Basel 2002. Seiten 582-589.

Vuilleumier, Marc: Schweiz. In: Bade, Klaus J. et al. (Hg.): Enzyklopädie Migration in Europa. Vom 17. Jahrhundert bis zur Gegenwart. 3. Auflage. Paderborn 2010. Seiten 189-204.

Waibel, Max: Walser. In: Historisches Lexikon der Schweiz. Band 13. Basel 2014. Seiten 237-239.

Walter, François: La Suisse. Au-delà du paysage. Paris 2011.

Walz, Markus: Westalpine Kaminfeger in West-, Mittel- und Südeuropa vom 16. bis zum frühen 20. Jahrhundert. In: Bade, Klaus J. et al. (Hg.): Enzyklopädie Migration in Europa. Vom 17. Jahrhundert bis zur Gegenwart. Zürich 2007. Seiten 1094-1097.

Wecker, Regina: Basel und die Russinnen. Exkurs über eine nicht zustandegekommene Beziehung. In: 100 Jahre Frauen an der Uni Basel. Katalog zur Ausstellung von HistorikerInnen und StudentInnen des historischen Seminars der Universität Basel. Basel 1990. Seiten 84-92.

Wecker, Regina: Staatsbürgerrechte, Mutterschaft und Grundrechte. In: SZG 46/3 (1996). Seiten 383-410.

Wecker, Regina: «Ehe ist Schicksal, Vaterland ist auch Schicksal, und dagegen ist kein Kraut gewachsen». Gemeindebürgerrecht und Staatsangehörigkeitsrecht von Frauen in der Schweiz 1798-1998. In: L'Homme 10/1 (1999). Seiten 13-37.

Wecker, Regina: Neuer Staat – neue Gesellschaft. Bundesstaat und Industrialisierung (1848-1874). In: Kreis, Georg (Hg.): Die Geschichte der Schweiz. Basel 2014. Seiten 430-481.

Wegmann, Susanna K.: Zur Migration der Schweizer nach Australien. Der Wandel schweizerischer Überseewanderung seit dem frühen 19. Jahrhundert. Grüsch 1988.

Wehner, Gerd: Die Schweiz und der Marshallplan. In: Vierteljahrschrift für Sozial- und Wirtschaftsgeschichte 79 (1992). Seiten 341-356.

Weidmann, Jörg: Der Schweizer Beitritt zur internationalen Flüchtlingsorganisation (IRO) 1949. Ein Fallbeispiel schweizerischer Aussenpolitik der Nachkriegszeit. In: Schweizerisches Bundesarchiv (Hg.): Gouvernementale Aussenpolitik. Staatsverträge 1848-1996, Bundesratsentscheide zur Aussenpolitik (1918-1976) und Fallbeispiele. Bern 1999. Seiten 57-70.

Weisses Buch von Sarnen. Bearbeitet von Hans Georg Wirz. Aarau 1947.

Weizinger, Franz-Xaver: Die Schweizer Kolonie Helvetia in Brasilien, 1854-1935. Zürich 2005.

Wellgraf, Stefan: Traces of Migration: Postcards Between Switzerland and Brazil, 1900-1930, in: Lüthi, Barbara/Skenderovic, Damir (Hg.): Switzerland and Migration. Historical and Current Perspectives on a Changing Landscape. New York 2019. Seiten 251-274.

Wessendorf, Berthold: Die überseeische Auswanderung aus dem Kanton Aargau im 19. Jahrhundert. Aarau 1973.

Wettstein, Oskar: Die Überfremdungsfrage. In: Politische Rundschau 1924/1.

Wichers, Hermann: Im Kampf gegen Hitler. Deutsche Sozialisten im Schweizer Exil 1933-1940. Zürich 1994.

Wichers, Hermann: Schweiz. In: Krohn, Claus-Dieter et al. (Hg.): Handbuch der deutschsprachigen Emigration. Darmstadt 1998. Seiten 375-383.

Windler, Christian: «Ohne Geld keine Schweizer». Pensionen und Söldnerrekrutierung auf den eidgenössischen Patronagemärkten. In: von Thiessen, Hillard/Windler, Christian (Hg.): Nähe in der Ferne. Personale Verflechtung in den Aussenbeziehungen der Frühen Neuzeit. Berlin 2005. Seiten 105-133.

Windler, Renata: Besiedlungsentwicklung, Landschaftsnutzung, Verkehr. In: Archäologie der Zeit von 800 bis 1350 (Die Schweiz vom Paläolithikum bis zum frühen Mittelalter VII). Basel 2014. Seiten 88-113.

Windler, Renata: Das erste Jahrtausend. In: Mathieu, Jon et al. (Hg.): Geschichte der Landschaft in der Schweiz. Von der Eiszeit bis zur Gegenwart. Zürich 2016. Seiten 57-70.

Witschi, Peter: Appenzeller in aller Welt. Auswanderungsgeschichte und Lebensschicksale. Herisau 1994.

Wolfensberger, Rolf: Heimatlose. In: Historisches Lexikon der Schweiz. Band 6. Basel 2007. Seiten 228f.

Wottreng, Willi: Ein einzig Volk von Immigranten. Die Geschichte der Einwanderung in die Schweiz. Zürich 2000.

Wunder, Gerd: Die Schweizer Kolonisten in Ostpreussen 1710-1730 als Beispiel für Koloniebauern. In: Franz, Günther (Hg.): Bauernschaft und Bauernstand 1500-1750. Limburg an der Lahn 1975. Seiten 183-194.

Würgler, Andreas: Städtische Unruhen. In: Historisches Lexikon der Schweiz. Band 11. Basel 2012. Seiten 772-774.

Yammine, Anne: Humanitäre Propaganda am Ausgang des Zweiten Weltkriegs. Die Schweizer Spende für die Kriegsgeschädigten 1944-1948. In: Kreis, Georg (Hg.): Erinnern und Verarbeiten. Zur Schweiz in den Jahren 1933-1945. Itinera 2004. Seite 151.

Zabratzky, George (Hg.): Flucht in die Schweiz. Ungarische Flüchtlinge in der Schweiz. Zürich 2006.

Zala, Sacha/Perrenoud, Marc: Nichts Unbekannteres als das Bekannte? In: SZG 63/1 (2013). Seiten 96-103.

Zangger, Andreas: Koloniale Schweiz. Ein Stück Globalgeschichte zwischen Europa und Südostasien (1860-1930). Bielefeld 2011.

Zangger, Andreas: The Swiss in Singapore. Singapore 2013.

Zaugg, Roberto: Vom Nutzen der Ausländer und ihrer Auswahl. Aktuelle Debatten im Spiegel migrationspolitischer Utilitarismen der Vormoderne. In: SZG 62 (2012). Seiten 287-298.

Zbinden, Karl: Die schweizerische kolonisatorische Auswanderung von 1746/69 nach der Sierra Morena. In: Zeitschrift für schweizerische Geschichte 26 (1946). Seiten 1-77.

Ziegler, Béatrice: Schweizer statt Sklaven. Schweizerische Auswanderer in den Kaffee-Plantagen von Sao Paulo (1852-1866). Stuttgart 1985.

Ziegler, Béatrice: Ausgebeutet im Paradies. Schweizerinnen und Schweizer als Arbeitskräfte auf brasilianischen Kaffeeplantagen, 1852-1888. In: Dietrich, Eva/Rossfeld, Roman et al. (Hg.): Der Traum vom Glück. Schweizer Auswanderung auf brasilianische Kaffeeplantagen, 1852-1888. Baden 2003. Seiten 41-61.

Ziegler Witschi, Beatrice: Das Geschäft mit der Auswan-

derung. In: Mesmer, Béatrix (Hg.): Der Weg in die Fremde. Itinera 11. Basel 1992. Seiten 59–70.
Zimmermann, Ralph: Zur Minarettverbotsinitiative in der Schweiz. In: Zeitschrift für ausländisches öffentliches Recht und Völkerrecht 69 (2009). Seiten 829–864.
Zimmermann, Werner G. (Hg.): Russland–Schweiz. Beziehungen und Begegnungen. Zürich 1989.
Zinsli, Paul: Walser Volkstum. 7. Auflage. Chur 2002.
Zurbriggen, Ludwig: Ein thüringischer Bergmann im Schweizer Tunnel. In: Schultheis, Franz/Schulz, Kristina (Hg.): Gesellschaft mit beschränkter Haftung. Zumutungen und Leiden im deutschen Alltag. Konstanz 2005. Seiten 221–231.
Zurbuchen, Simone: Berliner «Exil» und Schweizer «Heimat». Probleme schweizerischer Identitätsbildung. In: Zurbuchen, Simone: Patriotismus und Kosmopolitismus. Die Schweizer Aufklärung zwischen Tradition und Moderne. Zürich 2003. Seiten 99–110.
Zweidler, Catarina: Die Bombenaffäre 1889 auf dem Zürichberg. In: Goehrke, Carsten/Zimmermann, Werner G. (Hg.): «Zuflucht Schweiz». Der Umgang mit Asylproblemen im 19. und 20. Jahrhundert. Zürich 1994. Seiten 173–196.
Zweig, Stefan: Die Welt von Gestern. Erinnerungen eines Europäers. Wien 1929.

Anmerkungen

1 Vgl. hierzu Piquet 2006.
2 Tanner 2016.
3 Holenstein 2015, S. 29.
4 Maissen 2010; Holenstein 2015; Tanner 2015.
5 Universität Oldenburg, OME-Lexikon: Migration. In: https://ome-lexikon.uni-oldenburg.de/begriffe/migration/ (21. 9. 2017).
6 Hoerder/Lucassen/Lucassen 2010, S. 39.
7 Hoerder/Lucassen/Lucassen 2010, S. 45.
8 Vuilleumier 2010; Vuilleumier 1989; Piguet 2005; Wottreng 2001; Ritzmann 1992; Höpflinger 1986; Schelbert 1976; Bickel 1947.
9 Arlettaz 2011, S. 193–216.
10 Schulz 2017.
11 Casagrande/Schaer 2001; Kahn 2013; Schulz 2017, S. 31–39. Vgl. z. B. zu Migrationsregime: Haug 1984; Argast 2007; Studer/Arlettaz/Argast 2008; Skenderovic/D'Amato 2008; D'Amato 2010. Zu Wanderungssystemen: Halter 2003; R. Bühler 2003b; Dietrich/Rossfeld/Ziegler 2003; Schelbert 2008; Feuz 2009; Maeder/Niederhäuser 2009; Fabre/Béguin 2013. Zur Überfremdungsthematik: Schlaepfer 1969; Braun 1970; Romano 1998; Kury 2003; Buomberger 2004; Drews 2005; Maiolino 2011; Senn 2017.
12 Purtschert/Lüthi/Falk 2012a; Dejung 2013; Schär 2015; Menrath 2016; Mattioli 2017.
13 Weisses Buch von Sarnen, S. 3 [Übersetzung: André Holenstein].
14 Marchal 1976, S. 6f.
15 Marchal 1976, S. 81f.
16 Münkler 2015, S. 47.
17 Kaenel 2008, S. 173.
18 Paunier 2006, S. 78.
19 Frei-Stolba 2011, S. 430f.
20 R. Kaiser 2002, S. 176.
21 Bickel/Schläpfer 2000; Schneider 2010, S. 472–474; Sonderegger/Müller 2005.
22 R. Windler 2014, S. 89.
23 Head-König 2003b, S. 365.
24 Isenmann 1988, S. 19.
25 Bickel 2012, S. 770.
26 Gilomen 1998, S. 17.
27 Simon-Muscheid 2000, S. 57–76.
28 Schwinges 2002, S. 374.
29 Koch 2002a, S. 180–183.
30 Koch 2002a.
31 Koch 2002a, S. 129.
32 Koch 2002a, S. 127.
33 Koch 2002a, S. 138.
34 Gerber 2001, S. 532.
35 Gilomen 2000; Knoch-Mund 2007, S. 828f.; Morenzoni 2009, S. 35.
36 Körner 2002, S. 703.
37 Koch 2002a, S. 7.
38 Koch 2002a, S. 220–226, S. 318.
39 Koch 2002a, S. 201f.
40 Koch 2002a, S. 197f.; Lassner 2014, S. 182.
41 Koch 2002a, S. 208–215.
42 Landesmuseum Zürich 2009, S. 20–47.
43 Hafner 2000.
44 Basselet de la Rosée 2011, S. 33.
45 Rizzi 1993; Schöpfer Pfaffen 2011, S. 136–153.
46 Ammann 1992.
47 Bundi 1982; Zinsli 2002, S. 47.
48 Waibel 2014, S. 239.
49 Viazzo 1998; Cerri/Zanni 2009.
50 Auf der Maur 1996.
51 Ronco 1997, S. 90; biografische Artikel im Historischen Lexikon der Schweiz.
52 Koch 2002a, S. 236f.; Koch 2002b, S. 442; Schwinges 2002, S. 407.
53 Mattmüller 1987, S. 317–332.
54 Head-König 1994, S. 233.
55 Senn 2008, S. 447.
56 Head 1990.
57 Höchner 2014, S. 15.
58 Head-König 2000b; Head-König 2001; Head-König 2002a, S. 78–80.
59 Meier 1981, S. 146–160; Kälin 1991, S. 104–130; Rogger 2017, S. 70f.
60 Gally-de Riedmatten 2014, S. 707ff.
61 Gally-de Riedmatten 2014, S. 719.
62 Bührer 1977; Disch 2011; Disch 2012; Gally-de Riedmatten 2014, S. 758ff.; B. Hitz 2015; Höchner 2014, S. 19ff.; Kälin 1991; Kälin 1996; Kälin 1997; Steinauer 1997; Steinauer 2000; Rogger/Hitz 2014, S. 27f.
63 Büsser 2007.
64 Head-König 2002a, S. 89–92.
65 Kälin 1991, S. 108.
66 Suter 1971, S. 129.
67 Isenmann 1988, S. 321f.; Reith 2006.
68 Dubler 1991.
69 Radeff 1996; Radeff 1999; Radeff 1998a; Radeff 1998b; Radeff 2007b; Radeff 2007c; Veyrassat 2014.
70 Röthlin 2006, S. 179–183.
71 Broillet 2014, S. 272–283; Lorenzetti 2014.
72 Lorenzetti 2001, S. 209–211; Kälin 2003; Schnyder 2011, S. 270–277; Schnyder 2014, S. 244ff.
73 Broillet 2014, S. 218–250.
74 Fontaine 1992; Lorenzetti 2001, S. 212–215; Head-König 2002a, S. 85–87; Lorenzetti 2008; Reves 2012; Broillet 2019; Chiesi Ermotti 2019.
75 Head-König 2001; Head-König 2002a.
76 Candaux 2010, S. 544.
77 Gern 2005, S. 656.
78 Lopez 1987, S. 150; Carrino 2017.
79 Lopez 1987, S. 153.
80 Radeff 2007c, S. 155f.
81 Veyrassat 2014.
82 D. Kaiser 1994, S. 540–545.
83 Rosenke 2007.
84 Hilfiker 2006, S. 77; L. Bühler 1994.
85 R. Bühler 1991, S. 96.
86 R. Bühler 1992, S. 134.
87 D. Kaiser 1988, S. 83ff.; Lopez 1987, S. 161.
88 R. Bühler 1991, S. 96f.; Einleitung zum Inventar des Familienarchivs im Staatsarchiv Graubünden: Familienarchiv Cathomas/Caviezel (1480–1990), bearbeitet von Josef Ackermann und Peter Christian Bener (Signatur: 5.1–5.2).
89 R. Bühler 1991, S. 92f., S. 101, S. 185ff.
90 D. Kaiser 1988; Sigerist 2015.
91 Vgl. die entsprechenden Artikel im Historischen Lexikon der Schweiz.
92 R. Bühler 1992, S. 147.
93 Ceschi 1991; R. Huber 2007.
94 Berger 2000; Steidl 2009.
95 Lorenzetti 1999.
96 Pauli Falconi 2006.
97 Berger 2000, S. 133f.
98 Ceschi 1994, S. 54–72; Lorenzetti 2009.
99 Viazzo 1998; Fontaine 2002.
100 Ceschi 1994, S. 69–71.
101 Ceschi 1993; Bianchi 2015b; Bianchi 2018; Schnyder 2015.
102 Vogler 1994.
103 Benedict 2008, S. 15.
104 Monter 1967; Mottu-Weber 2000, S. 158.
105 Holenstein 2007, S. 179.
106 Arend 2003, S. 66.
107 Gugerli 1988, S. 155–169.
108 Stuber/Hächler 2000; Steinke et al. 2008.
109 Mumenthaler 1996, S. 46.
110 Zurbuchen 2003, S. 99–110.
111 Gugerli 1988, S. 141–169, hier bes. S. 141–155.
112 Furrer 2002, 215f.; Bandelier 2007, S. 48–51; Tosato-Rigo/Moret Petrini 2017.
113 Holenstein 2014, S. 66f.
114 Tosato-Rigo/Moret Petrini 2017.
115 F. Hitz 2002; Mathieu 1992, S. 289–296; Fenner 2015, S. 77–83.
116 Dubler 2008.
117 Seglias 2004, S. 16–21.
118 L. Bühler 1975; Seglias 2004.
119 Strittmatter 1977, S. 61–78; Röthlin 2000, S. 177–179; Steiner 2009, S. 24–27.
120 Schilling 2002.
121 MacCulloch 2007, S. 920–923.
122 Monter 1967; Perrenoud 1979, S. 42f.; Tosato-Rigo 2011, S. 11.
123 Monter 1967.
124 Perrenoud 1979, S. 187f.
125 Lüthy 1959, S. 37-49.
126 Kingdon 1956, S. 79–92.
127 Mottu-Weber 2006, S. 597f.
128 Lüthy 1961, S. 80.
129 Bodmer 1946; Röthlin 2000, S. 179–182; U. Pfister 1992; Schulz 2011, S. 179–181; Scaramellini 1998.
130 Tosato-Rigo 2011, S. 11; Asche 2007, S. 636.
131 Bade/Oltmer, S. 142–145.
132 Grandjean 1989; Bächtold 2006.
133 Die höheren Zahlen gemäss Tosato-Rigo 2011, S. 11f., die tieferen Zahlen gemäss Ducommun/Quadroni 1991, S. 13, S. 25f.
134 Holtz 1985, S. 450; Ducommun 1990, S. 158.

135 Barbatti 1957, S. 30.
136 Küng 1993, S. 56.
137 Barbatti 1957, S. 46.
138 Mottu-Weber 2000, S. 162.
139 Ducommun/Quadroni 1991, S. 243f.
140 Holenstein 2015, S. 72–78.
141 Schilling 2002.
142 Amtliche Sammlung der ältern Eidgenössischen Abschiede. Bd. 4, 1a. Bearb. J. Strickler. Brugg 1873, NN 293c, 297v, 359a.
143 Maag 1888/1957; NN: Die Schweiz ein Asyl für alle politischen Partheyen Englands zur Zeit der dortigen Staatsumwälzung. In: Helvetia. Denkwürdigkeiten für die XXII Freystaaten der Schweizerischen Eidgenossenschaft. Bd. 2. Aarau/Bern 1826, S. 362–386.
144 Rindlisbacher 2016.
145 Utz 1959; Leu 2011.
146 Hafner 2015.
147 Page Moch 2010, S. 124f.; Schönpflug 2010; Pestel 2015.
148 Kopp 2005, S. 190; Portmann-Tinguely/von Cranach 2005, S. 565; Andrey 1972.
149 Andrey 1972, S. 150.
150 Andreánszky 2007; Egloff 2010.
151 Romer 1995, S. 236f.
152 Lyon 2011.
153 Jacobi 1967; Canevascini/Bianconi 2005.
154 Grimm 2015, S. 79–81.
155 Illi 2003; Stettler 2009; Würgler 2012.
156 Suter 2003; Rösli 1933; Dubler 2007; Andrey 2004; Brunko-Méautis 2004.
157 Fornara et al. 1989; Hartmann 2003.
158 Golay 2001.
159 Burckhardt 1908; Foerster 1999; Foerster 2008.
160 H.-U. Pfister 1987; Steiner 2009; Asche 2006.
161 H.-U. Pfister 1987, S. 36, 90f.
162 H.-U. Pfister 1987, S. 148.
163 H.-U. Pfister 1987, S. 152.
164 H.-U. Pfister 1987, S. 296.
165 H.-U. Pfister 1987, S. 315.
166 H.-U. Pfister 2001, S. 44.
167 Steiner 2009, S. 113.
168 Mattmüller 1987, S. 333–335; Jecker 1998, S. 75–81, S. 256–265.
169 Zbinden 1946; Bolzern 1992.
170 H.-U. Pfister 1992.
171 H.-U. Pfister 1987, S. 139–141.
172 H.-U. Pfister 1987, S. 311f.
173 Burri 1975, S. 85–90.
174 H.-U. Pfister 1987, S. 219.
175 H.-U. Pfister 1987, S. 215.
176 Hubler 1997, S. 236–238; Röthlin 2000, S. 172.
177 H.-U. Pfister 1987, S. 206ff.
178 Burri 1975, S. 89.
179 Richner 2017.
180 Head-König 2003a, S. 285–29.
181 Head-König 1994, S. 227f.
182 Froidevaux 1999; Henry 2010, S. 172.
183 Christ 1990.
184 Hubler 1997, S. 238f., 252.
185 Hubler 1997, S. 249f.
186 Guyer 1952, S. 576.
187 Quadroni 2006, S. 272.
188 Berner 1994, S. 279ff., S. 306–309; Head-König 1994, S. 227f.
189 Berner 1994; Rippmann 2001.
190 Ritzmann-Blickenstorfer 1998, S. 17–56; Höpflinger 1986, S. 113–126.
191 Bickel 1947, S. 136f. Vgl. hier und in der Folge auch: Vuilleumier 2002, S. 582–584.
192 Bericht über den Entwurf 1848, S. 15.
193 Argast 2017, S. 14; Mooser 1998, S. 52.
194 Meier/Wolfensberger 1998, S. 33–96, S. 435-437.
195 Meier/Wolfensberger 1998, S. 68–82.
196 Argast 2017, S. 11f.; Meier/Wolfensberger 1998, S. 495.
197 Argast 2007, S. 129–154.
198 Mattioli 1998, S. 74–77.
199 Kury 2009.
200 Bundesgesetz, die Heimathlosigkeit betreffend, Art. 18, o. O., 3. 12. 1850.
201 Meier/Wolfensberger 1998, S. 475-481.
202 Gasser 1998; Huonker/Ludi 2000, S. 33–39.
203 Leupold, E[duard]: Programm betreffend Bekämpfung der Zigeunerplage, vom 3. 10. 1911, in: Egger 1982, S. 66f.
204 BAR, E 21, 20601 bis 20610; Bundesblatt 1906/4, S. 350; Amtliche Sammlung, Neue Folge: Bd. 22, 1906, S. 417; Huonker/Ludi 2000, S. 34. Vgl. auch Kury 2003, S. 39–41.
205 BAR, E 21 20607, Einweisung der Zigeuner in Zwangsarbeitsanstalten, Bern, 4. 6 1913; Leimgruber/Meier/Sablonier 1998, S. 22.
206 BAR, E 2001 (A), 448, Konferenz betreffend Ausländer-Armenpflege, Auszug aus dem Protokoll des Schweizer Bundesrates vom 31. 12. 1912.
207 Galle 2016.
208 Bundesverfassung der Schweizerischen Eidgenossenschaft, Art. 4, o. O., 12. 9. 1848.
209 Wecker 1996, S. 385f.; Wecker 1999, S. 14f.; Head-König/Mottu-Weber 1999.
210 Argast 2007, S. 134–136. Zum Folgenden ebd.
211 Affolter, S. 78; Argast 2007, S. 132f.
212 Brubaker 1994, S. 75; Argast 2007, S. 92f.
213 Bickel 1947, S. 137f.
214 Bundesblatt V/1920, 6–8; Bickel, S. 136; Höpflinger 1986, S. 124.
215 Pesenti, S. 146–148; Bochsler/Gisiger 1989, S. 13–44.
216 Bundesblatt V/1920, S. 6–8.
217 Pfister 2014, S. 20; Fritzsche/Lemmenmeier 1994, S. 181–198.
218 Hettling 1998, S. 8.
219 Degen 2004, S. 113. Vgl. in der Folge auch: Portmann-Tinguely/von Cranach 2005, S. 565–567.
220 Kolbe 1994, S. 21f.
221 Urner 1976, S. 107f. u. S. 101f.
222 Degen 2004, S. 114.
223 Genoud 2010, S. 862.
224 Degen 2004, S. 114.
225 Vuilleumier 1989, S. 22–33.
226 Urner 1976, S. 103 u. 107; Rettenmund/Voirol 2000, S. 149–200.
227 Degen 2004, S. 115; Kolbe 1994, S. 28–31.
228 Thiele 1994, S. 67f.
229 Jansen/Borggräfe 2007, S. 160.
230 Busset 1994, S. 9–15.
231 Urner 1976, S. 109–116.
232 Cusinay/Hauser/Schwank 1994, S. 141–156.
233 Gruner 1987/88, Bd. III, S. 197–267; Vgl. auch Kapitel 11.
234 Hutter/Grob, S. 86–96.
235 Hutter/Grob, S. 97–107.
236 Zweidler 1994, S. 178–192.
237 Gilbert 2010, S. 72–74; Enzyklopädie jüdischer Geschichte, 2010, S. 459–464.
238 StABS, IGB-REGa H 10.2, Hilfscomité für jüdische Auswanderer. Vgl. hier und in der Folge auch Kury 2005, S. 165–169.
239 Hier und in der Folge: Haumann 1999, S. 90–165.
240 Haumann 1979, S. 163–179.
241 StABS, IGB-REGa H 10.1, Auskunftsbureau für jüdische Auswanderer 1905-1911.
242 StABS, IGB-REGa H 10.1, Auskunftsbureau für jüdische Auswanderer 1905-1911.
243 Emigrations- und Reise-Nachrichten, fünf Nummern (Juli bis November 1920).
244 Berg 2008, S. 43–45; StAB, V JGB 4.
245 Kamis-Müller 1990, S. 28f; Mahrer 2013, S. 15.
246 Vgl. hier und im Folgenden: Lewinsky/Mayoraz, 2013, S. 1–5; Huser Bugmann 1998, S. 1–19; Rischik 1996, S. 21–23; Behend 2014, S. 151–159; Kury 1998a, S. 30–52.
247 Masé 2017, S. 56–60.
248 Israelitisches Wochenblatt, Nr. 2, 8. 1. 1943; Kury 1998b, S. 426-430.
249 Rischik 1996, S. 21; Kury 1998a, S. 124f.
250 Rapaport 1916/17, S. 80.
251 Kamis-Müller 1990, S. 54–104; Picard 1994, S. 61–90; Gast 1997, S. 233–238; vgl. auch Kapitel 12.
252 Urner 1976, S. 205.
253 Urner 1976, S. 205; Rogger/Bankowski 2010, S. 14–16; Masé 2013, S. 100–124.
254 Rogger 2011, S. 449f.; Neumann 1987, S. 228f.
255 Rogger/Bankowski 2010, S. 14–16.
256 Rogger/Bankowski 2010, S. 25–31.
257 Neumann 1987, S. 11–26; Wecker 1990, S. 84–92.
258 Neumann 1987, S. 38–42.
259 Keller 1928, S. 5; vgl. auch Kury 1998b, S. 426.
260 Leuenberger 2014, S. 261; Debrunner 1997, S. 347–350.
261 Berner Volkszeitung, 12. 12. 1906.
262 Loosli 2008 (erstmals 1927), S. 30.
263 Hier und im Folgenden: Bruhin 2001, S. 35–145.
264 Osterhammel 2010, S. 235–239 u. S. 183–187.
265 Reichesberg 1903, S. 381.
266 Osterhammel 2010, S. 229–234; Mattioli 2017, S. 15.
267 Bickel 1947, S. 162f.
268 Ritzmann 2006, S. 151–153; Lüthi 2006, S. 17f.; Ritzmann 1992, S. 195–200.
269 Ritzmann 2006, S. 152–153.
270 Ritzmann 2006, S. 152 u. S. 156f.; Reichesberg 1903, S. 383.
271 Lüthi 2006, S. 151; Ritzmann 2006, S. 154–159.
272 Peter-Kubli 2004, S. 11–143.
273 Ritzmann 2006, S. 161.
274 Ritzmann 2006, S. 153f. u. S. 161f.
275 Ritzmann 2006, S.153.
276 Bundesblatt 1907, II., 620f.
277 Karrer 1886, S. 47–53; Schelbert 1976, S. 208; Sigerist 2001, S. 9.
278 Bickel 1947, S. 160–164.
279 Brüschweiler 1939, S. 294.
280 Reichesberg 1903, S. 383; Nicoulin 1973, S. 17–49 u. S. 231f. Vgl. hier und in der Folge auch: Veyrassat 1994.
281 Bättig/Blatter 2016, S. 7–10.
282 Weizinger 2005, S. 22–26.
283 Davatz 2003, S. 36; Ziegler 2003, S. 52–54.
284 Bundesblatt 1858, II., 203f.
285 Bickel 1947, S. 163f.
286 Rettenmund 2006, S. 59–64.
287 Studer 2015, S. 8.
288 David/Etemad/Schaufelbuehl, S. 55–62; Purtschert/Lüthi/Falk, S. 29–31; Stettler/Haenger/Labhardt 2004, S. 61–114.
289 David/Etemad/Schaufelbuehl, S. 107–109.
290 Zangger 2013, S. 11–48; Schär 2015, S. 61–78 u. S. 140–183; Simon 2015, S. 204-299.
291 Mattioli 2017, S. 15–29 u. S. 90–116.
292 Menrath 2016, S. 9–17 u. S. 246–250.
293 Schelbert 1976, S. 199–208.
294 Bickel 1947, S. 165; Schelbert 1976, S. 202.
295 Goehrke 2009, S. 18f.
296 Maeder 2009a, S. 84–88.
297 Maeder 2009b, S. 89–91.
298 Goehrke 2009, S. 18.
299 Maeder/Birbaum 2009, S. 93f.; Caratsch 2009, S. 119-123.
300 StABS, Sanitätsakten K 20, Quarantäne und Entlausungsanstalt, Ferienkinder, Auslandsschweizer, Flüchtlinge, 1918-1920. Kury 2006, S. 243–248.
301 Budminger 2010; Degen 2010, S. 162–164.
302 Sarasin 2014, S. 611f.
303 Maiolino 2011, S. 41–45; Gruner 1987/88, S. 529–536.
304 Gruner, 1987, Bd. 1, S. 276; Wecker 2014, S. 457–476;

Tanner 2015, S. 38–53.
305 Handbuch der schweizerischen Volkswirtschaft, Bd. I, 265-267; Bundesblatt V/1920, S. 8–16. Bickel 1947, S. 123-131.
306 Knöpfli 2003, S. 43.
307 Halter 2003, S. 7.
308 Kästli 2003, S. 27–34; Pezzati 2014, S. 14–27.
309 Kästli 2003, S. 27–34.
310 Meyer Sabino 2003, S. 20f.; Kästli 2003, S. 29f.
311 Eine Aufstellung von Ausschreitungen findet sich in: BAR, E 21, 13994, und BAR, E 21, 14228–14234. Skinner 2000, S. 23–28; Wottreng, 2000, S. 69–78.
312 Sassen 1996, S. 119; Bade 2000, S. 220; Herbert 2001; Caestecker 2000, S. 256.
313 Meyer Sabino 2003, S. 20f.
314 Bloch 1997, S. 69.
315 Pometta 1906, S. 8f.
316 Knöpfli 2003, S. 43.
317 Menolfi 2003, S. 120–125.
318 Bundesblatt V/1920, S. 8–16. Bickel 1947, S. 166–172.
319 Urner 1976, S. 445-450.
320 Tissot 2014, S. 483f.
321 Lafranchi/Schwab 2001, S. 9–18.
322 Schlaepfer 1969, S.165; Gruner 1987/88, S. 423.
323 Stiftung von Schnyder v. Wartensee 1904, S. 5.
324 Schmid 1900, S. 5; Schmid 1912, S. 20.
325 Argast 2007, S. 174-178.
326 Göttisheim 1910, S. 334.
327 Urner 1976, S. 78–91 u. S. 344f.
328 Reinecke 2010, S. 66–71.
329 Zitiert nach Bade 2000, S. 217f.
330 Hobsbawm 1995, S. 35.
331 Roth 1995 (erstmals 1935), S. 95f.
332 Kulischer/Kulischer 1932, S. 201f.
333 Reinecke 2010, S. 195-197.
334 Manz 2003, S. 59–71.
335 BAR E 21 10585, Sitzung des Bundesrates, 7. 12. 1918.
336 Richers 2015, S. 43–60.
337 Bürgisser 2014, S. 266–279.
338 Deutsche Internierten-Zeitung, Nr. 22, 17. 2. 1917, S. 5.
339 Bürgisser 2014, S. 280f.
340 Huber 2017, S. 294-320.
341 Gorelik 1919, S. 81.
342 Durrer 1994, S. 212.
343 Ehrenzeller 1917, S. 62; Bundesratsbeschluss über Einreise 1919, S. 5f.
344 Gast 1977, S. 33.
345 Kreisschreiben vom 25. 9. 1915, in: Bundesblatt 1919, III, S. 299–302.
346 Ochsner 2002, S. 18–20.
347 Delaquis 1921, S. 54.
348 BAR, E 21 10563.
349 BAR, E 21 20808.
350 BAR, E 4300 (B) 1, Bd. 6, Dossier 3/2, Das Recht der Niederlassungsverträge, S. 88–99.
351 BAR, E 21 16054, Weisungen des eidg. Justiz- und Polizeidepartements zum Bundesgesetz über Aufenthalt und Niederlassung der Ausländer vom 26. 3. 1931.

S. 15. Titelblatt mit dem Vermerk: «Nur für die Behörden bestimmt» (Anführung im Original fett).
352 Wettstein 1924, S. 18.
353 Argast 2007, S. 291f.
354 Rothmund 1924, S. 327–354.
355 www.hls-dhs-dss.ch/textes/d/D10384.php.
356 Frank 1952, S. 124.
357 Best 1976.
358 BAR E 4320 (b), BAR 1991/243, Bd. 45, C. 13.1121 (1936–1937), Bundesanwaltschaft an Eidgen. Fremdenpolizei, 26. 2. 1936.
359 Bade 2000, S. 284.
360 Lowe 2014.
361 Bundesblatt 83. Jg./Bd. 10, S. 425-434, Bundesgesetz über Aufenthalt und Niederlassung der Ausländer vom 26. 3. 1931.
362 BAR E 2001 (D) 3/267, dodis.ch 46507, La Division des Affaires Etrangères du Département politique au Chef de la Division de Police du Département de Justice et Police, H. Rothmund.
363 BAR E 4001 (C)-1, dodis. ch/14256, Vortrag von Herrn Bundesrat von Steiger gehalten an der Landsgemeinde der «Jungen Kirche» in Zürich Oerlikon am 30. August 1942.
364 Aufgrund der schwierigen Überlieferungen sind die Zahlen immer wieder Gegenstand wissenschaftlicher Debatten. Siehe dazu jüngst: www.infoclio.ch/de/thèse-de-ruth-fivaz-silbermann-sur-les-juifs-refoulés-durant-la-deuxième-guerre-mondiale-apports-et
365 UEK 2001, S. 30–35.
366 Arlettaz/Arlettaz 2003, S. 75.
367 Weisung des EJPD zum ANAG vom 26. März 1931, zitiert nach Gast 1997, S. 174.
368 Schulz 2012, S. 45–49.
369 BAR, E 4320 (B), 1991/243 (1935–1949), Bd. 3, C. 13.1/1933, Art. 1, Bundesratsbeschluss über die Behandlung der politischen Flüchtlinge vom 7. 4. 1933).
370 Ludwig 1966, S. 73; UEK 2001, S. 34.
371 Schreiben von Hoegner an Parteisekretär Nägeli, 13. 5. 1937, zitiert nach Kritzer 1997, S. 102.
372 Claudius 1968.
373 Goldschmidt 1997, S. 129.
374 Lasserre 1995; Erlanger 2006; Heiniger 2010.
375 Schulz 2010.
376 Staatsarchiv Appenzell Ausserrhoden 3194 0/PA. 024-2/49, zit. nach: Rusterholz 2015, S. 44.
377 Marrus 1985.
378 Gatrell 2013; Gatrell 2019.
379 Lowe 2014, S. 249.
380 Jacobmeyer 1992, S. 368.
381 Cohen 2011; Salomon 1991.
382 Pezzati 2011, S. 10.
383 Zitiert nach Trachsler 2011, S. 92.

384 BAR, E 2800 1967/59&60, Petitpierre, Max, Réponse donnée, le 29 septembre 1955, à l'interpellation de la Commission des affaires étrangères du 20 septembre 1954, 29. 9. 1955. In : Petitpierre 1980, S. 313.
385 Petitpierre, Max, Reponse à l'interpellation Antognini du 2 octobre 1947 sur l'attitude de la Suisse vis-à-vis du Plan Marshall. In: Petitpierre 1980, S. 218–230.
386 Petitpierre, Max, Réponse à l'interpellation Boerlin du 17 septembre 1945 sur la collaboration de la Suisse avec les institutions dépendant des Nations Unies, in: Petitpierre 1980, S. 194.
387 Schweizer Spende 1945, S. 3.
388 Schweizer Spende 1945, S. 7.
389 Sutro 1952.
390 Haunfelder 2008, S. 25. Die Zahlen bis 1956 beinhalten auch 6109 Kinder aus Ungarn, die vermutlich während der Ungarnkrise im Sommer 1956 kamen.
391 Haunfelder 2008, S. 67.
392 Bundesblatt 1950, Bd. 3, S. 712–725, S. 713. (www.amtsdruckschriften.bar.admin.ch/viewOrigDoc.do?id=10037275, abgerufen 23. 10. 2017), Botschaft des Bundesrates an die Bundesversammlung zum Beschlussentwurf über Beiträge des Bundes an die Unterstützung von Flüchtlingen, 15. Dezember 1950. Siehe auch: Bundesblatt 100. Jg., 0. 12, 25. März 1948, 1299–1309 (www.amtsdruckschriften.bar.admin.ch/viewOrigDoc.do?id=10036188, abgerufen 23. 10. 2017), Botschaft des Bundesrates an die Bundesversammlung zu einem Bundesgesetz über Abänderung und Ergänzung des Bundesgesetzes über Aufenthalt und Niederlassung der Ausländer vom 8. März 1948.
393 SLA, SSV, Ordner Aspo 514, SSV an die Städtische Fremdenpolizei Zürich am 11. 12. 1948.
394 Etemad 1998, S. 457-470.
395 Buettner 2016, S. 179.
396 UNHCR 2009, S. 13–27, S. 16; folgendes Zitat auf S. 18.
397 http://db.dodis.ch/document/17173, Memo «Aufnahme ungarischer Flüchtlinge aus Österreich», 19. 11. 1956.
398 Robert 2017, S. 151.
399 Informations- und Pressedienst des EDA, Erklärung des Bundesrates vom 4. November 1956 zur Intervention der Sowjetunion in Ungarn, in: Schindler 1984, S. 428.
400 Lautemann/Schlenke 1975, S. 574f.
401 Fassmann/Munz 1994, S. 522, S. 524, S. 527.

402 Gatrell 2013.
403 Banki/Späti 1994, S. 376.
404 Ludwig 1966, S. 410.
405 Kopp 2006, S. 35.
406 UNHCR 2009, S. 19. Folgendes Zitat S. 20.
407 Stäheli 2006, S. 88.
408 Caritas Schweiz, Jahresbericht 1971. Zitiert nach Banki/Späti 1994, S. 393.
409 Buomberger 2017, S. 234.
410 Gerson 2007; Kury 2011.
411 UNHCR 2009, S. 27.
412 UNHCR 2009, S. 87.
413 Schütz 1979/1984.
414 Bade 2000, S. 314.
415 Piguet 2005, S .51.
416 D'Amato 2008, S. 181; Vuilleumier 2010, S. 195.
417 Vgl. Tanner 2015, S. 339; allgemein : Piguet 2005.
418 Baumann 2014, S. 35f.
419 Unia work 2014, S. 3. Zum Folgenden ebd.
420 Frigessi 1977.
421 Frigerio 2014.
422 Müller 1992.
423 Lee 1966.
424 Fischer/Martin/Straubhaar 1997.
425 Siu 1952/53.
426 Flusser 1994, S. 52f.
427 Frisch, Max, Vorwort. In: Seiler 1965, S. 7.
428 Zitiert nach Frigerio 2014, S. 11.
429 Buomberger/Kury, 2005, S. 186.
430 Umfassend: Buomberger 2004.
431 Tanner 2015, S. 398.
432 Vgl. Frigerio/Merhar 2004, S. 71f.
433 Bundesratsbeschluss vom 16. März 1970 über die Begrenzung der Zahl der erwerbstätigen Ausländer. Dieser in der Folge mehrfach angepasste Beschluss ging 1986 in die BVO auf. Vgl. dazu Senn 2017, S. 34–38.
434 Siehe D'Amato/Skenderovic 2008.
435 Niederberger 2004, S. 85f.
436 Zitiert nach Baumann 2014, S. 49.
437 BIGA 1964, S. 142.
438 Virot 1968, S. 34f.
439 Argast 2010, S. 185.
440 BIGA 1964, S. 168.
441 Bbl 119. Jg. 1967, II, S. 69–110, S. 78 (www.amtsdruckschriften.bar.admin.ch/viewOrigDoc.do?id=10043715), Bericht des Bundesrates an die Bundesversammlung über das Volksbegehren gegen die Überfremdung vom 29. Juni 1967.
442 Bericht des Bundesrates 1967, S. 102.
443 Hoffmann-Nowotny 1973.
444 Peri 2016, S. 4–5.
445 Peri 2016, S. 5.
446 AsylG vom 5. Oktober 1979, Bbl. II/1979, Heft 41, S. 993-1004, S. 993.
447 Kälin 1994.
448 AsylG vom 26. Juni 1998, Art. 3. In: Bbl. IV/1998, Heft 26, S. 3625-3562.
449 Asylgesuche nach Nationen, 1986-2017. Grundlage

der Berechnung: SEM, https://www.sem.admin.ch/sem/de/home/publiservice/statistik/asylstatistik/uebersichten.html.
450 www.uno-fluechtlingshilfe.de/cdn/trk/lp/v01/.
451 Tanner 2015, S. 487.
452 Das Zitat stammt aus dem Gründungsdokument der BODS, Charta 86, abgedruckt in: Pärli 2015, S. 48.
453 Huber 2016.
454 BAR E 4280A#1998/26#1278*, Flugblatt «Solidarität mit Chile» des Komitees zur Unterstützung des chilenischen Widerstandes der Sektion Bern für ein Meeting am 14. Dezember 1973. Zitiert nach: Schmid 2017, S. 45.
455 Pärli 2015, S. 28.
456 Lanz/Züfle 2006, S. 48.
457 Tanner 2015, S. 508.
458 Zurbriggen 2005, S. 223 und S. 225.
459 Hoffmann-Nowotny 2001, S. 17.
460 Caritas Schweiz 2013, S. 3.
461 Knoll/Schilliger/Schwager 2012, S. 34, folgendes Zitat S. 63.
462 Erhebungen für den Kanton Zürich: 36 % mit Berufs- und Fachhochschulabschluss, 27 % mit Universitätsabschluss.
463 Hochschild 2001.
464 Bundesamt für Statistik 2008, S. 44.
465 Piñiero 2015, S. 222.
466 BBl II/1995, 1–183, S. 33, Botschaft zur Totalrevision des Asylgesetzes sowie zur Änderung des Bundesgesetzes über Aufenthalt und Niederlassung der Ausländer vom 4. Dezember 1995.
467 ANAG, Änderung vom 26. Juni 1998, Art. 25a.
468 AuG, 16. Dezember 2005.
469 Präsidialdepartment des Kantons Basel-Stadt 2012.
470 Zitiert nach Argast 2010, S. 191.
471 Rhamel/Sheldon 2012, S. 3.
472 Tanner 2015, S. 549.
473 Neue Zürcher Zeitung, 25. 10. 2017, S. 16, «Jeder Dritte hat ausländische Wurzeln».
474 Harzig/Hoerder 2009.
475 Lüthy 1964/2004, S. 85.
476 Zaugg 2012.
477 Viazzo 1998, S. 25; Mathieu 1998, S. 105–109; Fontaine/Singh 2011, S. 262.
478 Glick Schiller/Basch/Blanc-Szanon 1992; Pries 2001; Hoerder/Lucassen/Lucassen 2010; Hoerder 2012.
479 Green/Waldinger 2016.
480 Davis 2003.
481 Hausen 1976; Mesmer 1988.

Abbildungsnachweis

Umschlagbild: Flüchtlinge mit ihrem Gepäck im Freien, vor ihrer Weiterreise nach Australien, 25. Oktober 1949; Schweizerisches Sozialarchiv Zürich, F 5025-Fb-421

Seite 28: Musée d'art et d'histoire Fribourg
Seite 32: Aargauer Kantonsbibliothek, AKB MSWett F16:1, S. 724
Seite 44: Schweizerische Nationalbibliothek, N 37539
Seite 52: Bernisches Historisches Museum
Seite 57: Staatsarchiv Zürich, PA von Schulthess Rechberg, W I 33a. 12
Seite 65: Universitätsbibliothek Basel, A lambda II 44a, Bl. IV
Seite 69: Zentralbibliothek Zürich
Seite 73: Ferdmann 1956, vgl. Bibliografie, S. 176–179
Seite 78: Bianchi 2015a, vgl. Bibliografie, S. 81.
Seite 93: ETH-Bibliothek, Grafische Sammlung
Seite 102: Elisabeth Armstrong, Robert Estienne, Royal Printer, Cambridge 1954
Seite 107: Deutsches Hugenottenmuseum, Bad Karlshafen
Seite 111: Privatbesitz Fritz Brutel, Lenzburg
Seite 119: Privatbesitz, Foto: Paolo Tognina
Seite 130: Burgerbibliothek Bern, Mss. Mül. 466 (1), S. 6d
Seite 133: Zentralbibliothek Zürich, Alte Drucke
Seite 148: Kunstmuseum Basel, Kupferstichkabinett, Legat Edith Raeber-Züst, Inv. 2003.91.26
Seite 157: Zentralbibliothek Zürich, Alte Drucke
Seite 160: Zentralbibliothek Zürich, Alte Drucke
Seite 172: Alamy Stock Foto
Seite 175: Zentralbibliothek Zürich, Alte Drucke
Seite 182: Nebelspalter-Archiv
Seite 185: Staatsarchiv Bern
Seite 196: Zentralbibliothek Zürich
Seite 199: Zentralbibliothek Zürich
Seite 203: ETH-Bibliothek Zürich, Bildarchiv
Seite 207: © Archivio fotografico Valposchiavo/istoria.ch
Seite 214: Bernisches Historisches Museum, Inv-Nr. 51415
Seite 220: BLS-Archiv, Nr. 1737, Südportal
Seite 226: Stiftung Monte Verità
Seite 235: Schweizerisches Nationalmuseum, Album August Gansser, LM 102104.161
Seite 238: Zentralbibliothek Zürich, Schweizer Illustrierte Zeitung, Nr. 42, 1915
Seite 242: Zentralbibliothek Zürich, Nebelspalter, 8. 7. 1916, Fritz Boscovits Junior
Seite 245: Gosteli Stiftung, Archiv zur Geschichte der schweizerischen Frauenbewegung, Worblaufen, F 1025
Seite 247: Zentralbibliothek Zürich, Nebelspalter, 10. 3. 1917
Seite 253: Privatsammlung Ulrich Gribi, Büren a. A.
Seite 255/256: Diplomatische Dokumente der Schweiz, Online-Datenbank Dodis: http://dodis.ch/50578
Seite 262: Nebelspalter-Archiv
Seite 265: Diplomatische Dokumente der Schweiz, Online-Datenbank Dodis: http://dodis.ch/46769
Seite 270: Stiftung Sonneblick, Walzenhausen
Seite 277: Schweizerisches Sozialarchiv Zürich, F 5025-Fb-421
Seite 279: Nebelspalter-Archiv
Seite 282/283: Zentralbibliothek Zürich, Nebelspalter, Nr. 71/8, 1945
Seite 287: Schweizerisches Sozialarchiv Zürich, F 5025-Fb-443
Seite 293: Schweizerisches Sozialarchiv Zürich, F 5025-Fb-574
Seite 300: Schweizerisches Sozialarchiv Zürich, F 5032-Fc-0042
Seite 303: Keystone/Str
Seite 311: Schweizerisches Sozialarchiv Zürich, F 5030-Fb-0633
Seite 314/315: Diplomatische Dokumente der Schweiz, Online-Datenbank Dodis: http://dodis.ch/30798
Seite 317: Schweizerisches Sozialarchiv Zürich, F 5002-Fx-008
Seite 321: Schweizerisches Sozialarchiv Zürich
Seite 324: Schweizerisches Sozialarchiv Zürich, F 5021-G04
Seite 337: Schweizerisches Sozialarchiv Zürich, F 5107-Na-041-001
Seite 342: Sans-Papiers Anlaufstelle Zürich, Foto: Bea Schwager
Seite 345: Keystone/Ennio Leanza

Verwendete Abkürzungen

AAA: Aktion für abgewiesene Asylsuchende
AKS: Asylkoordination Schweiz
ANAG: Bundesgesetz über Aufenthalt und Niederlassung der Ausländer
Aspo: Asylpolitik
AuG: Bundesgesetz über die Ausländerinnen und Ausländer
AUNS: Aktion für eine unabhängige und neutrale Schweiz
BAR: Schweizerisches Bundesarchiv, Bern
BfS: Bundesamt für Statistik
BIGA: Bundesamt für Industrie, Gewerbe und Arbeit
BODS: Bewegung für eine offene, demokratische und solidarische Schweiz
DLA: Deutsches Literaturarchiv, Marbach
EDA: Eidgenössisches Departement für Auswärtige Angelegenheiten
EDU: Eidgenössisch-Demokratische Union
EFTA: European Free Trade Association (Europäische Freihandelsassoziation)
EJPD: Eidgenössisches Justiz- und Polizeidepartement (bis 1979 Justiz- und Polizeidepartement)
EKA: Eidgenössische Ausländerkommission
EKM: Eidgenössische Migrationskommission
EPD: Eidgenössisches Politisches Departement
ERP: European Recovery Program (auch Marshallplan)
EU: Europäische Union
EWG: Europäische Wirtschaftsgemeinschaft
EWR: Europäischer Wirtschaftsraum
FCLIS: Federazione delle Colonie Libere Italiane in Svizzera
IKRK: Internationales Komitee vom Roten Kreuz
IRO: International Refugee Organization
JOINT: Joint Distribution Committee
NA: Nationale Aktion gegen Überfremdung von Volk und Heimat
NHG: Neue Helvetische Gesellschaft
POCH: Progressive Organisationen der Schweiz
SLA: Schweizerisches Literaturarchiv
SP: Sozialdemokratische Partei
SSV: Schweizerischer Schriftstellerverein
SVP: Schweizerische Volkspartei
SZF: Schweizerische Zentralstelle für Flüchtlingshilfe
SZG: Schweizerische Zeitschrift für Geschichte
UDI: Unione Donne Italiane
UEK: Unabhängige Expertenkommission Schweiz – Zweiter Weltkrieg

UNESCO: United Nations Educational, Scientific and Cultural Organization (Organisation der Vereinten Nationen für Erziehung, Wissenschaft und Kultur)
UNHCR: United Nations High Commissioner for Refugees (Hochkommissar der Vereinten Nationen für Flüchtlinge)
UNICEF: United Nations Children's Fund (Kinderhilfswerk der Vereinten Nationen)
UNO: United Nations Organization (Organisation der Vereinten Nationen)
UNRRA: United Nations Relief and Rehabilitation Administration
WHO: World Health Organization (Weltgesundheitsorganisation)

Autorin und Autoren

Prof. Dr. André Holenstein ist ordentlicher Professor für ältere Schweizer Geschichte und vergleichende Regionalgeschichte am Historischen Institut der Universität Bern. Wichtigste Publikation zur Migrationsgeschichte:
- Mitten in Europa. Verflechtung und Abgrenzung in der Schweizer Geschichte. 2. Auflage. Baden 2015.

Prof. Dr. Patrick Kury lehrt neuere allgemeine und Schweizer Geschichte am Historischen Seminar der Universität Luzern und ist Co-Leiter der «Stadt.Geschichte.Basel». Wichtigste Publikationen zur Migrationsgeschichte:
- «Man akzeptierte uns nicht, man tolerierte uns!». Ostjudenmigration nach Basel 1890–1930. Umfang, Wahrnehmungen, Erfahrungen. Basel 1998.
- Über Fremde reden. Überfremdungsdiskurs und Ausgrenzung in der Schweiz 1900–1945. Zürich 2003.
- Der Erste Weltkrieg als Wendepunkt in der Ausländerpolitik. Von der Freizügigkeit zu Kontrolle und Abwehr. In: Rossfeld, Roman/Buomberger, Thomas/Kury, Patrick (Hg.): 14/18 – Die Schweiz und der Grosse Krieg. Baden 2014. Seiten 290–313.

Prof. Dr. Kristina Schulz ist Professorin für die Geschichte des 19. und 20. Jahrhunderts am Institut für Geschichte der Universität Neuchâtel. Wichtigste Publikationen zur Migrationsgeschichte:
- Die Schweiz und die literarischen Flüchtlinge (1933–1945). Berlin 2012.
- Die Schweiz der Anderen. Plädoyer für eine zeitgeschichtliche Betrachtung des politischen Asyls. In: Schweizerische Zeitschrift für Geschichte 64 (2014). Seiten 385–405.
- Exilforschung und Migrationsgeschichte. Berührungspunkte und Perspektiven. In: Itinera 42 (2017). Seiten 21–47.
- Grenzüberschreitungen. Migrantinnen und Migranten als Akteure im 20. Jahrhundert, München 2019. (Hg. Schulz, Kristina; Von Bernsdorff, Wiebke; Klapdor, Heike).

Autorin und Autoren zeichnen für folgende Kapitel in diesem Buch verantwortlich:
André Holenstein: Kapitel 1–7;
Patrick Kury: Kapitel 8–12;
Kristina Schulz: Kapitel 13–17.

Dank

Autorin und Autoren danken:
- den Studentinnen und Studenten der Seminare «Ausländer im Inland – Inländer im Ausland. Facetten von der Gründung des Bundesstaats bis zur Gegenwart» (Bern, Frühjahr 2016, Kristina Schulz und Patrick Kury) und «Geschichte und Gedächtnis. Orte von Migration und Internierung in der Schweiz im 20. Jahrhundert» (Bern, Frühjahr 2017, Kristina Schulz und Brigitte Studer), deren Beiträge für die Entstehung dieses Buches unerlässlich waren;
- Benjamin Khan, Emmanuel Neuhaus und Remo Stämpfli für die sorgfältigen bibliografischen Recherchen;
- Remo Stämpfli und Emmanuel Neuhaus für die Erstellung wertvoller thematischer Dossiers;
- Madlaina Bundi für das überaus aufmerksame und sorgfältige Lektorat.

Der Verlag Hier und Jetzt wird vom Bundesamt für Kultur mit einem Strukturbeitrag für die Jahre 2016–2020 unterstützt.

Mit weiteren Beiträgen haben das Buchprojekt unterstützt:

Dr. Lukas und Vreni Richterich

Pro Helvetia, Schweizer Kulturstiftung

prohelvetia

ERNST GÖHNER STIFTUNG

Dieses Buch ist nach den aktuellen Rechtschreibregeln verfasst. Quellenzitate werden jedoch in originaler Schreibweise wiedergegeben. Hinzufügungen sind in [eckigen Klammern] eingeschlossen, Auslassungen mit [...] gekennzeichnet.

Textredaktion, Bildredaktion und Lektorat:
Madlaina Bundi, Hier und Jetzt

Korrektorat:
Kathrin Berger, Zürich

Gestaltung und Satz:
Simone Farner, Hier und Jetzt

Bildbearbeitung:
Humm dtp, Matzingen

Druck und Bindung:
Kösel GmbH, Altusried-Krugzell

2. Auflage 2020
© 2018 Hier und Jetzt, Verlag für Kultur und Geschichte GmbH, Baden, Schweiz
www.hierundjetzt.ch
ISBN Druckausgabe
978-3-03919-414-8
ISBN E-Book
978-3-03919-935-8